胡银弟 著

教育圆梦曲

—— 一个校长的教育实践与思考

教育的基础，是一种梦想的传递。唯有吸引我们的东西出现在眼前时，才会激发我们想要努力追求的上进心，也唯有以梦想为基础，我们才会产生学习、实践与研究的欲望。

Jiaoyu
Yuanmengqu

序 一

乐在其中的教育梦

得知银弟校长的《教育圆梦曲》即将付梓,我十分欣喜。

首先应当向银弟校长又有一部新书问世,表示热烈的祝贺;其次感谢他把成功的办学经验毫无保留地拿出来分享,惠及那些与他有着同样的教育梦想的年轻校长,引领大家共同进步;但是,作为银弟校长多年的老同事,我更多的心情是由衷地为他感到高兴。

沉甸甸的书稿在手,脑海中瞬间闪现出孟子的一句话:"独乐乐,与人乐乐,孰乐?"古松江钟灵毓秀,历史上名家辈出。文人雅集之时,喜欢拿出自己的新作与人"奇文共欣赏",其形式有点像现在的文学沙龙。当然,要做到"与人乐乐",先要有足以与人共赏的"乐",才能用来交流研讨,使大家从中受益。银弟校长的这本《教育圆梦曲》就是很好的学习交流范本,值得大家仔细研究,并能够受益良多。全书用思考教育、设计学校、建设课程、变革课堂、培育名师、健康心理、精致管理、积淀文化八个关键词分章列目,涵盖了一位从教三十几年的校长对教育的全部思考与实践。每个关键词下精挑细选十来篇用心写成的文章,篇篇精品,句句珠玑,饱含教育的智慧与哲思。这些文章所富有的价值来自教育教学的第一线,经得起时间的考验,经得住实践的打磨,就其借鉴性和实用性而言,必将历久而弥新、经久而耐用。

说到"乐"就不能不说银弟校长的"三乐"教育(乐学、乐教、乐管),但他的办学理念不局限于"三乐"教育。银弟校长为新书取名为《教育圆梦曲》,把圆梦教育的过程谱成曲调,必定宛转悠扬。我虽是音乐的门外汉,但不妨也用音乐的术语来形容一番银弟校长对教育的寻梦、追梦乃至圆梦的心路历程。我觉得,银弟校长为松江教育谱写的华彩乐章,可以用"三部曲"来形容。"三部曲"分别跨越了三段历史时期,奠定了三所优质的学校,贡献了三套成功的价值理念。第一部是心灵奏鸣曲,其主旋律是心理健康教育。从20世纪80年代中期开始,银弟校长在仓桥中心校潜心15年探索、实践心理健康教育,最终使仓桥学校这所名不见经传的农村学校,成为松江区第一所上海市心理健康教育实验学校。时至今日,心理健康教育仍然是这所学校引以为傲的特色品牌。第二部是"三乐"交响曲。"三乐"教育脱胎于实验小学,相继于二实小和三实小,恰如交响曲中的三篇乐章一脉相承。"知之者不如好之者,好之者不如乐之者。"古老的教育箴言道出了学习的三层境界:知、好、乐。银弟校长则从实践的维度引导孩子们进入学习的最高境界,以学为乐,在乐中去学。掌握了这套法则,就好比在茫茫的学海中,拥有了永动的船桨,只管扬帆远航,不必为动力发愁。第三部是"三为"进行曲。"三为"教育(为人正、为学乐、为业精)是银弟校长从担任第三实验小学开始,在总结、提炼、升华"三乐"教育理念的基础上谱就的崭新力作。其中的"为学乐",正好印证了"三为"教育与"三乐"教育的传承关系。

"奏鸣曲"启迪心智、涤荡灵魂,而且不鸣则已,一鸣惊人;"交响曲"起承转合、气势恢宏,连续三篇,交相辉映;"进行曲"方兴未艾、铿锵有力,小试音色,便已不同凡响。这"三部曲"最终汇聚成了银弟校长的"教育圆梦曲",其精彩之处,不言而喻!

松江是一个教育大区。有人粗略算过,"十二五"期间松江平均每月要建造一所学校才能满足现实所需。但是,我们对教育资源的需要绝不仅仅是一所所硬件一流的好学校,更需要一位位办学水平一流的好校长。近年来,我们举全区之力实施"强师兴教"计划,就是相信"兴教"必得"强师","强师"必先"强校长",一位好校长必定会带出一所好学校。而有着三十几年丰富的办学经验的银弟校长,正是我们所期待的校长。我们也热切地希望,在银弟校长的影响和感召下,会有更多优秀的校长成长起来,为松江的教育事业慷慨而歌、砥砺前行。

最后,祝愿银弟校长教育梦圆、乐在其中!

徐爱生

2015年1月20日

(本文作者系松江区教育局党委书记、上海市特级教师)

序 二

这是一位教育家型校长

2009年2月初,我和领导班子主要成员应上海市教委的邀请到上海,商讨我作为主持人,在人大附中建立"上海市普教系统双名工程刘彭芝卓越校长培养基地"的相关事宜。我提出基地学员应涵盖幼儿园、小学、普通中学、职业中学、教师进修学校的校长。上海市教委从第一期普教系统双名工程名校长培养对象中推荐了22名学员,举办了学员座谈会。我和胡银弟校长就是在这次会议上相识的。

胡校长给人的第一印象是内敛不张扬,但浓眉下的眼睛却炯炯有神,充满智慧。当时上海市教委领导介绍,说他是2006年度被上海市教委认定并批准的中小学(幼儿园)和中等职业学校首批55名特级校(园)长中的一位。他领导下的上海市松江实验小学在当地教育系统可是顶有名的。

胡校长在人大附中卓越校长培养基地学习研修的认真精神给我留下了更为深刻的印象。他从不缺席,是提交研修论文数量最多、质量最高的校长之一。如《教育创新路上的"领跑人"》《在创新中提升校长的价值领导力》《用教育哲学滋养管理智慧》《校长课程领导力在实践中生成》《校本化实施、精致化管理》《让每一所学校成为最适合学生成长的地方》《快乐永远与成长相伴》《小学生作业恐惧、多动症辅导个案》等,联系办学实际,见解独到,颇见功力。

最近,胡校长邀我为其专著《教育圆梦曲》写序,我欣然应允。仔细阅读书稿,我对胡校长有了较为深刻的了解和由衷的敬佩。胡校长是教育家型校长的优秀代表。我常说,作为一个校长,应该有自己的理想、梦想和幻想,不敢幻想,就不会有梦想,不敢梦想,就不可能实现理想。教育有梦,教育圆梦,《教育圆梦曲》留下了胡校长追寻教育梦想、实现教育理想的足迹。

胡校长从仓桥中心校的"心理健康教育"到实验小学的"三乐教育"（乐学、乐教、乐管）以及第三实验小学的"三为教育"（为人正、为学乐、为业精）的实践研究，正是缘于"爱"学生、"尊重"学生，不仅为学生今日的"乐学"奠基，而且为他们明日快乐、幸福地生活、工作奠基，这是学校工作中以人为本、育人为本的价值追求，凸现了教育的本质。该实验研究从办学实践中聚焦问题，锁定研究课题，架构合理、思路清晰，最重要的研究成果是学生成长、教师成才、学校发展。于其中，足见胡校长的教育理论功底、教育科学研究能力和破解教育难题的能力。

胡银弟任校长三十多年，在办学过程中，体现了胡校长是一位教育家型校长的价值追求与精神风貌。关于"校长"的定义，古今中外有许多种。我对"校长"含义的理解，最深切之处就在于，校长是个"领跑人"——面向世界、面向未来，领着全校的教职员工不停地奔跑，领着一届又一届的孩子不停地奔跑。在这样的领跑中，胡校长成为上海市特级校长，从中我们可以追踪一位教育家型校长的成长路径，并带给我们诸多启示。

教育家型校长应该有时代精神。教育是国家和民族发展的重要奠基，是百年大计，是大事。"人生为一大事来"，我们就是为教育这一大事而来。身处促进教育事业科学发展、建设人力资源强国的伟大时代，我们必须紧紧把握时代命脉，献身这个伟大的时代。

教育家型校长应该有科学精神。所谓科学精神，就是按照教育教学规律、学生身心发展规律和人才成长规律办教育。

教育家型校长应该有创新精神。教育家型校长，最可贵之处，就是在理论上有创见，在实践上有突破。独到的教育见解和做法，是教育家的核心品格，也是教育家的魅力所在。

《教育圆梦曲》充满了胡校长的教育智慧和教育创新。该专著可以说是一部洋溢着校长时代精神、科学精神和创新精神的书，这既是胡银弟校长教育思想与实践的总结，同时也是对胡校长教育思想和办学经验的推广。更重要的是，在落实《国家中长期教育改革与发展规划纲要（2010—

序 二

2020)》之际,希望通过本书的学习与传播,有更多的像胡校长一样的教育家型校长脱颖而出。

刘彭芝

2014 年 12 月 16 日

(本文作者系国务院参事、中国人民大学附属中学总校校长)

序 三
一位注重学校文化建设的校长

我与胡银弟校长相识于20世纪80年代初。其时他正在职攻读电大行政管理专业课程,而我在该校任教。此后,他调任实验小学校长,我蒙他聘为该校专家组成员,这样,我们的交往就密切了,彼此间的了解也就更深入了。或许就是这一点,使我在写这篇序文时,稍稍有了点底气。

21世纪初,我曾写过一篇关于实验小学师生剪影式的文章《为了托起明天的太阳》。在那篇文章里,我写到胡校长——

胡校长……个子不高,年龄也不算大,但在我看来,有着宽广的胸怀。企业中有一句广为流传的名言:顾客是上帝。但美国的一位学者型企业家认为,企业员工才是他心中的上帝,因为只有有了第一流的员工,才能有第一流的服务。胡校长心中,装着学校156名教职员工,他们是他心中的上帝。一次跟我说起学校的教师,他简直如数家珍。作为一校之长,这是一个不应缺少的理念,即要把本校的教师视作珍宝,因为只有珍爱自己的教师,充分信任他们,才能赢得广大教师的尊敬与信任,才能调动起他们的工作主动性、积极性。他还抓住各种机会,关心教师,为提高教师的政治、福利待遇奔走呼吁。为办好学校,顺利实施课改,他又努力取得教育行政部门及社会各界的支持。他觉得这是他的责任。不这样做,或做得不好,是他的失职。

胡校长还是一位学者型校长。他早先研究课堂心理环境对学生成长的作用,在松江,甚至在整个上海,这是一项较为前沿的研究。根据这一研究而撰写的专著《优化课堂心理环境的实践与研究》后由中国文史出版社出版。上海市的"二期课改"开始实施时,他着手研究探究性学习。他决心将探究性学习作为一种学习方式进课堂,为之,他发动全校各科教师全面实践、摸索、反思、小结,终于取得阶段性成果。反映这一成果的《教育教学案例选》《课堂教学

序 三

新探》已经正式出版。实践推进了科研,科研又指导着实践。来过实小的同志,都感受到了学校有着强有力的发展后劲,这后劲,就得益于科研。

从那以来的二十多年中,胡校长的作为,不仅进一步印证了我的这两点认识,而且有了新的发展。在这二十多年中,他尤其注重于学校文化的建设。他在自己的实践中同样体会到,学校管理的最高层次是文化管理。在我看来,他的文化管理具有三个鲜明的特征:一是密切联系本单位的实际,牢牢扎根于本单位的土壤;二是把凝聚人心、充分调动学校师生的积极性以有力推进学校事业的持续发展作为出发点与归宿点;三是在继承中不断有发展,在实践中不断有创新。

在学校文化建设中,胡校长一方面注重老教师的进一步提高,特别是人文素养的提高,并发挥他们的作用;另一方面,尤其注重青年教师特别是新教师的培养。随着学校的发展,每学年都招聘了不少数量的新教师。新教师是学校的新鲜血液,是学校的未来。他们将影响着学校的教育质量。"玉不琢,不成器",由学生而为教师,也要靠"琢"。新教师首先面临的问题是如何尽快"进入角色"。对此,胡校长已经形成行之有效的办法。他让行将毕业并已签约录用的大学生,在他们撰写毕业论文阶段(3月初至4月中旬),集中6周到学校拜师实习,胡校长将之命名为"提前入职实训"。他们毕业后,在暑假里,除了参与全校教师的活动,专门集中一周时间,到校听取富有实践经验的专家就怎样做班主任、怎样备课上课等问题所作的讲座,并与专家座谈,最后走上讲台,再请老教师或专家讲评。正式踏上工作岗位后,配备优秀教师负责带教。经过这样的培训后,新教师很快就完成了由学生到教师的过渡,适应了教师工作,从而受到了学生与家长的欢迎。2014年区教师进修学院组织全区新教师教学评比,胡校长的学校送出4人参加,4人均获一等奖。

在学校文化建设中,教育教学的科研无疑占有重要的地位。进入新世纪后,胡校长主持了以下课题研究:《小学学科教学中探究性学习的实践研究》(2002年)、《探究性学习指导策略及其心理支持的研究》(2005年)、《在课程统整中创建"三乐"学校文化的实践研究》(2008年)、《基于"三乐"文化创建学校教育品牌的行动研究》(2011年)。一所学校,在十年中,连续立项四个课题,而且都是上海市市级课题,这在全市范围内,恐怕也是罕见的。古代教育家主张知行结合,所谓"论先后,知为先;论轻重,行为重"(朱熹《朱子语类辑略》),主张学思结合,所谓"学而不思则罔,思而不学则殆"(《论语·为政》)。胡校长传承文化,以文化人。他组织教师,实行四个"结合":实践与反思结合,实践与学习(包括阅读经典)结合,实践与研究结合,研究与总结交流结合。我曾多次参加各种类型的座谈会、研讨会。在认真听取各科教师的交流后,他常给予充分肯定,然后,或推荐有关教育论著,用当前的流行语说,让教师们"分享"他的阅读心得,或当场对大家的发言进行分析、提炼、概括,这些个一二三四,总是源于教师的发言又高于教师的认识。撰写的几十篇有一定理论深度的论文,正式出版的《三理整合　和谐发展》《优质学校创建的实践探索》《三乐教育　惠泽童心》等专著,就是这些科研的结晶。在此基础上,从2013年开始,他又提出"三为教育"的办学理念("三为"即为人正、为学乐、为业精),对"三为教育"进行了解读,其中包括概念界定、内涵演绎、要目提炼、理论依据、行动策略等,带领全校师生"笃行每一事,快乐每一天"。一个新的课题又在孕育中。

2007年,胡校长被评为上海市特级校长;2008年,上海教育博览会上展示了他的教育事迹;2012年,他被评为全国十佳小学校长,同年成为一位上海市督学。他接受过多家媒体的采访,又曾先后为区、市及外省市带教60多位校长,在全国各地作了一百多场专题讲座或演讲,还走出国门,登上美国哈佛大学"中美基础教育"高峰论坛作《基于"教师发展自觉"的校长价值领导力》的主题演讲,受到与会者的赞誉。现在,方方面面都注重人才资源,主张并呼吁要尽力开发和充分运用。胡银弟从事学校领导工作达32年之久,又在上级教育行政部门领导下如此始终兢兢业业执著于实践与研究,注重文化建设并不断创新,属于有位而有为的一类校长,是一位名副其实的教育家型校长。称他是一份珍贵的人才资源,或许不是夸饰、溢美之词。

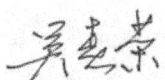

二〇一五年一月二十一日于云间

(本文作者系上海市中学语文特级教师、中国作协会员,曾为上海市中学语文教材<H>专职编写人员、上海市中学教师高级职称学科组评委)

目 录

关键词一　思考教育 ………………………………………… 1
　思变中求创新 ……………………………………………… 2
　三理整合　和谐发展 ……………………………………… 7
　学习着·快乐着 …………………………………………… 10
　实施"三乐"教育　促进师生共同发展 ………………… 14
　在创新中提升校长的价值领导力 ………………………… 18
　分享·责任·思考 ………………………………………… 23
　好教育的四块基石 ………………………………………… 25
　合作·分享·均衡 ………………………………………… 29
　快乐教育的新思考 ………………………………………… 33
　"三为"教育初探 ………………………………………… 40

关键词二　设计学校 ………………………………………… 53
　开展心理健康教育　全面提高学生素质 ………………… 54
　让创新精神奏响学校特色发展的乐章 …………………… 61
　创建特色学校的实践与思考 ……………………………… 64
　扩大办学规模　培育学校特色 …………………………… 68
　让每一所学校成为最适合学生成长的地方 ……………… 72
　新学校·新实验·新优质 ………………………………… 76
　制度为范　刚柔相济 ……………………………………… 78
　《华亭笔谭》创刊词 ……………………………………… 81
　构建现代学校制度　引领学校迈向卓越 ………………… 82

关键词三　建设课程 ……………………………………………… 91
新课程实施中校长的角色定位 …………………………………… 92
实践新课程校长做些什么 ………………………………………… 101
优化提升　推进课改 ……………………………………………… 106
整合教育资源　开发校本课程 …………………………………… 109
源于课改　促进课改 ……………………………………………… 116
打造名优教师团队　推进课程建设 ……………………………… 120
一次新的课程实践 ………………………………………………… 122
校长课程领导力在实践中生成 …………………………………… 128
在课程统整中"做实年段、做强学科"的实践探索 …………… 135

关键词四　变革课堂 ……………………………………………… 143
课堂教学再设计的研究与实践 …………………………………… 144
以乐促学　学有探究 ……………………………………………… 148
探究性学习与课堂教学改革 ……………………………………… 154
寻求内涵发展的课堂文化 ………………………………………… 158
架设一座科研兴校的教改立交桥 ………………………………… 161
乐教引导乐学 ……………………………………………………… 164
培育"三好"课堂　实现学习增值 ……………………………… 166

关键词五　培育名师 ……………………………………………… 171
校本培训促进教师专业发展的实践与思考 ……………………… 172
丰富人本思想　提升教师素质 …………………………………… 175
教师"三格"培养的实践与研究 ………………………………… 179
让名师工作室"名"起来 ………………………………………… 190
创新机制　打造名优教师团队 …………………………………… 192
追求·努力 ………………………………………………………… 195
实施校本管理　加强队伍建设 …………………………………… 197
让校本研修成为教师的内在需求 ………………………………… 200

用自己的力量打造名师……………………………………… 207
　　养成提高师能的好习惯…………………………………… 209

关键词六　健康心理……………………………………… 215
　　让青年教师在和谐的心理环境中迅速成长……………… 216
　　在学科探究性学习中促进学生人格发展………………… 220
　　新课改背景下教师积极情绪的调适……………………… 225
　　探寻新课改背景下的"生活德育"新路………………… 229
　　融三理　重技艺　讲和谐………………………………… 233
　　积极心理支持下对小学生探究性学习指导的策略研究… 237
　　学会倾听　善于沟通……………………………………… 247
　　让好习惯滋养着学生心田………………………………… 253

关键词七　精致管理……………………………………… 258
　　实践研究　培育特色……………………………………… 259
　　办学特色与精细化管理…………………………………… 262
　　用整个心做整个校长……………………………………… 269
　　探寻制度化管理与人性化管理的平衡点………………… 273
　　善于管理　敢于担当……………………………………… 276
　　用教育哲学滋养管理智慧………………………………… 279
　　基于"教师发展自觉"的校长价值领导力……………… 283
　　实施精致化管理　创建新优质学校……………………… 290
　　有感于培训………………………………………………… 294
　　大化无痕　渐入佳境……………………………………… 299

关键词八　积淀文化……………………………………… 306
　　教师文化的营造与滋养…………………………………… 307
　　在课程统整中创建"三乐"学校文化…………………… 312
　　"三乐"教育的文化个性………………………………… 327

  创建"实"与"活"的课堂文化 330
  文化润校 特色发展 338
  用养成文化滋养新优质学校 344
  文化浸润 励志凝神 349
  在传承中培育学校教育品牌 351

附录 358

  优化课堂心理环境 探究课堂教学模式 358
  把问题变成课题 365
  为了托起明天的太阳 366
  "三乐"教育理念的忠实执行者 374
  乐学教育研究 追求完善 375
  名师风采展示 376
  一位"尚文善化"的特级校长 377
  "三乐"文化成就师生共同快乐成长 380
  从"三乐"教育到"三乐"文化 384
  是谁把孩子的快乐"偷"走了 388
  追梦者的足迹 394
  乐学、乐教、乐管 397
  美国的孩子为什么学得开心 399
  放飞心灵 快乐成长 401
  享受 403

后记 405

参考文献 409

关键词一 思考教育

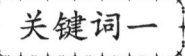

思 考 教 育

  思考教育是校长工作的先导。苏霍姆林斯基有句名言:"校长对学校的领导首先是教育思想的领导。"校长必须有自己的教育思想,校长的成功在于其教育思想的科学、先进与可行。我当校长32年,无论是20世纪80年代在仓桥中心校任校长时重视心理健康教育,还是跨入21世纪在松江区实验小学任校长时传承与创新"三乐"教育(乐学、乐教、乐管),以及在先后创建松江区第二实验小学、第三实验小学的过程中,始终坚持思考适应时代与学校发展的教育理想。如今在松江区第三实验小学任校长,对时代赋予学校教育使命的哲学思考,使我进一步明确了办学的核心理念,提出了"三为"教育——为人正、为学乐、为业精;对学校发展性心理健康教育的思考,使我领悟到学校教育追求的目标及每一个教育工作者神圣的使命——点燃学生心中的火把;对课程改革的思考,使我找到了实验小学独具特色的课程建设之路,令人兴奋不已;对学校特色品牌建设的思考,使我孜孜以求,乐此不疲。教育是一种唤醒。每一个生命,无论伟大还是普通,都是教育的起点和归宿。正如德国教育家斯普朗格所说:"教育的最终目的不是传授已有的东西,而是要把人的创造力量诱导出来,将生命感、价值感唤醒。"学校就是要关心、爱护每一个生命,教育是一种顺势利导,用心灵与心灵的碰撞,唤醒生命中的美好与精彩。我在校长履职经历中,一直在思考教育本质和教育创新,在提升教育理念、丰富教育实践的征程中不断学习、研究和践行。

思变中求创新

实验小学办学十年来,积累了比较丰富的办学经验,也赢得了社会的赞誉。乐学、乐教、乐管的"三乐"教育成效显著。它为我们进一步深化教育改革奠定了基础,同时,也为我们今后工作带来了很大的压力。如何变压力为动力,我们的办学理念是:"思变中求创新,改革中求发展。"

一、反思中寻找突破口

一是我校的"三乐"教育实践与研究取得了成效,但还存在不足,特别是对乐学的深层次研究甚少。

二是师资队伍建设成效显著,学校涌现了一批风格型教师,目前形成了一支整体素质良好的教师群体。但还缺少新的教育理念与教育智慧等,很难凸现市级品牌教师。

三是学生综合素质较好,在社会上赢得了良好的声誉,但学生还缺乏学习的内动力与学习方式的改变,学生探究能力和创造潜力的发挥还不够等。

据此,深化学校教育改革的突破口是:围绕乐学而拓展"三乐"教育。为乐学而乐教、乐管。即让学生爱学、会学、主动地学、创新性地学、持续发展地学。

二、改革中确立新观念

我们认为要真正落实素质教育,就要从课堂上培养学生创造性学力、发展性学力做起,聚精会神抓教学改革,提高教育质量。我们把教学改革的重点放在研究学生的学习上,就是在课堂教学上要真正体现"学生发展为本"。我校从"五个改变"入手。

一是改变教师的教学理念;二是改变教师每天都在进行着的、习以为常的教学行为;三是改变课堂教学模式;四是改变师生关系;五是改变学习方式。这"五个改变"的关键是更新教学思想。我们首先组织教师学习理论,重点学习"二期课改"的核心思想:以学生发展为本,培养学生探究性学习能力。同时,我们学习华师大叶澜教授的"新基础教育理论"。经学习讨论,我们给教师操作层面上归纳了"三个还":把课堂还给学生,让课堂充满活力;把班级还给学生,让班级充满

关键词一 思考教育

生长气息;把创造还给教师,让教育充满智慧挑战。学习夸美纽斯《大教学论》,关于教学设计与上课的关系进行大讨论,形成"三会"共识:会提供师生教学过程创造性的发挥时空;会关注学生的个体差异和为每个学生提供主动积极活动的保证;会促使课堂中多向、多种类型信息交流的产生和对及时反馈提出要求。

三、创新中追求高质量

我们本着早规划、早实验、早研究的工作思路。一开学从制定规划入手,积极准备迎接上海市素质教育实验学校专家组评审,给学校以正确定位,确立课题,落实具体措施。

制定规划

我们把规划制定过程看作是一个学习、总结、提高、创新的过程,发动全体师生,积极参与。让教师的智慧、热情、探索和创造迸发出思想的火花;让学生的天赋、个性、体魄和进取性得到充分的磨炼;让学校培养学生品德高尚、全面发展、身心健康、特长突出。这是制定规划的出发点。具体从现状与分析、办学指导思想与目标、办学特色与实施策略、保障措施等方面入手。如办学总目标是:"整体优化、实验创新、凸现特色、崇尚一流",融实验性、示范性为一体的现代化学校。围绕总目标,学校还制定了德育、教学、科研、校园文化建设等工作目标。

确立课题

我们把教育科研当作凸现学校办学特色,实现教育发展的先决条件,坚持走"科研学校"之路,向科研要质量、要效益。在学习、总结、分析、提炼的过程中,形成学校中心课题——"小学生乐学的研究与实践"。试图运用现代情感心理学的科学原理,结合"二期课改",研究学生的乐学,充分发挥情感功能的积极作用,让学生怀以愉快的情感进行体验学习,重点培养学生探究性学习能力。

以乐促学

旨在探索一条能充分调动学生的学习积极性、主动性和创造性,促进素质全面发展的新途径,培养学生创造能力和终身学习的意识。将这一目标,按照发展层次,分解为四个方面:激发学生的学习兴趣;引导学生把兴趣转化为学习动机;促进学生把动机转化为道德行为和学习行动;鼓励学生探究性学习,培养创新意识和创造能力,发展个性。

以乐优教

旨在通过良好的教学既能充分体现教学的要求,又能充分考虑到学生的需要,给学生以积极的引导,以求学生的学习活动与其需要的和谐统一,从而使学生产生乐学体验,优化教学效果,促进教师提高自身素质,深化教学改革,推进素质教育的积极导向作用。

主体性策略

学生乐学的主体性发展策略强调尊重学生的主体地位和主体人格,培养学生自主性、主动性和创造性。重点研究学生自身的内在学习需求和探究性学习。

兴趣策略

以激情增趣,培养学生的学习能力,改变学生的学习方式。针对学生的学习特点和求知需要,灵活多变地设置学习的任务和要求,如:改传统的纸笔作业为讲故事、画图画、剪报、表演等活动性实践性作业。学生主动地参与学习。在课前,让学生有目的地运用电脑查阅资料、制作卡片、撰写观察日记;在课中,让学生积极参与教学过程,展示自己的资料、发表自己的观点,师生之间、学生之间平等地进行讨论;在课后,让学生带着问题继续观察、搜索资料、广泛阅读。

探究策略

让学生积极探究,培养一定的探究能力。结合"二期课改",努力开发校本课程,促进学生探究性学习。我们着眼于学生的全面发展,强化各学科间的联系,优化学生综合基础,进行有效的学科"整合",通过内容的补充联系,使所学知识形成整体有序的结构,提高知识的运用能力和迁移能力。如一年级美术"以科学整合为重点,搞好美术教研活动"注重学科思想、精神的渗透,尝试综合性探究作业,培养学生的探究能力。

乐学的主导性策略

一是构建新的教学模式和课改实验。

关键词一　思考教育

教学建设的内涵十分丰富,但至关重要的是课程改革和教学模式建设,我们紧紧抓住这两个重点,积极推进课程改革,构建新的教学模式。我们还准备进行二项实验:一是开设探究型课程;二是2至3门学科开设"双语教学"。在此基础上开发校本课程,给学生的发展提供选择,也给教师提供发挥自己能力的舞台。具体从以下三点进行实践。

为学生提供课堂主动学习的时空,教学以"学"为本。我们的教师在课堂教学中体现出"三个要":一要保证有充分的时间让学生在课堂教学过程中能动地活动,通过体验、交流和选择实现认知、探索和创造;二要提供实践活动的空间。打破教学常规,改变教师讲、学生听的教学模式,实行启发式、讨论式、互动式等教学方法,让学生主动参与学习过程;三要采取灵活多变的教学方法和手段,发挥我校现代教育技术的优势,做到现代教育技术与学科教学的整合,让学生乐意并善于主动思考问题,主动提出问题,主动解决问题,把教学过程变成学生带着问题学习,不断探索解决问题的过程。

二是建立民主、平等、和谐的师生关系。

围绕"创新精神和实践能力培养",改革教学模式,在教学实践中,我校积累了许多好的教学方法。最近,在充分吸纳过去教改经验的基础上,学校正在积极构建"探究——创新"的教学模式,即"提出问题——引导探索——帮助发现——总结规律——运用创新"模式。发挥学生的主动性,给学生以充足的独立思考时间和广阔的思维空间,让学生去想、去说、去读、去归纳,去寻找规律性的东西,引导学生多层次、多角度地讨论和认识问题。引进现代教学手段,经学校自培,目前大部分教师能自己制作多媒体课件,使教学过程得到进一步优化,创新精神和实践能力培养得到进一步落实,教学质量和效益得到进一步保证。为了有效构建课堂教学新模式,结合区"主动发展工程",在评课方面我们努力实现二项突破性改革:一是充分发挥评价的调控功能,及时修正、调整、改进教师的教和学生的学;二是改变传统课堂教学评价中对教师评价指标比重过大的现象,加大对学生评价指标的比重,重视师生双边活动,把学生在课堂主动程度、活动质量作为重要评价指标。

我们积极探索超越传统,建立新型师生关系。学校开展心理健康教育,以发展性目标为主,提高学生的心理素质。我们的教师采取主动的行为,努力做到"尊重学生、改善沟通、乐于听取意见、善于控制情绪、努力提高教学水平"。初步建立了以"情感共鸣"为主要内容的师生关系。

三是构建校本德育,促进学生自我发展。

以学生为主体,以学生内化为目的,以队伍建设和制度管理为保证,构建校本德育工作模式,全面创优,使学校德育具有常规工作规范性、特色工作创造性、德育工作实效性。

注重主体参与,培养学生的主体道德素质。加强学校心理健康教育,提高学生的心理健康水平。

加强和改进学校德育工作,做到德育管理注重自我管理,思想教育注重自我教育,行规训练注重自我规范,德育评价注重自我评价,最终达到学生自我发展。

四是提升教师素质的研究型策略。

我校始终把教师队伍建设作为立校之本,兴校之源,坚持把教师的校本培训作为一项重要策略,放在学校建设和管理的重要位置。结合区绿叶工程,我校实施"开天杯名师工程"。最近开展"开天杯"金鹰奖优质课教学评比,共有11门学科30节课,并制定了"十五"师训规划与"开天杯名师工程"实施方案,确立了"立足校本培训、着眼全面发展、凸现品牌教师"的师资队伍建设目标,努力使学校成为专业化教师发展的基地,名优教师成长的摇篮。

在学校管理上,目前我校基本形成一个课题——"整合教育"的策略研究。从"整合"理念出发,在有限的学校时空,使校内开展的各种教育活动都能产生最好的教育效应,不是"单打一",而是整合。如平时工作中,我们注重"三科整合",重视文科、理科、艺体学科间的协调统一,相互补充,相互渗透,发展学生个性特长;"三理整合",重视学生生理、心理、伦理的协调发展;"三教整合",学校教育、家庭教育、社区教育相互协调、促进,形成合力等。学校管理要努力探索体现人文精神与科学精神的统一,在管理制度、管理方式、运行机制、

关键词一　思考教育

测评体系等方面要进行有效改革。

在教育局直接领导下,在兄弟学校共同关心、帮助下,发挥班子集体力量和发扬教职工主人翁精神,齐心协力,我们坚信事在人为,科研兴校,只要我们有一个争创一流的办学目标,有一种敢于创新的精神状态,有一股奋发向上的工作活力,学校教育改革一定能够健康,持续地发展。

（原文发表于《小学教育理论与实践》,2001年第5期）

三理整合　和谐发展

一、创设适合学生"三理整合　和谐发展"的校园道德文化环境

1. 继续加强师德师风建设,切实改善师生关系

"学高为师,身正为范"。学校始终将全体教师的师德师风建设放在重要的位置,在教师中继续开展"创三好"评比活动,争做好同事、好师徒、好组室,营造良好的教师人际环境,让教师以积极、饱满、愉悦的心情投入教学工作。在课堂教学中,我们又向全体教师明确提出要落实"三个带进"的要求,把激情带进课堂,把趣味带进课堂,把微笑带进课堂,旨在营造良好的课堂心理氛围,努力优化课堂心理环境。我们要引导教师学会从心理学的角度来对待学生在学习和行为上的偏差。同时,学校又以教代会的形式通过了《让思想道德真正走进学生的内心世界——实验小学加强未成年人思想道德建设实施细则》,进一步规范师生行为,做到有章可循。

2. 丰富班级文化创建内涵,营造良好育人氛围

我校开展的班级文化创建与中队特色活动有机结合。通过制订巧妙的班级文化建设方案,营造高雅的班级文化环境,开展丰富的班级文化活动,呈现个性化的班级文化成果。试图通过丰富多彩、富有个性的、多样化的班级文化影响学生的行为规范、思想道德观念及生活方式的选择,使学生在潜意识状态下接受信息,获得感悟和启迪。同时,通过班级文化建设唤起和激发学生学习、生活乐趣,形成一种催人积极进取的良好气氛,有利于学生行为的规范,思想的纯净。

二、开发"三理整合　和谐发展"的校本德育课程

学生是一个能动的个体,为了使我校的行为规范示范标兵校创建更有针对性,便于操作,我校积极开发校本德育课程,既有总要求,又有分年级实施细则。通过"三理整合"教育,使学生的生理、心理、伦理教育互相渗透、互相促进、整体发展。从学会健体、学会学习、学会做人三方面加强对学生的行为规范教育,使学生积极、乐观、自信地对待每一天,让每个学生拥有身心和谐发展的健康素质。

内容 年级	学会健体	学会学习	学会做人	三理整合达到的目标
一年级 | 二年级	养成经常锻炼身体的习惯。掌握一定的健身方法,乐意参加体育活动,有强健体魄。能尊重生命。	注意力集中,乐于参与学习活动。按时完成作业、思维活跃。形成良好的学习、生活习惯。	待人有礼貌,爱护公物,遵守时间,团结友爱,助人为乐。	学会交往 学会合作
三年级 | 四年级	有锻炼身体的良好习惯,主动参与各项体育活动。具有强健的体魄,体育成绩达标。能珍惜生命。	自觉遵守校纪、校规及小学生行为规范,较自觉、合理地安排课余学习时间,能独立解决一些问题,具有自我保护的意识。	尊敬师长、尊重他们的劳动、诚实、开朗、积极向上,有进取心。	学会关心 学会负责
五年级	养成自觉锻炼的良好习惯。认真参加体育活动,具有健康体魄,体育成绩优秀。能享受生命。	有一定的自治自理能力和分辨是非的价值标准,初步形成良好的道德情操。在学习中能有一定的创造性。	诚实守信,能正确对待成功与失败,对自己的言行有责任感、有自主、自律精神。	学会选择 学会优化

在实施"三理整合"的教育过程中,涌现了一个个非常感人的故事。如我校五(6)班学生陈茜尔自幼双耳失聪,在同学的鼓励下,在老师的帮助下,在父母的支持下,她面对挫折不气馁,以良好的心态投入学习。尽管在成长的岁月中充满了甜酸苦辣,但这只不屈的雏鹰以笑对生活的态度刻苦勤奋,先后被评为"市百名苗苗小能手"、校"三好学生",今年还荣获了国家级奖励:宋庆龄奖学金。在中福会少年宫举行的颁奖典礼上,她作为4个代表之一,第一个面对来自全国各地的模范小标兵,作了感人至深的大会交流,获一致好评,东方少儿频道还作了专程报道。是老师们的谆谆教导,是同伙们的手足情深,是父母的呕心沥血,使双耳失聪的她身心健全,成为一名品学兼优的好学生。

三、开辟学校、家庭、社区联合互动的校本德育途径

教育是一个系统工程,学校教育的最终目的就是要促进学生身心全面发展。孩子是一个社会人,他在成长的过程中,时刻与家庭、社区紧密相连。为了进一步形成教育合力,我们主要从以下几方面开辟途径。

1. 让教师走进家庭——百名教师访千户家庭

2. 让父母走进孩子——父母有话要说

3. 让家长走进校园——参与"二期课改"

4. 让社会参与管理——志愿者在行动

四、开展丰富多彩、寓教于乐、主题鲜明的校本德育活动

1. 在生动活泼的争章活动中加强小公民道德建设

结合我校少先队的争章活动,为进一步加强小公民道德建设和行为规范教育,大队部开发了"自主体验、快乐成长"的又一校本德育课程,既有总要求,又有各年级实施细则。(附总要求)

松江区实验小学选修章章目设置表

年 级	爱心与奉献	洁齐美	探究	体育	艺术	劳动
一、二年级 (绿色圆形)	白鸽章	大雁章 (洁齐美)	博士蛙章	小松鼠章	孔雀章	蜜蜂章

（续表）

年 级	爱心与奉献	洁齐美	探究	体育	艺术	劳动
三、四年级（黄色三角形）	白鸽章	大雁章（洁齐美）	博士蛙章	小松鼠章	孔雀章	蜜蜂章
五年级（红色正方形）	白鸽章	大雁章（洁齐美）	博士蛙章	小松鼠章	孔雀章	蜜蜂章

2. 在社会实践中进行自我教育，自我管理

　　队活动的主体是少先队员自己，社会实践活动是队员进行自我教育、自我管理的主要形式之一。学校的社会实践活动丰富多彩，根据不同年级学生进行组织。其中有特色的传统项目是：佘山少儿营地三日营。这项活动自学校创办至今没有中断过，深受学生和家长的喜爱。三天的活动内容丰富多彩：小帮手系列活动（生活自理）；小标兵系列活动（军训、学走长征路）；小卫士系列活动（了解植物特性，成为环保小卫士）；小主人系列活动（艺术联欢、军事游戏，成为独立小主人）；小伙伴系列活动（定向越野、同伴互助）。这些设计让学生在活动中有体验，有思考，有收获。

　　在传统实践活动的过程中，学校也积极创设条件，结合二期课改、校园文化建设、探究性学习、少先队活动等，于今年5月19日开展了"华亭老街文化之旅"区级主题活动。在活动中，各班队员出谋划策，各显神通，充分体现了活动中自主参与、自行设计、自己展示的精神，使活动取得圆满成功，受到青少年活动专家杨江丁老师的赞誉："一个活动全体师生共同参与，共同配合，师生投入，非常成功。"

（原文发表于《上海教育》，2004.12）

学习着·快乐着

　　应美国陶森大学邀请，由松江区教育局党委书记马莉为团长，松江区人口与计生委主任王莉萍、松江区教育局基教科科长杨桂龙、松江区实验小学校长

关键词一　思考教育

胡银弟为团员,一行四人,于2006年12月5日至18日,赴美国教育考察。

我们要考察的学校坐落在马里兰州的巴尔的摩。巴尔的摩是一个宁静而美丽的小镇,曾在争取美国独立的斗争中,众多领袖人物在那时环境熏陶下崭露头角,美国的国歌在这座历史名城诞生。我们参观了陶森大学、中学与小学。与陶森大学研究生院院长及教授,中小学的校长、老师就"教师培训""运用现代技术进行学校管理""中小学教育"等进行探讨,达成了共识。

陶森大学创建于1866年,最初是一所专为马里兰州公立教育系统培养师资的学院,坐落于马里兰州中部的巴尔的摩,处在美国东北部经济文化中心地带,距华盛顿车程大约1小时,费城2小时,纽约不到4小时。陶森大学占地320英亩,设置61个本科专业和60个研究生专业,在校学生大约18000人。陶森大学是中国教育国际交流中心上海分中心在美国的定点师资培训大学。陶森大学在培养优秀教育人才方面有着丰富经验和突出贡献。

我们早就拜读过黄全愈的《素质教育在美国》一书,书中谈到过一堂美术课:老师给一个主题,然后就往那一坐,由孩子随意创作。关于美术课的评论记忆已经模糊,唯一还记得的是说这种教育能保护和培养孩子的创造性。真的,我们来到美国小学教育的美术课堂,学生的创意与自信表现得淋漓尽致。走进美国的中小学,第一印象便是这里的教育资源铺天盖地,从走廊、墙壁到课堂,看似信手拈来却极有创造性的教具、学具……形成了独具个性、富有儿童化的走廊文化、墙壁文化、教室文化……蕴含着深刻的教育理念——学习着、快乐着;快乐着、学习着。

美国小学一般规模较小(每个班级20人左右),每班有一名教师,教师必须完成各门课的教学任务和指导学生的课外活动。我们更多关注美国的课堂教学,很想弄明白美国的课堂教学呈现一个怎样的局面,它和国内"推进课改、聚焦课堂""探究教学与探究性学习"等丰富学生学习方式的教学改革的浪潮孰优孰劣。

首先走进美国小学的数学课堂,这是一节二年级的数学课,学生正在利用"拼图"的学具学习"数学"。与学生、老师、校长问答并交流,"做中学"的教学理念油然而生。此刻,我们想数学之所以在信息社会应用广泛,重要的原因之一就是数学能够用非常简明的方式,经济有效地、精确地表达和交流思想。因此,在美国课堂教学中你能清晰地体验到"为数学交流而学习"。听校长和老师介绍,在他们的数学教学中,往往组织学生开展小组内交流和全班交流活动。鼓励学生进行探究性学习;鼓励学生在社会生活中与家长、朋友交流学习数学的感受及对数学的态度;鼓励学生写日记、写书信,记录当天学习了什么知识,哪部分最难,哪部分最容易,最喜欢哪些内容,做了哪些学具等。然后在课堂上交流所写的日记和书信。这种做法既丰富了教师获得反馈的渠道,同时也促进了学生间对数学知识的理解与交流。美国的教材也是非常吸引我们的,先进的教学理念和详尽的教学设计撇开不说,每一个章节的介绍,每一个知识点的学习所赋予的广泛的人文精神足以让人折服。例如加减法的教学中,教师将26个字母给予了一定的经济价值(插图),请学生根据这张表格算出自己名字的价格。学生兴趣盎然,乐此不疲。我们观看了美国中学的劳技课、信息技术课、学生的演播室、特殊教育班教学……发现美国的中学教育很重视学科的整合与校本课程建设。

走出美国教育的课堂,我们情不自禁地想到,当今世界一些发达国家在学校教育领域的改革与发展,主要集中体现在教学理念的变革和教学方法的改革上。首先就教学理念的变革而言,其发展变化的趋势又主要是通过关注公民意识的培养、关注个体及关注生命过程的成长、注重结构开放、实施效率监控等变革途径,来大力推行本国课堂教学的改革,以提升课堂教学的质量与活力。课堂教学关注学生的主体性和差异性,关注教学的互动性、趣味性和实践操作性,关注教学环境的开放性和教学资源的整合性。

学习借鉴美国中小学教育的经验,真正把握好"探究教学与探究性学习"的本质特征,我们认为必须处理好以下几个关系:

一、面向全体和尊重差异的关系

美国着眼于学生探究品质和终身继续探究学习能力的发展。美国的教学正在积极探索用"个别化""个性化"探究教学代替班级统一的探究教学,开设选修课,实行"走班"教学和优师带徒等办法,为学生提供更多的个性化探究学习机会,让每一个学生的探究潜能得到开发,探究水平得到提升,探究能力得

关键词一　思考教育

到发展。由此,我们应该认识到,在探究教学中统一性和个别性是不可分割的两个方面。学生的探究学习必须建立在个人的独立自主钻研、思考基础之上。各人的学习、思考和探索的结果,均体现了学生的个性特征,也必然呈现出答案的多元性和差异性。正是这种多元性和差异性,才体现出探究教学的丰富性和生动性。我们必须坚决摒弃那种不顾学生实际,"一刀切、齐步走"的做法,在探究教学中注重张扬个性,使学生得到充分发展。

二、学生的主体性和教师的主导性的关系

尊重学生主体地位和主体人格,培养和发展学生的主体性,是美国推行探究教学的一条重要原则。美国各中小学在实施探究教学时十分重视学生主体地位的确立,认为学生主体的感知、思维、想象、体验和内化等过程是别人无法代替的,学生只有成为探究教学的主人,才能真正参与探究教学的过程。教师作为探究教学活动的主导者,精心设计、科学安排,努力引导和启发学生探究学习,并经常作为学生最好的探究学习伙伴参与到探究教学活动之中,与学生一起探究,共同探讨、互学互动,教学相长,使探究教学取得成效。

三、探究学习和接受学习的关系

探究学习是指学生不局限于现存的结论,而从多方面寻求答案或以不同的思路去思考问题、解决问题的学习方式。接受学习也是有意义接受学习,是学生接受以符号为代表的新概念和原理,与原有的认知结构发生联系,建立起实质性的和非人为的联系的学习方式。探究学习和接受学习是两种不同的学习方式,美国在全面推行探究教学时,并没有摒弃有意义接受教学,而是把这两种形式结合起来,在探究中有接受,在接受中有探究,使其相辅相成,互相促进。借鉴美国的经验,从我国目前的现实出发,必须加强探究学习的研究与实践,不仅把探究学习作为学生学习的一种重要方式,而且要作为一种现代教学理念贯穿于整个教学过程之中,使学生学得生动活泼。

四、注重实践和激发动机的关系

杜威强调"做中学",让学生在实践中去创造探索,获取知识。布鲁纳倡导"亲自发现的实践",让学生在实践中用自己的头脑获取知识。但是学生参与探究实践活动,是建立在本人的动机和兴趣基础之上的。所以杜威认为,学生

的学习是主动的,它包含着心理的积极开展。学校的教学必须服从儿童的兴趣和经验的需要,使儿童从那些真正有教育意义的兴趣活动中进行学习。布鲁纳主张激发学生的兴趣,调动学生学习的内部动机,使学生有一个探究学习的内部诱因。借鉴这一点,我们要真正确立探究教学的实践观。在实施探究教学中,要进一步加强实践操作,引导学生动手、动眼、动口和动脑,从培养兴趣、激发动机入手,不断强化学生的实践操作行为,促进学生探究学习的深入发展。

五、探究学习过程和结果的关系

发现学习和探究学习的过程与结果关系主要有三方面:从学习的定义来说,学习是一种过程,而不是结果。为此,要让学生参与获得知识的过程。从学习的目的来说,使学生如何学习要比学会什么更重要。从学习的结果来说,使学生在探究和发现中获得新的领悟,寻找正确结构和意义。由此我们可以看出,发现学习是十分强调学习的过程,但并不是不要学习的结果,而是把这两者统一起来。学习借鉴布鲁纳教育理论,既要注重引导学生全身心投入探究教学过程之中,又要重视学生在探究中进行认知结构的建构,不断提高学生的学习效益。

(本文为作者于2006年12月赴美国教育学习考察随记)

实施"三乐"教育　促进师生共同发展

实验小学以师资力量雄厚、教学风格鲜明、学生思维活跃、教学质量高而著名。学校自创办之日起,就实施"三乐"教育(乐学、乐教、乐管),经过十多年的实践研究,取得了良好效果。随着"二期课改"的深入开展和素质教育的全面推进,"三乐"教育也被赋予新的内涵,注入新的活力。乐学是出发点也是归宿点,为乐学而乐教乐管,不断提炼办学理念,形成办学思想——"为学生乐学奠基",引导学生由"乐中学"最终达到"学中乐"的乐学境界。从规划到具体实施,力求"轻负担、高质量、有特长",在全区乃至全市发挥了示范、辐射作用。学校先后被评为"上海市行为规范示范校""上海市德育工作先进集体"

关键词一　思考教育

"上海市科研工作先进学校""上海市艺术教育特色学校""上海市科技教育先进集体""上海市素质教育实验学校"等。学校连续三届被评为"上海市文明单位"。

一、三课联动,整体推进

三课——课程、课题、课堂。我校是上海市首批"二期课改"实验基地学校,通过课题研究,推进课程建设,最终将新课程理念落实到课堂。目的是将课程建设、课题研究、课堂教学改革同步发展,相互促进,形成联动效应。

课题引领。2001年列项市级课题:"学科教学中探究性学习的实践研究"。该课题为学校中心课题,同时建立了12项子课题,31项校级课题,构建了三级课题网,与学校发展规划及具体目标相匹配。我们设计了三课联动方案,开展案例研究,坚持6年,教师撰写一千多个教学案例。该研究成果荣获上海市第八届教科研成果三等奖,区一等奖,并出版成果集:《课堂教学新探》。在此结题基础上,又列了市级课题"探究性学习指导策略及其心理支持的研究"。

课程建设。学校着力构建学校课程体系的系统,如目标系统、开发系统、实施系统等。倡导教学民主的宽松氛围,发挥教师个性特长,拓展开发渠道,尤其关注生成性课程的开发。主要体现为一个核心、两个层面、三大领域。一个核心,即学校课程的核心思想是"以学生发展为本,开发学生多元潜能"。两个层面:第一个层面是对基础型课程再设计,让新的实验教材通过教师的二度开发与建构,转化为充满活力和具有创造力的课堂教学活动;第二个层面为"创生",就是根据学校自身的状况开发新课程。三大领域:一是学科领域;二是学科综合领域;三是社会生活领域。从2001年起,校本课程开设了9门素质教育实验课程,如"华亭老街文化之旅""走进大学城"等。编写校本教材10多项:"快乐足球、学学做做好开心、快乐数学、口语与交际"等。正式出版5本书:《优化课堂心理环境的实践研究》《三理整合　和谐发展》《教学实践与思考》《筑梦杏坛》《课堂教学新探》。

优化课堂教学。围绕学校中心课题,开展以"问题驱动课堂,师生有效互动"的教学策略研究,培养学生乐于探究、敢于质疑、善于学习的能力。首先建立良好的师生关系:把激情带进课堂、把微笑带进课堂、把趣味带进课堂。在实验过程中,教师了解了课改的过程,课堂发生了变化,体会了实验的甘苦,也感受到工作乐趣。近几年,学校先后有5位教师获上海市课堂教学评比一等奖。多次举办市级与区级的教学研讨、展示活动,如2004年由市教委、上海教育学会与小学管理专业委员会联合主办,我校承办的"探究性学习与课堂教学改革"现场会。

二、三理整合,和谐发展

三理——生理、心理、伦理。生理是人发展的基础,心理是核心,伦理是归宿,身心健康发展的终极目标是学会做人。如果一个人生理上有缺陷,由心理上弥补;生理健康并不等于心理健康。运用整合思想,我们构建了一个目标体系:学会健体、学会学习、学会做人。这是坚持6年实施的校本德育。分年级、分层次,形成序列,并制订了实施细则(5个年级,10个学期)。低年级:学会交往、学会合作。中年级:学会关心、学会负责。高年级:学会选择、学会优化。在实施过程中,我们首先加强教师心理健康教育,使教师调整好心态,积极投入工作,注重整合,既提高德育针对性、实效性,又减轻了他们的工作负担。在日常行为规范教育中开展"十个好"活动:上好课、读好书、写好字、说好话、走好路、吃好饭、做好操、行好礼、护好绿、扫好地。每月有重点,每周有内容,分层次、有序列、有载体地进行,形成了"好习惯伴我行"的学校文化。贯彻"两纲"教育,落实到课堂,落实到日常教育教学之中,真正由他律变成自律。这一校本德育的研究与实践,取得了良好效果。学生的道德面貌既体现三理整合的效应,学生的知、情、意、行和谐生成,同步发展,又有个性化的道德行为表现,促进了学校文化发展。我们将此成果制作成电视片,并荣获全国第三届校园文化电视金奖。此研究成果先后赴新疆、云南、江苏、浙江等地进行展示宣传。

三、三位一体,提升素质

三位——教学、研究、师训。打造一支名优教师团队,是学校的首要任务。研和训是为了提高教的能力,提升教师专业水平。学校首先营造促进教师专业自主发展的学习文化,激发教师对职业理想的追求,规划自我、发展自我,实现幸福人生,全校教师形成"我能行、我发展"的共识。具体做法:

关键词一　思考教育

1.将校本教研、校本师训与教学一体化:载体——五步曲、双百活动、八环节

围绕学校中心课题,强化教研组建设,以问题引导研修,进行课例研究,研究教学首先从捕捉课堂教学的真实问题入手。

五步曲:注重学法研究与指导,把探究性学习归纳为五步曲。(1)假设一种适合学生探究性学习的方式;(2)挖掘、整理本学科可探究的内容(钻研教材、把握教材);(3)选择可探究内容设计一个教学方案;(4)进行教学实践活动;(5)撰写一个案例研究报告。

双百活动:一学期百堂研讨课、展示课,百个教学案例。

八环节:聚焦课堂教学、提高教学质量抓好八环节。前说课、上课、后说课、评课、反思、撰写教学案例、案例教学、撰写专题论文。

通过个人反思、同伴互助、专家指导、专业引领指导的协同整合,提升了教师专业水平与教学能力。

2.方法、途径:分层培养、分类指导、搭建平台

对新教师的"入格"培养:角色的转换,基本教育、教学常规培训,会上课,参与课题研究,健全带教制度、学校领导走访慰问制等。如2006年,随着学校规模扩大,招聘了16位新教师,来自全国六个省市,他们首先要融入大家庭,传承学校优良传统,感受文化熏陶。青年教师的"上格"培养:上一个台阶,独立性教学、渐渐超越自我。2005年成立"青年教师工作坊",教师有自己的研究课题,进行教学论坛、人文素养讲座、技能展示、才艺表演等。骨干教师的"风格"培养:教师有领衔的课题,丰富教学个性,让教师体验、享受、创新的快乐,形成自己的教学风格、特色,成为研究型教师。2004年,我们成立了"名师工作室",发挥名师团队力量,形成学习名师、走进名师、争做名师的良好氛围。

第一,自我规划,激活教师专业发展的情感动力。

第二,分层培养,实施教师专业成长的梯队战略。

第三,进一步发挥实验小学示范、引领、辐射作用。

2006年9月,随着新城校区建成启用,学校规模扩大了,目前有三个校区。我们要精耕细作"大"学校,坚持"质量立校、特色亮校、文化润校",发展内涵,

用文化提升教育品质，构建和谐校园。积极探索现代学校制度，拓展优质教育资源，为全面推进素质教育作出我们的努力。

（原文发表于《走向和谐的上海教育》，上海教育出版社，2008）

在创新中提升校长的价值领导力

2009年7月11日至20日，为期十天冒暑进京参加第二阶段人大附中刘彭芝"卓越校长基地"封闭式的培训学习。通过本次培训学习，我对"校长是学校的灵魂"这一命题有了更深刻的理解。同时对"提升校长价值领导力"又有新的认识。

"校长是学校的灵魂"，就是校长在理解学校核心目标、把握学校根本价值方向等方面发挥主导、示范和凝聚作用，体现在对学校核心目标的追求以及对学校根本价值方向的引领上。在这次培训学习中进一步领悟了刘彭芝校长的办学思想与办学行为。培训内容十分丰富、形式极为新颖，可谓是一道精神大餐。一个个精彩报告，一场场创新展示活动，一次次专题研修，令人感到震撼。

如何提升校长的价值领导力，刘校长为我们树立了榜样。第二阶段学习的所见、所闻、所思、所感……作为学校的校长，我思考着这些问题：校长价值领导与学校发展的关系是什么？校长价值领导力与学生价值观教育的关系，在不同的学段，校长应该提倡哪些价值观念？怎样理解校长的价值领导力与教师队伍建设的关系？如何提高校长价值领导的有效性，如何保证学校价值领导的连续性？

如今，我越来越清晰地认识到，答案就在人大附中，就是刘彭芝校长。

一、校长的第一责任是努力遵循教育规律

刘校长在主报告《人大附中创新之路》中讲到："坚持走可持续发展之路，实现社会责任的最大化。"刘校长从时间与空间维度予以阐明教育的真谛，揭示了人大附中的经验、体会，主要有四点：一是忠诚党和人民的教育事业；二是确立教师在教育事业中的主体地位；三是坚持解放思想、改革创新；四是永远争创一流。始终坚持这几条，不动摇、不折腾、不懈怠，咬定青山不放松，一张

关键词一　思考教育

蓝图干到底。并提出了宏伟目标,人大附中要创"百年名校、千年名校……"刘校长真不愧是"关注天空"的教育家。

我不禁想起温家宝总理自2003年以来提出的重大教育命题:"教育家办学"。其核心就是建设教育强国必须按照教育规律办事,尊重教育领导的专业特性,为校长专业化发展指明了前进方向,对于提高办学水平,办真正的教育,培养全面发展的高素质人才具有重要意义。人大附中的崛起、发展、腾飞,刘校长的远见卓识、博大胸怀、追求卓越、无私奉献的人生哲理,准确地揭示了中国基础教育发展的内在规律,是尊重教育规律和回归教育本质的重要体现,是教育工作重点从外延向内涵发展的适时转移,是提高教育质量的根本保证,是对当代教育领导尤其是校长的新要求,对推动中国更多的教育家脱颖而出,办一流的学校、世界的名校、一流的教育,会起到积极的促进作用。

著名作家王蒙的报告《老子的帮助》,聆听后启发很大,他从"道法""无为""柔弱"方面进行阐述,揭示了一个深刻道理:世界上万事万物都有自己的规律,要按规律办事,用哲学的思维来思考问题,解决问题。人大附中的"超常教育"创新之路,真是一条不平凡的路。

人大附中的"超常教育"从一个数学实验班开始,如今已形成"超常教育"的体系,也真是从一个侧面体现了遵循教育规律办教育。

按教育规律办学,说起来容易做起来难,真正一辈子做下去就更不容易。正如教育专家、全国政协委员文喆所讲:"一方面,有个认识问题,有个对教育规律的不断探索、不断学习、不断发展的问题;另一方面,又有理论与实践勇气的问题,有一个人的精神境界与精神追求的问题。"刘彭芝校长及人大附中的办学实践告诉我们,要坚持按教育规律办事,不仅需要学习,需要创新,需要持续的努力与追求,而且更需要奉献,需要牺牲,需要有一种与时俱进的勇气。

二、校长的第一品格是敢于创新

创新精神是刘校长教育思想的灵魂。用历史的、世界的、战略超前的创新精神办学兴教,用平等的、民主的、尊重个性的教育理念全面育人,用崇高的、大爱的、无私奉献的人格魅力凝聚人心,为创世界名校而奋斗,为祖国的腾飞做贡献。在刘校长主报告《人大附中创新之路》以及创新之路的系列报告与展示活动中得到充分体现。

一是创新层次高。

二是创新是全方位的。

三是创新的成果丰厚。

刘校长在"融通古今中外的基础上开拓创新",形成了具有自己独特个性与鲜明色彩的、包含自己鲜明的理想和追求的教育思想。在其创新的过程中,她正确地处理好了"继承与发展、开拓与务实、突破与融合"三对关系。

在"继承与发展"中,继承是建立于对人大附中传统的深刻理解,建立了对人大附中现实的清醒认识和科学评价,在这样继承基础上的发展显示出它的历史渊源与历史厚重感,使其教育思想获得人大附中师生员工的广泛认同。

在"开拓与务实"中,刘校长深刻地认识到:只有开拓才能发展,只有务实才能成功。她的开拓是在融通古今的基础上开阔眼界、集思广益、敏锐果断、把握机遇;她的务实是立足现实、着眼发展、实事求是、奋力争取。

在"突破与融合"中,她所主张的突破是在实践中不懈地探索,是在改进中不断地提升。她所进行的融合则是把成功的实验成果规范化、常规化,并与传统的有效的教育行为有机地结合在一起,使传统在成功探索推动下发展,使崭新的发展在常规和行为中得以巩固与传延。刘校长的教育思想在传统的营养中吸收滋养,在创新的实践中发展。

三、校长的第一使命是办出真正的教育

教育家刘彭芝校长的办学集教育思想和教育实践于一身,是尊重教育规律和回归教育本质的重要体现,正如袁振国教授在"刘彭芝教育思想"研讨会上所讲:"刘校长不断深邃的教育思想,不断践履的教育行动,不断推进的教育创新,不断完善的教育人格。"

刘校长在《人大附中创新之路》的主报告第一部分讲到:"坚持走可持续发展之路,实现社会责任的最大化。"一所学校不光是承担社会的责任,而且要实现社会责任的最大化。把"责任"看得高于一切,将自己的全部身心投入教育。"我已经没有我了",这是刘校长的真实写照,令人敬佩。

关键词一　思考教育

1. 激活灵魂——教育思想现代化

思想是行动的先导,教育思想是教育行为的灵魂。教育思想现代化的核心是全面推进素质教育。学习刘校长,首先学习她的先进思想、先进理念。

人大附中的办学理念:尊重个性、挖掘潜力;一切为了学生的发展、一切为了祖国的腾飞。教育家首先必须有教育思想,教育实践是教育思想产生的土壤;教育家必然有深厚的教育实践,必须将深刻的教育思想和教育实践融为一体,使教育思想与教育实践相互促进。教育思想要在教育实践中捕捉、形成、积淀和升华,教育实践则要在先进的教育思想的指导下明确方向、提高质量、锐意创新。刘校长既有深厚的教育实践的功底,又能够站在对国家、对民族、对学生负责的高度,对教育有着深刻的理解和独到的见解。她从事教育工作四十多年,从教师、班主任,到特级教师,到副校长、校长,在教学第一线摸爬滚打,在教育实践中上下求索,形成了先进的教育思想。

2. 构筑高地——师资队伍现代化

教师是立教之基、兴教之本、强教之源。建设一支师德高尚、业务精湛的高素质教师队伍是实现教育现代化的重中之重。刘校长十分重视教师队伍建设,教师是教育发展的第一资源。导师刘校长敢于创新的精神值得学习。

教育是面向现代化、面向世界、面向未来的事业,因此教育必须不断创新。刘校长的创新正如中国教育学会会长、北京师范大学陶西平教授所言:"推动教育创新的表率。"刘校长在教育创新方面的探索和思考对学校管理者有很大的启迪。她提出了"管理要创新,必须具有世界的眼光和历史的眼光,必须具有战略思维。"又如刘校长的"激活每一个细胞"的教育思想深得"道而弗牵,强而弗抑,开而弗达"的思想精髓。正如仇忠海校长所言:"教育创新实质在于不谋思想之统一,而谋思想之变化。"刘校长的"激活每一个细胞"的教育思想正是谋学生思想变化的思想。正是因为有了学生日新月异的思想变化,才能不断激发他们进行探索性、创新性的学习。刘校长的教育思想是新时期教育理念创新的一个典范,其核心是观念革命。刘校长的观念革命就是让学生建立自主开放学习系统。

她带领全校师生践行"尊重个性、挖掘潜力",让学生由被动学习走向主动学习,由接受学习走向探索学习,由孤立学习走向合作学习,由静态学习走向动态学习。"一切为了学生的发展"的思想,得到了充分体现。在教师培养方面,让每个教师适应自己的岗位,尽可能挖掘每个教师的潜力。

3. 追求精致——教育管理现代化

刘校长是一位不断追求卓越的校长。以自己的人生追求和人格魅力实现管理的精致化,作为"领跑人"不断自加压力,追求卓越、精益求精、好上加好。正如刘校长所言"一张蓝图干到底,咬定青山不放松"。我要学习刘校长崇高的人生追求和强烈的人格魅力。

一个人所做一切绝不会超过自己追求的一切。校长应该追求自己的人生理想。宋代张载说过这样一句话:"志大则才大,事业大;志久则气久,德行久。"刘校长是一位追求卓越、追求完美、充满理想的校长。更重要的是,刘校长善于将自己的理想化为教师的理想,将自己的志向化为教师的志向,将自己的奋斗化为全体学生的奋斗。"国内领先、国际一流"是人大附中的目标,是人大附中全体师生踏踏实实的追求,是人大附中全体师生响遏行云的心声。这种心声,北京听到了;这种心声,中国听到了;这种心声,世界也听到了!

教育家应该具备一种对教师的人格魅力。刘校长对教师的人格魅力首先表现在她以宽广的胸襟接纳不同的教育思想。一个校长没有自己的教育思想不行,但固守一己的教育思想而不加变通也不行。刘校长不仅善于兼收并蓄古今中外名家各派的教育思想,而且尊重学校里不同教师的各种观点、各种想法,尊重教师的思想个性,鼓励教师做有思想的人,宽容他们的教学个性,为教师们创造平台,让他们各展所长、各尽其才,争奇斗艳,在人大附中形成了不拘一格育人才、万紫千红春满园的生动局面。

刘校长具有极强的价值领导力,为我们树立了榜样。要提升校长的价值领导力,首先,要学习著名校长的治校之道,研究名校长的治校思想和经验。其次,要放开眼量,全面了解国内外所发生的巨大变革,以及这种变革对学校教育提出的挑战与要求。校长的价值领导力说到底来自于社会变革所提出的

关键词一 思考教育

教育需求。再次要学一点哲学，不断地提高自己的哲学修养。结合自己的领导经验进行反思性研究，通过对自己学校办学案例的分析来进一步领会价值领导的意蕴和价值领导力的内涵。

(原文发表于《三乐教育 惠泽童心》，上海教育出版社，2011)

分享·责任·思考

随着全国与上海市教育工作会议的相继召开，国家与上海市《中长期教育改革和发展规划纲要(2010—2020年)》(以下简称《纲要》)的颁布，教育蓝图已绘制，未来10年上海教育已全景呈现。最近在组织全校师生员工学习"两会"与"纲要"，尤其在规划纲要中讲到："探索建立义务教育学校之间协作机制，鼓励优质教育资源向新城镇和郊区延伸，促进义务教育学校优质均衡发展"。我边学习边思考，体会最深的一点是如何进一步发挥优质教育资源的示范、辐射作用。

一、分享

我是一位享受于优质教育资源辐射的得益者。从参加由市教委组织、叶澜教授领衔的"校长研修班"到参加首批上海市"双名工程"校长班学习，如今成为第二批上海"名校长培养基地班"专家组成员，又于2009年春天至今参加北京人大附中"刘彭芝卓越校长基地"学习培训。感谢市教委领导给我们创设条件，搭建平台。学习、分享人大附中素质教育经验与成果，给了我很大的启迪。

二、责任

学习"两会"与《纲要》以及人大附中办学思想，我深感责任的重大。我校是上海市"一期课改""二期课改"实验基地校。充分发挥我校课改实验校作用，通过共建协作共同体——结对联动、拜师学习、联合教研等，发挥优质教育资源作用。近两年我校先后与12所农村小学及九年一贯制学校结对，送教下乡，全天候开放课堂。每学期有50多位兄弟学校教师来我校听课、跟岗；我校领导、教师先后二十多次赴农村学校举办讲座、研讨会，进行现场展示交流活动,传递我校的办学理念和教学成果,并先后赴新疆、云南、贵州、浙江、江苏等省市讲学,带教校长二十多人。

三、思考

在当今教育"优质、均衡、公平、开放"的背景下,如何进一步发挥优质教育资源作用,引发我深入思考。我认为,优质学校的意义不仅在于它本身发展得好,还在于它发挥了多大的示范和辐射作用。作为上海市课改实验校的校长,既要仰望天空,又要脚踏实地,要学会思考,善于思辨,改善思维方式。

一要广思。多思则明。教育理念创新是优质学校发展的基础。按照全国和上海教育工作会议及《纲要》精神,要把促进学生健康成长作为学校一切工作的出发点和落脚点,"满足全体学生的学习需要"。要研究学生,关心每一个学生,遵循学生身心发展规律,不仅要提高学生的学习质量,更要提高学生的生活质量。给学生时间与空间,让学生学有所长。校长基于学生的发展进行全盘思考,对每方面要怎样发展做到心中有数。

二要能思。思考是行为的基础,思考如急流奋进中的一叶小舟,要不断调整前进的方向,才能乘风破浪、勇往直前。能思体现在:思考的方向对头;思考的效率高;思考有深度。校长在研究中,善于捕捉主要问题,如发挥优质教育资源示范、辐射作用的关键是培养创新型教师。学校发展着眼点是学生,着力点是教师,切入点在课堂。我校首先要形成一种实验创新、求真务实、追求卓越、乐于奉献的"三乐"文化;要形成激活每一个细胞的管理制度,激励教职工在岗位上建功立业,享受职业幸福;要努力为每一个教职工的成长搭建平台,使学校教师队伍充满活力,整体水平有所提升。

三要细思。思考如撒开的一张网。要有收获,还要有淘沙拣金的细腻。学校每一个目标的确立,每一次决策的形成,每一个事端的解决,可谓千丝万缕、缕缕连心,来不得半点马虎。课程创新是实施素质教育的载体。如我校"三乐园"课程建设,在激励教师积极参与课程开发的同时,注重学校层面的引领架构。一切以学生发展为本,既要考虑学校的实际,考虑前后承接,学校的办学特色,想到开发的连续性和实施操作的可能性,还要想到教师资源以及家长、社会资源的充分利用。思考的周密细致、丝丝入扣,带来的是工作的稳定、持续、高效。如今,在深化"二期课改"的进程中,我校通过实施课程统整,让课程发挥更大的育人功能,为兄弟学校提供一些有益的课改经验。

(原文发表于《松江教育》,2012 年第 5 期)

好教育的四块基石

教育在求真、尚善、臻美的道路上,已迈出多样发展、特色发展、优质发展的蹒跚步伐,既面临着难得的机遇,也面对着严峻的挑战。立足新的起点,办好每一所学校、教育好每一个学生、成就好每一名教师和发展好每一位校长,必须转变教育发展方式、人才培养模式、教师专业成长范式和校长管理服务方式,追寻"不一样的精彩"。

一、转变教育发展方式,打造"好学校"

法国思想家、教育家卢梭把学校存在的本义、价值、目的归结为"教育即自然生长"。美国思想家梭罗认为,"好学校是一个池塘",不是培养考试机器和听话的奴仆的地方,而是学习的乐园、创造的天堂。我认为,好学校定然吹拂着自由之风、涌动着创新之情、洋溢着快乐之感。

好学校吹拂着自由之风。美国哲学家怀特海在《教育的目的》中说,"通往智慧的唯一道路是在知识面前享有自由","自由是教育的必须目标之一"。在希腊文中,学校的词意就是闲暇。学校必须给予学生充裕的时间体验和沉思,才能自由地发展其心智能力。这就是我们反复强调"要把时间和空间还给学生、把兴趣和爱好还给学生、把健康和快乐还给学生"的深层价值所在。

好学校涌动着创新之情。创新是可以被某种原因激活成教育培训引发的一种潜在的心理品质。因此,一所涌动着创新之情的好学校,一要善于激发学生的兴趣和好奇心。《北京青年报》记者在 2001 年曾对 17 位诺贝尔奖获得者进行采访,其中近 80% 回答,"成功的第一要素是兴趣和好奇心"。二要善于强化学生的问题意识。我国明代思想家李贽认为,"学贵知疑,疑则有进"。三要善于培养学生的创新思维。

好学校洋溢着快乐之感。快乐就如德国哲学家康德所言,"是需要得到满足";如古希腊哲学家伊壁鸠鲁所称,"是最高的善"。有位学者曾尖锐地批评基础教育,"很多聪明可爱的孩子在教育过程中,一半被学校毁掉,一半被家长毁掉"。虽其言之锐,言之过激,但启人深思。

2012年,某地高考班集体在教室里打吊瓶,社会议论,"病得不轻的教育本身才最需要挂吊瓶、打点滴"。一些普通高中的励志标语触目惊心:"提高一分,战胜千人""考过高富帅、战胜富二代"等。学生的生命健康快乐是不能超越的,学生的人格尊严是不能超越的,学生智力发展的个性差异是不能超越的。如今上海全力培育的"新优质学校",正是通过打造充满着爱、洋溢着情、体现着乐的课堂,营造出"名师出高徒、兴趣出高分、激励出高兴"的良好氛围。

二、转变人才培养模式,培育"好学生"

塑造好学生的关键是转变人才培养模式。

首先,以德育为先,塑造走向高尚的好学生。德国教育家赫尔巴特认为,"道德是人类的最高目的,也是教育的最高目的"。德育为先旨在引领学生走向高尚。高尚源于灵魂的健康。美国思想家爱默生曾说,"人生唯一有价值的,是有活力的灵魂"。高尚源于人格的健全。优秀就是人之为人的精神禀赋发育良好,成为人格意义上的真正的人。高尚源于现实的超越。高尚源于社会责任感的增强。学生成为"自己的自己、更高大的自己"的同时,还应成为"对社会有更大贡献的自己"。

其次,以能力为重,塑造走向聪明的好学生。学习能力、实践能力、创新能力是好学生诸多能力中最为核心的能力。从某种程度上说,走向聪明的学生正是这些能力不断提升的过程,不仅"学会",而且"会学"。"会学"体现在勤于积累,融会贯通,把他有的知识变成己有的知识;体现在能概括和简化,能弃形取神,从个别到一般,从具体到抽象,从现象到规律,从温故到知新;体现在敢问、会问、追问;体现在"学中用,用中学",因为"理论是灰色的,生命之树常青"。

最后,以"挖潜"为要,塑造走向富有的好学生。人的自我潜能由知、情、意三个方面组成。走向富有的学生,一是"知"的富有。"知"就是求

关键词一　思考教育

知,法国哲学家笛卡尔认为,"最有价值的知识是方法的知识"。二是"情"的富有。"情"一方面指人与人之间的亲情、友情、爱情,另一方面指审美的情操。马克思说过,"人按照美的规律来构造自己"。三是"意"的丰富。"立志"不仅是外在的、具体的、社会化的成就,更应是内在特质的培养。如欣赏勇敢,就应设法把自己培养成为一名勇敢的人;欣赏正直,就应设法把自己培养成为一名正直的人。

三、转变专业成长范式,成就"好教师"

多元化时代需要具有专业品质的教师,转变教师成长范式是成就好教师的最佳途径。

成就好教师的前提是"责任"。正如于漪老师所说:"教师是在讲台上用生命歌唱……教师一个肩膀挑着学生的现在,一个肩膀挑着祖国的未来。"

成就好教师的关键是"智慧"。好教师的智慧,一是在于把握教育规律。二是根于深谙教学之道。古希腊哲学家苏格拉底认为,教学不是灌输,而是点燃火焰;最有效的教学方法不是告诉学生答案,而是向学生提问。三是源于"一专多能"。夏丏尊非常推崇李叔同,认为"李先生教图画、音乐,学生对图画、音乐,看得比国文、数学等更重。这除有人格作为背景的缘故外,因他的诗文比国文先生更好,他的书法比习字先生更好,他的英文比英文先生更好……"四是基于有效教研。"教研力"就是教师的"教学力"、校长的"办学力"、学校的"发展力"、区域的"教育生产力"。

成为好教师的核心是"爱心"。苏联教育家苏霍姆林斯基说:"我的生活中什么是最重要的呢? 我可以毫不犹豫地回答——热爱孩子。"霍懋征直截了当地指出,"没有爱就没有教育"。教师,要善于发现每个学生的不同个性,精心呵护这些生命,让每一个学生都享受到爱的阳光雨露,在温暖、滋润的环境中茁壮成长。

四、转变管理服务方式,争当"好校长"

"校长是一个学校的灵魂。要想评论一个学校,先要评论他的校长",陶行知由衷而言。

争当善于思想引领的好校长。好校长因思想深邃而伟大,因思想开阔而崇高。好校长的思想源于理性自觉。法国作家蒙田说:"我不愿有一个装满东西的头脑,而宁愿有一个思想开阔的头脑。"好校长的思想源于现实启迪。法国哲学家帕斯卡说:"由于空间,宇宙便囊括了我并吞没了我;由于思想,我却囊括了宇宙。"好校长时刻不忘,"让每一位学生全面发展、充分发展、快乐发展"是自己的第一要务;时刻不忘,把学校建设成为"特色鲜明、质量卓越、社会公认"的名校是自己的第一责任;时刻不忘,"思教育家之虑、践教育家之行、成教育家之名"是自己的第一追求。

争当精于科学管理的好校长。精于科学管理的校长,往往对人多看长处,对事多看短处,能把复杂问题简单表述出来,让人一听就深明其意,把简单问题深刻论述出来,让人一听就不敢松懈。

精于科学管理的校长的境界是"管"为了"不管","理"为了"不理",一切尽在习惯中。

精于科学管理的校长有所为又有所不为,不畏惧又有所畏惧。校长不怕坚守教育理想,惧怕违反规定。

精于科学管理的校长深知办学的风险不是来自有多少不同的意见,而是来自没有不同的建设性意见。不同的声音往往对改进工作益处最大。

争当能于文化建设的好校长。没有文化底蕴的学校,不是真正意义的学校,好校长视学校文化为提升学校核心竞争力的精神与灵魂。"三流学校人管人,二流学校制度管人,一流学校文化管人",教书育人、管理育人、服务育人、环境育人归根到底是文化育人。与其说优秀的学生是课堂"教"出来的,不如说是文化氛围"熏"出来的。

争当勤于学习实践的好校长。好校长的全面综合素质来自于勤奋学习和努力实践。杜威、陶行知、苏霍姆林斯基等著名教育家的实践表明,教育家首先是教育改革家,教育实验是教育家成长的重要基石。也许我们成不了杜威、苏霍姆林斯基、陶行知,但我们可以追随、继承、学习、发展他们。"高山仰止,景行行止。"虽不能至,然心向往之。

(本文为作者于2012年10月参加"洪雨露名校长基地"交流随记)

关键词一 思考教育

合作·分享·均衡

　　随着改革开放的深入发展和"科教兴国"战略的落实,政府对教育的投入逐年增加,改善了学校的硬件设施,过去危房众多的校舍经彻底改建,面貌一新,有的农村学校甚至超过了城镇学校,基本上实现了学校硬件建设的均衡化。然而,在影响学校内涵发展的软件方面,如师资力量、课程教学、教育特色、办学水平等存在城乡、校际之间的差距。为此,政府教育部门实施了学校托管、建立教育集团、教师流动、教师支教等措施,初见成效。松江区教育局则建立义务教育学校发展共同体。在共同发展目标下,由牵头学校引领,各成员校合作互助,资源分享,共同成长,发扬团队精神,以期实现地区学校软件建设的均衡化。事实证明,这一创新举措是十分有效的。

　　在松江区教育局颁发的《松江区义务教育学校发展共同体指导意见》的文件精神指导下,2010年10月,由实验小学主持,联合第二实验小学、泗泾小学、泗泾第二小学(原泗联小学)和九亭第二小学等五校组建学校发展共同体,开始了共同体建设的征程。到2012年7月,因区内学校布局调整和共同体发展需求,又新进了第三实验小学(原实验小学华亭校区,现独立建制)和九亭第三小学,增添了共同体建设的新力量。

　　我们建设学校发展共同体的理论依据是美国管理学家、麻省理工学院教授彼德·圣吉提出的以"五项修炼"为基础的学习型组织理论。他认为:"所谓学习型组织,是指通过培养弥漫于整个组织的学习气氛,充分发挥员工的创造性思维能力而建立起来的一种有机的、高度柔性的、扁平化的、符合人性的、能持续发展的组织。"其"五项修炼"为共同愿景、系统思考、团体学习、改善心智和自我超越。(周德学等编著《学习型组织》,上海财经大学出版社,1998年10月)

　　共同愿景是指共同体的一致需求、价值观念以及追求的目标。成员校据此可以激发不断超越的力量,共同体则会在更高层次上产生团队的巨大动力和超越精神。我们在追求为学生终身发展奠基、促进教师专业发展、推进教育内涵的均衡化、创建学校办学特色的共同愿景的驱动下,产生强烈的团队归原感、认同感和支持感,由此激发出我们的创新勇气,实现"部分之和大于整体"的增值效应。

我们对系统思考的理解是,按系统论的观点,任何事物都处于某种系统之中,不可能单独存在,故要预设事物发展的可能性和必然性,应对变化的生成性,以及与此相关的影响因素和内在的因果关系。为此,我们共同体围绕"基于课程统整,培育学校特色"的主题,制订了实验小学发展共同体建设方案。各成员校相应制订了参与共同体建设实施计划,确立了共同体总课题和成员校子课题及其衍生的学校专题研究,形成共同体课题研究的系统网络。我们从"方案""计划""课题"的系统思考出发,以课题网络化研究为抓手,实现我们的共同愿景。

为此,我们狠抓团队学习和改善心智。团体学习是在个人学习、充分发挥个人专长和潜能的基础上,进一步运用集体学习的力量,改变个人的旧观念、旧习惯,以改善团体的知识与心理结构,促进形成创新思维。在课程统整、创建特色上产生创新智慧和实践能力。我们共同体各成员校自请区、市教育行政部门领导与专家,进行思想引领和专业指导,使各校教师提高师德和业务能力。同时,作为共同体主持人,我多方约请区、市著名校长和专家进行高位引领、实作指导。带领成员校负责人去市内外名校考察,旨在开阔视野,寻找差距,改善心智,学习先进,创建特色。在多种教育资源的合理配置影响下,共同体呈现出潜心研究课题、聚焦问题研讨、开展特色活动、互帮互学的良好团队风气。

共同体建设的目的是自我超越和共同成长。通过不断学习,理清和加深对愿景的理解,付诸行动,自设阶梯,充满自信,逐步超越。我们的成员校在共同体总课题和学校子课题引领下,落实到教师的专题研究上,取得了不同层次的研究成果和实践效果,从而也促进了教师的自身超越和校本超越。很多教师从一般教师成为骨干教师,有的成为专家型教师,学校也由原来农村的一般学校逐步成为教育教学特色学校,具有一定影响力的学校。如:泗泾第二小学成为第二批上海市新优质学校。与此同时,共同体建设也取得了很大的成效,

关键词一　思考教育

发挥了名校的引领作用,缩短了成员校之间的差距,形成了学校课程统整的特色,诸多研究成果向外辐射,在普教系统和社区建设中具有一定的知名度。如此共同成长、近悦远来的传播态势促进共同体进一步自我超越。这在各成员校参与共同体建设阶段性成果、共同体的自评报告和松江区人民政府对本共同体的督导报告中获得证实。

　　回顾共同体建设两年来的历程,我作为共同体主持人感悟最深的关键词是合作、分享和均衡。其中合作和分享是必要条件,均衡是必然结果。

　　合作是为了共同目的一起工作或共同完成某项任务的行为。我们实验小学发展共同体,在共同愿景下的合作体现在几个方面:共同体内部构成的合作,如共同体与各成员校之间、实验小学与其他四所学校之间、共同体主持人与成员校负责人之间,五校教师之间等的合作,具体表现在共同体确定了"基于课程统整,培育学校特色"的建设方面的五校捆绑式课题研究;实验小学先进经验向成员校辐射并派出骨干教师支教,2012年9月起共同体形成互相支教机制;共同体主持人与成员校负责人经常谋划共同体建设事宜;共同体就共性问题邀请领导和专家举办讲座并指导,五校一起学习与研讨等。

　　分享是在团队中通过个体与他人、环境的交往、沟通、互动的过程,交流彼此的经验,促进个人成长和团队发展的多赢行为。我们的共同体注重成员校办学经验交流,开展丰富多彩的成员校比赛和展示活动,如五校教师暑期培训活动、五校教师的教育教学研讨活动。成员校代表共赴市内外名校考察学习,分享经验,编纂《五校发展共同体通讯》,反映各校课堂教学、课题研究、课程统整等教改信息,教师教育教学的经验总结和研究成果等。

　　均衡是平均与制衡的状态。团队中成员的权力和利益相对平均和彼此制约,以求和谐。我们的发展共同体,一是关注成员校各自的校内均衡,如端正办学思想,确立先进理念,转变学校发展方式,走以人为本的科学发展之路;完善学校制度,创造适合师生发展的各种平台;充分发挥师生的自主发展、自我管理、课程教学改革等能力,创建教育教学特色,提高办学水平。二是关注成员之间的差异均衡,以"基于课程统整,培育学校特色"为总课题,探索课堂、课程、课题的五校联动推进之路,以科研为先导,引领学校学期课程统整、五育统整;注重三类课程(基础型、拓展型、探究型课程)统整、校内外教育资源统整,创建特色的校本课程;注重课内教学与课外活动的统整等,逐步实现五校之间的优质均衡,使共同体在城乡学校的课程建设力、执行力和领导力上得到相对均衡的层次性提高,力争以管理的精致谋求学校现代化的高度。

在经历了"你帮我助,你我同行"的合作和"你中有我,我中有你"的分享过程之后,基本取得"你前我进,你我共赢"的均衡效果。

从2012年7月起,因区内学校布局的调整和共同体发展的需要,松江区第三实验小学和松江区九亭第三小学加入了共同体队伍,共同体的牵头单位由原来的实验小学变为第三实验小学,以七校之力,向第一轮共同体建设的终点冲刺,完成共同体建设的各项任务。

在紧接着的七校共同体建设中,我们将继续探寻小学教育均衡发展之路。我的设想,一是把握教改灵魂,引领课程建设的科学发展,推进优质与特色课程建设,培育学校特色,实现学校内涵的基础性均衡;调动各种积极因素,创建多元发展平台,促进教师专业发展,实现学校内涵的关键性均衡。二是学习"绿色指标"的核心价值观和基本内涵,深化素质教育和课程改革,探索学生学业水平、学习动力、学业负担、品德行为、身心健康以及教师的教学方式、师生关系、课程领导力等多元学业和学校评价的转型,抓住学校改革与发展的新契机,实现更高层次上的均衡。三是进一步探索学校发展共同体建设的高位引领之道,继续深入学习型组织的"五项修炼",提高修炼的自觉性和实效性,运用辩证思维,把握教育规律,紧抓课程建设和教师发展,挖掘共同体内外的优质资源并进行合理配置,优化共同体运行机制,继续发扬合作、分享的团队精神,共建教育优质均衡的"共舞台"。在此过程中提升共同体建设的领导力。凡此种种,都是为了提高学生的综合素质,为每一个学生的终身发展奠定扎实的基础,这是我们学校发展共同体建设的终极目标。为此,我们将进一步群策群力,创新思维,携手共进。

(原文发表于《团队的修炼》,上海教育出版社,2012)

关键词一　思考教育

快乐教育的新思考

实验小学坚持二十多年"三乐"教育(乐学、乐教、乐管)的实践研究,基本实现了"三乐"梦想。2012年7月我任松江区第三实验小学校长,就如何传承、光大"三乐"教育思想我作了比较深入的学习、思考和探寻。我认为"三乐"教育的核心要素是快乐教育。快乐教育的理念引领第三实验小学的办学实践。

一、快乐教育的内涵解读

《中国大百科全书》(教育卷)指出,教育是培养人的一种社会现象,是传递生产经验和社会生活经验的必要手段;《辞海》认为,教育广义上指以影响人的身心发展为直接目的的社会活动,狭义指由专职人员和专门机构进行的学校教育;《教育大辞典》则描述道,教育是传递社会生活经验并培养人的社会活动,通常认为广义的教育泛指影响人们知识、技能、身心健康、思想品德的形成和发展的各种活动。概括说来,教育是一个复杂的系统工程,既是一个过程,又是一定的目标,是过程与目标相结合的育人工程。

快乐是人类的基本情绪之一。情绪是一个包括混合反应的复杂心理事件,具体分为三个方面:一为生理反应,也就是常说的唤起;二为表达性反应,指本能的面部表情、身体姿势或声调等;三为主观体验,指内部思维与感受。表达情绪的词数以百计,但有没有基本情绪呢?这是心理学中的一个重要问题,也是一个难以回答的问题。心理学家们还是对各种情绪作了分类研究,认为有人将基本情绪划分为六种:快乐、哀伤、恐惧、愤怒、惊奇与厌恶。关于情绪的分类还很多,但不论哪种分类,都包含快乐的成分。

在教育学发展史上,快乐与教育相结合一直是教育研究者关心和探索的主题之一,但真正把快乐教育作为一种教育理论,最初始于赫伯特·斯宾塞(1820—1903)。一百多年前,斯宾塞提出了一系列有关快乐教育的新概念,他认为最有价值的课程或科学具有两个基本作用:一是使人们获得实现美满生活所必须的有用的知识;二是发展智力。他建立了以科学为中心的课程体系,同时提倡建立合理的教学原则与教学方法,特别强调教育要符合儿童的兴趣发展,并坚决主张一切教育要有乐趣。崇尚自然教育和自助教育,是斯宾塞快乐教育的核心所在。他通过制作"快乐的家庭教具"等为孩子创造出快乐的教学环境。在斯宾塞的快乐教育思想中,世界上最好的教育本质上都是快乐的这一理念十分突出。同时斯宾塞又强调指出,痛苦的学习会使人感到知识讨厌,而愉快的学习会使知识吸引人……在同等情况下,教学的效率与学生从事学习的快乐程度是成正比的。

然而,透视当前我国的教育现状,无论是高等教育,还是基础教育,无论是发展较为成熟的公办教育,还是正在快速崛起的民办教育,无论是宏观教育体系建构,还是微观教育要素剖析,都很少能真正体现出快乐教育或幸福教育之本质。

要真正了解快乐教育的内涵,需要围绕教师、学生、课堂、教材、教法、学法等基本要素展开分析。教育中有关教师、学生、课堂、教材、教法、学法等内容的不少概念都是与"苦"相伴,譬如"学海无涯苦作舟,书山有路勤为径""吃得苦中苦,方为人上人""十年寒窗苦读,一日金榜题名"等。就不少学生而言,在幼小的心灵中就培植下了学习的艰辛与痛苦。从教师的角度而言,也有不少与苦相随、教育艰辛的概念表述,譬如俗话中的"家有三斗粮,不做孩子王"就是对教师职位清贫艰辛的概述,虽然近几十年来,教师的经济与社会地位都已有了显著改善。

要改变传统的教育观念,从艰辛教育转为快乐教育,需要我们去认真总结当前实施快乐教育的各项成果,全面建构好快乐教育的理念,并有条不紊地开展快乐教育的实践探索。最终让学生们在快乐体验中获取各项科学知识、实现个体健康而快乐地成长。

二、快乐教育的要素分析

结合教育过程的结构分析,快乐教育理论体系的建构可以从三大要素入手,快乐地学(学生);快乐地教(教师);快乐地教学互动。快乐教育的一系列方法和理念需要渗透在教学过程的各个环节。

1. 快乐地学

剖析快乐地学的内涵,需要结合何为学、学什么、向谁学、何时学、何地学

关键词一　思考教育

以及为何学六个基本方面。

学习本质就是变化,是一种发生在个体知识或行为上相对持久的变化。我们每天都在遭遇各种事情,完成一定的活动,由此而获取新的行为、新的信息以及新的概念等,这些个体变化正是学习所在。快乐地学,就是要在个体身上有目的地使之快乐地发生变化。

在教育理论中,解决好学什么的问题是快乐教育十分重视的主题。斯宾塞指出:人需要快乐,唱歌能使人快乐。所以他建议每天和孩子一起唱一首歌,也建议孩子每天都应该有一点快乐的运动,应该教育孩子用积极的态度去面对身边的一切事情等。也就是说,学会快乐健身、快乐健心以及学习积极应对事情都是快乐教育所强调的学习内容。

快乐教育也需要回答为何学的关键问题。如果说学习是为了促进我们对环境的适应并提升对环境的竞争力,那么快乐学习就是为了降低惩罚的概率,增加幸福与快乐的几率,提升主观幸福感。促进个体积极态度习惯的形成。

2. 快乐地教

要解决好快乐地教,需要从教师角色的行为分析入手,根据教师的认知、情感以及行为规律来调整指导教师的活动。教师的情绪状态具有很大的传染性,教师的快乐施教能给受教育者创设轻松欢快的环境,产生潜移默化的效果,使受教育者形成积极的心理品质。相反,教师对自己的悲伤、恐惧、愤怒等负面情绪处理不当,也会形成明显的暗示作用,直接或间接地导致受教育者消极心理品质的萌生。

剖析快乐地教的内涵,需要结合何为教、教什么、向谁教、何时教、何地教以及为何教六个基本方面,与快乐地学的六个基本方面形成对应关系。

所谓教,其本质就是传道授业解惑。但"道"为何"道"?"业"为何"业"?"惑"为何"惑"?作为教师首先就要做到心知肚明,这样才能科学地为快乐地教奠定基础。因为对道、对业以及对惑的了解正是教授目标清晰的表现,而目标清晰与目标实现正是幸福与快乐形成的客观基础。

教什么是对何为教这个问题的进一步深化。在现代教学中,总体上强调的是"教书育人",核心内容有两项:教书与育人。两者不能偏废。否则,仅重视知识的传授,而不注重人格的塑造,尤其是积极品格的培育,可能会导致如同药家鑫一样的悲剧性的结果。让学生的学习最初基于内在兴趣,并在学习中体会快乐,而不是无穷无尽的孤独、寂寞与痛苦。

向谁教,何时教以及何地教,这是任何教育理念都必须正视的问题。教育不仅是培育与争夺社会年轻一代的活动,而且也是对社会成员实施终身教育的过程。其中向谁教强调的是教育的对象问题。教育的对象应是社会的全体成员,但重点为学龄期的各类学生,这既包括大中小学各阶段学生,也包括硕士博士期间的研究生,同时包括实施教育的各级教师,这也正是教学相长的事实总结。把向谁教同何时教与何地教结合起来,实质上就构成了快乐教育所特别强调快乐的教学环境的营造问题,而只有创造出快乐的教育时空,才能更好地提高教学效果。

另外,为何教与为何学实际上是同一个问题的两个方面,其实质是一样的,都是为了个体的幸福与人类的进步。在强调以人为本的社会中,教育尤其要注重提升个体幸福感与快乐度。

3. 快乐地教学互动

学与教并不是单一的各自孤立的活动形式,两者相比较而存在,并在彼此互动中形成完整的教学活动,实现教育的最终目的。快乐教育,综合起来也就是要解决快乐地教学互动的问题。

快乐地教学互动,不能纯粹地讨论互动过程,还需要把影响快乐互动的多要素进行多维度、多层面的分析。譬如说需要分析学生个体经济状况与快乐学习的关系,特别是贫困学生的快乐学习问题;教师个体经济状况与快乐地教的关系;教师个人情绪情感问题处理与其快乐地教的关系问题;教育相关的多重角色对快乐教育的影响问题(如,家长能让孩子快乐吗?教师能让学生快乐吗?快乐到什么程度?快乐与以苦为乐的关系?学校开展基础课程外的特色项目与兴趣项目就是快乐教学吗?)。

现代心理科学所取得的新进展,为快乐教育的理念与实施提供了较好基础,尤其是积极心理学的形成和发展与快乐教育关系密切。积极心理学提倡从优势出发,从兴趣培养出发。这也正是快乐教育的核心内容之一。

三、快乐教育的实践探索

为了更好地理解快乐教育与实施快乐教育,在诠释快乐教育的内涵时,首先需要澄清快乐教育与非快乐教育的概念,也就是要明确哪些内容不属于快乐教育。

快乐教育不是游戏教育。快乐教育强调在教育的过程中,激发受教育者的参与热情,增强教育的实际效果。为此,在教学活动中,常常会引入一些游戏活动,增加教学的活泼性、趣味性以及学生的参与性,这是切实可行的,尤其在我们的小学教育中,游戏活动的引入,教学效果更加明显。但我们不能忽视个体心理与行为发展的年龄特征,而过分追求教育活动的游戏化与娱乐化。

快乐教育不是团体训练。快乐教育是一种教育理念,团体训练都是根据一定教学理论设计的分小组参与的教学活动,而团体心理行为训练则是根据一定心理学理念指导设计的具体教学活动。教学实践证明,在教学活动中,科学合理地安排选用一定的团体训练有助于促进群体中的成员间合作、增进学习者参与意识与快乐体验,最终提高个体以及群体的学习绩效。

快乐教育不是放任教育与自由化教育。快乐教育强调个性化的发展、自主性学习,但绝不是不加约束的放任教育,也不是毫无纪律的自由化发展。恰恰相反,快乐教育是在目标内隐式,内容暗示式的背景下,兼纳"开放""自由"之优势,充分尊重学生优良个性,使其在快乐体验中开放地吸纳各项知识,自由地发展优良品格。

1. 不断创设快乐情境以促进教学

作为有效的课堂教学,条件之一就是要强调创造快乐情境,实质是寓教于乐。正如一位教育学家所说,如果让一个人单独把这15克盐吃下,那是一个很艰难痛苦的事情,但如果把这15克盐溶入所炒的菜肴中,就会变成一个美味享受的过程。"15克盐"的比喻可以引出很多深层的思考,实际生活中"盐"的数量不仅仅是"15克",而且亟待要炒的"菜"更是五花八门,两者的结合则需要每一位"掌勺人"的操作。概括起来,也就是说,在教学实践中要注重在不同层面开展快乐教育的嵌入,使各类课程做相应的变革,并创设快乐情境。正如加籍华裔心理学家江绍伦教授所说:"教学是一个涉及教师和学生在理性和情绪两方面的动态的人际过程。"教学过程是师生情感双向交流的过程,教学活动是否充满热烈的情感,决定着能否产生良好的课堂心理氛围。学生是否乐学,情感的激发是一个重要方面。教师的情感对学生的情感具有最直接的影响。教师爱护学生,向学生倾注内心真挚的情感,学生对教师有亲近感、信任感、期望感,有利于师生之间相互理解,缩短师生间的心理距离。教师爱学生是师生情感交流的基础。在教学中尊重学生,满足学生学习的需要,设法引导学生从自己的实际出发,不断获得成功的机会和体验。在课堂教学中培养的创新能力,要体现四个"尽量":一是尽量让学生观察;二是尽量让学生经历知识产生过程;三是尽量让学生想象;四是尽量让学生运用。这样,学生在课堂教学中才能体验参与的快乐、思维的兴趣、创新的愉悦。

2. 不断拓展快乐教育的实践领域

学校要形成一个"快乐场"——快乐学习、快乐体育、快乐活动、快乐游戏、快乐创意。学校以"基于综合实践活动课程的生活化乐学体验的实践研究"总课题为引领,实施了学科间统整、跨学科统整、课内外活动统整的策略,构建与完善了学校"快乐园"课程,让学生真正能主动参与,乐于学习。

学校要成为"快乐生态链"的纽带——学校、家庭、社区可以成为"生态链"。根据系统论的理论,将它所强调的整体性、关联性、动态平衡性、时序性等原则运用于学校管理之中。"各生态主体或系统之间'相互依存'是教育生态的关系特征。任何一个系统只有保持开放,能与外界环境有物质、信息、能量交流,该系统才具有活力,才能不断发展。"当今的教育,要积极整合资源,打破"围墙",开放办学,最终实现学校对家庭、社区的"积极干预",使学生、教师、学校、家庭、社区构成教育生态主体。学校注重家校联动、社区融合,把小教室、小学校延伸至家庭、社区大学校,建构学校、家庭、社区一体化教育生活的快乐循环链。

"只有在乐学的状态下,孩子的各种能力才能得以充分地调动和激发",刘彭芝校长说得真好。孩子持久学习的动力、创造力、实践能力一定来自轻松、愉快、自在的学习,让快乐永远和成长相伴。

关键词一　思考教育

3. 不断完善快乐教育的个体化实施途径

快乐教育需要不断研究、逐步深化、渐渐完善,且特别强调要注重因材施教。因材施教强调的正是对教育对象的分析,结合教育对象的特征来开展教育。快乐教育也必须结合教育对象的分析,设置跳起来摸得着的可实现目标。

快乐教育的个体化实施途径需要我们去积极创造,也就是要发现个体的优势与特征,并因势利导地开展教学与培养工作。像数学家陈景润的成长与培养之路,可以说本质上就是快乐教育。而快乐教育的源泉在于"自得其乐",包括当今广泛使用的游戏辅助教学、互动教学、情境教学等。

快乐教育的个体化实施途径,还需要紧密结合学生的兴趣爱好与职业倾向,结合个体的需要、成长背景以及个性特征等,用科学的方法指导学生开发潜能,为个体化快乐教育奠定基础。

在国外,个体化教育得到广泛应用并取得了很好的效果。我联想到2010年8月6日至12日赴北京人大附中参加"国际名校长论坛"活动,感受颇深。

个体化教育在许多外国著名学校的管理经验中,是最常见到的内容,也是最突出、最为普遍的特色。从论坛中我发现,个体化教育的确在外国许多学校中已蔚然成风,成为普遍的共识和目标。在论坛中,如芬兰罗素高中,美国托马斯·杰弗逊理科高中、韩国大元国际中学、新加坡莱佛士书院。它们富有特色的个性化教育。尤其是芬兰罗素高中,位于芬兰的首都赫尔辛基市中心地带,成立于1891年。悠久的历史,独特的学科特色,良好的声誉以及广泛影响力,让它成为芬兰中学教育典范的同时,也引起了联合国教科文组织的高度关注。据经济合作与发展组织调查结果显示:芬兰,拥有世界上最好的中学教育。芬兰学生的数学和阅读素质排名世界第一,在科学素质方面则与日本、韩国、我国的香港并列第一。芬兰罗素高中的先进性体现在"一切以学生为本",尊重学生、满足学生,充分调动学生学习的积极性和主动性,使学习成为他们的乐事。个性化的学习方式,弹性的学制和"不分年级制"的最大优点,在于学生的自我需要得到了充分的尊重和满足。教师,爱学习出了名;独具特色的课程设置;阅读中休闲;轻松的高考等。罗素高中给了我们深刻启示:尊重学生,挖掘潜能,满足学生需求;加强校际合作,提倡资源共享,促进课程结构的多样化和选择性;为教师提供多种形式的培训,满足教师的需求。

(本文为作者在 2013 年松江区小学校长论坛上的演讲)

"三为"教育初探

我在快乐教育思想指导下,积累了许多实验小学"三乐"教育的经验,如今进一步在第三实验小学进行"三为"教育的探索。

"三为"教育解读

一、为人正

1. 概念界定

为人正是人与其所处环境在相互作用的过程中所形成的独特的伦理与道德品质,本质上体现了做人的尊严和价值,反映出人的一身正气和健康人格。

2. 内涵演绎

为人正在言行上表现为爱国为民、是非分明、行善疾恶;在人际关系上表现为民主平等、仁爱友善、诚信互助、合作分享;在人品上表现为实事求是、尊老爱幼、不卑不亢、一身正气。

3. 要目提炼

学生:爱国　孝礼　诚信　友善

教师:兴国　爱生　文明　责任

4. 理论依据

(1) 国家意志

△ 毛泽东

- 没有正确的政治观点,就等于没有灵魂。(《毛泽东选集》)
- 成为一个高尚的人,脱离了低级趣味的人,有益于人民的人。(《毛泽东选集》)

△ 邓小平

- 培养有理想、有道德、有文化、有纪律的一代新人。(《邓小平文选》)

△ 习近平

- 社会主义核心价值观基本内容：富强、民主、文明、和谐；自由、平等、公正、法治；爱国、敬业、诚信、友善。(党的十八大报告)
- 把培育和弘扬社会主义核心价值观作为凝魂聚气、强基固本的基础工程。(在中共中央政治局第十三次集体学习时的讲话)

△《上海市中长期教育改革和发展规划纲要(2010—2020年)》

- 坚持德育为先，立德树人。把德育贯穿于育人的各环节，增强德育的系统性、针对性和实效性，让学生具有理想信念、公民素质和健全人格……坚持把社会主义核心价值体系融入教育全过程。

△《上海市学生民族精神教育指导纲要》

- 民族精神教育将着眼于培养学生对中华民族共同历史、文化、生活方面的归属感，培养学生对伟大祖国悠久历史和优秀传统的认同感，引导学生形成现代公民的良好道德品质和行为习惯，在弘扬中培育民族精神的时代内涵。

(2) 传统文化

△《论语》

- 己所不欲，勿施于人。(《论语·卫灵公》)
- 己欲立而立人，己欲达而达人。(《论语·雍也》)
- 不义而富且贵，于我如浮云。(《论语·述而》)
- 泛爱众而亲仁……修己安人。(《论语·宪问》)
- 三军可夺帅也，匹夫不可夺志也。(《论语·子罕》)

△《孟子》

- 我善养吾浩然之气……其为气也，至大至刚，以直，配义与道；无是，馁也。(《孟子·公孙丑》)
- 富贵不能淫，贫贱不能移，威武不能屈。(《孟子·滕文公下》)

△《周易》

- 天行健，君子以自强不息。(《象传》)

△《礼记》
- 大道之行也,天下为公。(《礼记·礼运》)
- 所谓诚其意者,毋自欺也……故君子必慎其独也。(《礼记·大学》)

(3) 教育大家

△ 陶行知
- 爱满天下;捧着一颗心来,不带半根草去。(《陶行知全集》)

△ 陈鹤琴
- 做人,做中国人,做现代中国人。(《陈鹤琴全集》)

△ 吕型伟
- 欲成才,先成人,不成人,宁无才。(《吕型伟教育文集》)

(4) 他山之石

△ 爱因斯坦
- 学校的目的始终应当是培养和谐的人。通过专业教育,也可以成为一种有用的机器,但是不能成为一个和谐发展的人。(《爱因斯坦文集》)

△ 苏霍姆林斯基
- 心地善良的人首要的一点就是爱人,他对共同事业的忠诚来源于这种对人的热爱。(《要相信孩子》)

5. 操作建议(课内、课外有机结合)

(1) 课内(课程学科教学、学科学习活动)

△ 充分发挥各学科的育人功能。

△ 阐明学科知识对人与社会发展的意义。

△ 联合实际讨论学科知识如何发展学生的个性。

△ 讲述在学科形成史中有杰出贡献的人物和事件。

△ 引述学科前沿成果时注意基础性与道德性的有机结合。

△ 发挥课内学习活动中的人文精神和科学态度。

(2) 课外(校园文化建设、课外实践活动)

△ 重视校园环境(物质、精神环境)建设,发挥环境的隐性育人功能。

△ 发扬节庆活动中蕴含的中华民族优秀文化、传统美德、革命精神、学校

特色的教育作用。

△ 组织开展各种学生社团活动,满足学生个性发展的需求。

△ 积极发挥学校媒体网络的正能量。

△ 组织开展富有趣味性的文体活动、怡情益智的课外兴趣活动、力所能及的公益活动。

△ 充分利用青少年教育基地、公共文化设施、社会服务等丰富资源,开展与学生身心发展相适应的各种课外实践活动。

△ 组织开展与学科教学相关的拓展性、探究性课外主题活动,培养学生健康个性。

△ 充分发挥少先队组织的各种自主活动的育人功能。

△ 在家庭、学校、社区三结合活动中,发挥家校合作、亲子融洽、社区资源的教育正能量。

二、为学乐

1. 概念界定

为学乐是指个体积极、主动地导向自我愿望实现的学习情绪。为学乐不是用强制手段刺激学习者"被快乐"地学习,而是尽可能地唤起学习者对学习的兴趣,外在要求转化为内在需求的自觉学习,学习者的学习处于一种愉悦的心理状态;是学习者在学习过程中获得的以乐为主的正性情感体验,是学习者的学习动机从被动走向主动,从"要我学"变成"我要学"的积极情感驱动。

2. 内涵演绎

乐学作为一种教育思想,首见于孔子,《论语》中的"知之者,不如好之者,好之者,不如乐之者"表明孔子把知之、好之、乐之视为学习的三种境界,其中"乐之"为最高境界。乐者最好,所以我们强调为学乐。为学乐在形式上指快乐、愉悦地学习,而实质上则是精神上的专注、投入和奉献,是一种身心和谐舒展的学习心理状态。为学乐不仅与学习过程中的艰苦探索不相对立,而且正是通过攻难克艰获得学习进步、成功的喜悦与快乐,才是为学乐者真正的幸福享受。

3. 要目提炼

学生：情乐　趣乐　美乐　创乐

教师：教乐　知乐　习乐　研乐

4. 理论依据（中国和国外的乐学思想）

（1）国家意志

△《上海市中长期教育改革和发展规划纲要（2010—2020年）》

● 为所有儿童健康、幸福成长实施快乐的启蒙教育，为他们未来发展奠定良好的基础。

● 促进学生在道德行为、学习兴趣、身心健康等方面得到全面而有个性的发展。

（2）传统文化

△《论语》

● 学而时习之，不亦说乎？（《论语·述而》）

● 知之者，不如好之者，好之者，不如乐之者。（《论语·雍也》）

△《礼记》

● 君子之于学也，藏焉修焉，息焉游焉，夫然后安其学而亲其师，乐其友而信其道，是以虽离师辅而不反也。（《礼记·学记》）

△《乐学歌》

● 乐便然后学，学便然后乐。乐是学，学是乐。呜呼？（《乐学歌》）

（3）教育大家

△ 梁启超

● 教育事业，从积极方面说，全在唤起趣味。（《趣味教育与教育趣味》）

△ 蔡元培

● 我们教书，并不是像注水入瓶一样，注满了就算完事，最重要的是引起学生读书的兴味。（《学堂教科论》）

△ 陈鹤琴

● 做到教学游戏化，就要使读书生活兴致蓬勃，学习进步分外迅速。（《活教育的教学原则》）

关键词一 思考教育

△ 倪谷音
● 课堂教学要有声有色,生动有趣,引人入胜,启发和吸引学生喜欢学,乐意学。(《我与愉快教育》)

（4）他山之石

△ 夸美纽斯
● 教学论是指教学的艺术……学校应当是一个快乐的场所。(《大教学论》)

△ 赫尔巴特
● 兴趣意味着自我活动。兴趣是多方面的,因此要求多方面的活动。(《教育学讲义纲要》)

△ 洛克
● 儿童兴致好的时候,学习效率要好两三倍。(《教育漫话》)

△ 卢梭
● 不在于教他各种学问,而在于培养他有爱好学问的兴趣……这是所有一切良好教育的一个基本原则。(《爱弥儿》)

△ 杜威
● 兴趣是生长中的能力的信号和象征,兴趣显示着最初出现的能力。(《民主主义与教育》)

△ 第斯多惠
● 兴趣会使学生自然而然对真善美发生乐趣,会使学生心甘情愿追求真善美。(《德国教师培养指南》)

△ 布鲁纳
● 学习最好的刺激乃是对所学材料的兴趣。(《教育过程》)

△ 皮亚杰
● 所有智力方面的工作都要依赖于兴趣。(《教育科学与儿童心理学》)

△ 爱因斯坦
● 兴趣是最好的老师。(《爱因斯坦文集》)

△ 赞科夫

● 教学法一旦触及学生的情绪和意志领域,触及学生的精神需求,这种教学法就能发挥高度有效的作用。(《教学与发展》)

△ 马卡连柯

● 孩子是活生生的生命,美好的生命,因此必须了解和尊重他们的权利和义务:享受快乐的权利,担当责任的义务。(《教育诗篇》)

△ 苏霍姆林斯基

● 请记住:成功的欢乐是一种巨大的情绪力量,它可以促进儿童好好学习的愿望。(《给教师的建议》)

5. 操作建议(原则、策略)

(1) 为学乐原则(兴趣原则、审美原则、探创原则、成功原则、和谐原则)

(2) 为学乐策略

△ 激发兴趣,愉快地学

学生对学习对象的外部特点,如新异性、活动性、相似性会产生好奇、尝试、分辨的直接兴趣;学生对学习对象的内部需求,如实用性、有意义、价值大会产生满足、希望、追求的间接兴趣。这些都能促使学生心情愉快、主动自觉地学习。

△ 情知结合,优化地学

学生的学习是在情感驱动下的认知活动。在积极情感的推动下认知活动比较自觉进取,努力克服困难,达到预期的学习目标;反之,在一定认知基础上的发展性学习,也会使情感体验更加深刻,间接兴趣的持续性增强。因此学生自觉地将情感与认知灵活机动地结合起来进行学习,则促使学习效果比单一的情感或认知因素功能发挥更加优化。

△ 情境陶冶,形象地学

学生身处于有利的物质环境和精神环境,环境的隐性教育的陶冶作用会得到凸现。整洁、美丽的校园环境、班级布置,会使学生感到神清气爽,受到激励鼓舞并奋发向上;合作和谐的人文环境、人际关系,会促进学生团结互助、相观而善、探究创新。良好物质与精神环境中产生的情境力量,潜移默化地陶冶学生的心灵,一切美好的形象鼓励学生以积极的心态投入学习。

关键词一　思考教育

△ 审美创美,艺术地学

学生从小对音乐、美术、舞蹈、体育等的声音美、形象美、动作美,以及语言美、思维美、创造美都天然地有兴趣、乐意学。学生在教师的引导下把比较枯燥乏味的认知内容,通过各种艺术手段的加工,寓教于乐,学习成效倍增。因此学生通过感受美、理解美、创造美的各种艺术手段的学习,一方面丰富自己的情感世界;另一方面转化为艺术地学习比较理性、繁难的学习内容,则可明显提高学习的效益。

△ 自我激励,成功地学

学生的学习除外部鼓励外,自我激励尤为重要,因为学习的优势与劣势学生自己最清楚,扬长补短(或避短)是促进学生成长的有效策略,学生对自己学习状况的自我评价和通过目标、抗挫、克艰等自我激励,取得不断成功的过程性、发展性、学习就会使学习的意义与价值充分凸现出来,学生在享受成功的喜悦中快乐成长。

△ 以乐促学,高效地学

从知学到好学再到乐学,不断提高学习的境界;从有趣到乐趣再到志趣,不断提高兴趣的层次;从接受到探究再到创新,不断提高学法的品位;从形象到逻辑再到辩证,不断提高思维的水平;从感性到理性再到德性,不断提高人格的力量……总之,以乐促学的多方面转化,体现出实践智慧和情感体验,学习的效益(效率、效果)也会随之提高。

三、为业精

1. 概念界定

为业精是指业务精湛,对从事的教育教学和学习活动精益求精、精深通透。主要表现为合理的知识结构、过硬的教与学的能力和研究创新精神。

2. 内涵演绎

学生表现为在正确的学习目的指引下,从记忆知识到理解选择,从耳听口授到利用媒体,从机械模仿到自主探究,从承袭旧规到探究创新。总之,从学会知识到学会学习。

教师表现为在素质教育理念的指引下,表现为知识结构从单纯的学科知识到本体性知识(学科知识)、条件性知识(教育理论知识)、实践性知识(教育教学经验)、广泛性文化知识的多元复合型知识结构和一专多能;教育教学方法从单纯的讲授法、练习法、实验法到与启发式、探究式、体验式的有机结合;教育教学能力从单纯的知识应用、举一反三到知识活化、知识迁移再到展示知识发展的生命力和无限的创造性;教育科研能力从单纯的经验总结、案例聚焦、学科教学研究、线性课题研究到理论与实践、学术与人生、科学态度与人文精神有机统一的智慧型创造性研究。

3. 要目提炼

学生:全面　特长　智能　钻研

教师:敬业　专能　明辨　研发

4. 理论依据

(1) 国家意志

△《上海市中长期教育改革和发展规划纲要(2010—2020年)》

● 重视每一个教师的发展,建设一支"数量适当、结构合理、师德优秀、教艺精湛"的教师队伍。

△《素质教育纲要》

● 培养具有优良的思想道德素质、科学文化素质、身心健康素质以及劳动技能素质的劳动者和专门人才。

(2) 传统文化

△《论语》

● 学而不思则罔,思而不学则殆。(《论语·为政》)

● 不愤不启,不悱不发,举一隅不以三隅反,则不复也。(《论语·述而》)

● 知之为知之,不知为不知,是知也。(《论语·为政》)

● 孔子教人,各因其材。(朱熹在《论语》注解中归纳,后称"因材施教")

△《孟子》

● 君子深造之以道,欲其自得之也。自得之,则居之安;居之安,则资之深;资之深,则取之左右逢其源。(《孟子·离娄下》)

● 博学而详说之,将以反说约也。(《孟子·离娄下》)

关键词一 思考教育

- 尽信书,则不如无书。(《孟子·尽心下》)

△《荀子》

- 学不可以已。青,取之于蓝,而青于蓝。(《荀子·劝学》)
- 锲而不舍,金石可镂。(《荀子·劝学》)
- 不闻不若闻之,闻之不若见之,见之不若知之,知之不若行之。学至于行而止矣。(《荀子·儒效》)

△《庄子》

- 水之积也不厚,则其负大舟也无力;师之蕴也不足,则其育长才也无望。(《庄子·逍遥游》)

△《礼记》

- 学然后知不足,教然后知困。知不足然后能自反也,知困然后能自强也,故曰:教学相长也。(《礼记·学记》)
- 禁于未发之谓豫,当其可之谓时,不陵节而施之谓孙,相观而善之谓摩。(《礼记·学记》)

(3) 教育大家

△ 陶行知

- 教学做合一:先生的责任在教学生学,教的法子必须根据学的法子,先生应该是一面教一面学……教、学、做有一个共同的中心,这个中心就是"事",就是实际生活;教、学、做都要在"必有事焉"上用功。教与学都以"做"为中心。(《陶行知全集》)
- 五大解放:解放孩子的头脑,解放孩子的双手,解放孩子的嘴巴和眼睛,解放孩子的空间,解放孩子的时间。(《陶行知全集》)
- 创造教育:处处是创造之地,天天是创造之时,人人是创造之人……先生之最大的快乐,是创造出值得自己崇拜的学生……教育者也要创造自己值得崇拜之创造理论和创造技术。(《陶行知全集》)
- 我们要极力地锤炼学生,使他们得到观察,知疑,假设,试验,实证,推想,会通,分析正确等种种能力和态度,去探求真理的源泉。(《陶行知全集》)

△ 陈鹤琴

● 整个教学法:就是把儿童所应学的东西整个地有系统地去教儿童学。(《陈鹤琴全集》)

● 大自然、大社会都是活教材。(《陈鹤琴全集》)

● 活教育的教学方法就是做中教,做中学,做中求进步。(《陈鹤琴全集》)

(4) 他山之石

△ 列宁

● 我们不需要死读硬背,但是我们需要用基本事实的知识来发展和增进每个学生的思考力。(《青年团的任务》)

△ 赞科夫

● 知识的广度能促进学生的发展,同时也能促进知识和技巧的巩固性,而不必使单调复习的次数过分地增多。(《和教师的谈话》)

● 我们是按三条线索来研究学生发展的,这就是:观察力、思维能力和实际操作能力。(《教学与发展》)

△ 皮亚杰

● 智力的基本功能在于理解与发明,换言之,通过构成现实的结构来构成内心的结构。(《教育科学与儿童心理学》)

● 知识的来源,既非来自客体,也非来自主体,而是来自最初无法分开的客体和主体之间的相互作用——活动。(《发生认识论原理》)

△ 夸美纽斯

● 教学的艺术,使教师因此而少教,学生因此而多学,校园充满着欢乐。(《大教学论》)

● 对青年的正当教育不在把他们的脑袋塞满从各个作家拉来的字句和观念,而在使他们的悟性看到外面的世界,希望他们的心理自己生出一道活流。(《大教学论》)

△ 第斯多惠

● 教学的艺术不在于传统的本领,而在于关于激励、唤醒、鼓舞……一个

关键词一 思考教育

坏的教师奉送真理,一个好的教师教人发现真理。(《法国教师教育指南》)

△ 杜威

● 在做中学。(《民主主义与教育》)

● 持久地改进教学方法和学习方法的唯一直接途径,在于把注意集中在要求思维、促进思维和检验。(《民主主义与教育》)

△ 苏霍姆林斯基

● 孩子的智慧在他的手指尖上。(《给教师的建议》)

● 在学生的脑力劳动中,摆在第一位的并不是背书,不是记住别人的思想,而是让学生本人进行思考……认识周围世界的事物和现象。(《给教师的建议》)

△ 布鲁纳

● 一门课程不但要反映知识本身的性质,还要反映求知者的素质和知识获得过程的性质。(《论教学的若干原则》)

5. 操作建议(学法、学法指导;教法、教学研究)

(1) 学法(从简单到复杂)

△ 学法的三个层次

马克思主义思想方法→反映学科普遍规律的一般方法→体现学科特点的具体方法。学生的学法应该反推,可有记忆、背诵、模仿、练习、抽象、概括、逻辑、推理、问疑、解决、反思总结等→观察、调查、实验、归纳、演绎、掌握学习、创新发现等→自主学习、课题研究、实践探究、理论评述、比较法→历史法、辩证法、思想方法等。

(2) 学法指导(从近期到中期到远期)

△ 提高学习效率(近期)→培养学习能力(中期)→促进自主发展(远期)。

(3) 教法(国内、国外常用教法的选择性,配置式使用)

△ 国内常用教学方法

以语言传递为主的教学方法:讲授法、谈话法、读书指导法。

以直接感知为主的教学方法:演示法、参观法。

以实际训练为主的教学方法:实验法、实习作业法、练习法、活动法。

以引导探究为主的教学方法：讨论法、研究（探究）法。

以学困法为主的教学方法：低起点、小步子、多活动、快反馈。

△ 国外常用教学方法

发现教学法、范例教学法、掌握学习教学法、结构教学法等。

（4）教学研究（方式、条件）

△ 方式

头脑风暴、教学论坛、实践反思、经验总结、情报研究、行动研究、案例研究、实证研究、比较研究、师徒带教、校本研修、课题研究、项目研究等。

△ 条件

理论学习、经验积累、知识转化、团队合作、环境适应、政策支持、经费保障等。

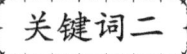

设计学校

在如今的学校里,太多用成人世界的规则去规范孩子的学习与生活,用成人的思考方式去束缚孩子率真的天性。真正要让孩子喜欢学习与学校,须从孩子的天性出发,创造适合孩子需求和发展的乐学氛围和成长环境。真正要让孩子喜欢的学校,儿童应该是儿童,须把儿童当作儿童,让儿童成为儿童。真正让孩子喜欢的学校,必须遵循孩子学习与成长的身心发展规律,必须适应时代要求,遵循教育规律对学校发展进行顶层设计。人的发展理应成为一所学校关注的出发点和落脚点。校长将自己的教育思考与班子成员的智慧融合为办学理念,并转化为学校顶层设计的指导思想,进而成为学校师生员工的共同行为,最终形成学校的文化认同。只有这样,学校才能形成以校长为核心、全体成员共存的一个"文化场"。在这个"文化场"中,学校的每个成员都能按照学校的办学理念,在本职岗位上创造富有生机的教育行为。鉴于此,校长要在研究中发挥学校顶层设计的主导作用,所谓"不谋全局者不能谋一域"。科学合理的学校发展的顶层设计,要与我国改革开放进程相一致,要与师生员工的创造精神相结合,以至最大限度地发挥学校全员的积极性,产生教育改革的推动力。

开展心理健康教育　全面提高学生素质
——小学心理健康教育的研究与实践

在学校努力实施素质教育的进程中,心理健康教育日益显示出其独特的重要性和不可替代性。仓桥中心校从1989年起开展农村小学心理健康教育的研究与实践,至今已有十年了。十年前,出于对如何全面贯彻党的教育方针的思考,我们提出了开展心理健康教育研究的课题。十年来,我们坚持科研领先,锲而不舍。学校提出了由问题到课题、经验到实验、因果到成果的思想,并努力付诸实施。经历了四个阶段,完成了三项市级科研课题,十多项区级课题,初步构成了我校开展心理健康教育的框架。

一、构建总体框架,开展心理健康教育

我们根据农村小学在专业人员、技术、设备尚不完备的条件下,坚持从实际出发,立足"三个建立、三个到位",进行实践与探索。

1. 三个建立

(1) 建立辅导机制

学校心理辅导需要一种机制,这是实现心理辅导科学性、规范性和有效性的前提。在我校的心理辅导运作机制中,学校的心理辅导由校长室全面负责,成立学校心理辅导工作组,该工作组有分管教导主任、心理辅导专兼职教师、年级组长、班主任和教师代表构成,承担学校心理辅导的组织与实施工作。

(2) 建立三级辅导网络

第一,集体辅导:有计划、有步骤地通过教育与训练,提高全体学生共性的心理品质,为学生的心理发展提供必要的服务、指导和帮助。

第二,小组辅导:小组是介于班级和个人之间的一种重要学习组织形式。经实践,我们认为辅导活动小组以七八个人自愿组合为宜,活动方式比较灵活。刚开始先由教师对活动的开展进行指导和统一规定,以后辅导小组应成为学生自我教育的最佳形式。

第三,个别咨询:对有些学生患有一定的心理障碍和偏差,通过个别辅导或咨询,使其克服心理障碍,解决心理问题,得到心理发展,并作好个案研究。

(3) 建立学生个人辅导档案

学生个人辅导档案,我们一般从六个方面建立:个人和家庭基本情况;个人健康和学生资料;心理测试或调查问卷等;家访记录;轶事记录;个案研究。学生辅导资料收集注重三个原则:客观、连续、多样。这样,有目的有计划地建立学生辅导档案可以鼓励教师了解学生,也可以帮助学生了解自己,及早发现学生在学习、生活、适应上的问题和潜在的才能,提高教育效果。

2. 三个到位

(1) 领导到位

开展心理健康教育,不仅要求学校主要领导到位,全体班子成员也必须到位。我们建立了"学校有中心课题,教研组有重点课题,教师人人有教改课题"的网络,在引导教师全身心投入的同时注入了理性和悟性。

行动上始终坚持十年如一日,从计划的制订、教育活动的组织到管理和辅导活动的实施领导均直接参与。

策略方法上不断提炼。在研究主题的形成中力求办学的新发展;在主攻目标的实现中促进办学的新提高;在研究过程的优化中形成办学的新机制。

(2) 队伍到位

开展心理健康教育,必须要有一支懂得心理学,并掌握心理辅导、心理咨询的技能技巧、了解学生心理健康发展规律和疏导方法,热爱此项工作的师资队伍。

由学校分管德育的教导主任牵头并亲自参加,选派热爱此项工作的教师作为骨干。学校领导多次送他们参加市、区举办的学生心理辅导讲座,让他们学习心理健康教育有关理论。通过培训,他们成为我校心理健康教育的专职骨干教师,成立心理健康教研组。目前有专职教师1人,兼职教师3人。

开展心理健康教育的队伍主要由班主任组成。为此,我们一是发挥区级骨干班主任培训的作用;二是多次为班主任举办有关的讲座;三是先后组织班主任赴市内十多所学校参观学习有关心理健康教育的做法与经验。同时请市有关专家为全体教师进行系列讲座，提高教师的心理教育技巧和水平。

（3）经费到位

学校尽管校舍紧缺，设施简陋，但我们因校制宜开辟了心理咨询室、心理辅导阅览室、心理辅导活动室。并在三室中配置了一些必备的硬件与书籍。学校还千方百计地筹措经费，设立专项资金，维持日常活动，并对专兼职教师发放津贴等。

二、开设辅导课程，提高学生心理素质

心理辅导课程是对全体学生普及心理科学常识，让学生了解自己的心理发展规律，培养学生自我调控能力和社会适应能力的一门课程。我们首先开设心理辅导课程，以活动课的形式，寓教于乐，让学生在活动中体验心理变化规律，使学生提高自我心理素质的自觉性得到强化。具体做到"三个落实"：

1. 落实内容

我们在确定心理健康教育内容时，以学校实际和学生的实情为依据，以"三心三力"为核心内容，具体就是"自尊心、自信心、进取心"和"适应力、自控力、耐挫力"。由此，根据低、中、高学生不同身心特点，进行合群辅导、学习辅导与抗挫辅导等，从而提高学生的心理健康水平。对教材，由最初选用参考教材《儿童心理健康导读》自编教案，到现在使用上海市统一的实验教材《心理健康自助手册》。1999年，我校是全市126所中小学参与使用实验教材的学校之一，先后为市、区上了十多节公开课。

2. 落实时间

以教学班为主上好心理辅导课。时间安排上，利用每两周一节的班队活动课和每周一节的晨会课。同时设立"心之约"信箱、热线电话、红领巾广播等，时间上予以保证。

3. 落实途径、方法

经过多年的实践，我们将心理健康教育融合在学校集体工作如教育教学活动、少先队工作、家庭教育之中，形成教育与辅导的多途径、多方法。主要有：

关键词二　设计学校

第一，主体训练法。主体训练法在辅导活动中充分发挥学生的主体作用，变教师的意图为学生的要求，使学生树立信心，明确目的，精神饱满，积极思维，学有所得。我们的教师在帮助学生克服自卑心理时的做法：一是培养自信心，告诉学生要正确认识自己。二是辅导学生用积极的态度去对待困难和挫折，增强意志力。学校请九亭小学的盲人辅导员来校作报告，请本校高位截肢的张英同学谈自己的经历，用榜样来激励学生正确认识挫折，消除对挫折的畏惧心理，锻炼了学生的意志力。

第二，学科渗透法。把心理辅导渗透到各个学科教学活动中，教师协助学生通过课堂教学的活动提高认识、情感、行为的运用技巧。我们要求教师做个有心人，在自己的教学中注意三点：一是把提高学生的心理素质作为一项教学目的；二是认真挖掘教材中蕴含的心理因素及其教育内容；三是自觉地采用某些有利于提高学生心理素质的方式方法。还要求教师在优化课堂心理环境中建立一些课题进行研究，在工作中加强实践并及时总结得失。

第三，同伴辅导法。由学生自行结合的"同伴辅导"组，使同伴间建立起信任感、亲密感，架起心灵之桥。整个辅导过程就是学生自我教育的过程，使学生化被动为主动，在参与中自觉与不自觉地接受健康心理的熏陶。

第四，家校同步法。学校在开展对学生健康心理辅导的同时，利用家长学校、家长会，开设辅导讲座，向家长传授心理知识，让家长懂得要培养好子女良好的心理品质，必须科学地进行家庭心理教育。我们还请同一境遇的孩子家长谈他们与孩子心理沟通的技巧，激发与会者的共鸣；还向家长推荐订阅《家庭教育报》，使家长能用恰当的方法和手段教育子女。

三、深入学科渠道，优化课堂心理环境

把心理健康教育深入课堂教学主渠道，即"优化课堂心理环境，促进学生主体性发展"，这是我们目前正在研究的学校中心课题。通过探索和寻求优化课堂心理环境的策略和方法，为深化教学改革提供新的思路。

1. 优化课堂心理环境的特征

我们认为：所谓优化课堂心理环境就是教师用自己的教学行为创设一种能使学生产生积极的心理状态的情境和气氛。我校在实践过程中，明确了在课堂教学中体现"三个带进"的特征。

"三个带进"是指把激情带进课堂,把微笑带进课堂,把趣味带进课堂。"三个带进"是为了激活课堂教学中诸多教育因素营造的一种适合学生主体性发展的情感氛围,其基本要求是:

第一,教师要以饱满、高昂的激情和良好的心境上好每一堂课,以自己的激情去激励学生的情感。

教师要善于控制情绪,有一个"自得其乐""自消烦恼"的良好心理基础。一方面不把自身的消极情绪带进课堂,另一方面对课堂里学生的偶发和突发事件不动怒,能协调和控制自己的情绪,并在较短的时间内拿出较好的意见和方法作应变处理。

气氛要活跃,情感共鸣沟通,信息反馈及时。

语言要精练、科学,充满感情,具有感染性。

第二,教师要进行"微笑教学"。在教学过程中,一方面教师带着愉快的心情看待每一个学生;另一方面教师的一个笑容、一个眼神、一个动作、一句话、一种语调等又表达对学生的爱心和期望,让学生在轻松愉快的心境中增强理智感,提高学习主动性,发挥创造性。

第三,在教学中教师要利用或挖掘教材的趣味性,注意应用现代教育技术,使教学过程充满生机和情趣。

有效地优化课堂心理环境又与教师本身的心理素质密切相关。所以,教师良好的心理素质就成了优化课堂心理环境的前提。

2. 优化课堂心理环境的基础

优化课堂心理环境的基础是课堂教学再设计。课堂教学再设计是一个分析教学任务,设计教学方案,并对方案进行不断试行、评价和修改的过程,是一个分析问题、解决问题的过程,也是使教学成为学生积极有效活动的过程。

我们从以下四方面入手:

一是明确课堂教学再设计的出发点——以学生发展为本。

二是寻找课堂教学再设计的理念支撑点——学习心理的理念。

三是抓住课堂教学再设计的切入点——改革传统的备课方式。

关键词二　设计学校

四是围绕课堂教学再设计的关键点——优化课堂心理环境,提高课堂教学效率。

教学环境包括物质环境和心理环境两部分。心理环境包括师生之间的关系、同学之间的关系、班风学风等。在课堂教学再设计的实践中,我们注重教师、学生、教材、教法、环境等教学过程的基本要素并使之和谐。课堂心理环境是课堂教学赖以进行的基本条件之一。我们要求教师在课堂教学中,在传授知识的同时,要积极地考虑,并自觉地调整教学行为,来创建良好的课堂心理环境,使学生在学习过程中产生积极的心理状态。我们着重探索、解决以下三点:

(1) 教师上每一节课,都要明确为什么教、教什么、怎么教和教得怎样这四个根本问题。

(2) 教师在教学中不仅要让学生获得言语信息("是什么"的知识),更要让学生获得智慧技能("怎么办"的知识)和认知策略("怎么学"的知识)。

(3) 教师在教学中要以学生发展为本,从学生的实际出发,引导学生主动学习,学会学习,学会思考,给学生的自主发展留有时间和空间。

3. 优化课堂心理环境的核心

建立良好的师生关系是优化课堂心理环境的核心。

近年来,我们积极探索"和谐、民主、互动"的新型师生关系,我们教师采取主动的行为,努力做到"尊重学生、改善沟通、乐于听取意见、善于控制情绪、努力提高教学水平"。初步建立以"情感共鸣"为主要内容的师生关系模式,让学生在和谐愉快的气氛中进行学习,促进学生主动发展。

情感共鸣是指在一定的教学气氛或情境中,师生的情感通过互感、互动、互移,所达到的一种高度一致的状态。在实践中,我们总结出三点达到情感共鸣的方法:一是使学生学习成功,师生共同分享成功感的体验,达到一种成功感共鸣;二是把教学内容中所包含的情感,经由情感教学,移情给学生,引起学生的情感反应,达到一种互移互动的情感效果;三是通过联想、对比等方法,引申、转化教学内容,以达到情感共鸣。

4. 优化课堂心理环境的途径

在实践过程中,我们重点抓课堂教学模式的研究,积极探索既符合现代教育规律,又将"优化课堂心理环境,促进学生主体性发展"的课题核心思想落实到每一节课中。为此,学校提出了"激趣、精讲、善导、引思"的课堂教学新模式和优化课堂心理环境的途径,就是在课堂教学中实施四大原则:兴趣、和谐、成功、探究。教师优化课堂教学心理环境的四大原则都应当化为具体的操作要素,这些操作要素的实现就是教师调整了自己教学行为具体要求的结果。而教师贯彻四大原则的教学行为又调整了教学过程中各种因素的关系,使学生积极的需要和情感得到满足,从而产生了积极的行为动机,并内化为积极的学习行为,使学生真正乐学、善学、好学,有助于减轻学生的学习心理压力。

四、心理健康教育研究和实践的积极效果

我校开展心理健康教育,取得了积极效果。

1. 心理辅导课,受到了学生的欢迎。学生们普遍反映心理辅导课气氛宽松,没有心理压力,可以吐露自己的心声;教师是朋友,师生之间心理沟通愉快;大家真正参与其中,做课堂的主人。心理辅导课使学生的心灵在积极的参与中,在自我的表现中,在情感的宣泄和爽朗的笑声中不知不觉地得到了滋润和生长。

2. 学生对心理健康教育最大的收获是通过心理辅导和优化课堂心理环境,在认识自己、树立自尊自信、学会与他人交往合作、控制消极情绪、意志力培养、掌握学习方法和学生主体性发展等方面取得了较好的效果。

3. 心理咨询帮助学生克服了心理困惑和心理障碍,有的学生在心理素质和学业上取得了明显进步。

4. 在实施心理健康教育的过程中还锻炼了一支具有良好心理素质的师资队伍。开展课堂教学中的心理辅导,可以使更多的教师参与其中,为心理学理论在课堂教学中的应用,开辟了一个广阔的领域,提高了教师的教学能力和教学效益。

5. 通过开展心理健康教育,学校领导与教师的教育观念和教科研水平得到了转变与提高。几年来,我们先后在全国、市级杂志上发表有关文章数十篇,研究成果也在市里屡屡得奖。相关研究成果于1997年5月获上海市首届教育科学研究成果推广三等奖。

(本文为作者于2000年11月在上海市心理健康教育实验学校挂牌仪式上的主题报告)

让创新精神奏响学校特色发展的乐章

记得在2003年初,我参加上海市教委委托、由华东师范大学叶澜教授领衔的"学校变革校长研修班"学习,品尝了教育专家烹制的培训大餐。

今年1月24日起我又有幸参加了为期一年的"上海市名校长培养基地班"学习。本次基地班学习,由上海著名特级教师、特级校长洪雨露领衔,培训学习的专题是"办学特色研究"。一个学期来,聆听了十多位教育专家的报告以及洪校长专题讲座,尤其是去十多所学员所在的基层学校实地学习、交流,专家辅导、点评。围绕着学员的内在需求,激发学员的主动参与、合作互动和思考探索精神,运用习得性、互动式的学习方式,生动活泼、有趣高效,让学员有一种满足感和幸福感。

一、读书"读脑",学各校之长

苏霍姆林斯基曾指出:"学校领导,首先是教育思想的领导,其次是行政管理。"可见校长首先要有自己的思想,那么思想从何而来?思想从学习中来、从研究中来、从实际中来。本次基地班学习,对"学习"一词我加深了理解,学习既是读书,更是"读脑"。在洪校长引领下,挤时间静心地读一些书,更新自己的知识结构和心智模式,用心体验校长自己的办学思想,使自己跟上时代步伐;所谓"读脑"是指听专家报告和同行讨论,直接吸取人们脑海中最新的东西,产生碰撞、激活大脑、激活思维,这是一种很有效的方法。

本次学习,专家的报告不仅有不同凡响的研究专长,代表着先进的教育文化,而且他们的人格感召力、思想的浸润力,深深地感染着我。尤其是洪校长带我们走进学员所在的学校,"扬各校之特,学各校之长"。一树一菩提,一沙一世界。每到一所学校,学到很多,各有特色,各具风格。在这个平台上大家真诚地交流、碰撞,不仅拓宽了我们的视野,使我们在一个特定专题里更全面真实地把握某一教育现象的真面目;也为我们开启了思考该问题的多个维度,并引领我们在不同的学校基础中探寻学校特色发展之路。每到一所学校,听到了校长们对教育、生活、事业与人生的心灵独白,我细细地品味着,探寻着他们心灵成长的轨迹,挖掘他们成功背后的酸甜苦辣,感受他们对教育理想的坚守,对教育独特的感悟以及智慧之思后的大胆实践与真情付出。在这里,我身临其境地感受着每一所学校的激情与"童真";感受求知小学的"百年老校新文化";感受高安路一小的"知识主管、共享平台";感受闸北实验小学"以生为本、自主发展的学生文化,张扬个性、专业发展的教师文化";感受长宁愚园路小学的"以合作为载体,人本化管理、制度化操作";感受卢湾二中心小学的"以美育人,构建智慧型学校";感受闵行田园小学的"双语教学";感受宝山三中心小学的"课程文化";感受宝山水产路小学的"信息技术教育"……办学特色的形成不仅昭示着校长们的教育艺术与真情,更是以聚众人思维之精华扬自身思维之活力。

二、激活思维,思学校之特

校长要有创见,创见就是要有创新精神。要具备创新精神,就要学会否定,敢于批判自己,在批判自己中创新。创见应该体现在教育思想和办学理念方面。校长只有在引领学校发展创新之中,才能具有时代精神。因此,校长必须以敏锐的眼光去捕捉新观念,以创造性的思维去吸收。接受新思想,以最新的教育理念去指导实践,在校园文化、校本课程、现代管理等方面形成自己的特色,加快学校发展。一方面,要有战略眼光,跳出学校看学校,把学校的发展放到经济、社会发展的背景之中去审视,放在基础教育改革的整体框架中去定位。以经营的理念来发展学校,努力做到"快一拍,早一步,高一格",处于人无我有、人有我优、人优我特的不懈追求之中。另一方面,要精心策划,稳健实施。学校发展有其自身的规律,不可追潮赶风,需要审时度势,因校制宜,以科学的发展观来规划实施学校蓝图。

校长有了创见,更有主见。有主见就是要有个性、有见地。首先,校长的主见应体现在办学思想上,坚持依法办学,按教育规律办事。其次,校长要根

关键词二　设计学校

据自己学校的校情、师情、生情确立自己的办学特色。特色需要细心观察、长期探索、多方面互动以及用心栽培。再次,"主见"就是要体现校长的管理特点。由于各人的性格、阅历、学识不同,管理的风格也会不同。

三、实践反思,创学校之特

学校要形成办学特色。实际上,办学理念、办学思想明确,能具体化被教师认同,并最后变成自己的行动目标,学校就一定会形成自己的办学特色和学校文化。学校自身不会自动生成文化,它需要校长带领大家有意识地去建设。学校文化是一所学校综合素质的体现,也是综合竞争力的表现。

1. 学校文化是学校办学理念、办学思想的体现

正确的办学思想、先进的办学理念是学校文化的灵魂。"学校文化看不见、摸不着,可是它有着巨大的凝聚力、推动力和生命力。校长首先要有自己的办学理念,有了理念才有信仰,有了信仰才有追求,有了追求才有成功。"当然这种理念是基于对教育的理解,基于对自己学校情况的理性分析。没有这一基础,就不可能形成自己的独特校风。当前实施"二期课改",提出了很多新的教育思想与教育理念,比如以学生发展为本,改变教师的教学行为与学生的学习方式,强调培养学生实践能力与创新精神,培养学生善于发现问题,分析问题、解决问题的能力等。如果一个学校的领导只是把这些词句抄到学校的文件上面去,理念很新很高,但是跟学校贴不到一起,那就是两张皮。学校领导就在于能够把这种新的、好的、代表文化发展方向的先进理念转化成为具体的、大家都认同的观念,形成学校具体的可操作的目标。

譬如,目前我校正在开展"探究性学习与课堂教学改革"的实践与研究活动,作为推进"二期课改"的突破口。学校一创办,就实施"三乐"教育(乐学、乐教、乐管),经过十多年的实践与研究,取得了良好效果。近两年来,我们在基础型课程中积极探索实施探究性学习。给"三乐"教育赋予新的内涵:善教乐学、优化管理。通过教师善教,引导学生步入"乐学"境界。让学生以乐促学,学有探究;让教师以乐善教、教有研究。于是我们建立了"学科教学中探究性学习的研究"课题,该课题 2002 年列项为市级课题,2005 年成功结题后相关成果获得市第八届教科研成果三等奖。在此基础上,该课题于 2005 年列项为

区级重点课题:探究性学习指导策略及其心理支持的研究。2006年初被列为市级课题。我们所讲的"探究性学习"被视为一种与接受式学习相对应的学习方式,但不是排斥接受式学习,而是强调学生主动探究、自主学习、发现问题和解决问题,基于问题来构建知识。

2. 把办学思想和理念转化为教师的共同追求

要使广大教师认同先进的办学理念,最重要的是发动教师、组织教师参与教育改革活动,在活动中内化自己的理念与教学行为。譬如,这次新课改是一个教育思想的更新运动。课程改革的成功与否,与教师的思想观念有着极大的关系。教师在将新的课程理念体现到课堂教学的过程中,会遇到各种困惑和难题。这次课程改革不仅是课程设计的变化,而且是教学价值观的更新,是一种新的师生关系的构成,新的教学关系的创造。它提倡问题意识,提倡综合运用,提倡探究性学习,提倡和生活的联系,提倡实际生活能力的培养。所有这些都在改变着传统的师生关系。只有参与到课改的实践中去,体验到课改的酸甜苦辣,新理念才能真正建立起来。因此,无论从学校这一组织层面,还是校长或教师个人角度出发,都需要一种直面现实与勇于探索的精神,并努力形成交流、合作、学习的学校文化,在一种合作、交流、民主的氛围中共谋发展。而在这种特色创建、文化氛围与精神力量的构建中,校长发挥至关重要的作用。

(原文发表于《上海教育》,2006.11)

创建特色学校的实践与思考

特色学校是学校的特殊性和个性在办学过程中的体现,它表现在教育思想、培养目标、队伍建设、教育教学风格、学校管理等方面。从哲学层面思考办学特色其实是个性与共性、一元与多元的关系问题。"事物的特殊性构成一事物区别于他事物的特殊本质。共性包含于个性之中,没有个性就没有共性。"如今,要在尊重学校共性的基础上充分体现个性,积极提倡和鼓励多元,最终达到共性与个性的统一,一元与多元的和谐统一。一所特色学校的创建,是一

关键词二　设计学校

个创新、实践、积淀、提炼和发展的过程。学校的校长、教师和学生是办学的主体,在特色学校创建过程中起着核心作用。

一、理念校本化

校长的办学理念是形成特色学校的源泉。锤炼办学理念,用科学的文化理念引领学校是校长的使命。校长观念的更新、观念的领先,往往成为形成独特的学校气氛和工作风格,促进特色学校建设的认识与实践的动力。所谓办学理念,是指人们对自己学校的定性、定位及职能的认识,即要把这所学校办成什么样的学校,怎样办成这样的学校。办学理念实际就是校长的办学思想和办学理想。苏霍姆林斯基说:"校长领导学校,首先是教育思想的领导,其次才是行政上的领导。"

治校方略首要的是有先进和科学的办学理念,而先进和科学的办学理念在学校中践行,首先要研究自己的学校、研究教师、研究学生、研究自己。特色学校的创建,必须建立在学校自身基础上。发现自己学校的问题,就是发现了学校发展的空间;能否意识到学校发展的有利因素,也关系到学校发展的现实路径问题。当校长将视野从向"外"看转为向"内"看,当校长能在外界背景下关注自己内部的发展问题时,也许会发现:每所学校都是独特的,每所学校的发展都是具有挑战性的,每个校长都面对着不同的发展任务。而正是这一"丰富的独特",对校长的思维方式、观念、体系、管理能力、生命情感等提出挑战。校长需要直面当代中国学校教育整体转型,将分离、对立的思维方式转换为复杂的思维方式。这将是一种动态的思维方式,要求校长在学校发展、个体发展的动态过程中,把握发展机遇,开发发展资源,开拓发展空间,实现学校与个体的不断发展。这将是一种整体的思维,需要校长能对自己学校的发展有整体意识、整体规划与调控能力。

办学理念落到实处,收到实效,要与时俱进,赋予更多的现实内涵。实验小学在新课改背景下,给"三乐"教育赋予新的内涵,形成特色学校,提出的办学理念就是"为学生乐学奠基",为乐学而乐教、乐管,才体现以学生发展为本,才引导学生步入乐学的最高境界,由乐中学达到学中乐。乐学是指学生的一种积极、主动,导向自我愿意的实现的学习情绪。正如孔子所说:"知之者不如好之者,好之者不如乐之者。"朱熹也讲过:"教人未见意趣,必不乐学。""为学生乐学奠基",基于如下四点思考:一是马克思主义辩证唯物主义观念。外因是变化的条件,内因是变化的根据,外因通过内因而起作用。作为教育者必须善于激发学生的学习兴趣,引起学生内部学习动机,调动学生的主观能动性,把教育的要求转化为学生自觉需求。二是学生是学习主体的理论。变被动为主动,"二期课改"新理念,"以学生发展为本",让学生成为自主探索,敢于创新的学习者。在教学活动中,应该使学生处于一种最佳的学习状态,使学习者成为学习的主人。三是心理学中的情感理论。心理学研究的成果表明,人的心理活动有认知操作系统和动力调节系统,而动力调节系统的一个重要因素是情感。发挥情感功能的积极作用,动力功能、调节功能、保健功能。学生在学习中的积极主动要依赖于内在动力,因此,能否激发学生的情感,唤起内驱力,决定学生是否乐学。四是生理学基础。心理保持愉快状态,脑垂体就会使分泌系统积极活动。而由于它的积极活动,整个神经系统的兴奋水平就会提高,在脑皮层就容易形成优势兴奋中心,使人思维敏捷,学习活动效率高。

办学理念重要,但更重要的是把它作为学校的精神,作为创建特色学校运行的灵魂和核心,贯彻到全校每一个教职工的日常工作中,贯彻到学校软硬件设施的每一个细节中。苏霍姆林斯基说得好,校长"不仅应当宣传和把科学知识推广到实际工作中去,而且要用自己的创造性的意图和思想把全体教师组织并联合起来",还应当"力求做到使学校全体工作人员——从校长到看门工人——都来实现教育思想,使全体工作人员都全神贯注于这些思想"。"为学生乐学奠基"的办学理念,其目的就是要树立起"以学生发展为本"的旗帜,带领全校教职工去实现这个教育理想。正因为如此,实验小学作为一所融实验性、示范性为一体的特色学校,才得以在新的教育改革中找到自己的立足点,在新的时期展现了新的风采。

二、教师个性化

如果说校长是学校的"灵魂",教师则是办学的"躯体",校长的办学理念必须得到教师的广泛认同,并通过教师的实践和传承而逐步成为学校的特色。教师有个性才可能做到教学有特色、教学有风格。名校呼唤名师,名师支撑名校。学校名师脱颖而出,层出不穷,必将带出高品位的教师群体和高质量的学生群体,从而办出高档次的特色学校。

教师个性特征,特别是性格气质类型的差异,对于教师发展的不同阶段也有着直接的关系。心理学的研究表明,人的气质类型主要有胆汁质、多血质、黏液质、抑郁质四种,它们各自具有不同的特征。胆汁质的教师一般表现为教学中思维敏捷,教学语言流畅顺达,而且语速快,滔滔不绝,对学生热情相助,感情外露直接,不容易抑制,教学过程按序进行,但缺乏灵活性和新颖性。多血质的教师一般表现为热情乐观、感情充沛,与学生关系融洽,教学语言生动,富有文学味,教态具有艺术表演者的气质等。黏液质的教师一般表现为教学逻辑严谨,说理能力强,对学生的情感真挚深沉,但不轻易外露,办事认真,一丝不苟,教学扎实,一板一眼,富有实效。抑郁质的教师一般表现为重事实和推理,反应速度不快,但很少出错,喜欢使用抽象、概括的语言,教态稳重,给人一种信任感等。

我校根据教师的心理基础,结合教师不同的学历、资历和驾驭教育教学的能力,分层培养、分类指导,即新教师的"入格"培养、青年教师的"上格"培养、骨干教师的"风格"培养,简称为"三格"培养,旨在培养"风格型"教师。

三、管理人文化

创建特色学校,要营造和谐校园,赋予管理人文精神是校长工作的着力点。作为学校的管理者,我们首要的就是要确立以人为本的意识,从生命的视角去确立我们的管理理念,让我们的管理富于人文精神。

现代教育管理科学所强调的校长效能,包括了校长的思想、才能、品德、行为在教师身上产生的某种示范性影响。学校是个特殊的单位和群体,作为校长,要使教师满意自己的工作,发挥自己的才智,就要在情境上开创一个以淡化人为行政手段为前提的人文管理的模式,即强化文化意识,创设有着文化特色的校园氛围———一种宽松、和谐的教育、教学、教研氛围——使之成为一种颇具凝聚力的文化现象:校长以人格力量熏陶教师,以心理力量吸引教师,以学术力量影响教师。尤其要关注的是具有较优的个人潜质、较好的知识修养、较强的工作能力、富有个性的教师,他们思维敏捷,能独当一面,因此在接受管理的过程中,容易滋生一种逆反心态,这就更需要校长自身高尚的思想情操和良好的业务素养去加以感召,以心服人,以理服人。一句话,以学者风范去联结教师。这是创建特色学校,营造和谐校园的基本原则。

当然,这并不排斥其他方面的行政行为。建立和制定规章制度,使学校管理有序、科学,是学校管理应该追求的境界之一。教师不喜欢领导盛气凌人的训斥和简单粗暴的管理,但也不喜欢领导不负责任,让教师我行我素,放任自流。他们希望和欢迎领导能以民主的作风为学校创设出一种民主、和谐、宽松的环境,使大家心情舒畅,和睦共处,自我约束而又自我完善,这些都应该通过民主制定的规章制度得以实现。在规章制度的制定和实施中,少一点强制,多一点尊重;少一点疑虑,多一点信任;少一点不准,多一点自由。在"管"与"理"中间找到最佳的契合点。

人文精神在细节中表现得最充分,有些细节需要校长架子放低一点,多和教师走近一点,多和学生走近一点。比如我和教师一起参加学校举行的趣味运动会,和他们一起端乒乓球跑、赶"野猪",一起投篮球等。这些活动帮助我较好地和师生打成一片,拉近了彼此的距离。每天早晨,我会在班主任和任课教师进教室之前走进教室,和学生说说话,聊聊天,听听他们的读书声、议论声……看来是琐碎的小事,在实践中往往能带来特殊的效果。人文关怀不是挂在口头上,校长应该多个心眼,在自己的学校内多走走,多看看,多听听,多想想……

(原文发表于《小学校长》,2006 年第 6 期)

扩大办学规模　培育学校特色

为了满足松江人民对优质教育的需求,拓展优质教育资源,2006 年 9 月 1 日,实验小学新城校区建成启用,"一校三址"诞生了。学校规模越来越大,面积越来越广,人员越来越多。我们积极探索走特色发展之路。

一、扩大规模、传承特色

办学要有自己的传统。学校在扩大规模的同时,不能将原有的优良办学

关键词二　设计学校

传统抛弃,而要挖掘传统中蕴含的学校文化,加以过滤、提炼和撒播,形成深厚的学校发展内驱力。校长的办学理念是形成特色学校的源泉。锤炼办学理念,用科学的文化理念引领学校发展是校长的使命。我校一创办,就实施"三乐"教育(乐学、乐教、乐管),在当今时代背景下,"三乐"教育被赋予新的内涵——为学生乐学奠基,为乐学而乐教、乐管,体现以学生发展为本,引导学生步入乐学的最高境界,由乐中学达到学中乐。学校规模扩大后,新教师迅速增加。2006年9月,共新增27位教师,其中15位为新教师,来自全国各地的应届本科毕业生。这就需要发动全体教职工进一步了解、学习并研究学校的优良传统,理解学校的文化,营造积极向上的价值追求,从而使学校的办学精神得以传承、改良和提升。

办学要有本土的学校气派。学校规模扩大过程中,办学硬件得到改善,同时也带来了一些危机,其中最大的危机是信任和信誉危机。办学要有自己的特色,有特色才有核心竞争力,只有项目特色还不够,只有学科特色也不够,要形成系统的办学特色。办学特色不是喊出来的,首先要有内在的生长基础,天时、地利、人和是形成特色的前提。特色学校的创建,必须建立在学校自身基础上,要研究自己的学校、研究教师、研究学生、研究自己。发现自己学校的问题,就是发现了学校发展的空间;能否意识到学校发展的有利因素,也关系到学校发展的问题,就是发现了学校发展的现实路径问题。因此,要针对规模扩大后学校的实际情况,充实、扩展、丰富办学特色的内涵和外延,认准目标、精心策划、认真积累、深化发展。

二、创新管理、提炼特色

办学规模扩大后,还得在学校管理上做文章。"大"学校管理是科学精神与人文精神相互交融的管理,是追求卓越的管理,是既注重细节、过程,又重视结果的管理,是质量与效益同步提高的管理。学校管理的对象是人,过程和手段是教育,目标是人性的完善,而自由和创新是人性完善的主要力量。因此,扩校后,要进一步加强民主管理,给管理者、教师、学生自主的空间。

给管理者自主的空间。小学校的管理体制是管理和决策合二为一,校长既要靠决策的科学性、民主性来避免决策失误,又要负责具体实施。规模扩大后，学校必须建立适合较大规模学校的行政决策和管理实施相对分离为特征。校长工作的重心在行政决策，主要时间和精力要放在师资队伍建设和课程建设上，放在调研和内外联系、多方沟通上。学校事务管理的重心应下放到中层，从科层级管理转化为扁平化管理。因此，我们把管理的重心放在学校干部队伍建设上，造就高素质的管理者，这是规模办学成功与否的关键。针对校区较分散的特点，学校采取了三级管理，即校级——主任级——组长级。校长负责调控宏观目标、指导实施，中层管理者应在决策的指令下，都有明确的职责权限，每个干部在自己的工作范围内独当一面，自主地实施各项具体工作，并能创造性地开展工作。

给教师自主的空间。教育工作的复杂性，需要教师去观察、思考、改变，学校领导要给予教师充分的专业发展和创新的空间，引导教师进入专业自主发展的良性轨道。学校围绕"自我规划、专业发展"主题，积极营造促进教师专业自主发展的学习文化，激发教师对职业理想的追求和主动学习的愿望。学校管理以柔性管理为主要特征，以人为中心，以情为主线，借助非强制性方式和非权力性影响力，靠群体的价值认同和凝聚力进行管理，对教师要有常规制度的约束，但更需要尊重、理解和沟通。

给学生自主的空间。学校以课题引领推进课改。学生"乐于学习、主动发展"是我校开展的一项重大研究课题，其核心是帮助学生形成终身学习的能力。它引导学生自我发展、自觉发展、自信发展。同时以"学科教学中探究性学习的实践研究"为平台，改善学生的学习方式。教师结合学科特点让学生学中求乐，将课堂教学延伸到课外，以课内乐学激发课外学习兴趣和求知欲，以课外活动内容来补充和深化课内知识，使学生真正从学习活动的本身体会到学习的快乐和满足，让学校成为学生"自由的地方、快乐的源泉"。

可见，挖掘和提炼办学特色首先要着眼学校全局。办学特色是学校全局性的东西。提炼办学特色，关键是找准切入点。其次不能闭门造车。挖掘学校的办学特色要能够沉下去，体会学校的办学精髓。应当摒弃在总结办学特色时的功利思想，为了达到某个目的而生硬地"编造"一个特色出来。再次要

关键词二　设计学校

走群众路线。学校师生员工是办学特色的实践者、继承者、弘扬者和发展者，他们的积极参与必不可少。

三、丰富内涵、发展特色

随着办学规模扩大，摆在管理者面前的问题和事务也随之增多，可谓千头万绪。校长要以科学发展观为指导，即要有学校发展决策的战略思维，又要有精致化思维，要在管理上做文章，走内涵发展之路。学校发展的决策、策划不能大而化之，不仅要从发展的战略高度，而且要以精致化理念来设计、规划学校的发展。既要有发展理念、发展定位、发展目标的策划，也要有发展环境、发展策略、保障机制的策划；既要有全局性、创新性、特色性，又要有操作性、可行性，既要有发展的前景，又要把方案内容细节化、具体化。

内涵建设的关键是打造一支名优教师团队。现代教育管理科学所强调的校长效能，包括了校长的思想、才能、品德、行为在教师身上产生的某种示范性影响。学校是个特殊的单位和群体，作为校长，要使教师满意自己的工作，发挥自己的才智，就要在情境上开创一个以淡化人为行政手段为前提的人文管理的模式，即强化文化意识，创设有着文化特色的校园氛围——一种宽松、和谐的教育、教学、教研氛围——使之成为一种颇具凝聚力的文化现象：校长以人格力量去熏陶教师，以心理力量去吸引教师，以学术力量去影响教师。尤其要关注的是具有较优的个人潜质、较好的知识修养、较强的工作能力、较强的个性的教师，他们思维敏捷，能独当一面，校长更需要以自身高尚的思想情操和良好的业务素养去加以感召，以心服人，以理服人，以学者风范去联结教师，这是营造和谐校园，创建学校特色的前提。

办学特色的形成是一个创新、实践、积淀、提炼和发展的过程。规模办学让学校办出特色，变"有"为"优"，变"优"为"特"，既要有学校发展策略，更要有管理智慧。对于扩大后的校园，利用小学校的管理模式显然有些"水土不服"，需要换一个思路，从自主、自觉的角度来寻找突破口，"以自主促效率、以自觉促规矩"，构建"大"学校的新型管理模式，积极探寻扩大优质教育资源，走特色发展之路。

（原文发表于《松江教育》，2007年第5期）

让每一所学校成为最适合学生成长的地方

我于2010年8月6日至12日赴北京人大附中参加"国际名校长论坛暨中国基础教育卓越校长培养基地"第五次培训大会。本次培训学习活动,内容丰富,视野开阔,思维启迪,火花碰撞,理论深刻,收获颇丰。大会安排了三大内容。一是人大附中60周年庆典。"向祖国汇报——人大附中素质教育成果展示"活动,在中国人民大学世纪馆举办,有国务委员刘延东和教育部部长袁贵仁等中央、北京市领导,国内外名校长及社会各界人士、师生、家长代表等一千多人参加。二是国际名校长论坛。论坛的主题:教育、创新、人才——不同文化背景下的共同关注。参加论坛的有美国、英国、德国、芬兰、澳大利亚、韩国、西班牙、丹麦、日本、新加坡、泰国等近20个国家和我国各省市五百多名中外校长参加。大会由32名国际名校校长进行论坛,这些名校都是人大附中的国际友好学校。三是课题研究交流会。围绕三项国家级课题校长们进行研究论坛、交流。三项课题是:校长领导力的案例研究;0—18岁儿童心理特征及教育对策案例研究;基础教育创新人才培养策略案例研究。同时还聆听了北师大、华师大三位专家的报告。

现就参加国际名校长论坛,领略各国名校、名校长的风采,谈一点体会。如此众多的中外名校长相聚一堂,围绕"教育、创新、人才——不同文化背景正反共同关注"进行论坛。正如在论坛开幕式上美国托马斯杰弗逊理科高中校长伊万·格雷泽博士致辞中所讲:"尽管各国的文化不同、教育方式等不同,但教育价值是相同的,是一致的,教育就是激发学生学习的快乐……思想才是真正的财富。"世界各国的国情各不相同、各具个性,因而世界各国的基础教育也是五彩斑斓、百花齐放。因此,世界上许多中小学在教育管理方面形成的特色与个性也是异彩纷呈、繁花似锦。当今世界的教育创新如火如荼,精彩纷呈,"让每一所学校成为最适合学生成长的地方",已成为全球教育的共识。本次论坛引发我新的认识与思考,主要有以下四个方面:个性化教育、快乐教育、特色教育与精英教育。

关键词二　设计学校

一、个性化教育

个性化教育在许多外国著名学校的管理经验中,是最常见到的内容,也是最突出、最为普遍的特色。从论坛中我发现,个性化教育在外国许多学校中已蔚然成风,成为普遍的共识和目标,如芬兰罗素高中,美国托马斯杰弗逊理科高中、韩国大元国际中学、新加坡莱佛士书院等。尤其是芬兰罗素高中,位于芬兰的首都赫尔辛基市中心地带,成立于1891年,悠久的历史,独特的学科特色,良好的声誉以及广泛影响力,让它成为芬兰中学教育典范的同时,也引起了联合国教科文组织的高度关注。据经济合作与发展组织调查结果显示:芬兰,拥有世界上最好的中学教育。芬兰学生的数学和阅读素质排名世界第一,在科学素质方面则与日本、韩国、我国的香港并列第一。芬兰罗素高中的先进性体现在"一切以学生为本",尊重学生、满足学生,充分调动学生学习的积极性和主动性,使学习成为他们的乐事。个性化的学习方式,弹性的学制和"不分年级制"的最大优点,在于学生的自我需要得到了充分的尊重和满足。教师爱学习出了名,独具特色的课程设置,阅读中休闲,轻松的高考等是其显著特点。罗素高中给了我们深刻启示:尊重学生,挖掘潜能,满足学生需求;加强校际合作,提倡资源共享,促进课程结构的多样化和选择性;为教师提供多种形式的培训,满足教师的需求。

二、快乐教育

所谓快乐教育,就是许多外国著名的中小学在自己的教育管理方面能够从学生身心健康成长的规律出发,特别注意为学生打造快乐学习的环境,营造快乐学习的氛围、创造快乐学习的条件,让学生在快乐中成长、发展,从而形成了快乐教育的管理特色。在国际名校长论坛的视频中我们看到,学生的学习活动是快乐的,学生无忧无虑、自主自在的学习和活动,放学后基本没有什么家庭作业,许多孩子在放学途中脚踏运动滑板自在而娴熟地"溜"回家去,那真是一幕幕令人难忘的美妙图景。如芬兰埃肯纳斯学校、美国菲利普斯埃克塞德学校、西班牙马德里学校、德国费迪南德保时捷中学、丹麦尼示斯斯丁森中学、韩国韩亚中学等都重视快乐教育。英国惠灵顿中学校长安瑟尼·塞尔顿在论坛中系统地阐释了"积极心理学在学校和学生成就中扮演的新角色",他认为积极心理学就是"把内心的东西释放出来"。他讲到积极心理学七个方面的作用:帮助学生提高灵活性;鼓励人们乐观、积极向上,学会感恩、欣赏别人;使人们身心健康,促进身心和谐;善于挖掘闪光点与长处;积极回应别人的想法,充满"爱"的关系,开放的心态;帮助别人,乐于做好事等。要求学生与教职员工释放"爱"的力量,学习着、工作着、快乐着……由此,我联想到自己学校的"三乐"教育,"为学生乐学奠基"的理念,进一步总结、研究、实践,真正为乐学而乐教、乐管,形成以乐化人的"三乐"学校文化。从而给人以启示:营造温馨的环境;建立平等的师生关系;综合化的课程;生活化的学习。

三、特色教育

所谓特色教育,简单地说就是那种人无我有、人有我优的教育。我在聆听论坛中注意到,许多国外著名中小学在自己的办学实践中经过长期的积累和沉淀,打造和铸就了自己鲜明而独特的办学个性,形成了某种特色化的教育风格,以独特的教育教学理念和方式使自己的教书育人工作成为一种教育品牌。例如,澳大利亚三一文法学院、美国哈佛大学教育学院、泰国玛其顿中学、新加坡莱佛士书院、新加坡科技中学、我国香港宝血会上智英文书院、日本武藏中学。尤其是我国香港的喇沙书院的"全人教育"给我深刻启示。"全人教育"这个思想贯穿在喇沙书院的办院特色之中。懂得了全人教育思想,就可以像拥有一把钥匙那样,打开他的思想书库。"全人"理想无疑是人类教育的崇高理想,随着人类不断地向更高的社会层次发展,应以"全人"作为一个普遍的终极目的。我认为,如今的教育,必须认识到这是一种必然的选择,不仅能够丰富我们的道德教育理论,而且在我们实施素质教育的过程中,"全人"理想中的某些方面我们可以借鉴学习的,并可以此来丰富我们的教育理论,指导我们的教育实践,"他山之石可以攻玉"。同时也了解到澳大利亚2020年的教育畅想——努力追求教育的卓越和公平。所有澳大利亚4岁儿童,包括生活在偏远社区的土著儿童,都能接受支付得起的学前教育。将来,不管他们进入哪所学校或生活在哪里,都能接受既追求卓越又兼顾公平的基础教育,所有学生都将在拥有世界一流的数字化环境中学习。所有澳大利亚年轻人都将成为成功的学习者,自信而富有创造力的个体,积极而理性的公民。美国的教育,设计了"提供从摇篮到职业"的教育愿景。

四、精英教育

所谓精英教育,就是有这样一些国外的著名中学,将自己的办学目标定位在为国家和社会培养高层次人才,即以培养社会精英为己任。而且,围绕着这一办学目标,这些学校在实施精英教育方面已形成了自己一套行之有效的教育模式和管理特色。更为重要的是,这些学校在实施精英教育方面已大获成功,取得了骄人而辉煌的业绩,从这些学校走出了一批又一批精英人才,为社会所震撼、所公认、所折服。如英国伊顿公学、美国纽约斯蒂文森高中和法国巴黎大路易高中等都是这样的著名学校。这些学校倡导"理性选择",倡导"让学生快乐、人格高尚"。与渊博的学问相比,他们更注重让孩子快乐成长,更注重健康心态和学习能力的指导,注意学生的精力充沛、学术标新立异、发展理解力、创造精神和判断力,换言之,他们将勇敢、自信等人格塑造放在了第一位。学校富有特色的多样化选择,造就了学生的个性发展,他们对自己的梦想、兴趣和特长有所体会和认识,可以尽可能地听从自己内心的声音,并且得到来自学校的尊重与支持。

人大附中刘彭芝校长在主旨论坛中讲到如何发现与培养拔尖创新人才,有其独到见解,她提到"四种眼光":一是长远的眼光;二是全面的眼光;三是发现的眼光;四是宽容和激励的眼光。处理好"有为"与"无为"的关系,"无为"是为了更好的"有为"等哲学思想,为学生提供自由发展的空间和平台。人大附中取得如此令世人赞叹的辉煌业绩,为探寻中国特色的基础教育,为发现与培养拔尖创新人才,树立了典范。正如陶行知先生所说:"千教万教,教人求真;千学万学,学做真人。"而当前我们缺失的正是最贴近的"人"的教育。怎样才是中国式的精英教育?这是个值得讨论的命题。

成功的论坛,令人遐想,使人追梦。

《国家中长期教育改革和发展规划纲要(2010—2020年)》已经颁布,《上海市中长期教育改革和发展规划纲要(2010—2020年)》已制定,教育蓝图已绘制,未来10年中国教育已全景呈现。关键是落实,既要仰望天空,又要脚踏实地,让每一所学校成为最适合学生成长的地方。新课改宗旨是要努力塑造"全人",它所提倡的素质教育的三维目标,十分清晰,而更突出了品德修养。最能让学校、教师、学生家长与社会期待的是创新评价体系,它注重诊断、激励和发展功能,提倡评价主体多元化。这些与国际先进教育理念接轨的内容如果能够顺利实施,学生将真正能在学习过程中发现自己的进步,充分感知学习的乐趣,明确自己的定位,进而沿着自己的喜好,真正在人生这个舞台上奏出属于自己的完美乐章,无论这些乐章的音符是否与精英有关。

学校管理是科学,是艺术,需要我们不断探索与实践,也需要拓宽视野,走出国门,大胆地学习与借鉴。在快速发展、日新月异的21世纪,我们格外关注国内外教育教学改革的实践及其发展态势,反思我们已有的教育教学及管理,借以实现我们自己新的发展与超越。

(原文发表于《三乐教育　惠泽童心》,上海教育出版社,2011)

新学校·新实验·新优质

松江区第三实验小学独立建制始于2012年7月(原实验小学华亭校区)。学校在教育局直接领导下,按"高起点规划、高标准办学、高品位育人"的总体思路,成为融实验性、示范性为一体的现代化优质学校。

学校占地面积32818平方米,教学及配套用房12294平方米,绿地总面积11660平方米。学校拥有一流的教学设施设备,目前有一、二年级11个班,530名学生,42名教职工。

学校以"为人正、为学乐、为业精"的"三为"教育为办学思想,以"笃行每一事,快乐每一天"为办学理念,明确"五新"办学要求:

一、"三乐"教育新发展

在传承实验小学"三乐"教育(乐学、乐教、乐管)办学特色的基础上有新发展、新突破:让孩子喜欢学习,有浓厚的学习兴趣和学习意识;让孩子健康成长,有健康的心理、健壮的体魄和健全的人格;让孩子充分发展,有个性的发挥、能力的提升和较高的生活质量。

二、多元课程新呈现

学校将建设语言、数学、科学与技术、体育与健康、艺术与创意和综合实践等六大课程领域。统整课堂教学和课外活动,实现三类课程统整与课内外活动融会贯通,让孩子快乐每一天。

快乐学习,播下儿童能力发展的"智慧种子"。

快乐运动,播下儿童身心发展的"健康种子"。

快乐阅读,播下儿童心灵发展的"人文种子"。

快乐歌舞,播下儿童个性发展的"艺术种子"。

快乐创意,播下儿童思维发展的"科学种子"。

三、教师素养新提升

学校在创建之初,就追求师资队伍的高起点、高素养和高品位。学校汇集区内外的骨干教师,锻造一支师德高尚、业务精良、合作创新的教师队伍,并成立"教师专业发展"工作室。为"快乐每一天"提供强有力的支撑,又为提升高质量的优质教育提供正能量。

四、校本管理新模式

1. "三精"培育,有效实施

精彩课堂——让课堂充满活力。把激情带进课堂,把微笑带进课堂,把趣味带进课堂。

精品课程——让课程发挥更大的育人价值。在5年内形成2—3门精品课程。

精致管理——让管理更科学、更民主、更有效。着力打造校园快乐文化。

2. "三品"呈现,彰显特色

品牌学科。根据学校特色、教师特长、学生特点,5年内建设3—5门品牌学科。学校成立数学教学研究室。

品牌项目。5年内创建3—4个品牌项目,体艺教育进课堂,科技活动进课程,文学经典进校园。

品牌教师。5年内培养学科有名望、专业有影响的名教师5—8人。

五、探索办学新机制

积极探索与构建现代学校制度。将"依法办学、自主管理、民主监督、社会参与"有效地落实到新学校创办的过程中。学生快乐学习、快乐运动、快乐生活,让学校形成一个"快乐生态场";注重家校联动、社区融合,把小教室、小学校延伸至家庭、社会大学校,构建学校、家庭、社区一体化教育生活的"快乐生态链";建设发现快乐、分享快乐、创造快乐、传播快乐的"快乐生态圈",从而培育快乐文化。快乐,从相信自己开始;快乐,在磨炼中体验;快乐,在与人分享中获得;快乐,在创新实践中积淀;快乐,在自主发展中成就。

(本文为2012年11月20日松江区第三实验小学落成典礼上的校长讲话)

制度为范　刚柔相济

俗话说:"非规矩不能定方圆,非准绳无以正曲直。"制度看似羁绊,实是维系一个集体存在与发展的最为基本的要素。大到一个国家——犹如东海之江河,小到一个学校——犹如潺潺之溪流,要腾起浪花,滚滚向前,都需要以"制度为岸"。

一、"热炉法则"

著名西方管理学理论"热炉法则"告诉我们,各项规章制度应当成为一座烧红的"热炉"。制度"热炉"具有四个原则:一是警告性原则,"热炉"外观火红,不用去摸,也可知道炉子热得足以将人灼伤,有事先警告的作用;二是必惩性原则,"热炉"不会留情面,只要你一碰到它,毫无疑问肯定会被灼伤,是真的烫人,绝不是唬人的摆设,它非常坚决和严肃,说一不二;三是即时性原则,当你碰到火红的"热炉"时,立刻就会被灼伤,没有时间差,也不会拖泥带水,及时快速有效;四是公平性原则,"热炉"面前人人平等。正因为制度拥有"热炉"四原则,它才能够具有不可撼动的权威性与约束力,才能在管理工作中发挥不可替代的保障作用。

制度是管理的基石。每一个集体和团队都有自己的"天条",即各项规章制度。制度明确规定了职工该做什么,不该做什么,就好像是标明了在哪里有

"热炉",一旦碰上它,就一定会受到伤害、受到惩罚。只有这样,才能做到令行禁止,真正实现管理上的"热炉法则"。

制度与纪律是一个不可触摸的"热炉"。与此相同,真正高效的学校管理,必须要靠制度来运行。制度是保障学校良性发展的生命线。制度规范行为,行为形成习惯,习惯培育传统,传统积淀文化,文化塑造灵魂。依规矩,定方圆;建制度,聚人心;促发展,更和谐。在二十多年的校长生涯中,我一直让"制度治校"成为学校管理的重要一环,构建制度大厦,用制度捍卫公平,用制度凝聚人心,让制度形成力量,让制度升华文化,让制度"携手"人文。

二、制度捍卫公平

学校是一方心灵净土,一处精神特区。亚当斯提出的公平理论认为公平在激励中起重要作用。公平公正是不断修正管理方向的罗盘,是利于克服管理顽疾的良药,是强化团队精神的凝胶。我始终认为,要用公平捍卫公平,公平公正的制度便是对公平公正最有力的捍卫。

让制度捍卫公平公正,我们首先保证各项制度公平公正。我们十分重视学校各项规章制度建设,从教师的一日常规管理,到备课、上课、辅导、作业批改、考核等,事事有章可循。不给管理留死角,不让制度有缺陷,我们充分考虑广大教职工的根本利益和学校发展大局,逐步建立健全各项规章制度。

有了公平公正的规章制度,就有了"热炉"里可供燃烧的燃料,而组建一支敢于管理、善于管理的管理队伍,便使这个熊熊燃烧的"热炉"火焰更烈,火势更猛。我告诉学校每一位教职工,更告诫自己,学校规章制度是我们共同的行为规范,是我们取得成功的根本保障。

三、制度凝聚人心

用制度凝聚人心。学校主动寻求制度管理之美,渗透"天地之性,人为贵"的理念,完善各项规章制度,以全校师生的利益和需求作为最根本的出发点和落脚点。我们努力做到"制"而有"度",以使制度聚焦出最大的"热能",聚拢起最大的"人气"。我们让每一条制度都成为集思广益后的民主集中,成为严谨条文下的公正合理,成为可操作的具体做法。在学校,制度不是挂在墙上、镶在镜框里的条文,而是印在教工内心、镌在教工脑海里的"活镜子"。奖与惩,得与失,付出与回报,效率与公平,理解与尊重,都可以用制度衡量。制度的约束在学校逐渐归于无形,遵守制度成了我校每一位教职工的一种习惯、一种自觉。

四、制度升华文化

制度是文化的一种载体,管人重在管心。教育是生命的对话,是心灵的交流,是精神的创造。学校管理更要关注人的心灵世界。我认为,制度治校,不能过于强调外显的行为控制,不能过于强求机械的统一要求,不能过于追求短期的轰动效应,那样只能带来人们的抵触情绪,形成阳奉阴违、工作消极、做表面文章的"颓废文化"。当制度内化为所有师生的日常习惯,"物"的尺度变成师生"心"的尺度时,学校管理会变得从容、自然、文明,犹入化境,游刃有余。在学校,我们让制度去关照心灵世界,让制度内化为教职工的自觉行动,并转化为教职工的心理习惯,努力将制度升华为一种优秀的文化。

"没有规矩,不成方圆",制度是学校发展的保障。我们由衷体会到制度是为学校发展保驾护航,而不会感到制度的束缚。领导工作率先垂范;评优晋职、奖惩得失,先有量化细则,根据自己表现"对号入座""一把尺量到底""有令则行,有禁则止",自觉捍卫制度尊严,"有所为,有所不为",一切为了学校的利益,我们感到一切尽在情理之中……

制度是"纲",纲举目张;文化是"魂",魂归魄生。制度升华为文化,由"规定哪些不能做"变为"倡导哪些应该做",由"要我做"变为"我要做"。学校制度便逐渐升华为文化,凝聚成精神,并熔铸在魂魄里,形成了一种可持续的教育力量。

五、制度携手人文

我们努力践行"制度的刚性"与"管理的人性"之间的完美结合。制度治校,严格执行制度,这本无可厚非。但"制度的刚性"与"管理的人性"之间难免会发生冲突。缺乏人文关怀的刚性制度很可能给教职工带来伤害,伤害他们的工作热情。制度的刚性之剑必须在人文关怀之水中淬火,两者有机融合,做到"既有民主又有集中,既有自由又有纪律,既有统一意志又有个人心情舒畅",这才是管理的理想局面。也正由于此,我们始终把"以人为本,制度治校"作为我们的管理思想,并且将它视为我们的立校之本、治校之基。

制度的刚性不容损害,我们一方面强调保持制度的权威性,一方面注重对

关键词二　设计学校

教职工的人文关怀。我要求包括自己在内的学校每一个管理者,学会正确舞动"制度"与"人文"的双色飘带,注意工作程序的透明化,必须争取大多数教师对学校工作的认同与支持。对违反学校制度的教职工,要交流在先,惩处在后。在惩罚处理时,必须动之以情,晓之以理,做好这些同志的思想工作。不搞"不教而诛",全盘否定,做到就事论事,不"连坐",不翻"旧账",消除他们的心理症结。我要求每一个管理者注重对教师的"多维评价",多留意教师的优点与进步,注意呵护教师的自尊心与工作热情,让他们时刻感到来自学校的理解与尊重,时刻保持激昂的工作状态。

"以人为本"与"制度治校"两者一柔一刚,刚柔相济,如同并行的双轨,使学校驶入发展的快车道,又仿佛张开的双翼,助力腾飞。我想,正是我校很好地处理了两者的关系,全体教师才享受到了真正的人文关怀,学校才实现了内涵发展。

"潮平两岸阔,风正一帆悬。"以制度为岸,学校的航船破浪起航,跨过暗礁,渡过浅滩,驶向彼岸。制度捍卫公平,制度聚拢人心,制度升华文化,制度携手人文,让制度成为保障学校发展的正能量,一路前行,渐行渐远……

(本文为作者2012年8月在学校班子暑期培训讲座上的发言)

《华亭笔谭》创刊词

华亭,松江古称,是上海历史的发祥地之一。松江区第三实验小学就坐落于被文化滋养得温润饱满的华亭地区。学校自2012年7月从松江区实验小学的华亭校区独立建制以来,光大实验小学的办学思想,以"笃行每一事,快乐每一天"为办学理念;以"基础扎实,习惯良好,全面发展,学有所长"为培养目标;创建具有"为人正,为学乐,为业精"的"三为"教育特色的融实验性、示范性为一体的新优质学校,并在"七校发展共同体"中发挥积极的作用。

建设一所好学校,关键在教师。因此,全校教师都认真学习,努力实践,潜心研究,力求为每一个学生快乐健康成长进行优质教育,为每一个学生的终身发展奠基。教师们在工作过程中积累了教育教学经验、课题研究成果,在教师指导下学生也积累了许多优秀习作。所有这些,需要与兄弟学校相互交流,以彼此启发,观摩分享,实证思辨。学校创办《华亭笔谭》校刊就是为师生们提供发表思想、展示创新的平台,促进课程教学改革和学校内涵发展,激励教师创造自己心中的太阳,校刊也将成为学校发展历史的真实记录。

  教师的魅力在于爱心和创造。爱心激发创造智慧,创造呈现爱心效能。上海德育特级教师黄静华所说的"我也曾经是个孩子","假如学生是我的孩子",就是教师爱心最动人的个性化表达,师爱行动的流光溢彩;当代著名教育学家叶澜教授提出:"教师的创造是一种为了人的生命发展的创造,是让每一个生命具有创造的力量,也为社会的发展提供创造的永不枯竭的智慧源泉。"愿我校教师通过学习和研究,找到爱心和创造的感觉,开发教育创新的潜能,感悟教育的本真价值,在《华亭笔谭》上发表自己独到的教改见解和教育梦想,奏响每位教师的爱心润泽、教育智慧、实践创新的生命乐章。

  祝《华亭笔谭》花朵芬芳,枝繁叶茂,成为爱心和创造之美众彩纷呈的教育"百花园";"让教育充满思想","让教学蕴含学术",提高境界,深化内涵,使学校成为延续和丰富华亭文化的一股甘甜的清泉。

(本文为2013年《华亭笔谭》创刊词)

构建现代学校制度 引领学校迈向卓越

  现代学校制度建设是教育现代化的一个重要组成部分,也是迎接教育挑战要进行探讨的一个重要课题,更是为了实现教育转型,促进学校内涵发展的现实的问题。

一、现代学校制度建设的认识

  现代学校建设的关键是制度创新,制度创新的输入是社会的要求、家长的期盼、学生成长和教师发展的需要,而它的输出使学校从规范走向优秀、从优秀迈向卓越。

  纵观当今的学校管理制度,确实存在许多不适应目前教育事业发展需求的地方。比如说学校的同质化现象比较明显,缺乏特色与活力;学校相对封

关键词二　设计学校

闭,社区与家长难以参与学校的管理;学校的内部环境与结构不够健全;学校管理的专业化与教育质量有待提高等。这些现象表明我们的现代学校制度建设需要在现有情况下进行调整。

现代学校制度建设,实际上最主要的就是构建政府、学校、社会之间的一个新型关系,这种新型关系是一个和谐的关系。关于现代学校制度及其特点,《国家中长期教育改革发展规划纲要(2010—2020年)》总结得非常好,主要有四个特点:第一,依法办学;第二,自主管理;第三,民主监督;第四,社会参与。依法办学、自主管理、民主监督、社会参与是现代学校制度不同于以前制度的一个最主要的地方。在学校管理实践中,我感悟到:

依法办学,就是学校要树立全员的法治观念,从领导到所有的教师,大家都有一个遵守规则的观念,应该知法懂法。学校应该有符合法律法规的合理具体的规则;应该有依法办学、依照规则规范行为和处理问题的意识;应该把法律、法规、规则真正落实在行为当中变成大家的习惯,并且把习惯延续,成为学校传统;最后形成学校文化。

自主管理的第一个方面,就是要扩大学校的办学自主权。在自主权扩大以后,学校内部应该建立一个良好的治理结构。从学校而言,在当前看来,改进管理,消除繁琐哲学,提高管理效能,要创造自主管理的良好生态环境,实施"精致化管理"。

自主管理的第二个方面是进一步完善校长负责制。校长在促进教师和学生发展的过程中,也就是在促进学校发展的过程中,使自身的智慧得到展现和提升,从而实现自我价值。因此,在现代学校制度建设过程当中的一个重要环节就是创建学习型组织。创建学习型组织,第一要树立学校教育发展的共同愿景;第二是激发学校的教育创新的热情;第三是提升教育智慧来改善思维模式。

自主管理的第三个方面是完善科学民主决策机制。发挥教职工的主人翁精神,充分调动教职工的积极性、主动性、创造性,激发群众智慧办好学校。

民主监督就是要完善校务公开知情机制,建立民主评议机制,建立多种形式的互动机制,完善及时沟通的反馈机制。因此,这种知情机制、评议机制、互动机制、反馈机制的健全是在现代学校制度建设中十分必要的。

社会参与是比较广泛的,其中关键是家长委员会参与管理。家长委员会是学校联系广大学生家长的桥梁和纽带,支持和监督学校做好教育工作。学校必须形成一个全方位的资源意识和资源整合能力,利用一切可以利用的资源来推动现代学校制度的建设。

二、现代学校制度建设的实践

1. 更新观念

更新观念首先体现在"时代观"上,作为学校管理者,应该意识到学校生存环境随着社会转型发生变化,因此要有相应制度变革的敏感性。其次体现在学校教育"管理观"上,在当下改革的背景下,建设现代学校制度的过程,就是对学校内涵发展的经营过程。学校教育管理,需要面对动态性、更新性、探索性的学校教育改革过程,需要更新思考校长的价值与任务,校长必须有先进的教育思想和教育理念,更需要持之以恒踏踏实实地干,形成做的文化,才有做的收获、做的惊喜与感悟。最后,要改善思维方式。当今校长,需要直面当下中国教育整体转型的趋势,将分离、对立的思维方式转换为多元的思维方式。这将是一种动态的思维方式,要求校长在学校发展、个体发展的动态过程中,把握发展机遇,开发发展资源,开拓发展空间,实现学校与个体的不断发展。这将是一种整体的思维,需要校长能对自己学校的发展有整体的意识、整体规划与调控能力,能够推动、领导自己学校的整体转型。

多年的管理实践与研究,尤其在创建第三实验小学进程中,试图通过建设现代学校制度,建立起自己的现代学校管理模式,达到以下目标:

一是促使学校形成现代民主与法制理念,进一步深化决策、执行、监督既相对独立又相互支持的新型学校治理结构。促使学校重大制度取得实质性突破,使学校章程等重大制度被更加细化和规范化。

二是促使依法治校进一步得到落实,学校民主管理制度、文化建设制度、校长与教师专业化发展制度、现代课程制度等关键性制度进一步得到完善,全面激发学校活力;促使学校形成现代学校制度基本框架,包括学校内部的组织制度、管理制度、评价制度、工作流程以及与家庭、社区关系的制度等。

三是促使全校教师获得专业成长,形成现代教育观、师生观、课程观、教学

关键词二 设计学校

观、质量观,使现代教育理念深入人心,落实到工作上。

四是促使学生在学校获得发展,创造适合学生的教育,确保学生获得公平、优质发展的机会,确保学生都能得到与其能力素质相适应的发展。

2. 明确目标

第三实验小学传承实验小学的文脉,确立了"笃行每一事,快乐每一天"的办学理念和"为人正、为学乐、为业精"的"三为教育"目标,高质量地创建松江区新优质学校。

(1) 塑造健全人格,促进全面发展

立德树人是教育的根本任务。一个真正完整的人,首先是一个具有人格力量的人。学校一创办就实施"三理整合、和谐发展"的校本德育课程(三理:人的生理、心理、伦理),强调学生健全人格的塑造,强化养成教育,培养良好行为习惯,为学生开启幸福人生、快乐学习奠定根基。一是贯穿课堂教学,立足于学校实际、学生需要,将智商教育、情商教育、德商教育等融入学科教学,学校努力构建"三好"课堂(三好:培养好习惯、习得好方法、激活好思维),体现"实、活、新"的特点,帮助学生自我实现。二是灵活开展主题教育活动,凸显责任担当,培育学生积极参与实践活动的态度与情感。三是增加学生现实生活体验,于2013年9月学校立项了区级重点课题"基于综合实践课程的生活化乐学体验的实践研究",促进学生获得亲身参与生活实践的积极体验和丰富经验,培养发现、分析、解决生活问题的能力和合作、分享、进取的个性品质,在知识与经验的综合运用中乐于学习。目前学校的人格教育逐步形成了"与礼同行,与爱同行,与美同行"的"三同"特色体系。

(2) 尊重教育与人的发展规律,推动科学育人

尊重教育规律与人的发展规律。我们认为,学校应适度、适量施加教育,不能拔苗助长。一要有教无类。小学生"性相近、习相远","性相近"表明人人皆可成才成功的可能性,而"习相远"又说明了实施教育的重要性。二要知生善断。怎样去了解学生? 学校明确提出要求:把儿童当作儿童,把儿童看作不同,让儿童成为儿童。全面了解学生的态度意识、思想品德、智力水平、学习基础、年龄特点和个性特征等,准确掌握学生的状况。三要因材施教。在"知人"的基础上,从

学生的具体实际、个别差异出发,有的放矢地进行有差别与个别化教学。

(3) 培养学生个性,充分发挥潜能

针对学生的兴趣爱好、天赋秉性,搭建多姿多彩的平台,使每个学生获得充分发展。一要突出学生主体性。学校强调合作与探究的课堂教学模式,设置丰富多样的校本课程,并利用"城市少年宫"这个平台,使学生自身的潜能得到了充分挖掘,在学校里学生有了更多的选择权,在家庭和社区里学生有了更多的实践锻炼机会。二是注重学生成长性。确保情感得到了培养,知识与技能得到了提升,变得更加自信、自强、自立,为终身发展奠定了良好基础。三要确保学生可得性。学校有了较大的办学自主权,开展自主管理,为学生的潜能得到充分发展提供切实的政策和资源保障。

3. 深化课改

(1) 开辟空间,课改才能创造

随着课程改革的深化,我们精心建构课程实施框架。从课改伊始到课改深入推进,学校实施课程、课题、课堂"三课联动、整体推进"的策略,并实施"课程统整",即学科内统整,学科间统整与课内外、校内外活动统整,编制"学期课程统整指南"。因校制宜地整合资源,创造空间,我们开辟的空间有以下四个维度。一是态度与智慧,指课改的高度,其决定因素不在于培训是否高端,而在于以培训为起点的校本化研究的融合度。二是整合与构建,指课改的广度,其实质不是盲目地铺课程的摊子,而是以课程目标为轴心,国家课程校本化实施,校本课程特色化。在严格执行课程计划的基础上,强调对课程"根据目标要求而对接,根据内容延展而互嵌,根据形式适宜而组合",让教师走进课程二次开发的新天地。三是实施与保障,指推进课改落实的行动体现。四是评价与调控,指时间维度上的自我完善,请各方专家、学者来校指导(如近两年先后来校指导专家:叶澜、顾泠沅、应俊峰、郭景扬、王厥轩、张人利、洪雨露、卞松泉、金建中、余慧斌、郭红霞、郭德峰、吴春荣、王晓岚、竹林、王兆祥等)。在此基础上,不断完善学校课程建设。

我校的课程框架体系:

以上海市新课程方案标准为指导,运用课程统整的思想,建立"快乐园"学

关键词二　设计学校

校课程的体系与框架。主要体现为一个核心,两个层面,五大领域。一个核心:以学生发展为本,开发学生多元潜能。两个层面:第一个层面针对基础性课程再设计,教师通过对教材的二度开发与建构,转化为充满活力的和具有创造力的课堂教学活动;第二个层面为"创生",就是把握学校自身的状况开发新课程。五大领域:身心健康类、语言文化类、科学思维类、艺术修养类、综合实践类五部分组成立体式、多维度的校本课程体系。

① 课程结构图

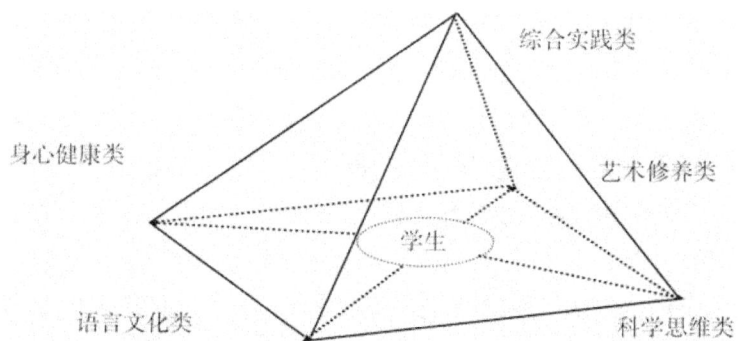

② 结构分析图

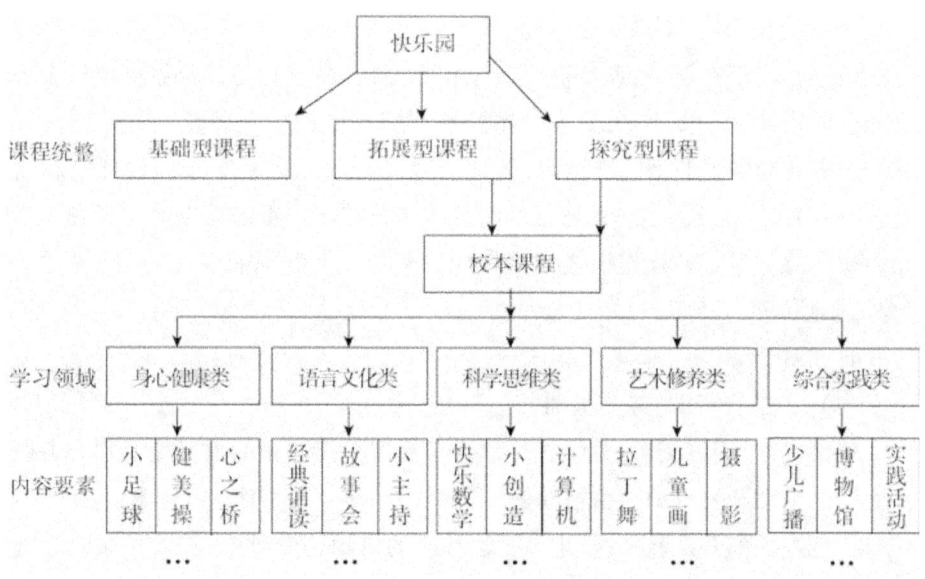

(2) 坚守方向，课改才有实效

一是坚守专业品质。不断修正功利化的价值观，认定目标，坚持不懈地进行研究性实践。我任实验小学校长12年，学校围绕"聚焦课程，改进教学"这一核心问题立项了四项上海市规划课题，将课改中的问题变成课题。当一项课题结题时马上为下一项新课题立项作准备，四项课题研究成果均获区教科研成果一等奖，一项获上海市教育科研成果三等奖。四项市级课题分别是：学科教学中探究性学习的行动研究（2002年）；探究性学习指导策略及其心理支持的研究（2005年）；在课程统整中创建"三乐"学校文化的行动研究（2008年）；基于"三乐"学校文化创建学校教育品牌的行动研究（2011年）。二是坚守教育规律。学校提出"实"与"活"的教学思想，先后出台"善教乐学""智慧课堂"教学改革实施方案等。如第三实验小学在2012年11月20日与2013年11月6日连续开展两届教学节活动，分别持续近一个月。三是坚守增值性评价。积极践行"绿色质量评价指标"，学校实施增值性评价。注重评价主体的多元化，评价内容的全面性，评价方式的多样化。运用"快乐园护照"方式，关注学生的学习兴趣、学习习惯与学习能力培养，并产生增值的效应，培养学生个性特长。

(3) 培土固本，课改才会深化

课程管理重在调理，调理需要智慧和营养，有些智慧与营养需要学校本土才能生成或转化。多年来，我们基本厘清了有关课改的重要议题。一是囿于课程的宏观教研转向课堂的微观教研。通过吃透"做什么"的大智慧，启迪"怎么做"的小智慧。二是由盲目编制校本课程转向注重课程校本化开发。三是由研究课堂教学的操作模式为主转向研磨学生的学习模式为主，凸显学生"学"的地位。

4. 用好资源

(1) 手中有资源，夯实基础

建设好、运用好资源，是学校让学生喜欢每一门课程的重要途径和有力抓手。一是主动开发资源。由被动使用资源到主动开发资源。从学校已有的传统与特色入手到开发教师、学生、家长、社区的资源，并运用松江大学城已有资

关键词二　设计学校

源,使之物化于资源、活化于应用的多样性。二是共同体共享资源。学校成为松江区第一轮"学校发展共同体"牵头学校,由5所学校发展到7所学校。由本区共同体7所学校发展为市内16所学校,进而发展为"长三角"30所学校,建立教育共同体。2011年起以北京人大附中为引领的全国200所学校建立教育联盟。

(2) 心中有资源,实现升级

课程建设需要用心做好资源升级,学校建立5项"对话"制度:一是用心与课程对话,改变唯技术倾向。引导一线教师研究教材,精心设计教学过程,以资源形态的多元化实现升级。二是用心与学生对话,改变教学虚拟化倾向。通过优质资源提供生活化乐学的体验。三是用心与环境对话,改变校园高档但欠缺儿童化的倾向。实践中逐步形成"主题校园""成长校园""快乐校园"等概念,让课程在校园中生成、生长。四是用心和专家、同行对话,改变资源视野单一化的倾向。五是用心和家长、社会对话,改变资源范围固守化的倾向。实现教育与社会的双向适应、协调发展,用心经营环境,合理运用社会资源。

5. 培养教师

(1) 适合于学校,培养敬业的教师

学校加强教师队伍建设,提升教师人文素养与育德能力,提出了12字培养要求:校本为魂,实训为基,反思为智。并具有以下举措:一是实践本位,即从实践中选题,在实践中破题;二是尊重个性;三是教、研、学三位一体,同期互动。

(2) 适合于时代,打造优质团队

我们拥有一支素质优良、结构比较合理的教师队伍,经过多年打造,体现于"三课、三研、三效"的"三个三"图谱。"三课"即课题研究、课堂评价、课程开发。"三研"即研磨学生、研磨课型、研磨教师自己。"三效"即教学效率、实践效果、发展效能。学校不断引领教师会工作、巧工作,体会职业幸福,实现健康、快乐成长。

(3) 适合于自身,磨炼更好的自己

教师专业发展的个性化，是推进师资队伍建设的重要内容。我们指导中青年教师制订个性化成长计划，骨干教师制定教学风格形成方案，采取双向选择方式组建名师工作室，开展教师间拜师结对等活动，学校先后成立教师专业发展工作室、数学教学研究室、班主任工作研究室等，从而多角度促进教师专业发展。在此基础上，深化"五步曲、八环节"的校本研修，构建"前移后续"主题研修机制。明确"前移后续"研修的内涵、思路、特征、程序与运行机制。关注每一位教师的发展、需求。关注资源的生成与利用，充分搭建实践与对话平台，分层引领教师个性化参与。关注多元多层多向的互动。关注激发每位教师的内在发展自觉，实现"研"与"修"的相互促进与滋养。

可见，建设现代学校制度是我们自己切实的需要。多年来，我们在行动研究，实践研究，边研究边改进，努力把"学的态度""研的氛围"与"做的文化"结合起来，重点是在建设现代学校制度的途径和方法上进行探索，引领学校迈向卓越。

（本文为作者于2014年带教校长与学校班子培训学习时关于教育现代化的思考）

关键词三　建设课程

关键词三

建设课程

　　一所学校的课程是学校个性的体现,是学校对学生未来发展所应具备的基本素质进行培养的核心载体。真正的课程就是在学校中得以实施和发展的,课程改革的成功推进必须要求新课程的校本化和生本化。一种课程只有在到达学生层面时依然理想,才是一种真正理想的课程。松江区实验小学是上海市"一期课改""二期课改"的基地学校。我们根据课改倡导的思想和观念,提出了"实验先锋、质量典范"的课改理念。经过二十多年的课改实践,已形成了全新的学校课程结构与实施体系。为了更好地实现学校的价值追求——"让每一个孩子快乐地学习、健康地成长",学校对课程进行了整体的发展规划。将现有的课程进行变革与整合,从而建立既符合国家统一要求、又符合自己学校办学理念与培养目标的课程,并转化为学科目标。继而我们进一步从三个层面思考:一是实现国家课程、地方课程、校本课程在学校顶层设计的一体化和整合性;二是在课程阶段性目标确立、教学内容选择以及课程资源整合上实现校本化和协调性;三是形成学校课程合力,增强课程对学校、教师和学生的全面化和适应性。我们积极实践,形成了课程、课堂、课题"三课联动、整体推进"的策略,课程从学科内的统整到学科间的统整再到课内外、校内外活动的统整,让课程发挥更大的育人价值与功能。基于以上思路,我们进一步完善学校课程,构建了学校"三乐园"课程体系。课程改革为学校发展注入活力,给师生成长营造"凭鱼跃""任鸟飞"的碧海蓝天。

新课程实施中校长的角色定位

角色是一个人在一定的系统内的身份、地位、职务及其相应的行为模式。校长的主要角色是组织管理者、教学领导者、人际关系的促进者、冲突调解者、变革代理人……正如陶行知先生所讲:"做一个学校校长,谈何容易!说的小些,他关系千百人的学业前途;说的大些,他关系国家和学术之兴衰……"由此可见校长的重要性与校长角色的多重性。校长在新课程实施中起着至关重要的作用。"二期课改",从背景调查、改革方案的制定到方案的实施以及课程标准与之相伴随的评估,是一项浩大的系统工程,而其中至关重要的环节就是改革的实施,它关系到我们的课程理想能否转变为学生发展的现实。学校是课程改革的中心和基地,而改革能否走进学校、走进课堂,在很大程度上取决于校长对改革的理解、认同以及对实施改革的积极领导。我校是上海市首批二期课改实验基地学校。实验新课程已达三年,校长为新课程实验的启动和组织实施进行了大量的领导、组织与指导工作,使新课程的实施顺利走进学校、走进课堂。我就新课程实践推动着校长实现自我发展,实现自身角色向学校文化的变革者和课堂教学的研究者转变谈一些看法。

一、学校文化的变革者

正如迈克尔·富兰在其著作《教育改革的新意义》中所言:"重大的改革不是在实施单项的革新,它是在变革学校的文化和结构。"当新的课程改革在学校铺开时,它不仅仅是教材、教学内容的改变,而是整个学校从内部组织结构到思想观念都要发生一系列的调整与变革,这些调整与变革传承着学校文化。学校文化是一所学校综合素质的体现,也是综合竞争力的表现。

1. 学校文化体现学校的办学理念、办学思想

正确的办学思想、先进的办学理念是学校文化的灵魂。学校文化看不见、摸不着,可是它有着巨大的凝聚力、推动力和生命力。校长首先要有自己的办学理念,有了理念才有信仰,有了信仰才有追求,有了追求才有成功。当然这种理念是基于对教育的理解,基于对自己学校情况的理性分析。没有这一基础,就不可能形成自己的独特校风。当前实施"二期课改",提出了很多新的教

关键词三　建设课程

育思想与教育理念,比如以学生发展为本,改变教师的教学行为与学生的学习方式,强调培养学生实践能力与创新精神,培养学生善于发现问题、分析问题、解决问题的能力等,如果一个学校的领导只是把这些词句抄到学校的文件上面去,理念很新很高,但是跟学校贴不到一起,那就是两张皮。学校领导就在于能够把这种新的、好的、代表文化发展方向的先进理念转化成为具体的、大家都认同的观念,形成学校具体的可操作的目标。

譬如,目前我校正在开展"探究性学习与课堂教学改革"的实践与研究活动,实现学校文化的内渗。学校一创办,就实施"三乐"教育(乐学、乐教、乐管),经过十多年的实践与研究,取得了良好效果。近两年来,我们对在基础型课程中实施探究性学习进行积极探索,给"三乐"教育赋予新的内涵:善教乐学、优化管理。通过教师善教,引导学生步入乐学境界。让学生以乐促学,学有探究;让教师以乐善教、教有研究。在实践中我们感悟到:要深入地推进"二期课改",课堂是主战场,教师是主力军。无论是先进的教育理念,还是优秀的教材,最终都要落实到课堂上,体现在教师的教学行为上。探究型课程中的探究性学习固然重要,但不能替代以课堂教学为主要形式的文化基础学科的主导地位。探究性学习落实到学科教学中尚无成熟的理论与实践经验。改革课堂教学,改变教师的教学行为与学生的学习方式迫在眉睫,因此探究性学习进入课堂的研究尤为重要。于是我们建立了"学科教学中探究性学习的研究"课题,该课题2001年被列项为区级课题,2002年被列项为市级课题。我们所讲的"探究性学习"是一种与接受式学习相对应的学习方式,但不是排斥接受式学习,而是强调学生主动探究、自主学习、发现问题和解决问题,基于问题来构建知识。

2. 把办学思想和理念转化为教师的共同追求

要使广大教师认同先进的办学理念,最重要的是发动教师、组织教师参与教育改革的活动,在活动中内化为自己的理念与教学行为。譬如,这次新课改是一个教育思想的更新运动。课程改革的成功与否,与教师的思想观念有着极大的关系。教师在将新的课程理念体现到课堂教学的过程中,会遇到各种困惑和难题。这次课程改革不仅是课程设计的变化,而且是教学价值观的更新,是一种新的师生关系的构成,是一种新的教学关系的创造。它提倡问题意识,提倡综合运用,提倡探究性学习,提倡和生活的联系,提倡实际生活能力的培养。所有这些都在改变着传统的师生关系。只有参与到课改的实践中去,体验到课改的酸甜苦辣,新理念才能真正建立起来。因此,无论从学校这一组织层面,还是从校长或教师个人角度出发,都需要一种直面现实与勇于探索的精神,并努力形成交流、合作、学习的学校文化,在一种合作、交流、民主的氛围中共谋发展。而在这种文化氛围与精神力量的构建中,校长发挥至关重要的作用。

3. 教师文化的营造与滋养

学校文化与教师文化是相辅相成的,教师文化是学校文化的一个重要方面,又是学校文化发展的动力。如果一所学校营造出教师发展的浓烈氛围,滋养着丰富的人文精神,那么这所学校一定充满活力,具有不断向上、创新的盎然生气。要营造与滋养教师文化,首先就是教师的发展。当今世界都在提倡关注教师的成长,关注教师的专业发展,激发教师的成就感。我校以"二期课改"为契机,抓培训,结合区"绿叶工程",推出了实验小学"开天杯"名师工程活动,旨在让教师与新课程同行,促进教师发展。

(1) 创氛围——师徒结对共提高

传统的教师间的"师徒带教",往往是一纸文件、一张聘书明确师徒关系,至于谁为谁之师、谁拜谁为师等问题似乎是领导考虑的事,"师"与"徒"只能被动接受包办的结对。而我校的"开天杯"拜师结对活动却是变"要我学"为"我要学",师徒的主动性、积极性被激发了出来。

一是"绿叶"先行,树立榜样。

根据"二期课改"以学生发展为本的新理念,如何以乐学为突破口,让学生爱学、会学、主动地学、创造性地学、持续发展地学呢?我们把乐教作为前提,通过"开天杯"金鹰奖教学评比展示,让学校的区"绿叶工程"20名骨干教师在新的起点上再显英姿。全校30位历年来获校教学评比一等奖以上的教师通过说课、上课、反思写案例的整个过程,经历了将新的教学理念转化为新的教学行为的探索与总结。教学精英们体验到了"教然后知不足",萌发了自我加压、超越自我的热情,纷纷制定了自我发展规划,明确自己的努力方向。

关键词三　建设课程

二是时不我待，主动寻师。

教学评比活动的开展以及"名师""导师""学科带头人"的自我发展规划交流在全体教师中产生了不小的反响。学校向青年教师下发了调查表，了解他们的自我发展目标和需求。这是一份自愿填写的表格，回收率却是100%。青年教师们在调查中表达了自己的想法：只有不断学习，才能适应新时期的教育教学工作；希望学校能提供更多的学习机会，希望自己能得到某位教师的指导。

三是互相促进，良性循环。

在青年教师主动申请的基础上，学校牵线搭桥，终于在2001年底举行了实验小学"开天杯"名师工程拜师结对仪式。师徒之间各自明确了任务，并以争做"好师徒"作为目标，进行跟踪带教培训。

在双方互动的带教过程中，许多"师傅"萌发了"更上一层楼"的迫切愿望。学校领导积极行动、多方联系，邀请市、区特级教师、专家学者来校听课指导。学校这支骨干教师队伍的专业素质和好学精神赢得了这些德高望重的行家的赞赏，他们欣然同意，应聘成为这些骨干教师的引路人。到目前为止，已有十余名市、区级特级教师、专家、学者成为我校的外聘指导老师，他们为实验小学教师素质的再提升带来了希望。师徒比学赶帮，相互促进，形成了积极向上的教风，为实验小学在"二期课改"实验中的后续发展注入了活力。

（2）做中学——课题引领勤探究

新课程理念要求我们树立课程是为学生提供学习经历并让学生获得学习经验的观念。在新课程中，特别强调学生自主探究。研究性学习虽然着眼于转变学生的学习方式，但着手点却是转变教师的观念和行为方式。学生学习方式改变的前提和保证是教师教学方式的改变。教师必须通过学习促成观念和行为的转变。

我们觉得，对教师的继续教育也应实行"学习的革命"，只有让教师自身在研究式的学习过程中感受体验，以多样化的学习方式、多通道的学习途径，完成个性化的学习任务，教师才会改变固有的学习习惯，变接受式学习为主动地探究，并将这种学习方式影响及学生。

在课题任务的驱动下,让教师进行研究式学习,是我校"十五"校本培训的主要方式。即让教师在接受继续教育的过程中,以学习者、研究者、教学者的三重身份实质性地进入培训、科研计划,对学习内容、教育教学中遇到的实际问题,以科学研究的形式和态度,在获得对知识、问题深刻理解的同时,习得从事教育研究的能力和方法,解决教育教学研究中的实际问题。

围绕学校总课题"小学学科教学中探究性学习的研究",学校制定并启动实施了"实验小学教师专业化校本培训考核方案",即"五步曲"研究实践法:设想一种探究性学习的方式;整理本年级本学科的可探究的教学内容;选择一课教学内容,设计一个教学方案;进行一次探究性教学实践;完成一篇案例研究报告。

带着这一挑战性的研究任务,教师们不但认真参与了学校组织的系列专家讲座,而且广泛收集有关的学习资料。青年教师还由团支部发起组织了"读书沙龙",有的还通过调查、访谈开阔自己的思路。在此基础上,区级课题、校级课题、教研组课题逐一确立,每位教师或是主持、或是参与一项课题,每个教师都在课题的引领下进行自己个性化的研究。他们按照"五步曲"研究实践,提出问题、假设、验证并解决问题,经历了科学研究的一般步骤,教育教学实践与科研的能力得到了提升。

(3) 搭舞台——论坛争鸣促反思

在教师探究实践的基础上,学校以"教改论坛"的组织形式,为教师提供一个相互交流争鸣的舞台,让教师在合作学习中能够倾听,同时敞开个性化的自我、自己的真实思想、平等对话、相互启迪,做到认同中有质疑,融合中有反思,创设浓厚的学术争鸣氛围。

在论坛研讨时,座位常常是围成圆圈或是参与者与主持人等距离排列。大家的地位是平等的,目光交流是平等的,表达意见的机会是平等的……在这样一个平等、民主的学习氛围下,大家的心灵是自由的,思想是自由的,可以在自由的交互中碰撞出创造的"火花",新的研究内容、方式也常在这样的环境中生成。

论坛的话题从教师中征集、提炼,往往是当前教师最关注或是最有争议

关键词三　建设课程

的教学问题。例如:在传统的计划课堂上,我们的教师唯教案独尊,不敢超越教案,对于教学过程中遇到的一些意外情况,也许把学生训斥一下,也许自己被气得乱了方寸。在新课程的背景下,教师们对建立新型的师生关系、确立新的教育资源观有了新的认识。于是,一场精彩的论坛"改善沟通　激发兴趣　融洽情感——应变课堂意外的沟通艺术"让教师重新审视平时经常遇到的各类课堂意外的应变,大家在"脑力激荡"中获得了更多的启示和思索。

二、课堂教学的研究者

课程改革实施促使校长成为课堂教学的参与者、研究者。因为课程改革最终要通过教师走进课堂才能得到真正落实,对其成功与否的评价也必然以课堂教学为着眼点。校长所做的一切组织管理工作都是为教师的教与学生的学服务的,因此,校长不能不关注课堂教学,不能不参与课堂教学的研究与指导,从而了解课程实施的状况和教师存在的问题,有针对性地促进教师发展。我校以"探究性学习与课堂教学改革"为重点,指导教师进行课堂教学的实践与研究,主要体现以下"四个优化"。

1. 优化课堂心理环境,营造探究的氛围

所谓优化课堂心理环境,是指为了促进学生个性心理素质发展,教师通过对自己的教学行为进行自我调整,营造使学生产生积极的心理状态和学习行为的教学气氛的过程。在课堂上开展探究教学,开发创造能力需要民主的课堂环境与氛围。正如美国心理学家托兰斯指出:"创造力的开发必须在自由而安全的气氛中进行。"

营造师生互爱互动与探究的课堂心理氛围与教学空间,建立和谐、民主的师生关系。我们充分运用"亲其师而信其道"的心理效能,强化师爱作用,提出课堂教学中的"三个带进"——把激情带进课堂,把微笑带进课堂,把趣味带进课堂。"三个带进"的基本依据就是"情感心理学"中"情绪状态对学习效果的影响"。认知活动和情感活动是唇齿相依的关系。"三个带进"要求教师在教学中要把信任的目光投向每位学生,把尊重的话语送给每位学生,把和蔼的微笑洒向全体学生。

落实"三个带进",主要体现在"情知交融"课堂教学新模式中,分三个层次:一是激发探究兴趣,形成良好的学习心态;二是使学生学会学习,掌握有效学习的智力技能和认知策略,提高学习的能力;三是使学生的学习主动性充分发挥,积极探求知识信息,发现问题,主动探究,唤起创新意识。

2. 优化教学设计,增强探究的意识

探究离不开问题,课堂探究活动主要围绕问题进行,探究问题,进而解决问题,又在探究中发现新的问题。教师不但要精心设计探究性问题,更要引导学生发现问题,提出问题。在实践中我们把学生提出的问题归纳为三类。一是呈现型问题。这类问题是由教科书或教师给定的,答案往往是现成的,能获得与标准答案相同的结果。二是发现型问题。这类问题是由学生自己提出或发现的,可能有已知的答案,也可能还没有已知的答案,因此,它们往往通向发现和创造。三是创造型问题。这类问题几乎是全新的,人们尚未提出过的。要创设情境,我们主要引导学生提出发现型问题与创造型问题。

如一位语文教师教学《长城砖》片断,同学们提出一个很有价值的问题:匣子里的长城砖,听到人们的赞美声,为什么由惊讶到深思?学生围绕这一问题进行自主探究,由课内延伸到课外。喜欢文学的同学,从中国四大民间故事中找到古长城的影子;喜欢集邮的同学,搞一次有关长城专题的邮展;喜欢上网的同学,从网上了解徒步考察长城的情况……最后的探究结果是利用语文活动课,同学们全方位地介绍长城的过去、现在,展望它的未来。

3. 优化教学内容,培养探究的能力

教师要在课前对课堂教学内容进行科学合理的筛选,对教材进行创新处理,关键是要突出重点、难点,一节课深入探究一两个问题,有所为,有所不为。

(1) 开发可探究的内容。将在现有的基础性学科的教学中,结合原教学目标和内容,增加和融入探究性学习的目标,也有将原学科中可供探究性学习的内容开发出来让学生探究学习的。如数学探究能力"三环节"单元培养法,引领探究——独立探究——感悟体验,在实践中数学老师列出可探究内容。

关键词三　建设课程

（2）制定"小学探究性学习序列"，从具体内容、教学单元、探究能力与培养目标、教学方法与手段等入手，明确探究能力培养要点。

（3）设计主题探究活动，归类重组，开展探究性学习。如教自然常识的周老师在上《火焰的秘密》一课时，首先在"加热传热"一单元的教学中落实探究性学习，对现有的教材进行增删、整合，在设计过程中参照了"美国国家科学教育标准"，根据学生认知水平与情感心理特点以及"热"的教学要求，结合四年级自然课的教学内容，确定了"燃烧起来了""自动熄灭的蜡烛""火焰的秘密"三个活动主题。让学生在探究自然现象的过程中学会观察、提问、联想……学生探究的气氛热烈，思维积极。根据学生的问题分小组实施探究，并延伸到课外。几天后，学生自己组织的研究小组还真的发现了热空气对流的道理。

学生通过课堂学习，产生一些问题，顺乎自己的兴趣，课外能主动去探究。有这样一篇报道：2002年6月10日《文汇报》第9版刊出的"我身边的环保"全市中小学生征文竞赛中的三篇特等奖的作品，其中一篇《生命之泉》以独特视角获得了小学组唯一的特等奖。该文的作者就是我校六（2）班的张依琢同学。她就是通过课内学习产生探究兴趣延伸到课外，再进行悉心探究取得成果的。

4. 优化教学管理，建立保障机制

要把新的理念转变为教师的教学行为，需要教师积极主动参与。要保证探究性学习在学科教学中真正落实，学校首先创设探究氛围，提供条件，寻找载体，搭建舞台，从以下两方面入手：

（1）教学与科研结合，提高教师的科研能力

学校实施"以课题研究促进学校发展"的行动策略。首先在教师集体中营造一种研究的氛围，使日常教学工作和教学研究、教师专业成长融为一体。引导教师从身边的问题入手，联系自身实际开展教育科研。为了有效地发现问题，教师首先进行反思性实践，还请其他教师帮助审视自己的教育过程，相互切磋并提出问题，然后结合学科和个人的实际情况，选择和确立研究课题。结合日常教学活动，围绕某一典型案例或教学环节，

用新课程理念和观点进行剖析，从教学实践中建立课题，如语文组"渐进探索式"教学，数学组"问题研究法"，英语组的"开放式阅读教学"，自然组"自主探究式"等。目前围绕学校龙头课题，建立了2个国家级子课题，8个市级条线课题，12个区级课题，30多个校级课题，从而形成"学校有中心课题，教研组有重点课题，教师人人有教改课题"的教科研网络，引领教师做一名研究型教师。

（2）形成合力，共同实践新课程

要把办学思想和理念转化为教师的共同追求，落实到每一个教学行为之中，学校领导必须深入教学第一线，改革管理的策略与工作方法，与教师共同学习、共同实践、共同研究。学校还倡导由教师、研究人员、行政人员组成三结合的研究队伍，发挥各自优势，形成合力。如何把理念转变为教师的教学行为，这一转变过程、转变环节需要学校领导、科研人员帮助教师去完成。在实践中我们以"个案研究"为突破口，引领教师进行尝试。刚开始，教师对探究性学习与课堂教学改革感到困惑，我们深入到课堂，以一节课作为一个研究的个案，组织教师进行深入研究，对教师如何改革课堂教学产生比较大的帮助。平时经常深入实际，细心捕捉教师们在实践中闪现出思想火花的典型案例，指导教师撰写教学案例，并组织交流，共同讨论、分析、研究，促进教师深入思考，尝试用新观念、新技能、新方法解决指导学生探究性学习中所面临的新问题，并进一步进行教学反思。在这个基础上，学校又选择部分案例，2002年7月由中国文史出版社正式出版《教育教学案例选》，为教师提供交流的平台，其中不少案例还发表在报刊杂志上。

课程是文化的载体，也是育人取向的直接表现。从某种意义上说，什么样的课程体系培养出什么样的人才。改革是一种集体性的努力。校长在新课程实施中处于领导地位，并不断地实现自身角色向学校文化的变革者和课堂教学的研究者转变。我们倡导新课程实施的责任分担与合作，正如迈克尔·富兰所说："学校的改革是一个组织上的过程，学校内部与外部联系都要承担责任。"在这一系统工程中，政府、社会、家长、学校都以各种方式影响着课程的改革与实施。课程改革要取得成功，需要通过

关键词三　建设课程

有效的措施提高教师的素质,更新教师的观念,帮助教师把新的理念贯穿于他们的课堂教学之中,这将是校长面临的一大难题与使命。课程改革要取得成功,需要家长的理解与支持,更需要地方政府、教育行政部门提供政策与经费的保障。

(原文发表于《新教育探索》,2003年创刊号)

实践新课程校长做些什么

实践新课程,校长要做的事很多,我认为,首要的是做好引领、指导、服务工作,就此谈一点认识与体会。

一、引领

校长要引领教师、学生走进新课程,让教师更智慧地教,让学生更聪明地学。

1. 研究现状求突破

首先要研究自己的学校、研究教师、研究学生、研究自己。任何学校的内涵发展,都建立在学校自身基础之上。发现自己学校的问题,就是发现了学校发展的空间;能否意识到学校发展的有利因素,也关系到学校发展的现实路径问题。当校长将视野从向"外"看转为向"内"看时,当校长能在外界背景下关注自己内部的发展问题时,也许会发现:每所学校都是独特的,每所学校的发展都是具有挑战性的,每个校长都面对着不同的发展任务。而正是这一"丰富的独特",对校长整体的思维方式、观念体系、管理能力、生命情态等提出挑战,并具有了提升校长成长水平的可能。

我校一创办,就实施"三乐"教育(乐学、乐教、乐管),经过十多年的实践与研究,取得了良好效果。学校如何改革与发展?在继承中发展,在发展中创新。给"三乐"教育赋予新的内涵,确立自己的办学理念、办学思想——为学生乐学奠基,突破口——改革课堂教学。

2. 建立课题抓关键

实施新课程带来四个新问题。亮点问题:探究性学习;热点问题:校本课程;关键问题:课堂教学;难点问题:评价标准。我们明确主攻方向,抓住牵一发而动全身的关键问题:课堂教学。因此2001年列项市级课题:学科教学中探究性学习的研究。

3. 理清思路找策略

在研究的状态中教学,构建教学、研究、师训、学习一体化的工作、生活方式。如架设两座桥——新课程理念与教学方案设计之间架一座桥,教学方案与课堂教学实践之间架一座桥。抓好两个阵地——课堂文化与班级文化的营造。达到两个互动——新课程实施与学校特色、学校文化建设互动发展,新课程实施与教师成长互动发展。

二、指导

以我校开展"五步曲"为例,在实施校本培训中指导教师将先进理念转化为教学行为。

1. 明确目标定方案——形成"五步曲"

学校建立"教师专业发展领导小组",制定了教师专业发展的目标与实施方案。"立足校本培训、着眼全面发展、凸显品牌教师"。明确了教师专业发展的途径——校本培训;教师专业发展的理念——教师即研究者;教师专业发展的方法——行动研究。教师行动研究以改进教师自身实际工作为首要目标,强调研究过程与行动过程的结合,并要求教师参与研究,对自己从事的实际工作进行反思。

基于以上的思考,我们确定了实验小学校本培训的基本思路:走教、研、训一体的校本培训之路。

所谓教、研、训一体,就是让教师在接受继续教育的过程中,在课题任务的驱动下,进行研究式学习,以教学者、研究者、学习者的三重身份实质性地进入培训、科研计划。教师对学习内容、教育教学中遇到的实际问题,以科学研究的形式和态度,在获得对知识、问题深刻理解的同时,习得从事教育研究的能力和方法,解决教育教学研究中的实际问题。

围绕学校总课题"小学学科教学中探究性学习的研究",学校制定并启动实施了"实验小学教师专业化校本培训考核方案",即"五步曲"研究实践法。

关键词三　建设课程

"五步曲"是一个在程序上不断循环、在要求上螺旋式上升的过程,围绕"五步曲",教、研、训活动就有了最直接的载体,"二期课改"教学中的难点问题,就是我们教师的课题,带着课题进入教学实践,在实践的过程中不断学习、反思。

2. 创设氛围建舞台——实践"五步曲"

教师自我发展的需求是实践"五步曲"的前提。结合区"绿叶工程",我校的"开天杯"名师工程为骨干教师的发展和发挥辐射作用搭建了平台。

变"要我学"为"我要学"

(1)"绿叶"先行,树立榜样;(2)时不我待,主动寻师;(3)互相促进,良性循环。

变"个人学"为"合作学"

带着这个具有挑战性的研究任务,教师们不仅认真参与了学校组织的系列专家讲座二十余场,而且广泛收集有关的学习资料。青年教师还由团支部发起组织了"读书沙龙",有的还通过调查、访谈开阔自己的思路。在此基础上,区级课题、校级课题、教研组课题逐一确立,每位教师或是主持、或是参与一项课题,每个教师都在课题的引领下进行自己个性化的研究。他们按照"五步曲"研究实践,提出问题、假设、验证并解决问题,经历了科学研究的一般步骤。

3. 反思争鸣求提高——续写"五步曲"

在教师探究实践的基础上,学校以组织"教改论坛"的形式,为教师提供一个相互交流争鸣的舞台,让教师在合作学习中能够倾听,同时敞开个性化的自我、自己的真实思想,平等对话、相互启迪,做到认同中有质疑,融合中有反思,创设浓厚的学术争鸣氛围。

"教改论坛"分为"书面"与"口头"论坛。论坛的话题从教师中征集、提炼,往往是当前教师最关注或是最有争议的教学问题,在教师们的"五步曲"实践中生成。

在传统的计划课堂上,我们的教师唯教案独尊,不敢超越教案,对于教学过程中遇到的一些意外情况,也许把学生训斥一下,也许自己被气得乱了方寸。在新课程的背景下,教师们对建立新型的师生关系、确立新的教育资源观有了新的认识。于是,一场精彩的论坛"改善沟通 激发兴趣 融洽情感——应变课堂意外的沟通艺术"让教师重新审视平时经常遇到的各类课堂意外的应变,大家在"脑力激荡"中获得了更多的启示和思索。该论坛开展之后,有志于深入研究的几位教师成立了课题组,以"应对课堂意外,促进小学生心理发展的策略研究"为题,申报立项为市心理辅导学会的课题,目前已有阶段研究成果。

因此,每一次的教师论坛是没有句号的,新生成的问题就成了教师们续写"五步曲"的动力。

在"五步曲"旋律之中,教师们充满了热情,焕发着活力,他们成了教、研、训的主体,形成了一种弥漫于群体与组织中的学习气氛。正如教师们所讲:"作为学习者是艰苦的,多少次拥书而眠,多少次因反思而辗转反侧;作为学习者又是快乐的,当与学生共创美好的课堂,当在自己成长中发现美丽的风景,那种快乐是独一无二的。"

三、服务

1. 重建制度求创新

随着新课程的全面推进和教学改革的深入开展,学校管理制度重建势在必行!一方面要改变传统的落后管理模式和不合理的规章制度;另一方面要积极探索符合素质教育理念和体现新课程精神的新举措。目前我校努力重建与创新六大制度:自主研读、专家引领的校本学习制度;三理整合、和谐发展的校本德育制度;实践反思、合作教学的校本教研制度;研训结合、超越自我的校本培训制度;崇高研究、解决问题的校本科研制度;实干创新、优质优酬的校本评价制度。

2. 搭建舞台显个性

学校帮助教师创设机会,搭建舞台,提供服务,如教改论坛、学习沙龙、名师访谈等。

(1) 四个"是不是"引发了一场论坛

关键词三　建设课程

每次学校的教改论坛,总是从教师中征集教学问题,提炼出论坛的主题,让教师平等对话,相互启迪。以下的四个"是不是",就是来自我们教师的困惑。

在课堂教学中:

① 是不是让学生多进行讨论就是探究性学习?

② 是不是让学生提出各种各样的问题就是探究性学习?

③ 是不是让学生去搜集各种资料就是探究性学习?

④ 是不是把本该由教师讲的东西通过学生讲就是探究性学习?

在论坛中,教师们以自己的实践为案例阐述自己真实的思想,互相开拓思路,认同中有质疑,融合中有反思。

（2）四个"是不是"引导实践走向深入

每一次教改论坛,教师们带着问题讨论,又带着新生的问题走向新的实践、反思、感悟。

通过四个"是不是"的讨论,教师们感悟到四个"是不是"所涉及的都是学科教学中探究性学习所采用的形式:合作学习、问题教学、资料收集、自主学习。然而,要让形式的采用真正能够起到培养学生探究品质的作用,就必须深入研究形式如何为目的服务,由此,生出了许多新的视角。

四个"是不是"的讨论让教师们看到了要改变学生长期以来形成的"接受——记忆——再现"的思维定势,真正改变学习形式,形成探究的品质,成为学习的主人,我们还有很长的一段路要走。

四个"是不是"中涉及的形式,如运用得当,就是培养学生探究品质的四个基石,即合作能力的培养、质疑能力的培养、收集运用信息能力的培养以及学生自主学习能力的培养。

我们教师的教学研究也经历了"发现问题——形成假设——实践验证——解决问题——形成新问题"这些阶段。如何应对学生不会合作、不会质疑、不会收集运用信息、不会自主学习的现状?课堂教学是教师们实践的阵地,教师在深入的研究中,又走出了可喜的一步。

（本文于2004年获松江区教科研成果一等奖,并发表于《松江教育》2004年第5期）

优化提升　推进课改

实现教育现代化,落实到基层学校,我们认为,首先要精心打造现代化学校,努力构建现代学校制度。我校实施"二期课改"近五年,我们在实践中不断地探寻先进的办学理念、健全灵活的管理机制、丰富有效的人力资源管理和校本特色的课程体系,人文关怀的校园环境。本文就实现教育内容现代化,结合学校"二期课改"深入推进,谈一点思路与体会:通过三个优化,达到三个提升。

一、优化课堂教学,提升校本研训质量

优化课堂教学,首先是激活课堂。让课堂充满活力,才能真正聚焦教学。课堂被激活以后,我们始终抓住一个关键:注重学生思维培养。追求思维的活跃及思维的深刻性,努力做到活而有序、活中求实、活中见效,才能积极、有效、高质量地上好每一堂课,才有可能实现"轻负担、高质量",才有内涵发展。我们的着力点是提升校本研训质量:

一是营造氛围,引导教师开展教学研究。学校的管理和文化是校本教研和教师专业发展赖以生存和发展的空气与土壤。在实践中我们感悟到:教而不研则浅,研而不教则空。加大课前教学设计、课堂教学实施过程、课后反思与重建的研究力度,精心组织教学内容和教学过程。我们每学期举行"双百活动与五步曲",即"百堂研讨课、百个教学案例研究报告",剖析、研讨、提升,至今已坚持四年。努力达到科研引领课改,在教学中研究,真正从教研走进科研,在研究中教学,通过研究不断提升教学的品位与境界。

二是重建制度,让教师合作与分享。我校的教学研究制度旨在将学习、教学、研究、师训融为一体,建立与新课程相适应的五项制度,以制度予以保障,即理论学习制度(开展"争创学习型、研究型教研组与年级组"活动等,建立共同愿景)、教学重建制度,同伴交流制度,课题研究制度,专业引领制度。

二、优化课程资源,提升学生学习能力

"二期课改"的三类课程实施,我们的基本思路是:基础型课程要务实,拓

关键词三　建设课程

展型课程(自主拓展、限定拓展)需灵活,探究型课程贵求新。开发、建设校本课程是"二期课改"的难点也是重点,是拓展学生多渠道学习,改善学生学习方式的有效途径,我们的试验策略是"边实验、边研究、边总结",努力做到开发多样化、实施综合化、途径多元化。

1. 开发策略

学校成立了由校领导、专家组成的开发指导小组和以学校教学骨干力量为主的实践研究小组,注重规划,编写课程纲要,构建研究框架。我校校本课程的基本框架为:一个中心,三大系列,二十九个活动方案。最后形成:《让我们更快乐》《小学生思维训练》《英语开放阅读》《快乐写话》《楷书入门》《学学做做好开心》《小足球训练》《国际象棋》《写生画指导》《华亭老街文化之旅》等二十多项学科类、德育类、活动类文本教材。

2. 开发途径

一是将教育科研成果转化为校本课程。以情感心理学为理论依据,抓课题研究,如以学校发展性心理辅导推进课改,发展性心理辅导的核心是:开发潜能、健全人格。学校开发了"三理整合、和谐发展"的校本德育课程,分低年级、中年级、高年级,形成序列,已编写好文本。该课程以培养学生积极的情感为主线,以乐促学、学有探究,以乐善教、教有研究,以乐优管、管有创新。让学生的生理、心理、伦理教育互相渗透,互相促进,和谐发展。

二是把校内课程资源转化为校本课程。校内课程资源包括图书室、实验室、网络资源、各种专用教室、电教设备、体育场所、教师等,其中教师资源是开发校本课程的根本。我们充分发挥教师的智慧潜能,把教师的经验、特长、兴趣、爱好作为开发校本课程的重要途径。真正让教师成为课程资源的开发者、实施者。

三是把地方资源转化为校本课程。如我们已经利用或正在开发的华亭老街、松江大学城、博物馆、图书馆等教育基地、科普基地、地方景观、地方文化等资源。

四是把学校的传统项目转化为校本课程。学校传统与优势项目是特色校的象征,是长期办学取得的成果,如我校的艺术教育、科技教育、心理健康教育、体育传统校、现代数学等。

五是把活动课提升为校本课程。在"一期课改"基础上,我们精选其中部分有价值、有发展可能的项目,经过方案的设计,反复的论证,深入的实践,逐步形成部分校本课程。

为了保证校本课程实施的质量,我校加大了校本管理与校本培训,同时需要加大经费投入,建立保障机制。在此基础上,首先改革学业评价,充分利用学生成长手册,建立免考制度。根据学生综合素质,我校10%的学生免考,学校颁发免考荣誉证书,深受家长、学生与教师的欢迎。

三、优化队伍建设,提升教师专业水平

达到上述两个优化与提升,关键在于提升教师专业水平。学校千方百计创设条件,搭建舞台,让教师施展才华,在做的过程中成就自己。我们的目标与任务是:教师——三格培养,形成梯队,整体优化,个体优秀。策略与措施是:构建提升教师专业水平的三个支持系统。建立专家支持系统,重点提升教师科研品位和科研水平;建立名师带徒系统,学校成立了名师工作室,以此为契机,充分发挥区首席教师,八位学科名师与德育名师在本校与区级层面上的示范、辐射、引领作用,重点提高教师的教育教学实践能力;建立教师互助系统,目前已与上海市实验小学等市中心区、外省市的五所学校拜师结对,同本区塔汇学校等六所兄弟学校互动教研,合作教学,资源共享,增强教师的团队精神,用团队的成长促进教师的成长。

在日常工作中我们注重:

一是重视教师个性发展,丰富教学个性,让教师体验创新的快乐,我校教师被誉为"风格型教师"。

二是扩大骨干教师队伍,优化教师群体素质,分层培养、分类指导,学校对骨干教师具体要求做到"三自":自我设计,自我奋斗,自我实现。提高优秀教师知名度。

三是搭建教师论坛这一教师发展的平台,有效地解决了教师理论与实践相结合的问题。利用教师论坛,发挥教育媒体的作用。将学校和教师

手中的教育理论书籍、教育期刊上的某一话题,作为论坛的主题,让教师结合自己的教学实践展开讨论,发表自己的真实见解,将所学理论内化为自己的教学行为。利用教师论坛,发挥资源共享和专家引领的作用。我们聘请有关专家参与教师论坛,将教师在理论学习中遇到的困惑以及在教学实践中发现的有价值的问题,进行归纳和提炼,以对话交流的形式进行信息的交换和经验的共享,从而实现真正意义上的专业引领,实现教师发展学校。

(原文发表于《松江教育》,2005年第2期)

整合教育资源　开发校本课程

一、校本课程的内涵

校本课程是学校课程体系中的一个重要组成部分,它与国家课程、地方课程共同组成了在学校中实施的"三级课程"的结构。

"课程"一词在我国始见于唐宋间。在国外,"课程"一词最早出现在英国教育家赫伯特·斯宾塞《什么知识最有价值》(1859年)一文中。

在施良方的《课程论》一书中,介绍了六种课程的定义:课程即教学科目;课程即有计划的教学活动;课程即预期的学习结果;课程即学习经验;课程即社会文化的再生产;课程即社会改造。按照《中国大百科全书·教育》的解释,课程有广义和狭义之分。广义课程是指"学生在教师指导下的各种活动的总和"。狭义课程是指"一门学科",如语文课程、数学课程等。通常,课程是指各级各类学校为了实现培养目标而规定的学习科目及其进程的总和。它一般体现在课程计划、课程标准和教科书之中。

"校本"以学校为本位,其立足点、出发点和落脚点必须是学校自身。校本强调课程开发的全部活动,从计划的制定、内容的设计到相应评价体系的建立,都是由学校发起,并在学校之中实施,学校是真正的课程开发场所。虽然也强调校外专家、学者及教育行政人员的指导,也需要家长、社区人士的参与,但参与决策的主体成员仍然是广大教师。因此,"校本"的核心在于强调以学校为课程开发的基地,以学校为课程开发活动的基础和决策依据,以教师为课程开发的主体。

"二期课改"提出的"发展",是进一步针对"素质"的内涵而言的:首先,它建立在"素质中心"的基础上,是由社会、学科、学生的基点所组成的三角形支撑的;其次,包括德、智、体、美的综合素质更注重在学生的基础上,揭示了提高素质的根本落脚点;最后,强调的是素质的动态性与发展性,把学生素质的发展作为适应新世纪需要的培养目标和根本所在。

二、校本课程的开发

校本课程开发是指学校根据自己的办学理念,以学校教师为主体进行的课程的规划、设计、实施和评估,它实质上是一个以学校为基地,进行课程开发的民主决策过程。它包含三层含义:一是就开发主体而言,可以分为教师个人、教师小组、教师全体以及与校外机构或个人合作等四个层次;二是就开发范围而言,可以分为完全校本课程开发(校本课程开发活动涉及学校全部课程)和部分校本课程开发(设计部分课程);三是就开发程度而言,可以分为课程选择、课程改编、课程整合、课程补充、课程拓展、课程新编等形式。

1. *课程资源开发的内容*

一般而言,课程资源开发的内容可以分为**横向**内容和**纵向**内容两大类。横向内容主要指通过探索相关学科的联系,开发出相关学科的知识内容,实现跨学科教育,以达到学科之间、课程之间相互促进的目的。开发课程资源的横向内容并不是毫无选择地将无关知识生硬地凑在一起,也不是偏离主题而长时间地逗留于其他的科目和课程的讲授、开发上,而是顺着本门学科与其他学科的连接点,自然而然地过渡到其他资料的知识内容上,以拓宽学生的知识面,激活学生潜在的探索能力和创新能力。当然,有的学科本身就具有综合性,其内容涵盖了多门学科的知识,教师碰到此类问题时,就应竭尽全力将该问题涉及的学科知识全部挖掘出来。

课程资源横向内容的开发,除了开发出相关学科的基础知识和积极利用现在的校内外课程资源外,教师还应该尽力开发出有助于锻炼学生实际能力的课程资源内容。如自然、生活课上,学习地理知识时,教师可以布置学生绘

关键词三 建设课程

制一幅校园地图或地区地图,或是带领学生自制地球仪,或是将学生带到陌生的地方,让其按照地图的指引独自返回学校。显然,这些围绕地图而开发出的课程资源内容,不但锻炼了学生的动手能力,加深了他们对地图作用的体会,而且使他们学会了利用地图为生活服务,锻炼了他们克服困难的韧性和独自解决问题的能力。

开发课程资源的纵向内容主要是针对学科内容的逻辑结构而言,即按照因材施教的原则,教师在掌握了学生的实际情况(如知识基础、学习兴趣、学习能力等)的基础上,对课程内容进行选择、重组,并对课程的难度以及讲解进度加以调整,以使每个学生都达到国家规定的学业标准,获得能力范围内的最大发展。开发课程资源的纵向内容,关键在于教师要非常熟悉学生的情况,并善于处理教材、变通教材。

总之,任何一门学科,只要师生善于转换教学视角,转变其中的内在关系,就不难进行课程资源内容的开发。开发的课程资源内容主要可以分为横向的和纵向的两大部分,两者必须适应社会生活和学生实际的需要,并推动课程目标和教育目的实现。

2. 校本课程开发的策略与途径

关于"二期课改"的三类课程实施,我们的基本思路是:基础型课程要务实,拓展型课程需灵活,探究型课程贵求新。开发、建设校本课程是"二期课改"的难点也是重点,是拓展学生多渠道学习,改善学生学习方式的有效途径。我们的试验策略是"边实验、边研究、边总结",努力做到开发多样化、实施综合化、途径多元化。

(1) 开发策略

首先,学校成立了由校领导、专家组成的开发指导小组,以学校教学骨干力量为主的实践研究小组,注重规划,编写课程纲要,构建研究框架。我校校本课程的基本框架为:一个中心、三大系列、二十九个活动方案。最后形成:《让我们更快乐》《小学生思维训练》《英语开放阅读》《快乐写话》《楷书入门》《学学做做好开心》《小足球训练》《国际象棋》《写生画指导》《华亭老街文化之旅》等二十多项学科类、德育类、活动类文本教材。

(2) 开发途径

一是将教育科研成果转化为校本课程；

二是把校内课程资源转化为校本课程；

三是把地方资源转化为校本课程；

四是把学校的传统项目转化为校本课程；

五是把活动课提升为校本课程。

3. 校本课程开发的运行机制

(1) 强化德育功能

美国教育家赫钦斯说："教育的首要和根本的作用就是把人塑造成人，就是培养和发展他的人性。"我国教育家吕型伟则这样说："人类最大的危险不在核云盖顶，而在于人类心灵的残缺，在于道德堕落。"德育是素质教育的核心，忽视甚至抛弃德育绝不是真正的素质教育。因此，校本课程的开发，应该首先考虑如何才能更加有效地提高学生思想道德素质的问题。教育学理论中的德育知行统一原则，要求教育者既重视对学生进行系统的理论教育，又要通过实践活动进行教育，既要提高学生的思想认识，又要求学生做出相应的行动，把认识和实践，思想和行动统一起来。我们开发各种道德体验实践活动课程，就是要为学生提供道德体验的各种情境与道德实践的多种机会，并在教师的指导下，在具体目标、计划与安排中有序地展开，以学生的思想认识与实践体验的感性材料为基础，防止德育成为无源之水、无本之木，成为抽象的概念和空洞的词句。

(2) 弘扬学校特色

从总体上看，国家对各级各类学校的培养目标和培养规格都有统一的规定。但是，这种规定只能是最基本的原则性要求，几乎不可能照顾到各校的具体情况和特殊性。而且，千人一面、千篇一律的培养目标和培养规格也很难满足当今时代丰富多样的社会发展和个人发展需求。这就要求学校要有自己独特的教育哲学观和办学宗旨，亦即学校要根据具体的师生特点、教育资源、学校环境以及教育者的办学旨趣确立自己独特的发展方向。根据我校"为学生乐学奠基"的办学理念，我们的校本课程开发，要努力从乐学、思维能力、艺术、科技等去凸显我校的特色。

关键词三 建设课程

(3) 注意因材施教

当代教育学理论认为,人的遗传素质与生长环境的不同,必然会形成人的个性差异,这是不可否认的客观事实。学生身心发展的差异主要表现在不同的学生具有不同的智力思维品质和个性心理倾向。这在每个学生身上表现出来的,就是智力水平的不同,才能特长的不同,个性性格的不同与兴趣爱好的不同。根据学生身心发展的个性差异进行教育教学的原则就是因材施教原则。我们的拓展型课程与探究型课程就是本着因材施教的原则开发的,目的是使学有余力的学生能学得更多一些,使有特长的学生能更充分地发挥各自的特长,使有不同兴趣爱好的学生能在他们所乐意参与的课程中不断提高自身的素质。

(4) 注重实践体验

校本课程要克服传统的基础教育课程脱离学生生活世界的状况,要鼓励学生投入生活,亲身实践体验,自主选择探究。它应该充分尊重学生的生活、学生的探究本能和兴趣,给予学生主体性发展以广阔的空间,使学生自己寻找问题,主动地去学习和思考,从而更好地培养学生解决问题的素质和能力。因此,校本课程开发,必须强调课程的实践性与体验性,必须兼顾学生的兴趣特长与个性,同时要考虑某些拓展型课程能得以实施的场地与设施。

(5) 培养创造精神

在每个人的心灵深处,都蕴蓄着某种创造潜能。人在儿童与少年时期,正是这种创造潜能最活跃的涌动期,好奇心、敏感性、跃跃欲试的勇气是其最明显的体现。因此,开发校本课程应该注重学生创造意识的培养,积极有效地激发学生的好奇心,维护其敏感性,鼓励其敢试的勇气,使学生产生探索未知领域的渴望,形成其对创造性解决问题的需要,并具备"我行""我必行""我能创造""我必创造"的信念。

(6) 建构开放体系

社会在变化发展,学校在变化发展,办学环境也在变化发展,校本课程的开发当然要遵循这些变化发展,不能一经开发,就一成不变,固守袭用,封闭在一个小圈子里,而对社会世事的春夏秋冬不闻不问。我们今天正处于一个信息化社会中,更要睁大眼睛,密切关注社会的各种变化,让这些变化及时地反映在校本课程的开发与实施中。因此,校本课程开发体系,应该是开放性的,而不是封闭性的。

根据上述六个方面的考虑,我们建立了如下图所示校本课程开发实施的运行机制:

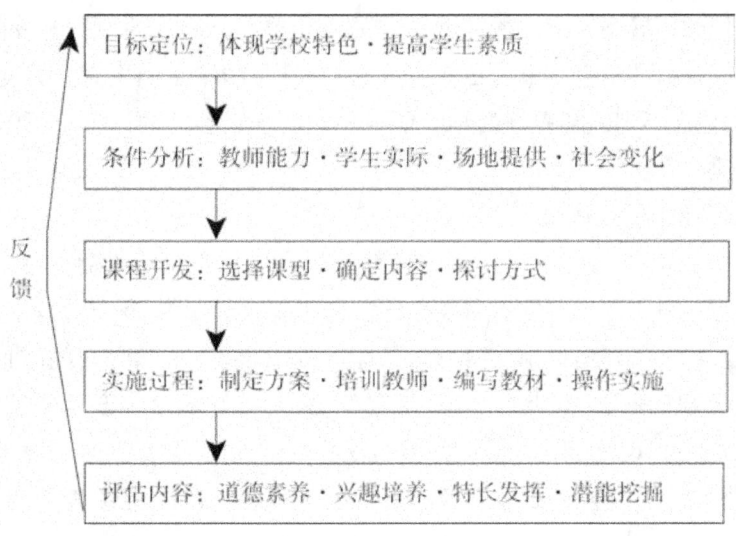

三、校本课程的管理

1. 课程的管理

(1) 教材管理。校本课程领域可选用教师指导用书,可为学生提供必要的操作材料或活动器材。编写校本教材,由学校课程开发委员会审定,免费提供给学生使用。

(2) 课程评价管理。建立和完善课程评价制度,每学年审定一次校本课程,以不断改进校本课程的开发与实施。将学生的学习情况评价纳入学生档案管理。

(3) 人员管理。任课教师要不断增强课程意识,创造条件承担一门或一门以上校本课程的开发或实施。学校把教师参与校本课程开发与实施的情况

关键词三　建设课程

纳入教师专业发展与育人创优奖等教学工作年度考核中。

学校创设条件,注重培训,教师要不断增强自主发展的底蕴,做到"五个加强":

第一,加强学习。学习相关的知识与理论,学习兄弟学校课程研究开发的经验,在学习中提高每位教师的课程意识、教学水平以及实践能力。

第二,加强实践。学校课程建设本身就是一项教学实践活动,继续开展"双百"活动,根据学校的教学安排,每学期组织研究实践课与成果展示活动。

第三,加强反思。重点是对教学和研究的反思,组织交流。通过反思,可以更好地开发、建设课程,总结出更多更佳的教学方法和教学途径,使我们的教学更有效。

第四,加强合作。学校课程建设是教师、学生及家长广泛参与的活动。因而必然要求教师与教师之间、教师与学生之间、教师与家长之间进行广泛的合作,按照学科分类组成若干小组,更多地研究教师、研究教法、研究学法、研究过程。

第五,加强转换。参与学校课程的开发、研究建设,促进教师更快地向"研究型"教师转换,教师主动地认识自己所研究、开发的课程,主动地去研究学生对于此课程的学习能力,主动地去研究自己在本课程中应起的作用,不仅研究"教什么",更要研究"怎么教",更多关注的是学生想"学什么"和"怎么学"。

2. 课程的推进

(1) 让教学过程成为课程创造与开发的过程

我们倡导的课程不只是"文本性"的,更应是"体验性"的,是能被教师和学生实实在在地体验到、感受到、领悟到、思考到的课程。

将现有给定的内容不断转化为"自己的课程"。

在开发过程中,教师和学生都要从课程之外走入课程之中,真正成为课程的主体和创造者,使我们的教学过程成为课程的创造和开发的过程。

(2) 在教学过程中随时挖掘课程的资源

分析学生的现有基础,注重学生已有的知识与经验积累。

注重师生在教学过程中的经验、智慧、感受、问题、困惑,尤其是教学的生成与即时反馈,都是教学的资源。

学会从教教材转向用教材教,不迷信教材。教师可以根据教材的内容对教学过程中的设计及时作出相应的改变。

(3) 校本课程的开发从关注学科到关注学生

要认识到学生是发展的人、是独特的人、是有独立价值的人,在教学过程中,我们"应该把孩子看作孩子"。

要学会赞赏,尤其是我们自己的课程教学。我们要赞赏每一个孩子独特的兴趣、爱好和专长;赞赏学生与家长在课程开发、建设中的每一点成绩;赞赏每一个学生所付出的努力;赞赏并鼓励学生质疑问难。

(本文为作者于2006年7月参加松江区教育局组织的"校长赴新疆阿克苏阿瓦提县讲学"笔记)

源于课改 促进课改
——案例研究提升教师专业素养

"源于课改,促进课改"是我校教育科研遵循的一条基本原则,它指的是教育科研的课题来自课程教材改革,尤其是课堂教学实践,其成果能促进教学改革。

探究性学习在探究型课程中比较容易体现,但是探究性学习作为一种学习方式在基础性学科中体现困难比较大。如何克服困难,突破难点？我们从问题入手。在大量调查、研究的基础上,我们感悟到:要深入推进"二期课改",课堂是主战场,教师是主力军。无论是先进的教育理念,还是优秀的教材,最终都要落实到课堂上,体现在教师的教学行为上。探究性学习落实到学科教学中尚无成熟的理论与实践经验。因此,我们把问题变成课题,以课题研究引领课改。2001年列项为区级课题的"学科教学中探究学习的研究",在2002年又被列项为市级课题。如何有效地实施课题？我们以教师自身的案例为抓手,通过对教学的反思,促进教师专业成长,推进"二期课改"。

关键词三　建设课程

一、适合于教师的案例研究

美国教育学家萧恩曾经提出：经验+反思=专业成长。当今课程改革，不仅要改变千百万教师的教育观念，而且要改变他们每天都在进行着的习以为常的教学方式、教学行为，其艰难是不言而喻的。从这个意义上讲，教学改革是课程教材改革的一场攻坚战。在实验新课程中，我们深深感到，鼓励教师积极开展教育教学科研，反思自身的教学实践，在把握规律中提升自己，这对领会新课改精神实质，促进教学质量提高无疑有重要作用。学校科研离不开课堂，更离不开教师自身教学的实践研究。我校教师进行案例研究，着眼于实际的教育教学问题，强调先实践，再反思，最后进行理论升华。基本目标是调整并改进教学行为，丰富教师的实践经验。案例研究既是一种教学研究的方式，又是教师教学工作的一部分。案例研究追求的是教学与研究的一体化。我校在实施学科教学探究性学习研究的过程中，在教师缺乏教改实践经验的情况下，学校领导深入实际，细心捕捉教师们课堂教学探究性学习的典型案例，在每周例会上进行解剖分析和案例交流，帮助教师从对操作的茫然中解脱出来。利用寒暑假，就案例研究进行专题培训，引导教师探索。探索的源头在于问题，促进教师专业发展的"源头活泉"在于教师自身的教学实践，在于教师能感悟教改实践中提出的问题并对问题做出价值判断。教师们每天在教学第一线接触的都是最实际的案例，因此案例研究最适合教师的特点和意愿。

二、帮助教师做案例研究

1. 选取合适的案例

一个成功的案例必定包含具有典型意义的教育问题和教育规律，是教育实践过程中的故事，叙述的是教学过程中"意料之外，情理之中"的事。案例写作的过程也就是研究思考的过程。

（1）案例的特点。案例是自然的，案例研究把自然情境作为资料的直接源泉；研究问题产生于教师的实际工作，需要在真实、自然的情境中展开。案例是不完全的，研究者不可能把问题发生、发展中的所有变量都揭示出来，但认识或解释的不完全性，并不降低我们追求解释的热情。

（2）案例的选取。一是选择充满内部矛盾，存在相互冲突，看似无法解决的事件；二是案例故事所选取的事件必须是以大量细致的研究为基础的；三是案例必须倾向于对资料进行归纳分析，能促进个人内省。

2. 案例编制原则

（1）真实性：案例反映的必须是教学中的真实问题，不允许夸张，更不允许虚构。

（2）针对性：案例必须主题鲜明，针对性强。

（3）探索性：案例编制不是以提供正确答案为目标，实际上也不存在绝对正确的结论，只存在可能正确处理和解决问题的思路或方法，而且这种思路或方法对不同教师、不同时间、空间可能又是不同的。因此，案例编制遵循一个基本原则：给人以探索的空间。

3. 撰写案例

撰写案例一般包括五个阶段。

（1）写作前期准备。选择一个或几个典型的案例，对其内容、结构进行分析。

（2）资料收集。

（3）撰写案例初稿。

（4）反思、斟酌、重写。

（5）总结案例的意义。

一个案例的主要内容基本包括三个方面。一是提示，概括案例基本精神，并适当作些学习提示。二是正文，即案例的主体部分，撰写的具体方法基本有两种：第一种，叙述式的，案例正文紧紧围绕案例的基本精神或主题词，以时间为序编排内容，有序地、有针对性地叙述，根据特殊情况也可以在开头采用倒叙；第二种，描述式的，案例以叙述为主，但也可在开头或文中运用一些描述式的方法，使案例更生动、效果更显著。三是讨论，讨论是案例教学的关键，也是案例撰写的难点，需要精心设计讨论题，讨论题可归纳为四种：点题式问题，将案例的精神、本质特点画龙点睛地提出；评价式问题，对案例中有关内容作出评价；争论式问题，对案例中的某个问题引起争论，发表不同见解；处方式问题,对案例中的某个问题提出改进、解决等"处方"。

三、参与案例的开发和运用

大量成功的案例充分说明:案例的开发和运用,使每个教师自觉地做教育教学的有心人,养成了理性反思、总结、梳理、提炼自身教育教学行为的科研意识,使他们更自信、更从容地追求教育教学的科学化、艺术化。案例是教师专业成长的阶梯。运用案例教学,将静态的"听讲式培训"转变为动态的"参与式培训"。我们在具体实施中围绕学校中心课题"小学学科教学中探究性学习的研究",采用"五步曲"参与式培训:设想一个探究性学习方式;选择一项适合探究性学习的课堂教学内容;根据所选教学内容设计一个教学方案;进行一次探究性的教学实践活动;完成一篇探究性教学的案例研究报告。

每学期为一个单元进行循环实践研究。利用寒暑假完成前三步,请有关专家、理论工作者来校开讲座,并结合教师的教学进行诊断评价与研究分析。在此基础上教师反思自己的教学,分析新学期全册教材,对教材内容进行科学合理的组合和筛选,做出创新处理,进行创新备课。一是开发可研究的内容。在现有的基础性学科教学中,结合原教学目标和内容,增加并融入探究性学习目标,也有将原学科中可供探究性学习的内容开发出来让学生探究学习的。如数学探究能力"三环节"单元培训法,引领探究→独立探究→感悟体验,在实践中数学教师列出可探究内容。二是制定"小学探究性学习序列",从具体内容、教学单元、探究能力与培养目标、教学方法与手段等入手,明确探究能力培养要点。三是设计主题探究活动,归类重组。

在学期中实施第四步,即在"课堂拼搏"中"学会教学",把教师的教学实践研究、在职培训融为一体,将培训地点设在课堂,一边教学,一边研讨。有的培训者先亲自上课,然后结合实践讲理论,将新课程的理念通过课堂直观地表现出来;还有的请教师先讲,针对课堂教学中出现的问题,培训者走上讲台,组织教学,进行即席指导,引导教师讨论,使整个课堂变成一个学习与交流的场所。如口述作文的实践与研究,只见教师从口袋里掏出一个又红又大的苹果,学生都凝神瞅着,师说:"这只苹果从超市买来的价格是2元,谁能用智慧为它增值,将它以20元、200元卖出……"这位教师正在上探究性作文课。

期末结束时,完成第五步:撰写案例研究报告。在教师实践、反思的基础上,学校以组织"教改论坛"的方式,为教师提供一个相互交流的舞台,让教师在合作学习中敞开个性化的自我,平等对话,相互启迪,做到认同中有质疑,融合中有反思,创设浓厚的学术争鸣氛围。在"教改论坛"基础上深入开展个案研究,学校领导深入实际,细心捕捉教师在实践中闪现出的思想火花,指导教师撰写教学案例并组织交流,共同讨论、分析、研究,促进教师深入思考,尝试用新理念、新技能、新方法指导学生解决探究性学习中所面临的新问题,并不断进行教学反思。在此基础上再请专家来校开讲座,讲座学习也发生了实质性的变化,不再单纯讲理论,而是分析案例,在案例中让教师潜移默化地接受理论。这种全新的培训方式,构建了一种新的学校文化,为教育管理者与教师搭建了平等对话、交流的平台。使教师在将理念转变为教学行为的路上迈出了可喜的一步。为此,学校又选择部分案例,由中国文史出版社正式出版《教育教学案例》一书,还有不少案例在杂志上发表。借助案例的开发、运用来训练和提高教师的反思能力,促进教育专业发展。

(原文发表于《新教育探索》,2006.11)

打造名优教师团队　推进课程建设

随着"二期课改"的不断推进,我校办学规模进一步扩大,目前我校有3个校区,45个教学班,二千二百余名学生。在管理实践中,我们首抓教师队伍建设。积极调整学校的管理行为,从学校组织层面上创造性地推进课程建设,使新课程的要求与学校自身的发展能够形成一种相互融合、相互促进的关系,让教师能够基于对教育的丰富理解去尽力做好教育教学中的每一件事,进而打造一支名优教师团队,形成学校的办学特色。

1. 建立共同愿景,激活教师专业发展的情感动力

我们所要打造的名优教师团队的目标是:具有高尚的师德风范、深厚的文化积淀、合理的知识结构及较强的教育教学和科研能力。首先是把"每个教师发展"作为学校发展的核心价值观,用这一价值观引领学校管理的创

关键词三　建设课程

新,鼓励探索、鼓励创造、鼓励形成特色。倡导每个教师保持自己独特的思想,而又能宽容地对待观点的差异,追求一种"和而不同"的思想境界。学校要在发展过程中成就每个教师,使每个教师都感觉到自己在组织中是被重视的,都有机会获得成长,每个教师也都有责任为新课程推进、学校的发展贡献自己的力量。其次是要营造促进教师自主发展的文化氛围,激发教师对职业理想的追求和主动学习的愿望,满足教师"自主发展、自我提高"的心理需求。我们注重"引、带、导"的方式,在教师群体中形成一种无形的动力。一是榜样示范、名师引路:通过名师工作室举办的"聆听、实践、感悟——我与名师面对面"等一系列活动,了解身边榜样的成长历程,学习名师、走进名师队伍。二是能者为师、链锁带教:以课堂教学为主要研究领域,以开发教师差异资源为基本方法,分层分类形成教师间的带教网络。三是个别指导、以点带面:尤其关注处于发展"高原期"的中年教师,个性化指点,明其方向,燃其激情,并为这些教师创设交流自我发展规划的机会,自加压力,挑战自我,感染同伴。

2. 分层培养,组建多维互动的工作团队

我们将教师组成不同的工作团队,以使教师们能最大限度地进行同伴间的交流与互助,如学科教研组、年级活动组、互动发展组、项目研究组、导师专家组等。采用"一对多"与"多对一"的导师团队形式,按专兼搭配、功能互补的原则,依据学校教师**"三格"培养**(新教师入格培养、青年教师上格培养、骨干教师风格培养)的要求,分层指导,形成合力。为了进一步发挥名优教师作用,学校继成立"名师工作室"以后,又相继成立了"青年教师工作坊""数学思维研究室""快乐语文俱乐部"等。成立这些工作室、工作坊、研究室、俱乐部的目的,就是为了让优秀的教师更优秀,并带动更多的教师迈进优秀者的行列,促进师资的均衡,让每个年级组、每门学科都有领军人物,同时鼓励教师展示自己的个性,形成自己的教学风格,成就一批有思想内涵与文化品位的教师。

3. 名师引领,基于专业合作的教学研究

在学校管理中,我们深切地体会到:推进课程建设,提高教学质量,要以教师高质量的常态化的课堂教学做根基。因此,我们组织教师围绕平常的教学内容、平凡的教学案例和平实的教学实践,展开教学研究活动。如"追求常态下的好课",寻找一种自然状态下的教学研究,旨在建立一种常态的、朴实的学校文化;"寻找教与学的策略",旨在通过研究,寻找有效的教师"教"的策略与学生"学"的策略,形成学校自身的教育知识;"每周一得",鼓励教师记录自己的教学心得,在反思中提升经验,培养教师的成功意识;"教师论坛",让教师站在前台,鼓励教师发表自己的观点和方法,为教师提供一个相互交流的舞台,让教师在合作学习中敞开个性化的自我,展示自己的真实思想,做到认同中有质疑,融合中有反思,创设浓厚的学术氛围。在活动中,帮助教师意识到平凡琐碎的教学生活中蕴藏着丰富的教育资源、课程资源,在看得见、摸得着的"教学事件"中发现属于自己的教育学,提炼属于自己的教育知识和教育智慧,实现自我超越,进而提升教师精神生活的品质。

多年来,学校有效实施"名师工程"策略,多形式树名师、全方位推名师、多层次育名师,一支名优教师团队基本形成,从而优化了我校教师队伍结构,提高了全体教师的人文素养与专业精神。目前,我校有特级教师1人,中学高级教师6人,区学科名师、德育名师9人。我们正努力发挥着名优教师示范、辐射、引领作用。近年来,我校与本区的8所兄弟学校结对联动,送教下乡上示范课,组织联合教研活动,合作共赢。每学期有五十多位兄弟学校教师来我校跟岗、带教,我们带领教师共同实践新课程,建设新课程。

(本文为作者于2007年12月参加"深化学校管理改革,提升课程领导力"研讨会的交流发言)

一次新的课程实践

一、课程统整让课程发挥更大育人价值

1. 激活课程——打开由课程文本到教学实践的通道,体现教师主体地位。

新课程的不断推进,要求教师由教教材向用教材转变,打开由课程文本到教学实践的通道。我曾参与课改基地实验学校新课程培训,并到十多所

关键词三　建设课程

农村小学进行座谈、交流,发现教师按照现成教案到课堂上课,新课程实施不能体现教师的主体地位。我校虽然是新课程的实验学校,但随着课程改革的深化,也出现了一些瓶颈。教师缺少对自己一学期教学工作的整体设计,没有对一学期所教学科的课程教材与教学各要素进行通盘考虑,这种缺失常常让我看到这样的情形:就某一节课来看,某教师上得还是不错的,但一学期下来,尽管这位教师一直很努力,他的教学效果还是不理想。这在很大程度上同他没有对学期课程教学进行系统设计有关。如果教师对学期课程教学的系统设计环节有所突破,那么课程改革中的突出矛盾就有可能找到一个解决的突破口,同时找到一个沟通宏观课程设计与微观课堂教学的通道。

2. 课程领导——建设起既符合国家统一要求,又符合学校办学理念与培养目标的课程。把办学理念转化为学科目标和教师教学行为。

学校如何帮助教师找到一个解决问题的突破口,同时找到一个沟通的通道?这个问题引发学校领导思考。学校能不能将现有的课程进行规划与统整直接关系到我校的"三乐"教育(乐学、乐教、乐管)理念能否渗透到课程教学当中。"三乐"指导课程统整,统整创建"三乐"文化,真正把办学理念转化为学科目标和教师教学行为。我们将遇到的问题作为课题来研究,2008年9月学校在完成两个上海市规划课题的基础上,又立项了一个上海市规划课题:在课程统整中创建"三乐"学校文化的实践研究。我校立足学校实际,践行教育理想,彰显办学特色,提出了"课程统整"的研究课题,又是一次新的课程实践。

3. 关于学期课程统整

我们对于课程统整的思路。学校课程体现在三个维度上的统整:一是本学科统整,二是学科间统整,三是学校内外活动统整。实施课程统整,以学科教研组为单位,让全校教师都参与到此项工作中来。学校首先引导教师从研制"学期课程统整指南"入手。那时,我们参观学习了上海市启新小学、江苏省常州中学等学校,并请上海市徐汇区教科室主任、特级教师张才龙,青浦区教科室主任、特级教师郭德峰等专家进行课题指导及校本研修的引领。

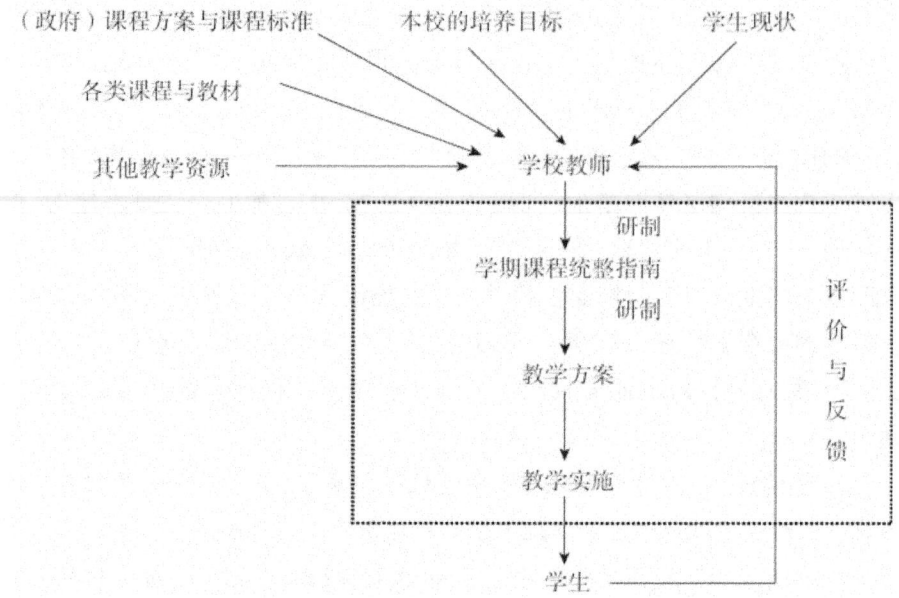

学期课程统整诸方面的关系图

学期课程统整。这是指学校教师以学期为单位,遵循国家的课程设置与课程标准,以指定教科书为主要教学资源,再参考其他教科书等多种教学资源,根据科学的教育理念和本校的培养目标及学生实际,系统设计教学内容并实施教学取得实效的过程。具体做法上要求教师在每学期开学前先对自己一学期的教学工作进行系统设计,对各种教学要素进行统筹整理(我们称之为统整),形成自己所教学科的"学期课程统整指南",然后按自己设计的指南备课、上课。

"学期课程统整指南"是教师对一学期教学工作的总体谋划、通盘考虑。"学期课程统整指南"的研制过程,是教师为完成自己一学期的教学任务而进行的对全学期教学目标要求、教学内容、教学方法、教学策略等的通盘考虑与谋划过程。所形成的"学期课程统整指南",是针对教师一学期教学工作的一份纲领性指导文件,一般在新学期前,即假期教师培训时完成,要求在教师个人自编的基础上,由教研组集体研制。

关键词三　建设课程

二、研制学期课程统整的思路与方法

1. 建立课程统整学习体系

以基础性内容的基本知识、基本技能学习系统为主干,先作纵向主干设计,再作横向的拓展与探究设计。由此建立起来的学生课程统整学习体系,可形象地表达为倒锥体形的课程统整学习体系。

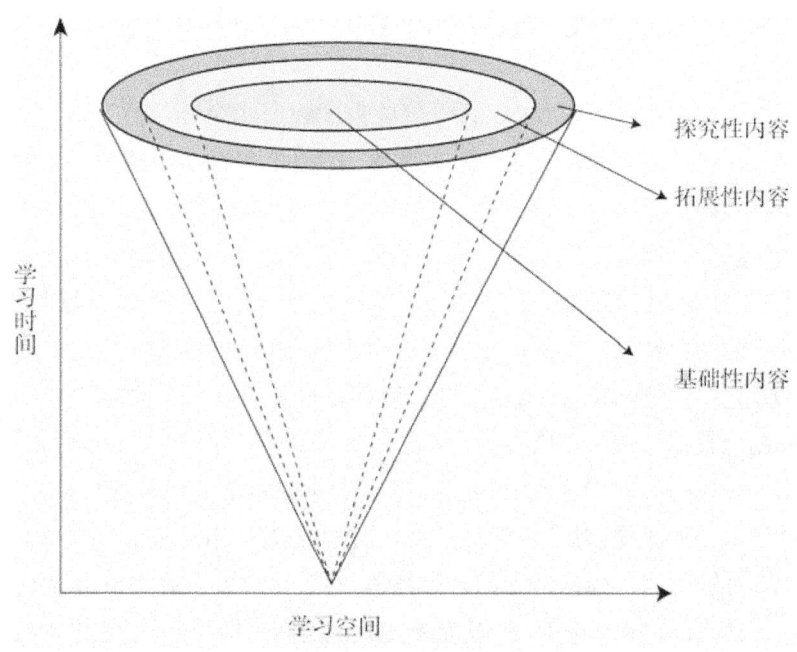

课程统整学习体系图

从上图可以看出,在课程统整学习体系中,基础性内容位于核心,向外是拓展性内容,再向外是探究性内容。而且,随着学生学习时间的推延(年级升高),其学习空间越来越大,其学习内容呈现运动变化的倒锥体形。相应地,三类学习内容的比重也发生变化,年级越高,拓展性和探究性的学习内容越多。这就是我们研制"学期课程统整指南"的基本思路。

2. 研制"学期课程统整指南"的基本方法

一是根据课程标准与指定教科书,参照其他版本的教科书,针对自己的教学实际,作基础型课程的教材统整;二是基础性、拓展性内容与探究性内容统整;三是建立学生课程统整学习体系;四是把学习习惯培养、学习方法培养、探究性学习指导等作系统设计;五是把学生品德培养与课程统整学习体系整起来;六是对学生课内外的学习活动作统一安排;七是排出一学期的课程设置与教学进度表。

例如,数学教研组研制与实施《小学数学学期课程统整指南》,大致经历了四个阶段:

第一阶段,学习准备阶段。这一阶段数学教研组全体教师一同学习课程标准、学校的办学理念及培养目标,并紧紧围绕我校的培养目标——"乐学"来展开,具体来讲就是要让我们的学生数学学科的双基扎实,并且会学习、会探究。当时教师手里有一套上海"二期课改"编写的《数学》新教材和浙江版的《现代小学数学》和《思维训练》,为了研制统整指南,还配置了一套人民教育出版社出版的数学教材,分单元编写教学内容、统整内容、统整目标、学法指导、能力培养、情感与态度。在寒假之前,徐汇区科研员杨向谊老师来我校,对我们研制统整指南进行了指导。

第二阶段,讨论制定阶段。在对制定《小学数学学期课程统整指南》有了基本的认识并形成初稿后,我们组织了专题性的教研组活动。小到一个知识点、一节课的引入,大到整节课内容的教学,甚至整个单元的知识点教学,我们都进行了认真的讨论。然后,开始着手正式制定各年级第一学期的"小学数学学期课程统整指南"。教师们首先将每个单元的原有目标罗列出来,再将在授课中认为需要调整的目标列出来,又反复研究"二期课改"编写的数学教材,将一些比较好的例题、练习按照教材的顺序安排在统整指南中,再将例题和练习的教学目标写在统整目标中,接着写备注,最后才写序。

第三阶段,修订完善阶段。我们还提出将统整目标和统整提示进一步细化,将统整目标分为调整目标和补充目标,将统整提示分为资源利用和补充学习活动。依据每个单元的具体统整情况梳理一张教学进度表。我们在统整指南中除了对学习内容进行统整外,对学生学习习惯的培养也作了规划,如对低年级学生的听、说、读、写基本技能作了如下规定:

关键词三　建设课程

听：能认真倾听老师讲课和同学发言；养成边听边思考的习惯；能独立进行适当的判断或修改。

说：语句较完整，声音响亮；在小组交流中敢于发表自己的观点。

读：能读通、读懂教材和练习的要求，初步培养找关键字、重点字的习惯。

写：坐姿正确，字迹端正，格式规范；养成写完后认真独立检查的习惯。

另外，根据各年级学生的年龄特征，我们有选择地根据教学内容设计和安排一些相关的探究作业，使课内课外结合起来，让学生学会学习，学会探究。

第四阶段，全面开发学习潜能阶段。在研制《小学数学学期课程统整指南》时，要在数学课程统整中，进一步将数学思想渗透到课堂教学中去。我们的数学教师分头收集有关资料，并加以分析、理解，在各自的教学实践中尝试渗透数学思想方法，如分类思想、变序思想、数形结合思想、迁移思想、化归思想、用字母表示数的思想、对应思想、等量代换思想等。现在，数学思想的培养已经成为我们数学组教师制定和实施课程统整指南的关注点和主线，在课堂中渗透数学思想的意识明显增强。

三、学期课程统整推进教师创造性的教学活动

1. 对课程统整进行更为精致化的实践

课程改革向纵深发展的进程中，在学校层面上对课程加以统整，既是学校切实履行课程自主权的必然要求，也是学校进一步承担教育责任的表现。课程统整可以调动学校的各项要素，包括对课堂教学的理解、学科的建设，甚至对学校文化、学校价值的追求等。在这种认识的前提下，学校本着继承、发展、创新的原则，对课程统整进行更为精致化的研究与实践。

2. 课程统整的核心思想融于"课程创生"之中

课程设计与教学实践之间的矛盾是课程改革的主要矛盾。通过宏观的课程设计，形成了课程方案、课程标准以及各类教材与教学参考资料等，而这一切落到一线教师手上，都只是印在纸上的"文本课程"，需要经过教师的统整，才能真正成为能够到课堂中去实践的"可行性课程"，才是真正意义上的"课程"。可见，学校有必要帮助教师理解课程，提升课程质量，引导教师集中更多的时间和精力去从事那些有效果和有创造性的活动。我们认为，教师有效果和有创造性

的活动,将充分凝聚在以课程统整为核心思想的"课程创生"之中。提升教师的生命质量是提升学生生命质量的前提。教师的生命质量表现在日常教学中能充分享受教学民主的权利,获得教学创新的机会和能力,感受教师职业的快乐和尊严。其中,创新能力是教师生命力量的核心。从课程角度看,教师的专业能力至少可以包括课程理解力、课程开发力、课程执行力等。课程理解力是后两个能力的基础,它可以使教师具有敏锐的教育洞察力和判断力,把握好教育时机、教育内容、教育进程和教育反思。课程开发力决定了课程创生的可能性,课程执行力则保证了课程开发后的实施效果。学校层面的课程统整,既有利于提高教师对新课程的理解力和执行力,更是促进优质教学的重要保障。

(本文为作者于 2010 年 8 月在北京人大附中"国际名校长论坛暨中国基础教育卓越校长培养基地"第五次培训学习时的演讲)

校长课程领导力在实践中生成

2010 年 2 月 25 日,我赴京参加人大附中"刘彭芝卓越校长基地"第四次学习培训。培训内容极为丰富,形式新颖多样。五天的培训学习,围绕三个主题展开:人大附中创新之路;课堂教学教法改革研究;拔尖创新人才早期培养研究。聆听了刘彭芝校长的主报告以及国务院参事、原科技部副部长刘燕华,中科院院士、上海交通大学张杰教授,中科院院士、英国诺丁汉大学校长杨福家教授,北大、清华生命科学院院长饶毅、施一公教授等人的报告。"人大附中创新之路"四场专题汇报的展示,一一呈现,让人印象深刻。我还观摩了人大附中与山东杜郎口中学的 4 节课堂教学研讨课。7 位校长的办学思想与实践经验介绍以及 12 位专家的有关点评,令人赞叹,收获颇丰。期间,教育部副部长郝平教授等领导莅临,全国近百名校长、骨干教师与会,可谓领导、专家云集。本次培训学习中,山东杜郎口中学师生上研究课、崔其升校长的介绍,一并被搬上人大附中的舞台。正如刘校长讲的那样,一个是大都市的人大附中,另一个是农村的中学,这两所学校都是在教育改革前沿,为什么取得如此辉煌的成就,引发我们的思考。办教育,要办适合学生发展的教育,要办符合自己学校

关键词三　建设课程

发展的教育,办中国特色的教育。人大附中的课程教学改革国内领先,世界一流,充分体现了刘彭芝校长的课程领导力。观看"人大附中创新之路"展示中对刘校长的采访,知其当时所思、所为、所创,都源于学生的需求,在实践中生成,令人深受启发。要提升校长课程领导力,我的体会是:悟在反思、勤在学习、贵在创新、重在务实、精在研究。

一、悟在反思

一边听报告、听课、观摩展示活动,一边联想到自己学校的课程建设。我校是上海市"二期课改"基地学校,做了很多工作,得到了教师、学生、家长的认同。但如何进一步加快课程建设,改革课堂教学,站在制高点,寻找突破点,使学校得到可持续发展,这又引发了我的沉思。

我认为,作为校长,尤其是一位工作经历较长的校长,更要不断反思,系统思考。

学会反思,学会系统思考,是现代校长必备的素质之一。刘彭芝校长是现代学校课程研究者、建构者的楷模。在课程改革中,校长扮演了双重角色,既是行动者、改革者,又是研究者、探索者。从人大附中发展历程看,校长在课程改革中的角色定位,归根到底是课程教学的真正领导者。校长领导本校的课程、教学改革,既需要解放思想,更新观念,又需要耐得住寂寞、潜心、静心地执著追求,以改革的精神、创新的胆识、科学的态度,坚定不移地带领广大师生员工实施新课程,改革传统教学,走以素质教育为核心的内涵发展之路。

学会反思,学会系统思考,做一名反思型校长。一是增强反思实践的意识,逐步养成反思实践的良好习惯,充分认识反思实践对个人成长与学校发展的价值,使反思实践成为发展的内在需求。二是改善心智模式,在思维方式上进行自我变革。要用理论思维代替经验思维,用多向系统思维代替单向的浅性思维,要用整体的全局的思维代替"只见树木,不见森林"的个别思维,要用发展的动态的思维代替静止的孤立的思维。三是把握反思的三个层次。第一,总结自己或他人的经验,使之上升为理性认识;第二,勇于自我反省、自我解剖,"吾日三省吾身";第三,敢于批判、否定自我,努力寻求在新的平台上跨越发展。

不断地总结和反思学校办学和管理实践,是提升校长课程领导力的重要策略和路径。国外把自我反思能力列为21世纪学校管理者和教师的最重要的能力之一。美国心理学家波斯纳提出"成长=经验+反思"的公式。反思能力是校长管理哲学素养的重要组成部分。校长要高瞻远瞩、卓有成效地进行学校管理，必须有科学的管理哲学思想作指导，要有科学的管理哲学素养，尤其要具有反思实践的能力。

二、勤在学习

校长，要努力成为一名教育家，关键要有对教育的独特见解，有对教育理想的执著追求，这就是常说的教育理念。教育理念是指导校长教育行为的思维观念和精神追求。教育理念一旦形成，就会成为稳定的精神力量。要做一名优秀的校长，就必须更新观念，形成独特的办学理论、办学思想、办学特色、办学风格。校长先进的办学思想源于勤奋学习，源于文化的积累。因此，校长要不断地加强学习，勤于钻研；不断地吐故纳新，博闻强识；不断地总结经验，集思广益，真正做到用先进的办学理念引领人，用优秀的办学思想鼓舞人，用独特的办学特色吸引人。

刘彭芝校长是一位著名的教育家，她在《我的教育观》一文中谈到关于校长的学习，讲得太深刻了，太富有哲理了。她说：校长的学习更注意方法，抓住重点。注重方法，抓住重点，就要在两个方面下功夫。一是带着工作中的问题去学习，即有的放矢，同时，把所学的新知识运用到工作中去，即学以致用。把有的放矢和学以致用结合起来，就能形成良性循环，提高学习的效益和工作的水平。二是要围绕"办大事、思考大问题"去学习，不能漫天撒网，平均用力，捡了芝麻，丢了西瓜。校长的学习，最要紧的应该是培养自己驾驭复杂局面的大智大德，提高自己分析和解决战略性、全局性、前瞻性问题的能力，才能凡事站得高、看得远、想得深、抓得准。当今，我们已经进入知识经济时代，进入学习型社会。正如美国前总统克林顿所讲的那样，21世纪是知识经济时代，判断一个人的价值不是看他拥有什么，而是看他知道什么以及他能学习什么。校长在学习中要有一个清晰的目标，知道通过学习想得到什么东西，并为实现这个目标而努力，这样的学习才是有趣的、主动的、自觉的。

校长要学会在学习中思考，思考中学习。柏拉图说："思考是灵魂在同自己交谈。"学习是一种感悟,是一种体验、提升,更是一种思考。学习必须经过自己头脑的思索,内化成自己的东西,才是真正的学习。正如刘彭芝校长所讲:"学校是学习的地方,校长是组织、指挥学习的人,自身的学习问题显得尤为突出。"一个好学的人不一定能当校长,但一个校长必须是好学的人。一名好校长,要学习、学习、再学习,活到老、学到老。当校长的过程,就是不断学习知识和更新知识的过程,就是不断将所学知识运用于实践的过程。因此,校长要从研究的角度来从事学习、管理,以不断地发现问题、思考问题、研究问题、解决问题,养成问题即课题的意识,从而不断增长自己的思考能力、感悟力,不断地提炼新见解、新观点,从而全面提升自己的教育智慧、管理水平和学术水平。

三、贵在创新

创新是学校发展的动力之源。"人大附中创新之路"十个板块的展示,有力地证明了这一点。如今的人大附中已成为国内著名、国际一流的名校。通过本次培训学习,我深深感触到课程创新是学校创新的核心。在办学过程中,无论是何种创新,最终都要体现在课程上,表现到课堂中。课程是学校最重要的产品,也是学校的核心竞争力,课程创新应成为校长创新的一个重要支点。正如刘彭芝校长介绍说:"校长应该做课程创新的设计师和建构者。课程创新在教育创新中居于核心地位,它是实现教育目的的重要途径,是集中体现校长教育创新理念和实施策略的载体。"人大附中正是以学生发展为本,建立多元开放的课程体系,形成了自己鲜明的特色。从20世纪80年代末开始,学校逐步开设了"现代少年""创造发明""科学实践""心理导向"等几十门校本课程。尤其是近15年来,学校加快了课程建设项目进度,开设了涉及自然科学、社会科学、综合实践活动、体育与艺术4个领域的一百五十多门选修课,以及除英语外的法、德、日、韩、俄、西班牙、意大利、阿拉伯、芬兰等多种第二外语,成为国内开设选修课最丰富,外语课最具特色的中学。

课程改革为学生的终身发展奠基。人大附中的课程改革与课程文化,贵"久"贵"继",突出体现了继承传统与不断创新的和谐交响。其目标是调整必修课、丰富选修课、突出特色课,增加校本课程比例,使学生在学习中学会选择。基于学校特色加强课程建设与课堂教学改革。我校是上海市"二期课改"

基地学校,学校实施"三乐"教育(乐学、乐教、乐管),围绕"为学生乐学奠基"这一理念初步构建了"三乐园"课程体系,旨在让学生爱学、会学,学有所长。山东杜郎口中学校长崔其升介绍了学校进行课堂教学创新的历程和教学展示课。在崔校长的带领下,学校几十年如一日,坚持教学改革,终于构建出符合学生实际的自主学习教学模式。经过十几年的艰苦努力,如今的杜郎口中学,已有超过40万的教育同行、专家、学者和教师前往参观交流、学习。

不管是教育思想创新,还是课程创新,实际上都是校长创新的切入点和抓手。校长应该有能力对学校文化进行创新,使学校成为激发师生创新的"文化场"。文化创新是校长创新的极致,刘彭芝校长的创新已达到了极致的境界。正如刘校长所讲:"校长是学校发展的引领者,一个创新的校长,才能带出一批创新的教师,才能带出一所创新的学校,才能培养出具有创新精神和创造能力的学生。"校长创新的视野应该是宽阔的,心态应该是开放的,思路应该是全方位的。从刘彭芝校长的办学创新之路,我领悟到了学校创新要有四个逻辑起点。第一是要立足学校实际;第二是要基于问题解决;第三是创新的过程与结果一定要有利于学生教师和学校的发展;第四是要结合现代学校发展的理念进行创新。正是在这样一种创新思路的指引下,刘彭芝校长和她的团队进行了卓有成效的、意义深远的创新实践。

四、重在务实

"当校长,作风要务实,工作要扎实,要有实心,明实理,讲实话,办实事,求实效,立实功……"刘彭芝校长的肺腑之言,充分体现了教育创新需要求真务实的科学精神。人大附中的办学思想是:尊重个性、挖掘潜力,一切为了学生的发展,一切为了祖国的腾飞,一切为了人类的进步。刘校长首抓师资队伍建设,将校长的办学思想落实到教师的教学行为,促进教师发展。一是引领教师将教育视为事业,带着激情去工作;二是认同、支持教师个人的发展诉求;三是建立有助于教师发展的激励机制;四是营造有利于教师发展的环境氛围;五是开展形式多样的教师校本培训。从1999年开始,人大附中每年举办一次教科研年会,暑假进行岗位培训,2009年暑期为期7天的教师假期培训以及本次培训学习,也参加了人大附中第十二届教科研年会,我感受最大的是一个"实"

关键词三　建设课程

字。人大附中立足前沿,聚焦课堂,加强教师校本教材培训、专业修炼。刘校长在决策培训内容和形式时,力求做到教科研年会、假期培训形式多样,年年出新。对每一次科研年会,每一次假期教职工培训,刘校长都要认真思考、亲自设计方案,提出主题,并作主题报告。这些形式多样、内容丰富的校本培训,取得了实效,成为人大附中进行教师教育,促进教师发展的助推器。人大附中已形成一支高素质的教师队伍,目前有特级教师23人,国家级骨干教师17人,北京市骨干教师23人,海淀区学科带头人39人,高级教师一百七十多人,博士后及博士16人,硕士59人,外籍教师20人。

　　刘校长将课程创新着眼于创造适合每个学生发展的教育,满足每个学生发展的需要。尊重学生个性,挖掘学生潜力,为每一个学生的健康成长和个性发展,落到实处,让每个学生有实实在在的发展。人大附中开创过许多"第一":举办了全国第一个中学生个人舞蹈专场;第一次为一名学生举办个人摄影展;在国内中学中第一个实现与加拿大、美国、日本等国际知名中学进行远程多媒体互动教学;第一个组建了中学生足球俱乐部……满足每个学生发展的需要,让每个学生找到展示自己才华的舞台。

　　教育教学的改革,只有也必须在课堂上得到落实。如此繁忙的著名校长——刘彭芝,始终亲临教学第一线,对课堂教学进行指导。通过听课、评课,摸清课堂教学的真实情况,进而分析学校教学的动态,抓住主要矛盾,研究如何改革教学过程和教学方法。本次培训主题之一:课堂教学教法改革研究。请来了杜郎口中学的校长、教师与学生,进行课堂教学研讨,在比较中悟出教育的真谛,刘校长用心良苦。山东省杜郎口中学崔其升校长务实作风也深深地打动了我。他在担任校长的前几年,为了找出学校教学质量低下的原因,坚持每天深入课堂听课,甚至创造了一整天穿插听课20节的记录。最后他终于找到了病根,"课堂呈现的总体状况仍然是教师讲、学生听、一言堂、满堂灌","一切问题的症结都在于束缚了孩子"。因此,他大胆对学校课堂教学进行"手术",创造"10+35"的课堂教学模式。近十年来,他坚持每年听课一千节以上,而且每周点评课堂教学情况。

　　可见,校长工作千头万绪,但要学会"弹钢琴"。校长抓工作,着眼点和着力点应放在两头。一头是事前出思路、定目标、做计划,另一头就是事后检查抓落实。前一头有了思路、计划,后一头重点要抓好,避免虎头蛇尾,有头无尾。校长的务实,并不是体现在事必躬亲上,具体的事情要放手各部门的同志去做,校长的任务就是检查指导抓落实。抓落实,是务实的重要体现,是当好校长的重要条件。

五、精在研究

校长课程领导力的提升,呼唤着教育科研。人大附中科学管理,课题驱动,加快教育科研出成果、出人才。学校261位在职教师已全员参与课题研究。近三年学校教师共承担15项国家级课题、50项省市级课题、51项区级课题,在国家级刊物发表论文89篇,省级刊物发表论文123篇,出版专著18部。刘彭芝校长除了自己学校高层次、高规格的大量课题研究之外,特意为我们的基地立项了三个国家级重点课题——"基础教育创新人才培养策略的案例研究""0—18岁儿童心理特征及教育对策案例研究""我国中小学校长领导力案例研究"。她要求我们在行动中研究,在研究中行动,逐步形成适合并引领学校发展的有特色的"草根化"理论。的确,校长也好,教师也好,要成长,要发展,真的需要静下心来做一些研究。

我认为,课题研究是对教育教学规律的探讨,是一种提升自己内在品质的途径,也是学校发展的动力源。刘校长的科研之道,使我联想到我校教科研之路,找到了不足,有进一步提升的空间。我到实验小学近十年,先后主持了两项国家级子课题,三项上海市规划课题。作为课题负责人,我都是全程参与,挤时间去学习和思考。办学的过程中,校长总会遇到很多问题。面对问题,我的态度是:有问题就有发展,没有问题就没有发展。解决问题的过程,就是提高自己的过程。所以,我们的课题是从学校存在的问题出发进行立项。作为新课改实验校,我校实施"三课(课程、课题、课堂)联动,整体推进"的策略。2002年立项课题"小学学科教学中探究性学习的实践研究";2005年立项课题"小学探究性学习指导策略及其心理支持的研究";2008年立项课题"在课程统整中创建'三乐'学校文化的实践研究"。三项课题环环相扣,层层递进,跟踪研究。课题成果向全市、区展示,并获上海市教科研成果二等奖,区一等奖,

关键词三　建设课程

出版专著《课堂教学新探》《优化课堂心理环境的实践研究》《三乐新曲》《优质学校创建的实践探索》等。

　　发现问题,用课题解决问题。校长要和教师一起,学会用课题去找教育教学的规律,只有找到规律了,再提出符合学校实际的做法,才会成功。校长要成为教育科研的带头人,我认为要做到如下几点:其一,明确学校教育科研的定位,走一条以应用研究、行动研究、校本研究为特色的科研之路;其二,要从问题出发,选择和确定统领学校整体发展的研究课题,即学校的中心课题,以课题为抓手,打造一支学校学术团队,培养一批教育科研积极分子,使他们成为研究型教师;其三,要加强学校教育科研管理,抓方向,明确学校科研的目标,抓舆论,形成学校教育科研氛围,抓制度,保证学校科研工作有序地进行,抓自身,校长身体力行,成为学校教育科研的带头人。

　　校长应当成为教育科学和教育实践的践行者,成为科学教育理论、管理理念的实践者和创造者。校长要积极参与并领导学校的课程改革与教学改革,提倡并坚持校本研究,取得领导课程和教学的主动权,这样,校长课程领导力才能在学校管理实践中得到修炼、生成与提升。

　　(原文发表于《三乐教育　惠泽童心》,上海教育出版社,2011)

在课程统整中"做实年段、做强学科"的实践探索

　　近十年的"二期课改",从单项实验到全面实施,我们不断开展课程实施的教育科学研究,先后立项了三项上海市市级课题:2002年的"小学学科教学中探究性学习的实践研究",2005年的"小学探究性学习指导策略及其心理支持的研究",2008年的"在课程统整中创建'三乐'学校文化的实践研究"。课程改革需要科学的理念,更需要实践智慧,需要实践创新,更需要每一位教师掌握和运用正确的方法,需要新的课程实施运行机制。

　　一、课题契入,让教师学会编制"学期课程统整指南"

　　2008年被批准的市级课题——"在课程统整中创建'三乐'学校文化的实践研究",是学校四年发展规划的中心课题,旨在以课程统整为抓手,探索乐

学、乐教、乐管的学校文化建设,研究与实践乐学、乐教、乐管的策略、方法和途径,立足学校"三乐"文化高度,有效促进学生、教师、学校的优质、健康发展。

1. 建立课题,推进课改

课程统整,早在1918年美国教育家克伯屈发表的《教学设计法》中已有所阐述,主张使用问题解决的方法,协助学生进行能力、社会和伦理的学习,有效提升学生获取知识的能力,并持续保持学习的动力。上海市徐汇区以学期课程统整为突破口,对建立新的课程实施运行机制进行了有效探索,给我们提供了经验,使我们得到了启示。在此经验基础上,我们上升到学校文化建设的高度,使课程统整的价值能全方位体现。课程统整中更要关注学生、教师和学校管理中"三乐"的相互渗透所形成的学校文化价值取向。

2. 细化课题、编制"指南"

明确了"课程统整"概念的表述,在具体做法上要求教师每学期开学前先对自己下一学期的教学工作进行系统设计,对各种教学要素进行统筹整理(即统整),形成自己所教学科的"学期课程统整指南",然后按自己设计的指南备课、上课。

(1) 树立正确的指导思想

认真学习、仔细研读课程方案与课程标准,领会上海"二期课改"的正确理念,以学生发展为本,思考自己在教学中出现的新理念,并在教学实践中不断探究。要正确把握学生实际情况,从"学生学什么""怎样学"入手,使学生"乐学",即有兴趣学、有信心学、有方法学,提高学习效率。

(2) 编制"学期课程统整指南"的基本思路

利用假期,教师对一学期教学工作进行总体谋划、通盘设计、理清思路,一般有以下几个步骤。

①梳理知识点;②向外拓展知识点;③在拓展基础上再进行探究;④学习能力培养;⑤品德培养与学科学习统整起来;⑥统一安排课内外的学习活动;⑦确立新的教学目标;⑧排出一学期的教学进度表。

二、做实年段、做强学科,让学生主动、健康发展

随着教育改革的不断发展,特别是课程改革的逐步深入,素质教育全面推

关键词三　建设课程

进,我们越来越聚焦于"发展内涵、提高质量"。我校旨在以"课程统整"为载体,加强学校课程建设,实施精致化教学。在提升学科价值层次、完善学科教学建设,及深化学科教学研究的过程中,通过研究性的实践探索,形成了学校"实"与"活"的教学思想和"做实年段、做强学科"的实施策略。

1. "实"与"活"教学思想提出

实施"课程统整"源于我校"实"与"活"的教学思想。近年来,我校追求"实"与"活"的教学思想,促进了学科教学建设,大幅度提升了教育质量。

"实"与"活"的教学思想深深扎根于基础教育实践。所谓"实",指教学体现务实的态度,扎实的教风,学生在不同的发展阶段学有所得,学有所长,从而使课程目标落到实处。"实"体现了基础教育基础性的本质要求。所谓"活",指教学要目中有"人",教学理念不断发展,教学方式不断创新,教学方法灵活多样,以学定教,顺学而导,从而使教学充满生命的活力。"活"体现了基础教育发展的时代趋势。

应当说,"实"与"活"的教学思想有着较为坚实的理论基础与鲜明的现实针对性。

首先,"实"与"活"的教学思想符合基础教育课程改革的新理念与学科教学自身的规律、特点。第一,基础教育的价值追求"实"与"活"的统一。今天,教育的发展要求我们的教育价值从"以知识为中心"转变为"以人的发展为中心"。教育的对象不但需要获得知识、能力、情感等各方面的发展,而且这种发展应该是主动的、活泼的。所以,真正的教育应该是"人"的教育,是"活"的教育,是促进每一个"具体人"发展的教育。第二,课程改革要求追求"实"与"活"的统一。课程改革重要的价值之一在于重建"以学生发展为本"的基础教育课程观,它倡导在课程的开发和教学实施上具有活力。比如,在语文课标中阐述了四个课程理念:"全面提高学生的语文素养","正确把握语文教育的特点","积极倡导自主、合作、探究的学习方式","努力建设开放而有活力的语文课程"。从这些理念既可看出"实"的追求,又可发现"活"的要求——它要求中小学语文教学既要把语文的课程目标扎扎实实地落到学生身上去,又要实现学生主动、活泼地发展。诚然,数学、英语、体育、艺术等课程设计都体现了"实"与"活"的要求。因此,课堂教学必须努力实现目标、内容、方式的"实"与"活"的统一。

其次,"实"与"活"的学科教学追求具有很强的现实针对性。我们在研究中发现一些必须纠正的教学问题:一是新理念与教学实践脱节。比如,教学实践中反映出一些教师搞枯燥的、题海战术式的训练。这样的教学束缚了师生的发展,学生失去了学习的自主追求。二是教学改革搞形而上学,做"表面文章",甚至追求表面的热闹。前者并非真正的"实",后者也并非真正的"活"。这种把"实"与"活"对立起来,或是将"实"与"活"简单化、形式化的教学实践必然导致低效的教学。因此,我们努力通过追求"实"与"活"的教学,深化课改,提高教学的有效性。

正因为"实"与"活"的教学思想有着明确的理论基础和现实针对性,所以,我校教师很快形成了共识,并自觉用以指导教学实践与研究。

2. "实"与"活"课堂教学的构建

我们结合小学教学的特点,从学校的培养目标(基础扎实,习惯良好,全面发展,学有所长)与学生实际出发,以"实"与"活"的教学思想为指导,从学科目标、教学方式、教学实践到教学评价,进行了较为深入的、整体性的探索。

(1) 夯实基础,让学生获得实质性的发展

基础教育是为学生一生发展奠基的工程。基础性是基础教育的本质特点。我们必须实现学生实质性的发展。所谓实质性的发展,是指学生真实的真正的发展,特别是扎扎实实地实现所处年段的发展,包括兴趣、习惯、能力等基础性目标。对于小学生的学习,应当说,没有正确的基础性,就没有真正的发展性。

为了夯实基础,我校先对语文、数学、英语、体育四门基础性学科进行实验,制定了个性鲜明的学科十二字培养目标。如语文学科的培养目标:喜欢读书,能说会写,一手好字。数学学科的培养目标:概念清楚,善于思考,解题灵活。英语学科的培养目标:词汇丰富,口语熟练,勤于应用。体育学科的培养目标:不怕吃苦,健康第一,动有所长。应该说,国家的课程标准体现了国家对于学生所学课程的基本要求,这是"共性"的体现;而我校的学科培养目标是在

关键词三　建设课程

遵循国家课程标准的基础上,从本校办学实际需要出发的"个性化"要求,是对学校培养目标的学科具体化。

我们在提出学科培养目标的前提下,引导教师着力激发学生的学习热情,培养良好的学习习惯,使学生形成必备的学习能力。

做实年段

年段,作为一个重要的教育概念反映出基础教育具有很强的科学性,它遵循学生身心发展的规律。比如,语文、数学、英语、艺术等课程标准都把小学课程的目标分为不同的年段,学生的学习在不同年段有不同的任务、不同的要求,这实际体现了对学生年龄特征的正确把握和对学科学习内容、程度等的科学认识。

以语文学科为例,经调查、研究,我们发现,从年段教学重点看,低年级忽视写字写句的教学,中年级忽视读写的教学,高年级篇章教学意识不强。

针对这样的问题,我校强调要抓住各年段的重点教学内容做实年段教学。如语文学科在低年级要抓实以"词句"为中心的教学,中年级要抓实以"句段"为中心的教学,高年级要抓实以"篇章"为中心的教学,使语文教学在不同年段各有侧重,又相互关联。又如英语学科要在各年级夯实口语、词汇、句式等教学。为了更有效地做实年段教学,一方面,我们在制定学科培养目标的基础上,进一步细化了学科在不同年级的具体要求,学习标准,使教师教有所依。另一方面,我们结合自身的学科培养目标,以年级组长、教研组长等市、区骨干教师为核心,凝聚年段教师的智慧,围绕年段与教研组的子课题进行深入的实践研究,做实年级学科教学。

务实课堂

为了使课堂务实,一方面,我们请年级组围绕"实"与"活"的教学思想,研究、明确本年级的教学应"实"在何处。比如,一年级语文教学任务:一是识字教学,掌握七百字左右儿童常用汉字,培养独立的识字能力(接音、形、义规律);二是阅读教学,阅读为巩固、扩大识字服务(识字为阅读,阅读助识字),培养阅读兴趣与阅读综合基础素养;三是听说教学,一年级听、说的基本要求是集中思想、认真倾听,说话要用标准普通话,语言连贯,经常收看儿童电视节目,收听少儿广播。低年级语文教师针对教学任务,通过研讨达成了要"实在认字写字,实在词语句子,实在正确朗读,实在兴趣习惯"这一共识。在全面实现低年级语文教学目标的过程中,突出了教学重点,凸显了学段特点,具有很强的教学指导性。在此基础上,一年级语文组确立了"字理教学"的研究课题。

我校通过"五步曲""八环节"的校本研修与专家、教师"捆绑"式教研活动,共同走进课堂、研究课堂。学校领导经常深入课堂,与教师进行常态下的教学研究,指导教师不断改进教学。

广大教师深切认识到,要务实课堂,就要深钻教材,把"教"材转化为"学"材;要研究教法,使"学习目标"转化为"学习过程";要研究学生的"学",去除"假学",组织"真学"。通过研究,我们的课堂在逐渐去除浮华,回归教学本真,更有效地实现了学生的发展。

落实主体

今天,终身学习理念的提出要求我们重新认识教育价值与学习主体问题,正如叶澜教授在"新基础教育"研究中所提出的要把课堂还给学生。基础教育的学科教学必须实现由"知识论"到"主体论"的时代转换,并树立新的教学价值观,即从培养"记忆知识的学生"转变为培育"生动活泼、自主自信的学习者"。

基于以上认识,我校始终把学习主体作为研究的重要内容。围绕"为学生乐学奠基"这一理念,2002年立项市级课题"小学学科教学中探究性学习的实践研究";2005年立项市级课题"小学探究性学习指导策略及其心理支持的研究"。在课题研究中,我们进一步探究通过完善学生学习方式,让学生学会倾听、学会探究、学会思考、学会质疑、学会表达,促进学生主动发展。我们认识到,学生的主体发展需要激励,需要实践。所以,学校倡导教师激发学生学习的自主性,乐于学习、喜欢学习,不断树立学生学习的信心。在课堂上,要尊重学生,让他们敢于表达自己的见解;要敢于"拿出"时间让学生动笔;要面向全体,努力让每个学生都积极参与听、说、读、写等学习活动。我们还积极为学生的主动发展创造机会。

(2)活在生成,使学生获得生动性的发展

学科课程实施的过程强调生成性,这种生成不只是课堂教学中的生成,而且是教学过程全方位的生成,包括对资源的开发、方式方法的运用、评价的实施等。

关键词三　建设课程

能不能实现真正的生成,取决于教师是否切实转变课程观念、主导方式与组织行为。我们必须认识到,今天的学习主体观已经发生了变化。我们的教学必须目中有"人",教学视角从"利于教师教"转到"利于学生学"。再者,学习的课程观也发生了变化。课程不等同于教材,教材不等同于课本。因此,我们的教学必须"走出一本书的时代",必须走出"封闭的课堂"。基于这样的认识,教学不但求"实",而且应该求"活",求"活"是为了更好地求"实",它体现了教育与时俱进的要求。

用活资源

传统课程观造成教学资源的视野比较狭窄,学习空间比较封闭。而新的课程改革为我们打开了广阔的资源视野,体现出学习的开放性。

我们认识到,课本虽然是学生学习的重要(或核心)资源,但并不是唯一资源,教科书是教师进行教学的重要(或基本)凭借,但并不是唯一凭借。学生学习的空间也并非局限于几十平方米的教室,教室以外有着更广阔的发展空间。因此,在用好规定教材的同时,我们把目光投向更广阔的资源视野。比如,开发教材资源,我校以"二期课改"上海版教材为主体教材,同时,还为教师准备了人教版的教材。比如,《现代小学数学》与上海"二期课改"教材统整使用,有利于教师在比较中创生出新的教学内容。我们鼓励教师针对本班实际、本单元实际对教材进行拓展延伸,增添调整,使教材为学生的学习服务。再如,开发网络资源,教师经常组织学生利用网络开展综合性学习,各个班级建立起班级网站或班级博客。此外,我们还大力开发家长资源、社会资源,每个学年,家长助教志愿者都为学生奉献几场精彩生动的报告。

实践告诉我们,学习资源无处不在,教学资源丰富多彩。作为智慧的教师,应当善于发现每一个可能会涌流无限生机的"泉眼",精心开发。

激活方法

如果说"用活资源"体现了学习的开放性,那么,方式方法的变革则体现了学习的发展性。实践证明,教学不应有僵化的程式,应讲求方式方法的灵活、创新。教学方法应利于激发情趣,利于主体参与,利于实现教学目标。方法因学情是灵活多变的,方法通过创新是不断发展的。比如,我校的"五字"教学法——"引、学、导、练、悟"的运用。

引:创设情境,引趣激情。

学:乐于学习,求取知识。

导:分类指导,协调发展。

练:主动练习,形成技能。

悟:启迪思维,感悟创新。

盘活评价

随着教育的不断发展,学习的个性化趋势越来越明显。基础教育改革如何适应学习的个性化趋势是摆在我们面前的重要问题。众所周知,评价是促进学生学习的重要手段,小学教学对于学生学业的评价应该"盘"活,实现评价的增值功能。

在日常的教学评价上,我校推行以促进学生发展为目的的多种评价方法。如提供赏识性评价、发展性评价等。

近两年来,我们特别倡导促进学生个体学业发展的增值性评价。增值性评价是发展性评价的重要组成部分,它在具体的学科教学上关注每一个学生对于课程标准的达成,关注在原有基础上的发展幅度。我们在学习评价上采用的方法是"从横比转为纵比",即自己的发展水平与自己原有水平比,"从比'高线'转为比'标准'",即不是以全班最优秀、最高的标准来评价,而是以学科教学的课程标准、要求来评价,合格即优秀!评价方式的转变,再次调动了师生的积极性。

我校在"实"与"活"学科教学研究中不断实践、反思、再实践。正如前文所讲,"实"与"活"是辩证的统一,可谓"实"中求"活","活"中求"实"。没有"活"的"实",则走向僵化、枯燥,难显生命的活力;没有"实"的"活",则走向虚妄、浮华,难见学生真实的成长。

我校追求"实"与"活"的教学思想,以"课程统整"为载体,牢牢抓住课堂教学这一中心工作,实施精致化管理,立足校本,在推进学校课程建设的过程中形成学校文化。

(原文发表于《团队的修炼》,上海教育出版社,2012)

关键词四　变革课堂

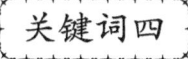

变革课堂

课堂是实现学校教育的中心场所,课堂教学的变革给师生的身心发展以很大影响。我任职过的学校,经历了从教师练就过硬的基本功——"五字功"(熟、准、简、新、悟)入手,到不断践行"实"与"活"的教学思想的过程。具体而言,是从20世纪90年代初优化课堂心理环境的"三个带进"到如今"三好课堂"的培育("三个带进":把激情带进课堂,把微笑带进课堂,把趣味带进课堂。"三好课堂":培养好习惯,习得好方法,激活好思维);从教学"八字要求",到"六字教学法"的形成("八字要求":激趣、精讲、善导、探究。"六字教学法":顺,顺应身心;激,激发兴趣;精,精讲表达;启,启迪质疑;导,导思释疑;育,培育能力)。这些改革举措都是围绕实现"学习增值"的"核心价值"改进课堂教学,形成了具有校本个性化的教学特色:一是以"生本"为基础,"生本"以学设教,学会学习,减负增效,让学生在课堂上主动发展;二是展现"生动"过程,"生动"放手培养学力,激活思维,让学生在课堂上学会探究;三是呈现"生态"发展,"生态"着眼面向未来,自主发展,让学生在课堂上学会创造。课堂不仅是教师和学生聚合的一个物理空间,更是一个独特的社会组织,其中蕴藏着复杂的结构、情境与互动,是一个充满生机与活力的系统整体,具有创造新生命的教育价值。

课堂教学再设计的研究与实践

以课堂教学改革作为进一步推进素质教育的主攻方向,已经成为广大教师的共识。但从何处思考,何处着手?我们的突破口是:课堂教学再设计。

一、问题的提出

纵观课堂教学现状,颇为忧虑。听课百余节,不能不让人大声疾呼课堂教学需要创新精神,大力倡导创新的课堂教学迫在眉睫。目前,"以教师为中心"的课堂教学模式、方法依然严重地占据着我们的课堂。语文课上太多的分析把好好的文章分析得支离破碎;有的教师减少了繁琐的分析,却出现了一个又一个琐碎的质疑,频频的讨论与习题填空把优美的文章变成了无生气的一个个零件;数学教师轻过程、重结果,先将结论告诉学生,然后花很多时间,围绕几种类型反复练,忽视了教师与教材、与学生情感的共鸣;外语课注重读、背单词、句式,忽视师生间口语的训练与交流。

在与教师一次又一次评课、探讨、切磋之后,我们发现教师本身缺少学习,教育观念陈旧,停留于对过去的依恋、继承,而不注重突破、发展与创造,在实践中缺乏改革的主动性、创造性。我们从调查中发现,教师的备课存在着"四多四少":模仿多,创造少;抄写多,思考少;考虑教法多,学法少;采用单一手段多,运用多媒体少。"教""备"脱钩,"备"只为了应付"查"。据此,我们注重在教学常规的反思中创新,从备课入手,提出了"课堂教学再设计"这一想法。

二、课堂教学再设计的研究

课堂教学再设计是一个分析教学任务,设计教学方案,并对方案进行不断试行、评价和修改的过程,是一个分析问题、解决问题的过程,也是使教学成为学生积极有效活动的过程。它主要包括:学习需要分析、教学内容分析、教学对象分析、教学目标编写、教学策略设计、教学系统评价几个环节。

1. 课堂教学再设计的理论支撑点——学习心理的理论

教学设计是教育技术学中关于利用学习心理的理论,是研究有效教学系统设计的方法。在这一领域中,学习心理学的研究成果,无论是加涅的学习理论和学习任务分析的学说,还是布卢姆的学习评价理论,无论是布鲁纳的智慧

关键词四　变革课堂

发展理论,还是奥苏伯尔的有意义言语学习理论,都得到了广泛的应用。根据学习需要的理论回答"为什么教"的问题,运用任务分析的理论回答"教什么"的问题,根据学习理论回答"怎样教"的问题,以及运用教学评价理论回答"教得怎样"的问题,从而再设计出一个个科学的教学系统。

2. *课堂教学再设计的出发点——以学生发展为本*

课堂教学再设计必须遵循以学生发展为本的原则,使我们的课堂教学有利于学生掌握基础知识和基本技能,有利于创设优化课堂心理环境,有利于培养学生创新意识、创造思维和创造能力,提高学生学习的兴趣,发挥学习的主动性,掌握学习的方法,养成学习的习惯,激发学习的情感。

3. *课堂教学再设计的关键点——让学生学得更好、更活*

在"说课"活动基础上,运用现代教育理论来提高教学和教研质量,着重研究解决以下三个问题:

(1) 教师上每一节课,都要明确"为什么教""教什么""怎么教"和"教得怎样"四个根本问题。

(2) 教师在教学中不仅要让学生获得言语信息(即"是什么"的知识),更要让学生获得智慧技能(即"怎么办"的知识)和认知策略(即"怎么学"的知识)。

(3) 教师在教学中要以学生发展为本,从学生的实际出发,引导学生主动学习,学会学习,学会思考,给学生的自主发展留有时间和空间。

4. *课堂教学再设计的切入点——课堂的提问与课堂的练习设计*

第一,课堂教学中的问题设计。一要有明确的目标,使学生知道要解决的问题是什么;二要有思维的强度,是需要学生想一想才能回答的问题。

(1) 侧重于明确提问目的的问题:如激励性提问,目的是激发学生的求知欲,形成学习的动力;诱导性提问,目的是通过提问诱导学生发现知识的结论;陈述性提问,目的是要求学生陈述有关知识的事实或命题,促进学生掌握所学的知识;深化性提问,目的是引导学生进一步深化对知识的理解。

(2) 侧重于问题思考性的提问:记忆性问题,是陈述知识"是什么"的记忆水平的问题,目的是为了再现知识,防止遗忘;思维性问题,需要学生通过对已有知识的加工后才能解决的问题,目的是为了激发思维,解决问题;探索性问题,目的是为了引导学生去探索知识,寻求真理。课堂提问不只是教师的事,教师还要鼓励和指导学生学会质疑问难。

第二,练习的设计。练习是一种有目的、有指导、有组织的学习活动,是使学生掌握知识,形成技能,发展智力的重要手段。有效的练习设计,应具备以下一些基本条件:

(1) 要让学生明确做什么和怎么做。为此,练习要有针对性,练习要有指导。

(2) 练习是学生对学习任务的重复接触或重复反应,既要有一定的数量,也要有一定的质量。为此,练习要适度,习题要有启发性。

(3) 练习必须有计划、有步骤地进行,要由浅入深,由熟到巧,循序渐进。为此,练习要有层次,要有基本的模仿练习,也要有变式练习和综合练习。

(4) 习题具有促进学生主动活动、培养学生创造才能的功能。因此,课堂练习不仅要设计现有知识掌握、巩固的习题类型,还要有变化的变式训练。为此,练习要新颖多样,有变化、有趣味。

三、课堂教学再设计的实践

我们进行课堂教学再设计的尝试,提出了"三个放"与"三个带进"的要求。"三个放"——教师应将精力放在教学研究上,放在钻研教材上,放在如何使学生成为学习的主体、培养学生学习能力上。"三个带进"——把激情带进课堂,把趣味带进课堂,把问题带进课堂。

1. 改革传统的备课方式

教学是创造性的劳动,而备课则是创造性劳动的基础,因而改革传统的备课方式势在必行。我们针对备课存在"四多四少"的问题,明确了四点要求:

(1) 分层要求。根据教师的教龄、任教年级的年限及学科的不同,写教案的详略有所不同。

(2) 不拘一格。教师可根据自己的教学特点与本班学生具体情况,书写有实效性的教案。重点放在学法指导上,放在自己理解掌握教材的基础上,用"心"备课,将大块写教案改成突出写"点"的教案。

关键词四　变革课堂

（3）备教一致。要使备课内容符合课堂教学实际，起到指导课堂教学的作用，有利于课上培养学生的创造性思维、引导学生掌握学习方法。随时将一节课的收获与新想法记录于课后小结。

（4）加强教研。教师打破学科界限互相听课，每学期每位教师听课二十多节，加大研究力度，形成研究氛围，教研做到定时、定人、定内容，不断提高教师教研能力及群体教研水平。

2. 开展"再设计"创新课的展示活动

在教师自我推荐创新课的同时，学校组织展示课。教师要改变课堂教学结构，根据"再设计"要求，鼓励标新立异，把培养学生创新精神和创新能力贯穿于教学的各环节之中；要提高课堂效率，使学生真正动起来、活起来，成为课堂的主人。

（1）创设情境，诱发创新意识

通过创设情境，激发学生的兴趣，把教学过程变成教师与学生一道探索、认识和发展的过程，诱发学生的创新意识。

（2）动手操作，创设参与学习氛围

小学生都具有好动、好奇的心理特点，他们最容易理解的是自己的动作。一教师在讲圆柱体表面积计算时，注重引导学生动手操作，采用了给圆柱体"穿衣服"的方法，在裁剪过程中，使学生理解圆柱体表面积的概念和计算方法。这种游戏式的教学方法，不仅提升了学生学习的兴趣，而且加深了学生对知识的理解。让学生参与整个学习过程，在愉悦中形成知识技能和技巧。

（3）建立新型师生关系，创设民主氛围

新型师生关系，就是摆正教师在学生学习过程中的地位，使教师成为学生的知心朋友和合作伙伴，成为学生学习的参与者、点拨者和服务者。只有这样教师才会受到学生的爱戴，学生的主体性才能得到充分发挥，创新能力才能充分展现。一位美术教师在进行"画鱼"教学时，让学生动手画出"你认为最好看的鱼"。学生画出的鱼形态各异，色彩鲜艳，但也有的学生画得比例不当、非常夸张。这时教师让学生自己讲讲为什么画成这样？有的学生说是看动画片想出来的；有的学生讲，听说深海中的鱼嘴巴很大；有的学生说，河水污染了，鱼就变成大肚子了！教师在对学生发言给予肯定和表扬的同时，按学生的想象帮他们修改所画的画。教师尊重学生，使学生的丰富想象力和创作热情得到了保护。

3. 设计分层、分类作业，使学生乐学、善学、好学

通过练习再设计，许多教师打破条条框框，以激情增趣为主，培养学生的学习能力，针对学生的学习特点和求知需要，灵活多变地设置课外学习的任务和要求。有的教师改变了"一刀切"式的留作业方式，根据学生知识掌握的不同程度及学生能力的不同水平，分层、分类留作业。有些教师根据学生的年龄特点，改传统的纸笔作业为讲故事、画图画、剪报、表演等活动性、实践性作业。有的教师鼓励学生积极参与课堂教学，在课前，学生有目的地查阅资料、制作卡片、撰写观察日记；在课中，学生积极参与教学过程，展示自己的资料，发表自己的观点，师生之间、学生之间平等地进行讨论；在课后，学生带着问题继续观察、搜集资料、广泛阅读。这些做法并没有简单地减少作业量，而是改变了学习与作业的形式，尽管对学生的认知活动有了更高的要求，学生却表现出极高的学习兴趣和学习热情，使学生乐学、善学、好学，有助于减轻学生的学习心理压力。

（原文发表于《上海教师》，2002年第9卷）

以乐促学　学有探究

在全面推进"二期课改"，实施探究性学习的今天，如何变学生"被动应答、学而无趣"为"积极主动、学而有趣"，我就我校的"以乐促学、学有探究"谈些看法。

一、乐学新探

1990年学校创办之日，也是"三乐"教育（乐学、乐教、乐管）实施之时。经过十多年的实践与研究，取得了一定成果。根据"二期课改""以学生发展为本"的新理念，拓展、深化"三乐"教育，以"乐学"为突破口，让学生爱学、会学、主动地学、创造性地学、持续发展地学。我们对"乐学"进行了新的探析。

关键词四 变革课堂

所谓乐学,是指学生学习过程中获得的以乐为主的正性情感体验。若学习能满足学生的需要,学生对学习会产生乐的正性情感体验,反之,产生苦的负性情感体验。如何积极引导学生乐学?自古以来就有众多论述,如孔子的"知之者不如好之者,好之者不如乐之者""好学,近乎知(智)"之说,到汉高祖刘邦的孙子刘安的"同师而超群者,必其乐之其也""知(智)人无务,不苦愚而好学"之说,北宋张载的"乐则生矣,学至于乐则自不已,故进也"之说,南宋朱熹的"读书,放宽著心,道理自念出来。苦忧愁迫切,道理经无缘得出来"之说等,但直至今日人们对乐学的作用认识仍主要囿于促进学生的认知学习上。

事实上,从现代情感心理学角度透视,乐学的促学作用远不局限于认知学习范畴,而是多方面的。现代情感心理学研究表明,情感具有一系列积极或消极的所谓两重性的独特功能,诸如动力功能(情感对个体的行为具有增力或减力的效能)、调节功能(情感对个体的认知操作活动具有组织或瓦解的效能)、疏导功能(情感能提高或降低个体对他人言行的可接受性的效能)、保健功能(情感对个体的身心健康具有增进或损害的效能)等。如果能在教学中让学生怀以快乐的情感体验进行学习,就能克服苦学造成的消极影响,发挥这些情感功能的积极作用,调动学生的学习积极性和自主性(动力功能),提高认知活动的效率(调节功能),增进身心健康(保健功能)等。同时,还能有效地减轻学生学习的心理负担,因为在同样的学习条件下,乐学能减轻学生学习的紧张度和压力感。这一切都有利于教学潜能的发掘,有利于教学效果的优化,有利于学生学习潜能的开发与各方面素质的发展。

二、以乐促学,学有探究

我校实践"乐学"思想,依据国家的教育方针,从实际出发,将古今中外"乐学"思想精华与现代国内外先进的理论融为一体,运用整体优化的思维方法和工作方法,努力创建宽松和谐的育人环境,通过乐教乐学,促进学生全面和谐地发展。

我们认为,"乐"在形式上指欢乐、愉悦的心情,而在实质上则是指精神上的专注、投入与奉献,是一种身心和谐舒展的美的境界。乐不仅与学习中的艰苦探索不相抵融,而且恰恰正是要通过艰苦追寻去达到乐的最高境界,满足学生的需要。我们的乐学教育以乐教、乐学作为其主要表现形式,是指就学生或教师个体来说,都有乐教、乐学两个方面,并有不同层次的结合水平:教师乐教、学生乐学的直接表面理解成纯自然形式(教师乐于上课、学生乐于学习),可作为第一层次,体现了一种师生关系;通过教师的乐学,可作为第二层次(即教师自身教与学的辩证统一);通过学生的乐教,可以形成第三层次(即学生自身教与学的辩证统一);在第二、第三层次上形成的师生之间的乐学、乐教是第四层次。具体体现在以下四个方面。

1. 以情乐学、师生情感共鸣

倘若学生能在教学活动中怀以愉快的情感体验进行学习,就能发挥情感功能的积极作用,优化教学效果。正如加籍华裔心理学家江邵伦教授所说:"教学是一个涉及教师和学生在理性和情绪两方面的动态的人际过程。"教学过程是师生情感双向交流的过程,教学活动是否充满热烈的情感,决定着能否产生良好的课堂心理氛围。学生是否乐学,情感的激发是一个重要方面。首先是教师的情感对学生的情感具有最直接的影响。教师热爱学生,向学生倾注内心真挚的情感,学生对教师有亲近感、信任感、期望感,有利于师生之间相互理解,缩短师生间的心理距离。教师爱学生是师生情感交流的基础。在教学中尊重学生,满足学生学习的需要,设法引导学生从自己的实际出发,不断获得成功的机会和体验。如语文学科的"情感教学法",以"情"为中轴组织语文教学全过程,培养学生积极情感。教师自身的情感直接影响学生情感的发展,课文中作者的语言、作者的情感也是以教师的情感为中介作用于学生的。例如一位教师教《春天来了》一课时,通过指导学生朗读,培养、丰富学生的语感,在反复的吟诵中,让学生逐步产生一种"其言皆若出自吾之口,其意皆若出于吾之心"的体验与感受。正是通过指导学生读书,让语言文字还原为一幅生活画面,活化了课文内容,使学生的情感与作者的情感、教师的情感熔为一炉,让幼小的心灵,乘上作者思想情感的"翅膀",遨游多彩的世界,使他们获得知识上、认识上、情感上的满足。

2. 以趣乐学、激发内在潜力

好奇心和求知欲是学生学习兴趣的集中表现。学生在学习中的情感主要

关键词四 变革课堂

体现为他们乐学的态度,对学习内容和学习过程的浓厚兴趣。我们从"二期课改"的"以学生发展为本"的理念出发,使学生热爱学习,重视培养学生的学习兴趣、良好的学习态度与学习能力,让学生掌握正确的学习方法,使学生乐学、善学,让学生体验到学习的欢乐,有助于减轻学生学习的心理压力。在新教材实施过程中,许多教师打破条条框框,以激情增趣为主,培养学生的学习能力。有的教师改变了"一刀切"式布置作业的方式,根据学生知识掌握的不同程度及学习能力的不同水平进行分层、分类,改传统的纸笔作业为讲故事、画图画、剪报、表演等活动性、实践性作业。有的教师鼓励学生积极参与课堂教学,在课前,学生有目的地查阅资料、制作卡片、撰写观察日记;在课中,学生积极参与教学过程,展示自己的资料、发表自己的观点,师生之间,学生之间平等地进行讨论;在课后,学生带着问题继续观察、搜集资料,广泛阅读。有的低年级教师为学生出版充满童趣的"班级作文集",社会课的教师让学生制作"信息册"等,使学生饱尝成功的喜悦。这些做法并没有简单地减少作业量,而是改变了学习与作业形式,尽管对学生的认知活动有了更高的要求,学生却表现出极高的学习兴趣和学习热情。学生的学习质量和认知能力都有提高,还培养了学生自主学习、探究、信息收集、分析问题以及合作、交往等多方面的综合能力。

3. 以美乐学、陶冶高尚情操

小学生可塑性大,模仿性强,就他们的年龄特征,对美与丑、善与恶的辨别能力弱。因此,从小对学生进行美的教育与美的熏陶是非常重要的,对学生健康的心理素质的培养和良好行为习惯的养成起到潜移默化的作用,正如约翰·辛德勒博士所说,快乐就是"我们的思想处于愉悦时刻的一种心理状态"。我校着力优化育人环境和塑造美的教师课堂形象。

(1) 优化学校育人环境

作为融示范性和实际性为一体的现代化学校,我们思考的是学校自身环境,是体现现代社会特点、时代特色和现代教育理念的显性的和隐性的、物质的和文化的、人文的和科学的、现实的和潜在的这样一种有利于每一个学生成长的环境。而首要的是吸引孩子,让每一个孩子都感受到、体验到快乐和喜欢、难忘和热爱。我们主要进行了以下三方面实践研究。

校园文化环境。以塑胶跑道、绿茵操场为标志的校园改建工程的完成,使学校环境焕然一新。然而我们追求的是一种文化的积淀,一种现代化的内涵。从创建班级文化、课堂文化入手,提升校园文化。这就是使校园由洁净型向文化型的转变。如学校建立了以"蓓蕾初放"为主题的校园雕塑,两年一次的校园文化艺术节,就是想给每一个孩子提供一个强烈的兴趣指向、欢乐的童年。让孩子真正感受到这是一所美丽的学校,这是一个快乐的乐园,这是科学的城堡,这也是孩子们表现自我、展示才华的舞台……

校园信息环境。以现代教育技术的应用为媒介,以校园网络为载体,我们建成了校园信息环境。我们还创办了以学生为主体的少儿电视台,开设了"学学做做好开心""生活百事通""试试胆亮亮相"等栏目,从创意、设计到拍摄、编辑,处处都有学生的身影,时时都让学生去创造,发挥了积极的文化育人作用。

校园心理环境。这是儿童人格发展的重要空间。我们通过对学生人际交往、学习辅导、抗挫能力等方面的心理指导,来培养学生健全的人格,并通过一种教育理念,一种有利于学生主体性发展的氛围来创造校园心理环境。

(2) **塑造美的教师课堂形象**

教师要有良好的心态。现代心理学告诉我们,轻松愉快、乐观的情绪,不仅能使人产生超强记忆力,而且能活跃创造性思维,充分发挥心理潜力。因此,我们的教师积极创设良好课堂心理氛围,我们倡导课堂教学中的"三个带进"。真正做到以积极向上的心态步入课堂;以积极乐观的情绪创造良好的课堂氛围;用饱含情感的语言,让学生乘着"乐学、爱学"之舟,愉快地航行在知识的海洋里。

教师要有端庄的仪表。在课堂教学中,教师端庄、大方,服饰整洁、得体,面容和蔼亲切,手势适度、准确,也会构成一种韵律之美、和谐之美。美的东西总是感人的,也会吸引人,它能使学生对教师肃然起敬。它对学生的认知、行为、追求,都将会产生极大的影响,并激发学生的学习兴趣,使学生不再将学习看成是一种负担,而是一种享受、一种精神上的陶冶,起到"此时无声胜有声"的作用。

关键词四　变革课堂

教师要有优美的语言。国外有句民谚："语言不是蜜,都可以粘住一切东西。"教师的语言力度、语言技巧、语言风采,闪耀着智慧,富有表现力,就能拨动学生的心弦,促进学生记忆的持久、思维的活跃、想象的丰富,对培养学生的学习兴趣,提高课堂教学实效性都有积极作用。

教师要努力成为文明美德的化身,内秀外美的典范,衣着仪表、语言举止和情绪心态都要成为学生模仿的模范,激励学生仿效的榜样,让学生在美的环境中学习,并享受美、体验美、憧憬美好的未来,进而产生追求美和创造美的动力。

4. 以创乐学、培养实践能力

心境是学生创新思维的原动力和发展平台。心理学研究表明:一个人的创造性的发挥和发展需要有两个心理条件,一是"心理安全",即个体没有受到任何威胁和压力,处于和谐、宽松的氛围之中;二是"心理自由",即个体没有受到限制,可以无拘无束地创新。人的创造性与"人的智力活动中产生的情绪体验"密切相关,也就是说,人的创造性是与积极的理智的情绪性体验相伴的。

创造能力的开发与培养是现代教育的根本任务。这不仅是个体完善发展的基础,更是现代化社会发展的需要。人的主体性是学生身心成长与发展的原动力。

我校围绕新课程,实施学科教学中探究性学习。在探究性课堂教学中实施创新教育,培养学生的主体人格,让学生"想创新、敢创新、爱创新"。

(1) 让学生想创新。在课堂教学中,首先要唤起和培养学生的创新意识,点燃学生"想创新"的思维火花。一要呵护学生创新的灵性,就是学生的学习积极性和自觉性得到真正的呵护和调动;二要提高学生的参与率。提高学生的参与率做到:参与时间要充分,参与形式要多样,参与教学全过程。

(2) 让学生敢创新。鼓励学生质疑问难,给学生一片探索的空间。学贵有思,思贵有疑。凡是学生能够自己学、自己想的,放手让学生自己去做;凡是能碰撞出学生智慧火花的地方,教师要想办法为其提供机会。如此一来,学生的疑问也就自然地产生了。最初学生的疑问往往是零散的,浅层次的,这就需要教师做好引疑工作,使学生能将疑问设在重点难点处,设在新旧知识的结合处。生疑还须解疑,方有长进。我们的教师在教学中要注意帮助学生对疑问进行归类整理,让学生凭借掌握的知识自己解决或在合作学习小组里讨论解决。教师在此基础上,根据学生的需要解惑。在教学中注意引导学生探究那些"牵一发而动全身"的关键性问题,并根据学生的接受能力,适当加大难度,设置困境,给学生一片探索的空间,这样才能使学生的智慧不断增长。

(3) 让学生爱创新。爱创新,以创新为荣,以创新为乐,是创新人格的重要特征。在课堂教学中培养的创新能力,要体现四个"尽量":一是尽量让学生观察,二是尽量让学生经历知识产生过程,三是尽量让学生想象,四是尽量让学生运用。这样,学生才能在课堂教学中体验参与的快乐、思维的兴趣、创新的愉悦。

学生通过课堂学习,产生一些问题,顺乎自己的兴趣,课外能主动去探究。有这样一篇报道:2002年6月10日《文汇报》第9版刊出的"我身边的环保"上海市中小学生征文竞赛中的三篇特等奖的作品,其中一篇《生命之泉》以独特视角获得了小学组唯一的特等奖。该文的作者就是我校六(2)班的张依琢同学。她就是通过课内学习产生探究兴趣并延伸到课外,再进行悉心探究取得了成果。

(原文发表于《聚焦教学》年会论文集,并获松江区2002年"减负增效"论文评比一等奖)

探究性学习与课堂教学改革

我校是上海市首批"二期课改"实验基地学校,几年来,以课题研究为抓手,让科研引领课改;以师资培训为前提,让教师走进新课程;以改革课堂教学为重点,让课堂焕发出生命活力;以改变学生学习方式为核心,让新课程适应每一位学生发展。

深入推进"二期课改",课堂是主战场。因为无论是先进的教育理念,还是优秀的教材,最终都要落实到课堂上,体现在课堂教学方式、教育教学行为与学生学习方式上。"二期课改"需要课堂教学有一个质的变化。为此,我校在

关键词四　变革课堂

实施"二期课改"进程中着力推进课堂教学中探究性学习的有效研究。

一、认识——变革与创新

探究性学习课程设置的一个重要着眼点是改变学生的学习方式，培养创新精神和实践能力。在学科教学中，不仅要培养学生的创新精神和实践能力、关注学生的学习方式，更要创造多种机会让学生进入探究性学习之中。为此要改变教学行为与学习方式，要改革课堂教学，进行教学创新。在实施探究性学习与课堂教学改革的过程中，我们首先要处理好两个关系，明确三个重点。

1. 处理好两个关系

（1）探究性学习与接受式学习的关系。对于"探究性学习"的含义，一般可以有两种解释：一是将"探究性学习"视为一种与接受式学习相对应的学习方式，强调学生主动探究、自主学习、发现问题和解决问题，基于问题来建构知识，这种学习方式可以在校内外各种教育教学活动中渗透运用；二是将"探究性学习"视为一种主要采取探究性学习的方式进行的学习活动，在学习生活与社会生活中选择研究专题，在开放的情境下多渠道获取知识，并综合运用知识解决实际问题，是一种专题的研习活动，一种项目学习活动。

我们研究的"探究性学习"属于第一种，它是一种同接受式学习相对应的学习方式。在学科教学中，一般都要依托特定的学科知识内容展开，尽管也非常重视学习的开放性，但都要强调特定学科知识掌握和学科能力培养的目标；虽然关注课堂上的探究，但接受式学习仍占重要地位，而不能置此于不顾。

（2）教师传授指导与学生自主学习的关系。师生互为主体，教学过程是师生交往、共同发展的互动过程，传统意义上的教师教和学生学，将不断让位于师生互教互学，彼此将形成一个真正的"学习共同体"。

2. 明确三个重点

（1）更新教学观念是先导：改变教师的角色与教学行为。

（2）转变学习方式是关键：建立和形成发挥学生主体性的多样化的学习方式。

（3）重建教学制度是保障：建立"以校为本"的教研机制。让课堂焕发出生命活力,让学生的主体性得到充分发挥。

二、实践——善教、乐学与优管

　　课堂是素质教育的主渠道。课堂的活力在于探究,探究的本质在于创新!探究型课程中的探究性学习固然重要,但不能替代以课堂教学为主要形式的文化基础学科的主导地位,因为基础型课程占整个课程85%左右。在实践中我们体会到:尽管在正规的小学课堂上,我们不可能开展重大的科学研究、科学创造活动,但通过课堂教学,我们可以培养学生的探究意识、探究精神、探究习惯、探究思维和创新能力等。对于学校,改革传统课堂教学,构建探究式课堂教学模式,促使学生学习方式的改变迫在眉睫,因此,"探究性学习"首先要求学科课堂教学具有探究性!教师要善教,引导学生步入"乐学"境界。

　　1. 善教:以乐善教、教有研究

　　从教师自身来讲应是有吸引学生积极投入学校学习生活,使学生具有热爱学习与创造的能力。要求教师必须具有强烈的创新意识,使课堂教学充满探究性,注重"四个优化"。

　　优化课堂心理环境,营造探究的氛围。

　　优化教学设计,增强探究的意识。

　　优化教学内容,保证探究的落实。

　　优化教学过程,取得探究的实效。

　　2. 乐学:以乐促学、学有探究

　　乐学,是指导学生学习过程中获得的以乐为主的正性情感体验。激发探究兴趣,有了兴趣,通过艰苦追寻去达到乐的最高境界,满足学生的需要。

　　具体体现在以下四个方面:

　　以趣乐学,激发内在潜力。

　　以美乐学,陶冶高尚情操。

　　以创乐学,培养实践能力。

　　以情乐学,师生情感共鸣。

　　3. 优管,以乐优管、管有成效

　　就是要把办学思想和理念转化为教师的共同追求,落实在每个教育行为

关键词四　变革课堂

之中。我们不断优化学校管理,建立保障机制,坚持科研为先,教师为本,建立"以校为本"的教研机制,使探究性学习真正"进入"课堂教学,并且能够具体落实。

(1) 科研为先——让科研引领课改

人人参与课改,这是我校实施"二期课改"的共识与行为。新课程的实施不仅是使用新教材的师生参与,全体师生都要积极参与;探究性学习不仅是在探究型课程中实施,而且要在基础型课程、拓展型课程中实施,更要在基础型课程中,在日常课堂教学中渗透;课堂教学改革不仅是改革教师的教学行为,更重要的是改变学生的学习方式,让学生善于质疑、乐于探究、努力求知……一个信念,就是让全体师生参与,师生共同提高、共同发展。如何让全体师生共同参与课改,用"二期课改"的思想指导教师的教学行为和改变学生的学习方式?我校明确提出:**围绕一个主课题,实施两大策略**。"一个主课题"就是**"学科教学中探究性学习的研究"**,该课题2001年年初列项为区级课题,2002年被列为市级课题;"两大策略"就是**"以乐促学、学有探究;以乐善教、教有研究;以乐优管、管有成效"**。我校这一课题研究,走的是教、研、训结合,整体实施,全面推进的研究路径。以课题为龙头组织起学校的研究团队,进行集体攻关。学校先后建立了8个市级条线课题,12个区级课题,15个校级课题,16个教研组课题,形成"学校有中心课题、教研组有重点课题、教师人人有教改课题"的科研网络。

关注个案研究,"二期课改"为教师的研究提供了机会,我们联系实际开展个案研究。学校领导深入实际,细心捕捉教师们在实践中闪现出思想火花的典型案例,指导教师撰写教学案例,并组织交流,共同讨论、分析、研究,促进教师深入思考,尝试用新观念、新技能、新方法指导学生解决探究性学习中所面临的新问题,并进一步进行教学反思。在这个基础上,学校又选择部分案例,由中国文史出版社正式出版《教育教学案例选》,其中不少案例还发表在报刊上。

(2) 教师为本——让教师与新课程同行

课改的落实"关键是教师"。教师善教,通过教师教学行为的改变,改变学生的学习方式,让学生乐学。

确立教师发展学校的新理念。

致力于提高教师的专业化水平。

不断增强教师的教学创新能力。

三、思考——融合与深化

经过近两年的实践，课堂教学中探究性学习的研究取得了成效，在一定程度上更新了教师教育观念，改变了教育方式、教学行为和学生的学习方式。教师引导学生不断地提出问题，使学习过程变成学生不断提出问题、解决问题的探究过程；指导学生收集和利用学习资源；帮助学生设计恰当的学习活动，并能针对不同的学习内容，选择不同的学习方式，使学生的学习变得丰富而有个性。

在实践中我们感悟到，课改不仅要改变教师的教育理念，而且要改变教师每天都在进行着的习以为常的教学方式、教学行为，其艰难是不言而喻的。在实施过程中也碰到不少困惑，进一步引发我们的思考：如何将探究性学习与接受式学习真正融合，建立和形成发挥学生主体性的多样化的学习方式？如何丰富课程资源，整合课程内容，开发校本课程？教师需要哪些新的工作方式，教师需要哪些新的技能？新的学习方式带来哪些挑战？教学策略将发生哪些变化……这些问题有待进一步实践研究。

（原文发表于《上海教育》，2003.11）

寻求内涵发展的课堂文化

"课改要推进，关键是教师，管理需创新"，这是我校实施新课改四年来，新课程理念在学校管理层面的具体体现。

一、四年的实践，我们形成了如下共识

共识之一：任务驱动。"二期课改"究竟改什么？其主要任务是什么？我们认为有三大任务，一是改革旧的教育观念；二是转变教师的教学方式与学生的学习方式；三是改革管理制度，我们期盼、呼唤与新课程、新教学相适应的新管理、新评价。

关键词四　变革课堂

共识之二：研究现状。我们首先研究自己的学校、研究教师、研究学生。在研究中发现学校的问题，就是发现了学校的改革空间；研究中意识到推进课改的有利因素，就找到了学校内涵发展的现实路径。在研究中我们发现，推进课改遇到了不少问题与困难，如经费、设备、设施等，最大的困难是教师的心理困惑。就是教师心理上不适应，表现为三个方面：一是思维定势的依恋感，要改变习以为常的教学方式，可谓艰难，权威定势、从众定势、经验定势；二是新型师生关系引发的不适感，新课改倡导新型的师生关系，教师对新型的师生关系还没有真正理解；三是自身素质缺失的焦虑感。

共识之三：寻求突破。现状清晰了，我们明确了主攻方向，聚焦课堂，寻求内涵发展的课堂文化，抓住牵一发而动全身的关键问题：改革课堂教学，给"三乐"教育赋予新的内涵。于2001年列项市级课题"学科教学中探究性学习的实践研究"，课题统领，共同研究，学校引领教师、学生、家长走进新课程，让教师更智慧地教，让学生更聪明地学。

共识之四：重建制度。目前学校已建立完善了推进课改的五大保障机制："三理整合、和谐发展"的校本德育机制，"主动参与、自我更新"的校本师训机制，"实践反思、合作教学"的校本教研机制，"崇尚研究、解决问题"的校本科研机制，"多维评价、注重发展"的校本评价机制。

二、四年的实践，构建了内涵发展的课堂文化，具体落实到"三个优化"

课堂文化是指在课堂教学活动中形成的并为师生所自觉遵循的共同的课堂精神，教学理念和教学行为，它包括课堂精神文化、课堂行为文化、课堂时空文化。

第一，优化课堂心理环境，创造心灵融通的交流场——课堂精神文化的构建。

第二，优化教学设计，唤醒学生主体参与的内驱力——课堂行为文化的构建。

一是以互动为原则组织教学。实现师生主体互动，教师间互动。首先要求教师引导学生对教学内容、教学活动产生心理准备，诚心诚意地和学生一起去探索学习问题，信任、鼓励学生，并与之在平等前提下进行对话与交流。学校帮助教师创设机会,搭建舞台,营造教师间互动氛围。来自课堂教学行为的"四个是不是"引发了一场教改论坛。"四个是不是"内容为:在课堂教学中是不是让学生多进行讨论就是探究性学习?是不是让学生提出各种各样的问题就是探究性学习?是不是让学生去搜集各种资料就是探究性学习?是不是把本该由教师讲的东西通过学生讲就是探究性学习?在论坛中,教师们以自己的实践为案例阐述自己的真实思想,互相开拓思路,认同中有质疑,融合中有反思。每一次教改论坛,教师们带着问题讨论,又带着新生成的问题走向新的实践、反思、感悟。

二是以问题为中心组织教学。探究离不开问题,课堂探究活动主要围绕问题进行,探究问题,进而解决问题,又在探究中发现新的问题。教师不但要精心设计探究性问题,更要引导学生发现问题,提出问题。在实践中,我们把学生提出的问题归纳为三类:一是呈现型问题,二是发现型问题,三是创造型问题。后两类问题在课堂教学中生成,几乎是全新的。我们主要引导学生善于提出"发现型问题"与"创造型问题"。

三是以自主为目标组织教学。我们的教师围绕学生的自主需要、能动需要、发展需要设计教学,给学生以参与教学的时间,给学生以选择问题的自由,使他们有思考问题的余地和充分表现的机会,真正掌握自主学习的方法,养成自主学习的习惯。

第三,优化教学内容,架起通向广阔生活的彩虹桥——课堂时空文化的构建。

探究性学习深入课堂改变了我们的教学内容,更改变了教育远离生活远离社会的问题。它大大拓宽了学科体系的空间,让学生在学习中发现问题、解决问题。课堂时空文化的营造,将课堂环境文化、生活文化、信息文化等衔接在一起,丰富课堂资源,多元开发校本课程,让教师成为课程资源开发者,架起了课堂内外的彩虹桥。我们的实践为:

一是把"强势项目"转化为校本课程。校本课程的开发和形成是一个长期的历史积淀的过程。从某种意义上说,有怎样的学校特色就有怎样的校本课程,有怎样的校本课程,也就可能形成怎样的特色学校。在前一轮课改实践

关键词四　变革课堂

中,我们大力开发第二课堂,发展学生兴趣特长。在此基础上,我们精选其中部分有价值、有发展可能的项目,经过方案设计,反复论证,深入实践,逐步形成一部分校本课程。这样的校本课程的开发,增强了课程对学校,对学生的适应性和针对性。

二是将教育科研成果转化为校本课程。选择近年来学校教育教学改革研究课题作为切入点和校本课程开发的实践基础。以课题研究为抓手,开发校本课程。如学校心理健康教育的研究与实践,学校从心理辅导模式研究到课堂教学中的心理辅导研究,至今形成学校发展性心理辅导研究,形成了心理健康教育的系列,编写出版校本教材《优化课堂心理环境的实践与研究》一书。

三是把地方资源转化为校本课程。如开展"华亭老街文化之旅"活动,形成文化探究系列研究,于今年4月进行展示。一年级饮食文化,二年级服饰文化,三年级工艺文化,四年级建筑文化,五年级宗教文化,有效地开展实践、体验教育。目前,学校已开发、编写八种校本课程与教材。

和谐的课堂文化,需要良好的课堂心理环境,需要民主的师生关系,需要师生的情感交融,才能有效地推进"二期课改",才能点燃学生和教师智慧的火把。

(本文为作者于2004年12月在上海市"二期课改"工作大会上的交流发言)

架设一座科研兴校的教改立交桥

大屏幕上,一场精彩的教改论坛正紧锣密鼓地进行着。一位位年轻的教师们镇定自若、神采飞扬,带着年轻人的激情和智慧,将工作的成就感、探究的新鲜感、成功的愉悦感在这里交汇、碰撞、共鸣,令与会者们赞不绝口。其实,像这样的教改论坛已成为我们实验小学教师尽情挥洒智慧的舞台。是教科研,唤起了教师们内心深处强烈的需求;是教师们,架设了一座科研兴校的教改立交桥。据此,谈一点认识与体会。

一、教育科研成为学校教育发展的内机制

我们首先帮助教师走进教科研,意识上不断增强,行动上持之以恒,策略、方法上不断提炼。如何让教育科研成为学校教育发展的内机制？从以下四方面入手。

1. 在研究主题的形成中，力求办学的高起点发展

我校实施的"三乐"教育，经过十多年的实践与研究，取得了成效。在取得成效的赞扬声中，结合"二期课改"与心理健康教育，为学生健康发展，构建新的学习方式，给"三乐教育"赋予新的内涵。"善教乐学，优化管理"，即以乐促学、学有探究，以乐善教、教有研究，以乐优管、管有创新，这一课题的形成过程，是全校上下对学校发展进行战略思考的过程，也是为学校新一轮发展寻找定位、确立目标、制定规划的过程，更是内化为学校上下的共同财富和思想行为的过程。

2. 在主攻目标的实现中，促进办学的突破性发展

研究的主攻目标，就是办学的主攻目标，研究中的突破会带来办学中的突破。我校在实施"二期课改"的进程中，以"聚焦课堂教学"为主攻方向，研究"探究性学习与课堂教学改革"，旨在探索"在基础型课程中实施探究性学习"的教改新路。为此，我们将探究性学习进入课堂作为主题进行研究。"学科教学中探究性学习的实践研究"，2001年被列为区级课题，2002年立项为市级课题。该课题研究从改善师生关系入手，优化课堂心理环境，要求教师上课把激情带进课堂、把微笑带进课堂、把趣味带进课堂，增强了突破的力度。

3. 在课题网络化的构建中，推动办学的整体性发展

我校注重以科研课题研究为龙头，在龙头课题的引领下建立起众多子课题，先后建立了2个国家级子课题，8个市级条线课题，12个区级课题，26个校级课题，从而形成"学校有中心课题，教研组有重点课题，教师人人参与课题"的教科研网络。学校的教育科研做到了整体的学校研究，滚动的发展研究，主题的深入研究，推进了学校整体性发展。

4. 在研究过程的优化中，推进高效办学，实现可持续发展

我校在教研工作过程中，较为有效的是：将教师、专家、领导三位一体的研究拓展到办学的各个领域，形成班子团队科研合力，分管领导的工作成为一个领域内研究。为此，学校班子成员每人都有领衔研究的课题，落实学校

关键词四　变革课堂

每一个方面,把日常性实践转变为研究性实践,以推进高效办学,实现可持续发展。

二、教育科研成为教师专业发展的内动力

教育科研引领着我校的校本师训、校本教研、校本课程的开发与建设,有利于提高教师整体水平,打造一支良好的教师队伍。

每学期为一个单元进行循环实践研究。利用寒暑假完成前三步,请有关专家、理论工作者来校开讲座,并结合教师的教学进行诊断与评价、研究与分析。在此基础上对教材进行处理,实施创新备课。一是开发可研究的内容。在现有的基础性学科教学中,结合原教学目标和内容,增加和融入探究性学习的目标。也有将原学科中可供探究性学习的内容开发出来,让学生探究学习的,如数学探究能力"三环节"单元培训法。二是制定"小学探究性学习序列"。三是设计主题探究活动,归类重组。

科研引领新课改,新课改带来新变化。我校在教育科研中积累了一定经验,可以概括为抓好"五个到位",即组织到位、责任到位、制度到位、课题到位、经费到位。这五个到位,集中体现一个"实"字,就是从"实"出发,落到实处。实,实在组织管理。校长既是学校科研的决策者,也是研究者、实践者,为研究提供保障,营造良好的支持系统。实,实在学习交流。致力于学习型组织的创建,请专家引领、理论指导,通过校本培训、论坛沙龙、教师合作学习等途径来提高教师科研水平。实,实在行动研究。将科研融入教育教学全过程,使日常教学工作和教学研究、教师专业成长融为一体,要求教师在行动中设计方案,在行动中验证假设,在行动中反思,随着新情况新问题的变化,调整研究方案和实施策略。注重自主生成性,积累自我经验,不断超越自我。实,实在成果推广。将教科研成果转化为教育教学常态,体现教育科研的真正价值,让教师尝到科研成果的甘甜,不断把科研工作引入更高层次,从而促进师生共同成长与教育质量的提高。

以人为本,科研兴校日益成为我校教科研的自觉行为,我们将一如既往,努力探索教科研工作规律,促进学校内涵发展。

(原文发表于《小学校长》,2006.4)

乐教引导乐学

时闻大学生求职以教师为乐,一所学校十几个教职,竟有几百人求之,可谓"乐教"者甚众。然而,经常见诸报端的是学生不愿学、厌学,甚至有小学生对外婆说:"我什么时候也能退休啊?"为何乐于教的教师教出了不乐学的学生?乐教者又如何引导学生乐学呢?

求职教师者甚众,真正乐教者甚少。据我了解,大学生求职教师大多看重的是教师职业比较稳定。但在面试时,他们的回答总是"热爱教育事业""喜欢孩子""为祖国培育下一代"。入职后的真实情形是:有的教师上课时只顾自己教,不顾学生学;碰到调皮捣蛋的学生不会做思想工作,有的哭泣,有的请班主任或校长做"警察"来救场……由于专业准备不足和"升学教育"的重压,教师缺乏研究乐教的精力和时间,如何使他们真正地乐教起来?

我在学校提倡"三乐"教育,即乐教、乐学、乐管。作为校长的乐管,主要在于怎样促进教师的乐教并引导学生乐学。

第一,要求教师具有科学的学生发展观。把"尊重学生的独立人格""以学生发展为本""向学生学习"看作教育的前提和对待学生的基本态度。学生时代是人生最具天性、最富梦想、最多变化的阶段,也是教育最能发挥引导作用的时期。苏霍姆林斯基说过,"对学生的尊重与要求的比例是10∶1","批评不如赞扬,赞扬不如鼓励,因此尊重学生最好的方式是鼓励"。同时教师要充分开发学生的潜能,进行因材施教。加德纳指出,人的潜能是多元的,我们不能仅以语言和逻辑智能的强弱去甄别学生,而忽视其他智能的全面性、发展性评价。相反,我们要尽可能尊重学生的个别差异,把差异作为教育的资源,进行有效的差异教育,在改变学生的同时也改变教师。事实上,我们提倡的素质教育讲到底就是现代意义上的因材施教。教师应有这样的信念:"在我班上没有差生,只有有差异的学生,在我们学校没有教不好的学生,只有不会教的老师。"我们教师如果善于用学生自身的积极因素去克服他自身的消极因素,促进他进一步全面、协调和可持续发展,受到教师的人格尊重,潜能得到全面开发,受到适切教育的学生怎么会不乐学呢?教师一旦看到学生的转变,甚至

关键词四　变革课堂

有些地方超过教师时,怎么会不乐教呢？正如孟子所说,得天下英才而教育之,人生之乐事也。

第二,要求教师具有良好的心态。既然选择了当教师,就要有实际行动表达你的教育责任感和使命感。凡事都需付出艰苦劳动,在努力克服了诸多困难后才能享受到成功的快乐。特别在市场经济背景下,教师一定要处理好历史使命与功利诱惑的关系,一个有着崇高师德的教师日夜思索的是如何使心灵冰冻的学生消融复苏,使思维凝固的学生绽放火花。正如模范班主任黄静华经常提醒自己要有"假如学生是我的孩子""我也曾经是一个孩子"的换位思考,才能激起教师引导学生乐学的积极性。所以,我要求教师要有良好的心态,创设和谐的课堂心理氛围,倡导课堂教学中的"三个带进",即把激情带进课堂,把微笑带进课堂,把趣味带进课堂。以此激发学生的学习热情和积极思维。反之,如果教师第一次踏进教室,对嘈杂的课堂和活跃的学生产生反感,那就趁早改行吧。

第三,要求教师以情乐学、以趣乐学、以美乐学、以创乐学。教师要善于创设教学情境来引导学生乐学,如课堂布置、媒体显示、教学组织等具有励志、激思、灵动的环境美,以导入课文的悬念、与生活实际关联的分析、激发想象力的拓展等具有联想、推理、顿悟的理智美,以教师的语言艺术、心理诱导、教态自然等具有暗示、感应、亲和的心境美,以新颖的教学设计、多种感官相结合的实践活动、质疑问难的启发式教学等具有独立、自主、自由的创新美,特别是教师独具一格的教学创意、抑扬顿挫的课文朗读、神采飞扬的表情达意、秀美合理的板书结构、情知交融的引人入胜等,无不体现教师的情、趣、美、创的"乐教"举措来引导学生积极、主动、创造的乐学追求。

第四,要求教师以研究的精神从事乐教,以思想创新呼唤教育个性。教师若以教育为职业,仅是谋生之手段;若以教育为事业,则以奉献、创新为宗旨。为谋生之教师,一般满足于课堂的进得去、出得来而已,至多是教书匠,可能是一年备课三十年重复而已,没有创新,谈不上快乐。如果教师认为乐教乐学是一种进步的教育思想,对孔子所说的"知之者不如好之者,好之者不如乐之者"进行科学研究和现代诠释,并对苦学与乐学进行辩证思维后创造出符合科学发展观的有效举措和教育特色,使学生爱学、乐学、会学,提高学生的思想品德和智慧才能,不是教师乐教和人生快事么?与此同时,教师记住了爱因斯坦的话,"有许多人所以爱好科学,是因为科学给他们以超乎常人的智力上的快感,科学是他们自己特殊的娱乐,他们在这种娱乐中,寻求生动活泼的经验和满足。"从此放飞教师实践研究的翅膀,提升教育的文化品位,把教育失误转化为教育财富;穿行于科学与人文融合的教育长廊,展开真理与谬误的博弈;挑战自己的能力边缘,与时俱进地构建教育理想,形成自己的教育特色和风格,成为有思想的行动者;为学生、为自己舒展美好的心灵,创造幸福的生活……这难道不是以乐教引导乐学的丰富内涵和终极目标么?

夸美纽斯在其代表作《大教学论》中写道:教学改革使教师因此而少教,学生因此而多学,学校充满着欢乐。须知,教育是培育人求真、扬善、展美的阳光而幸福的事业,我们务必从教师的乐教引导学生的乐学开始,让教育逐步回归本原。

(原文发表于《现代教学》,2010年第6期)

培育"三好"课堂　实现学习增值

如何有效实施"基于课标的教学与绿色评价"?我校工作的重点是:改进课堂教学,培育"三好"课堂(培养好习惯、习得好方法、激活好思维),具体从以下两个方面着手。

一、"三好"课堂的价值追求

价值追求:实现学习增值(即改进课堂教学的核心价值)。

基于新学校的实际,我校的办学理念:每一个孩子都是传奇。办学思想:三为教育(为人正、为学乐、为业精)。培养目标:基础扎实、习惯良好、全面发展、学有所长。如何将学校的理念、思想、目标落实到课堂,内化为教师,体现在学生,我们的着力点是改进课堂教学,在课堂中实现师生教学相长,体现出"和谐""绿色""快乐""高效"……并初步建立学校"增值性"评价的内容与运行机制。

关键词四　变革课堂

二、"三好"课堂的构建与实施

1. "三好"课堂的构建体现我校"实"与"活"的教学思想

（1）学科的四大构成要素分析与研究

根据学科教材的逻辑结构与学生认知规律，我们首先组织教师研究学科，加强学科建设。学科是一个由学科课程、学科团队、学科教学以及学科学习构成的一体四面的三棱锥，叫做"学科三棱锥"。

从知识角度看，学科是一个按知识模块划分的学科课程；从组织角度看，学科是一个有自己的组织建制、力量配备和运行机制的学科团队；从教的活动角度看，学科意味着学科教学活动的开展；从学的活动角度看，学科即学科学习活动以及学习方法的指导。学科的四大构成要素是一个有机整体，从这四大构成要素出发，研究学科、研究学生、研究课堂、研究教学。

（2）"三好"课堂的内涵解读

一是培养好习惯。叶圣陶先生曾说过："教育就是培养习惯。"小学阶段则是学生形成良好习惯的最佳时期。我校重视将学生良好习惯的培养融入日常的教育教学中，如培养学生良好的学习习惯，包括课前预习的习惯、专心听讲的习惯、保质保量完成作业的习惯、及时复习的习惯、认真审题、仔细答题、认真作图、用心检查的习惯，课外主动阅读和积累的习惯等。学校根据年段特点、学科特点，明确提出不同学科、不同阶段的习惯培养要素，让教师能够有针对性地在课堂上进行培养，让学生在循序渐进的学习过程中养成良好的学习习惯。细化课标，落实到具体可操作的目标，**语文**：喜欢读书，能说会写，一手好字；**数学**：概念清楚，善于思考，解题灵活；**英语**：口语熟练，词汇丰富，勤于应用；**体育**：不怕吃苦，健身健美，动有所长。

二是习得好方法。以学生为主体，引导学生学会自主学习，通过调动多种感官，动眼看、动耳听、动口议、动手做、动笔写、动脑想，在过程中习得方法，在横向联系、纵向联结的过程中，学会举一反三、以一当十。渐渐让学生结合自己的学习实践，在多种方法中找到最适合自己的学习方法。

三是激活好思维。思维是学科核心，是课堂的内核。课堂上，我们倡导面向每一个有着差异的个体,努力开发学习潜能,培养学生思维的灵活性、敏捷性、深刻性和独创性。如我校数学学科使用的是《现代小学数学》,即"新思维数学",在教学中让学生的抽象思维、形象思维、发散思维、灵活思维、迁移思维、创造性思维等同时得到发展。

2. "三好"课堂的实施体现我校"课程统整"的思想与方法

(1) 专家引领,搭建平台

在培育"三好"课堂过程中,我校教师与学生努力践行"三真",即和谐交流讲真诚,质疑反思求真实,举一反三获真知。为了让教师拓展视野,增长见识,培育好"三好"课堂,学校先后请二十多位专家、学者来我校进行针对性指导。如:就如何变革课堂,请华师大叶澜教授走进我校教师课堂,听课、评课并作专题讲座;就如何提升校本教研质量,请顾泠沅教授走进我们教研组指导,为学校成立"数学教学研究室"授牌,并作专题报告;基于课标的教学与评价,请徐根荣老师来校听课、评课指导;请张人利校长作讲座,并组织二十多位教师分两批先后到张校长静教院附校听课并进行研讨活动。就如何提高教师人文素养,请著名作家竹林与著名艺人王兆祥来校与师生互动、交流……

学校从本区七校共同体牵头单位发展为江、浙、沪 20 所学校教学联合体重点单位,到今天成为由北京人大附中引领的全国百校教育联盟之一,学校千方百计创设条件,搭建平台。学校每年 11 月举行一届教学节,第一届教学节的主题为"乐学善教 健康成长",第二届教学节的主题为"思维课堂 快乐学习"。学校搭建了为教师研究教学、展示课堂的平台并请市内外著名教师如贾志敏、郭红霞、沈蓉等来校上展示课。

(2) 多维对话,专题研修

站在课程建设的高度培育"三好课堂"。学校继续积极探索"课程统整"。我校教导处组织教研组长、备课组长与数学教学研究工作室、班主任工作研究室、教师专业发展工作室负责人进行专题研究,将课内外资源、多元课堂知识技能及单一课程知识体系进行融合。如数学教学研究室在 2013 年 11 月教学节上请了《现代小学数学》主编唐彩斌老师团队来我校听课、上课、评课,并举行"微型论坛""多维对话"专题研修等。如英语教研组开展"练习增值性评

关键词四 变革课堂

价"。如语文教研组积极探索构建"语文单元主题式教学"的模型,首先从语文单元整体预习单设计入手,以"三三"式结构整体呈现。单元主题教学是学校对语文教材的校本化处理,以"三三"式结构整体呈现,每个单元分为三个模块课,每个模块课又分为三个环节。第一模块课为感知课,分为"我了解""我识字""我通读"三个环节。第二模块课为探究课,分为"我发现""我品读""我收获"三个环节。第三模块课为提升课,分为"我知道""我拓展""我提升"三个环节。每个主题教学不是一节课就能体现出来的,而是需要整个单元教学才能够完整呈现。同样,每个模块课的三个环节也不是一课时完成的,而是根据单元内容的容量进行分布。"三三"式结构以第一人称标题搭建框架,充分体现以学生为本的课改精神。

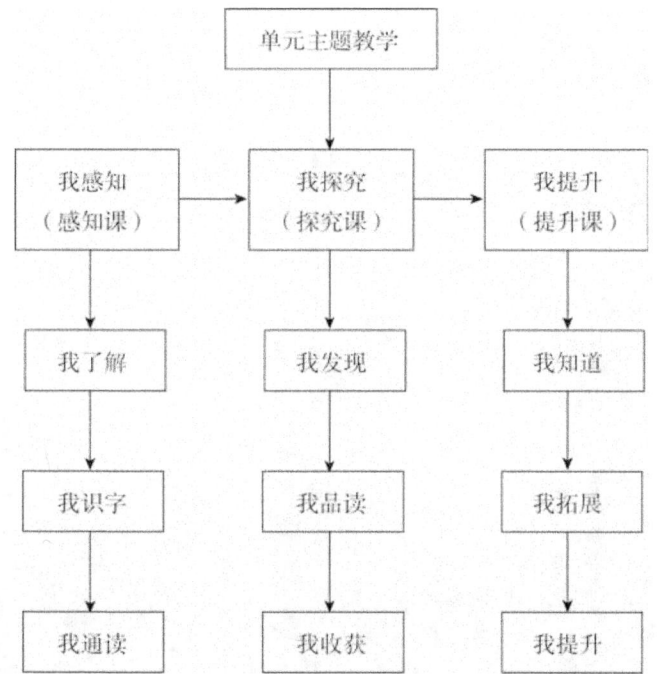

3."三好"课堂的呈现初步构建了学校"增值性"评价体系

用心用情培育"三好"课堂。我校"增值性"评价以学生学业表现、品德行为、身心健康诸多领域的发展水平为契入点,探索融学科水平测试、问卷调查、体质监测、自我评价等多种评价方式于一体的"增值性"评价体系。"增值性"评价即关注每一个学生对于国家课程标准的达成,关注在原有基础上的发展幅度。评价方法是"从横向比转为纵向比",即自己的发展水平与自己原有水平比;"从比'高线'转为比'标准'",不是从全班最优秀、最高的标准评价,而是以学科教学的课程标准、要求来评价。

除了常规的评价方式之外,还有学科课程的专项评价、校本课程以展代评、综合素质过程考评等评价方式,如启用"快乐园"护照的评价。在这种多样化的考核体系中,让学生找到自己的特色和长处,通过各项评价寻找自己的成长点。

(本文根据作者在 2014 年 5 月松江区小学教学工作大会上的交流发言整理)

关键词五　培育名师

培育名师

　　人才是一所学校最重要的资源。优秀的教师队伍是学校成功的支柱,名师队伍更是一所学校最宝贵的财富。在学校师资队伍建设中,我们用战略眼光看待人才问题。我任校长时,千方百计为教师的成长搭建平台、创设条件。2001年在全区率先创立"开天杯名师工程",随后相继成立"名师工作室"与"青年教师工作坊",积极进行"五步曲、八环节"以及"前移后续"等主题性校本研修。我们提出了十二字教师研修要求:校本为魂,实训为基,反思为智。完善教师"三格"培养新机制,即"入格"教师学规范,"上格"教师有精致,"风格"教师显特色。以师德为本,以科研为导,以能力为重,为实验小学打造了一支优秀的教师队伍。在2012年松江区第三届学科名师评选中,我校12位教师被评为"名师"(占全区小学"名师"的21.3%),全区领先,其中有3人成为国家级或市级的"名师名校长"培养对象。实验小学从一个校区发展到三个校区,形成"一校三区"的格局。从实验小学到第二实验小学、第三实验小学的先后创建,一批批骨干教师与学校管理干部从这里脱颖而出。

校本培训促进教师专业发展的实践与思考

我校是一所在课改中壮大的实验小学。学校于1990年创办之时,正逢上海市"一期课改"实验之际,学校被列为上海市课改实验学校。如今,又是首批被列为上海市百所"二期课改"的实验基地学校之一,"小学学科教学中探究性学习"这一研究课题被列为市级课题。十年来,以其令人信服的办学育人实绩赢得了社会赞誉和各级教育行政部门的认同。成绩取得的关键是:在办学的历程中注重培养一支高素质教师队伍。我校始终把教师队伍建设作为立校之本、兴校之源,坚持把校本培训作为一项重要策略,放在学校建设与发展的重要位置。

随着课程教材改革的浪潮滚滚而来,教师必须有持续的、高质量的专业发展。本文就校本培训中如何促进教师专业发展,谈一谈我们的思考与实践。

一、明确目标、制定方案

学校建立"教师专业发展领导小组",由书记、校长、教导主任、年级组长、教研组长、教师代表组成,校长任组长,制定了教师专业发展的目标与实施方案。"立足校本培训、着眼全面发展、凸显品牌教师",并明确了教师专业发展的途径——校本培训。"校本培训"是指在教育专家指导下,以教师任职学校为基本培训单位,以提高教师教育教学能力为主要目标,通过教育教学和教育科研活动来培训全校教师的一种全员性继续教育形式。教师专业发展的理念:教师即研究者。教师专业发展的方法:行动研究。教师行动研究以改进教师自身实际工作为首要目标,强调研究过程与行动过程的结合,并要求教师参与研究,对自己从事的实际工作进行反思。

我校的校本培训模式主要是在整个学校的水平上进行的培训,全体教师参与,部分中青年骨干教师既是研究者,又是研究对象,以学习方式变革为基点研究课堂教学模式的转变,通过理论学习、实践研究,转变教师的教育理念,最终成为教师的教学行为。

关键词五　培育名师

1. 培训目标

通过校本培训夯实教师的教学基本功,提高教师的职业道德修养、教学能力和科研能力,培养研究型教师。从首次被评为区"绿叶工程"的名师、导师、学科教学带头人,教学能手以及年轻的小学高级教师和优秀的一级教师中造就一批既懂得现代教学方法和现代教学手段又具有较高学术水准的骨干教师。将这种研究模式用于青年教师的培养,并扩大到全体教师,营造学校的学术氛围,提高教师的整体素质,实现有计划的教师专业发展。

2. 培训方案

结合区"绿叶工程"的启动,学校制定了"开天杯名师工程"实施方案。本方案研究目标:

通过方案的实施,提升教师专业化水平,提高教师的教育教学能力,培养名师。教学能力包括教育观念、学术功底、教学艺术和教育技术,分阶段重点研究,协调发展。从区教学能手、学科教学带头人、区级导师、名师中造就一批懂得现代教学方法和现代教学手段的骨干教师和具有很高学术水准的专家型的现代名师。同时将这种研究模式用于青年教师的培养,并扩大对其他教师的影响,营造学校研究教学氛围,提高教师的整体素质。

启动阶段

主要任务:确立研究目标,确定研究对象,分析研究对象的素质,诊断课堂教学现状,树立研究对象正确的教育观念。

研究阶段

主要任务:摸索出"学科教学中探究性学习"的课堂教学要素,构建"激趣、精讲、善导、引思"的课堂教学新模式;开发校本课程;形成教学艺术和教育技术的自然结合。

3. 培训计划("五个一"计划)

每学年完成下列"五个一"计划,但根据分层次目标有所侧重。(1)围绕"学科教学中探究性学习"课题学习以"学习方式变革"为中心的教育理论著作;(2)展示一节以体现学生探究为主要形式的研究课;(3)提交一份含教学设计、课堂实录、专家或同行评课、反思性自评、课堂活动定量分析、学生访谈等内容的教学案例报告;(4)撰写一篇教育教学论文;(5)参与或完成一项课题研究。

4. 培训评估

二、落实措施、讲究方法

我校中心课题是:"学科教学中探究性学习",尝试教师探究性地教与学生探究性地学、共同探索新知的研究。我校的"校本培训"以学校中心课题研究为发展点,以上海"二期课改"为制高点,以区"绿叶工程"为契机,尽可能地把外在的培训措施内化为教师积极、主动的自我发展,培训的主要方法有专题讲座法、实践反思法、案例培训法、名师带教法。

三、硕果累累、经验可喜

可喜的师培成果

1. 形成办学特色,质量载誉茸城

实验小学从前五年创建"三乐"环境,实施课程教材改革,到近五年"乐学——会学、乐教——能教、乐管——善管"的教育策略研究,带动了全校的教育教学和教科研工作。以"三乐教育为特色,全面推进素质教育",使教育质量有了质的飞跃,"面向全体学生,充分激发学生主动精神,使学生在德智体诸方面得到和谐发展"。近几年来实验小学被评为市"行为规范示范学校""市德育工作、体锻达标、艺术教育、科研先进学校",班、队集体获区、市和全国先进的有25个(次),教学质量历次监测均名列前茅,输送到高一级学校的毕业生素质良好,发展后劲足,得到各中学和家长及社会人士的称道。

2. 教学屡屡获奖,研究硕果累累

实验小学教师为了教好书,育好人,在教育教学和教科研工作中,充分发挥了他们的才干。近几年,在市教学评比中获九项等第奖,区教学评比中获23项等第奖(其中有3项与4项分别是市和区的一等奖),先后承担市、区教学示范课、观摩课三百余节。教科研已形成市、区、校三级网络,研究成果喜人。研究论文在市级以上刊物发表的有38篇(其中16篇在国家级刊物发表),教科研成果获市级等第奖7项,区级等第奖27项(其中市、区一等奖各2项)。

3. 骨干队伍形成,整体素质优化

师训工作最喜人的成果是形成了一支以中青年为主体的骨干队伍,一大批教师脱颖而出,挑起了实验小学教改工作的大梁,教师整体素质得到明显提高。几年来,实验小学教师获市区级园丁奖 42 人次、市级先进个人 21 人次,一位书法教师被评为全国优秀艺术教师,一位体育教师评为全国先进教师。他们爱岗敬业,在政治上也渴求进步,先后有 25 名积极分子加入了中国共产党,使学校党员比例从原来的 17% 提升到现在的 33%,目前共有在编教师 81 名。

实验小学 20 名中青年教师在全区"绿叶工程"中榜上有名,占了全校教师的四分之一。学校还有更多的"填底"教师,在历届"耕耘杯"教学评比中已有 46 人次获奖,成为校级骨干。如果对上述几个不完全的统计数字加以综合评估,不难看出实验小学教师整体素质得到了明显的优化。

可取的师培经验

松江实验小学已走过了十年创业的艰辛历程,之所以能取得比较好的办学业绩,确实得益于师资队伍的培养。在十周年"校庆"之际,为"以利再战",我们进行了认真的总结和反思,觉得有以下三条经验可取,拟在"十五"期间继承和发扬。一是必须坚持转变观念;二是必须加强校本培训;三是必须努力激发主动精神。

(原文发表于《松江教育》,2002 年第 1 期)

丰富人本思想　提升教师素质

学校管理的最高境界是通过积极有效的管理,将"依法办学、以德立校"内化为学校内部建设,形成一个和睦、敬业、高效的工作环境,使每位教师在提高素质、追求事业中体现自我价值。因为教师职业的特殊性在于为人师表,在于教育和引导学生,在于奉献,这就是"以德立校"的具体体现。正如于漪校长所说的那样,学校的质量说到底是教师的质量,教师的个体劳动与教师群体效益相结合。教师在课堂中往往是"个体操作",由于每个教师道

德修养、学识基础、生活环境、认识水平的差异,其思想觉悟和行为表现也各有高低,因而对学生的影响也不同。所以在学校管理中如何使教师们都能以自己高尚的人格和丰富的学识去教导和影响学生,以积极的工作热情,自觉自愿地投入到教育教学实践与研究中去,高质量地完成教书育人的任务,这是学校领导都在探索的问题,也是学校管理的关键所在。多年来我校坚持"以人为本"的教育理念,不断丰富人本思想,始终把提升教师素质放在第一位,具体做到"三个一"。

一、让每一个人的情感融入学校大家庭

让学校成为一个大家庭。让学校中的每个人获得成功是我们的愿望。我们希望教师们用共同的智慧和汗水,包括彼此的一份真情,营造出一个属于大家共有的、体现人文思想的精神家园,希望每位教师都能在这里得到充实,都能获得一份成功之后的喜悦和由此而来的精神享受。为此学校提出了道德自律、工作自勉的三点要求:在群体中的影响与地位;在人际交往中的坦诚与合作;在工作中的勤奋与自勉。学校努力营造"宽松和谐,共同提高"的氛围,创设良好的心理环境,开展"创三好"活动。

1. 好组室,群策群力求创新

以创建学习型组织为抓手,加强组室建设。如:低年级语文组承担了上海市"二期课改""识写分流,识多写少"教材的实验任务。全组教师,师徒结对,一方面以积极的态度,全新的理念来完善教材,探索新教法;一方面又团结协作,群策群力营造良好的组室氛围。短短一年,这个组室不仅在新教材的实验中做到了"出成绩、出经验",而且还被评为区"文明组室",走在全校教改的前列。

2. 好师徒,比学赶帮共发展

在我校,师傅带徒弟仪式已成为学校的一个固定节目,师徒关系因而也成为教师关系中较为固定的一种关系。师傅不仅成为徒弟专业发展的领路人,更是徒弟做"人"的楷模。

3. 好同事,合作竞争同进步

教师既承担着日常繁忙的教育教学工作,又面临着自身进一步发展的

问题。行业内竞争也十分激烈,强烈的危机意识成为我校教师学习、工作的动力。如同时参加教学评比,而名额有限,必然会有一个被淘汰,评职称等都存在着同样的问题,这是不可回避的。我们提倡合作型的教师关系,但并非无视竞争的存在,合作中竞争,竞争中合作才是我们所追求的良性状态。

二、把学校的办学目标内化为每一个人的自觉行为

一个教师如果真正从情感上融进了学校,那么他会义不容辞地肩负起对这个"大家庭"的责任与使命。真正情感上的融入,来自于对共同目标的追求与携手奋斗。

实验小学,什么是实验?实验什么?怎样实验?这一系列问题摆在我们面前。由学校的性质决定,我们在"实验"上做文章,明确提出"以课题研究促学校发展"的行动策略,赢得教师们的赞同与积极响应。

1. 从问题到主题形成课题

实验课题从问题而来,我校是上海市首批"二期课改"百所基地学校之一,目前已有四个年级八门学科使用新教材,如何根据"二期课改""以学生发展为本"的新理念,拓展深化"三乐"教育?发动教师,让教师主动参与学校管理,从分析学校现状与寻找学校问题的自我诊断开始,到学习理论,明确目标,确定主题,以乐学为突破口,为乐学而乐教、乐管,让学生爱学、会学、主动地学,创造性地学。为此,我们赋予乐学新的内涵——改变学生的学习方式,改变教师的教学方式,促进师生共同成长。将实验主题转换为实验课题"小学学科教学中探究性学习的研究",这一课题于2002年5月被批准为市级课题。

2. 由中心课题到形成课题群

围绕这一中心课题,学校德育工作、课程建设、教学改革、教师队伍建设、学校组织管理,校园文化建设等各方面建立了相应的实验课题和改革项目,形成了一个课题群,从各个不同的角度探索与实践。目前我校围绕学校中心课题,今年被列项的有2个国家级子课题,4个市级条线课题,5个区级课题,12个校级课题,形成了学校有中心课题,教研组有重点课题,教师人人参与课题的教科研网络。这些课题的建立,凝聚全校的"共同愿景",只有当全校教师接受了学校的发展理念和发展目标时,改革与实验才有了成功的前提,才能成为大家的自觉行为。为此,目前我校围绕"以课题研究促学校发展"的行动目标,正在实施三大具体策略:一是学生"以乐促学,学有探究"的主体性发展策略;二是教师"以乐优教,教有研究"主导性策略;三是"心理—道德一体化教育"的校本德育策略。

三、为每一个人提供学习、发展和成功的机会

实验小学 1990 年创办之日,也是"三乐"教育实施之时。经过十多年的实践与研究,取得了一定成果,今天如何打造"明天的学校",走可持续发展之路?我们感到关键在于要激活校内的人力资源,要充分挖掘全体教职工的潜力,激发活力,最大限度地发挥教职工的工作积极性和主动性,首先要做到为每一个人提供学习、发展和成功的机会。

教师常被人喻为红烛,燃烧自己,照亮别人。但我们意识到,教师只是默默地燃烧自己,这在实验素质教育的今天是远远不够的,也是不足取的,教师还必须要不断学习和发展自我,只有这样,才会燃烧得更持久,更灿烂,更辉煌。我们根据本校教师不同的学历、资历和驾驭教育教学的能力,进行"三格"培养——"入格"培养、"上格"培养、"风格"培养。如学校开展"开天杯名师工程",培养风格型教师。

1. 营造名师成长氛围

名师成长离不开环境,我校致力于校本培训,以影响、教育、诱发名师本身完善自我的内动力,千方百计地挖掘未来"名师"的潜质,把好钢磨炼成宝剑。一是创造性地通过柔性管理与硬性要求相结合的培养方式开展具有特色的系列活动;二是创造生动活泼的学习和学术交流气氛;三是开展"做反思型教师"系列活动。

2. 建立名师带教制度

一是导师带教制,学校聘请市、区 11 位特级教师和教育教学专家担任我校导师,负责带教 22 名骨干教师;二是链锁导师制,即一名优秀教师,既是上一个层面的徒弟,又是下一个层面的导师,带教与被带教,这 22 名骨干教师带

关键词五　培育名师

教、指导本校其余 36 位教师,这样使导师制的链锁连成网络,在不同层次中加强骨干教师的培养与使用。

3. 发挥名师辐射作用

学校开展"走近名师"系列活动,让名师现身说法,讲述自己的成长经历,为青年教师引路导航,让全校教师深刻理解名师先进的教育思想、独到的教学风格,并产生强烈的学习愿望,从而提升教师素质。

丰富人本思想,提升教师素质,取得了成效。我校 20 名中青年教师在全区"绿叶工程"中榜上有名,占了全校专任上课教师近三分之一。2001 年度,获市级、全国级奖项的学生 96 人次,教师 46 人次。

目前两校合并,我们更要不断丰富人本思想,提升教师素质,确立"教师发展学校"的新理念,重新发现教师,重新认识学校,实现教师专业化发展。教师,是一个特殊的群体,他们需要理解与信任,他们渴望自我的成功与发展;教师,是全面推进素质教育的关键,是立校之本、兴校之源;教师,这一校内人力资源,需要开发与激活,是丰富学校内涵发展,打造"明天的学校"的活的源泉。

(本文为作者于 2002 年 8 月在松江区教育系统干部大会上的交流发言)

教师"三格"培养的实践与研究

当今关于教师的培养越来越引起人们的重视。教师本身的成长与发展,不但是实施新课改的关键所在,而且是学校教育质量的基本保证,更是学校教育内涵提升的动力之源。那么,如何培养教师,促进教师的专业发展呢?我校根据教师的心理基础,结合本校教师不同的学历、资历和驾驭教育教学的能力,分层培养、分类指导,即新教师的"入格"培养、青年教师的"上格"培养、骨干教师的"风格"培养,简称为"三格"培养,旨在培养风格型教师。

一、"三格"培养的心理基础

风格型教师的培养是教师"三格"培养的最终目标,旨在让教师形成独特而鲜明的个人教学风格。中国古代的风格一词,最初是指人的风度和品格。"风"是风采、风姿,指人的体貌,"格"指人格、德性,合起来正好是对人之品貌的全面评价。

风格问题有其深层的心理学基础。丹纳说:"我们不难看出一切风格都表示一种心境,或是松弛或是紧张,或是激动或是冷漠,或是心神明朗或是骚乱惶惑。"我们认为影响教师成长的心理基础是教师的品德修养、知识结构、思维特点、个性特征等。

教师的品德修养,对教学工作的热情和责任心,对学生的挚爱与关心等,对其教学境界的开拓与加深起着决定作用。从风格与人格的关系看,风格是人格的外显,人格是风格的灵魂。

教师的知识结构,如知识的储存量、广度、深度、系统性以及各种知识的复杂而独特的联系,为教师在教学中广征博引或深刻论证提供了基础条件。有的教师因为自身文化素养有较雄厚的基础,学法渊博,所以他们就主张教每一课时能尽量让学生多收获一些知识,他们在课堂上也真的做到把课文内容与课外知识穿插着讲,妙趣横生,使课内外知识熔为一炉。

教师思维特征的差异,如思维的灵活程度,反应的速度,是偏向形象思维还是偏向抽象思维,或者趋于两者的有机结合等,与教师的教学及自身成长有着密切的关系。

教师的个性特征,特别是性格气质类型的差异,对于教师发展的不同阶段也有着直接的关系。心理学研究表明,人的气质类型主要有胆汁质、多血质、黏液质、抑郁质四种,它们各自具有不同的特征。胆汁质的教师一般表现为教学中思维敏捷,教学语言流畅顺达,而且语流快,滔滔不绝,对学生热情相助,感情外露直接,不容易抑制,教学过程按序进行,但缺乏灵活性和新颖性;多血质的教师一般表现为热情乐观、感情充沛,与学生关系融洽,教学语言生动,富有文学味,教态具有艺术表演者的气质等;黏液质的教师一般表现为教学逻辑严谨,说理能力强,对学生的情感真挚深沉,但不轻易外露,办事认真,一丝不苟,教学扎实,一板一眼,富有实效;抑郁质的教师一般表现为重事实和推理,反应速度不快,但很少出错,喜欢使用抽象、概括的语言,教态稳重,给人一种信任感等。可见,教师的"三格"培养与心理学研究成果密切相关。

二、"三格"培养的实践探索

师训工作是一个系统工程,"任何一个复杂的系统结构,都有一定的层次……系统内部运动能否有效或效率高低,在很大程度上取决于能否科学地划分层次。"我校对教师培养实行分层要求、分类指导,创设"三格"自培师训之路。

1. 教师职业发展阶段与"三格"培养

我校根据教师职业发展不同阶段有不同的专业发展重点,进行"三格"培养。如下图所示:

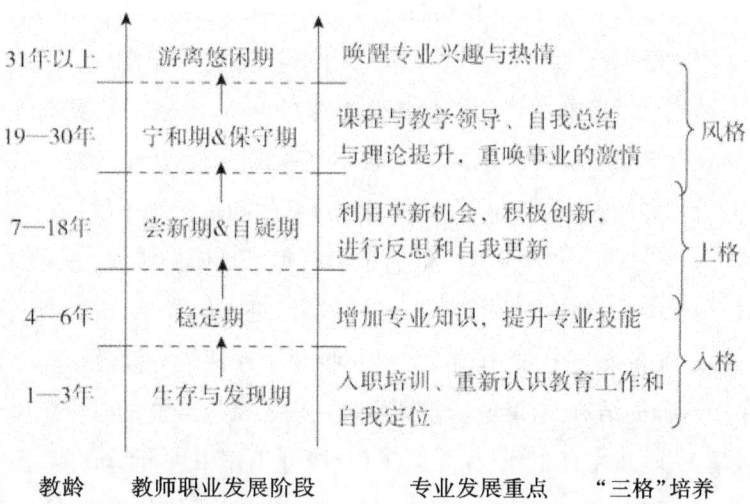

2. "三格"培养发展阶段

教师从开始教学,到逐渐成熟,最后形成独特的教学风格,成为风格型教师,是一个艰苦而长期的教学艺术实践过程。这个发展过程可分为若干阶段,如下图所示:

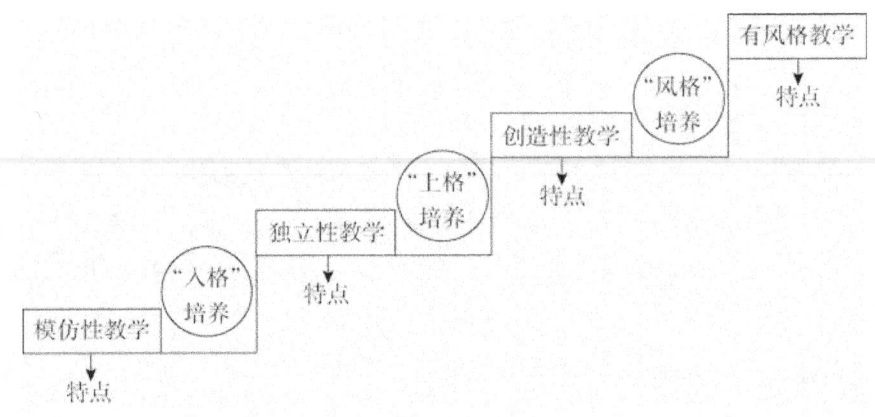

"三格"培养发展阶段

(1) 新教师的"入格"培养

新教师开始教学时,处于模仿性教学阶段,往往会模仿别人的教学方法、教学语言和教学风格,经常搬用别人成功的教学经验,甚至举例、手势、语调等也打上受别人教学影响的烙印。模仿是教学的起点,起点一定要高才有发展前途。学校引导新教师着眼于对别人教学经验的吸取,并使之成为教师发展自己多方面才能的营养。我们的目标是使合格的师范毕业生尽快进入教师角色,使之"入格",早日成为一名合格的小学教师。具体做法为:一是引导他们做好角色的转换,对他们加强工作责任性教育,进行组织能力的培训;二是狠抓教学常规,在备课与上课、作业与辅导、听课与评课等方面进行面对面的指导;三是实行师徒结对,给每位新教师配备一两名富有经验的骨干教师作为师傅,在教学工作、班主任工作、少先队工作、校外工作中进行"知、能、操、行"的传、帮、带;四是建立新教师考核制度,每学期交一份合格的教案、上一堂教学汇报课、写一份教学体会、设计一份活动方案、组织一次班队公开活动、写一份全面的工作总结,学校根据自培计划按进程严格考核。

(2) 青年教师的"上格"培养

大多数青年教师一般在从教五年后,都可摆脱模仿的束缚,进入独立性教

关键词五　培育名师

学阶段,教师的教学能力得到锻炼和提高,教学的自信得以确立和强化。处在这个阶段上的教师,初看似乎在同一水平线上,其实不然,存在不少差异。有的教师历经磨炼,经验丰富,发现问题、解决问题的能力较强;有的教师注重学习,理论扎实,教学观念、教学技艺更趋先进;有的教师满足现状,感觉良好;有的教师自我评价或高或低,不甚准确……独立性教学阶段是从模仿性教学到创造性教学的过渡阶段,但是它在每个教师那里存在的时间却是不同的。如何缩短过渡期,引导教师不满足于常规性独立教学,完成对自我的超越,进入创造性教学阶段,即"上格"培养。

学校首先给青年教师树立榜样。我们非常注重宣传先进教师的事迹和发挥学校中优秀教师的榜样作用,引导青年教师不断进取。其次是根据青年教师的特点,开展各种教育教学活动,通过教改论坛、教学观摩、研讨、竞赛、考核、评比等形式,给青年教师以成功的机会,使其获得成功的心理满足。再次是创设条件,优化培训环节。凡在兄弟学校、兄弟区县教学展示观摩,或市、区举办短期培训,尽量安排相应的教师参加。我们利用设备优势,自办电脑培训班、多媒体软件制作培训班,使青年教师较快地掌握现代教学技术。最后是进行有针对性的指导。有位原来一直在乡镇学校任教高年级语文的小徐老师,调入我校后任教低年级语文,出现了较大的反差,学校专门为她配了一名经验丰富的高级教师,带她一起备课、教研,每周互相听课,使她在较短时间内熟悉并掌握了教材的编排体系、教学目标要求和低年级小朋友的心理特点,然后鼓励她开课亮相,结果获得一致好评,仅过了两年时间,小徐就承担了区级的教学观摩课,应变能力强,教学效果好,成了一名崭露头角的骨干教师。

(3) 骨干教师的"风格"培养

创造性教学阶段,教师的教学个性已较明显地体现出与众不同的特色,有了更多属于自己的独特之处。独创的风格特点,给人的感觉永远是新鲜的。歌德说:"独创性的一个最好的标志就在于选择题材之后,能把它加以充分的发挥,从而使得大家承认压根儿想不到会在这个题材里发现那么多的东西。"

一个教师只有怀着开拓的精神,经过长期努力,不断实践,积极探索,扬长避短,推陈出新,"用自己的眼睛去看""用自己的头脑去想""走自己的路",才能形成自己独特的教学风格。

教学风格的逐步彰显,是教师富有个性的教学创造不断积累的结果。此时,教师在教学过程各个环节,各个方面都有独特的稳定表现,使教学带上浓厚的个性色彩,处处闪烁着创造的火花。教学内容和形式独特而完美地结合起来,教学真正成为塑造人们灵魂的艺术,教师的教和学生的学共处于一种美的艺术陶醉与享受之中。教学的风格得到学生们的欣赏,同事们的赞同,并具有了社会影响力。如我校的区级首席教师赵小玲,就是一位在教学艺术领域里不断开拓不断创新的老师。她严格要求自己灵活地、创造性地组织课堂教学,规定自己每一节课都要有一点不同一般的突破。这"一点不同一般的突破"就是独创。正因为赵老师每一堂课都有"一点不同一般的突破",所以她就能拾级而上,步步见效,随着教学经验的日益丰富,她的教学风格也就日趋鲜明、完善,终于形成了她自己独特的教学风格。

上述教师的"三格"培养,都有不同特点,从这一"格"到那一"格",都需有必要的主客观条件。从新教师的"入格"培养到骨干教师的"风格"培养,教师教学的模仿性因素越来越少,而独创性因素越来越多,最后形成自己的教学风格,成为风格型教师。如下图所示:

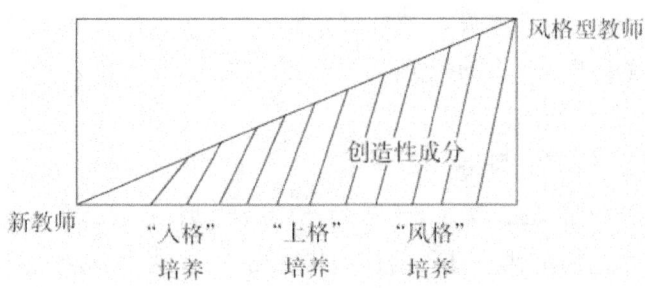

三、风格型教师的培养

如何使教师在不懈追求教学艺术的过程中逐步形成自己的教学风格,成为风格型教师呢？我校提倡"百花齐放,百家争鸣",发扬教学民主,对教师各自不同的教学风格予以热忱扶持,郑重对待。善于发现每一个教师良好的风格苗头,并因势利导,使之发展成为独特的教学风格,并将教师个人风格作为衡量教师成熟和教学工作成效的一个重要指标,同时将独具特色的教学风格内化为教师的自觉追求。教师要有乐教、善教的积极精神,把教学当作一种艺术性的事业,掌握教育教学的基本规律,刻苦锻炼教学基本功;要有渊博的知识和多方面的能力;要有严谨治学,超越创新的追求。我校培养"风格型"教师的途径与方法是：

1. 实践反思法

教学实践与研究是教师专业发展永不枯竭的源泉;反思是教师专业发展的起点和归宿。优秀教师是一个反思的实践者,具备反思和质疑的能力。实践反思法,在教师提高认识、转变教育理念的前提下,学校创造条件,让教师夯实教学基本功,并帮助教师总结和分析实践中的经验或教训。总结与分析的过程,是教师自我反思的过程,也是教师把实践经验上升为指导学生探究性学习的规律性认识的过程。如学校举行"开天杯"优质课教学评比,共有十一门学科三十节课。一是课堂教学评析。评比课上好了,我们又集中参赛教师,特邀市、区特级教师、教育专家来校一一评析指导,每位教师受益匪浅。随后组织"反思札记、教改论坛"等一系列交流活动,交流过程是促进教师之间相互学习、相互切磋、相互启发、共同探讨、共同提高的过程。二是课堂教学比较研究。组织教师看自己的录像课,反思中找差距,同教材、同课时教学比较等。在比较中找特色,并进行专题讨论:课堂教学如何体现学生"有效参与度"与教学"有效度"？在怎样的情况下合作学习,小组讨论才有效？在怎样的情况下使用多媒体最佳？如何追求"情感化加现代化"教学方法？大家畅所欲言,悟出真谛。

课堂教学中的五步反思模式,如下图所示：

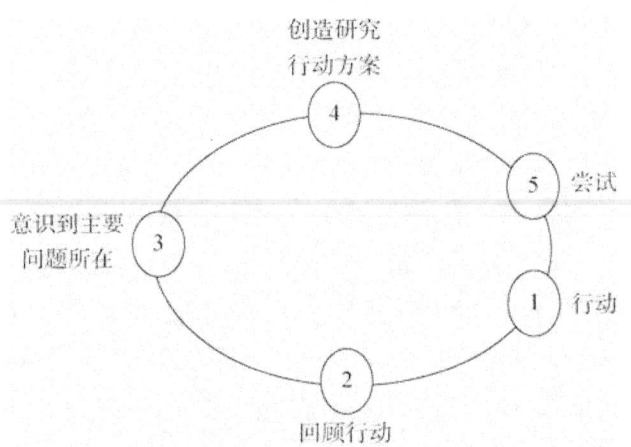

课堂教学中的五步反思模式

2. 案例研究法

案例研究是提升我校教师专业发展、培养风格型教师的重要途径之一。美国教育学家萧恩曾经提出：经验+反思=专业成长。学校要求教师自己写案例。教师写案例的过程，是一个在实践基础上反思、理清思路的过程，水平与能力发展的过程，是一种切实可行的促进教师专业发展的培训方式。我们认为抓住教师的说课和撰写案例的基本功训练，是校本培训的有效切入口。

在以往传统意义"说课"的基础上，我们把说课从时间顺序安排和达到不同层次目的来分，可分为课前说课（简称"前说课"）和课后说课（简称"后说课"）两类。前者旨在对课前教案的设计阐述"怎样教"和"为什么"，后者旨在对课后教学状态进行反思，对"教得怎样"和"为什么"进行分析与自我评价。教师对自己的"前说课"和"后说课"进行比较研究和吸纳集体评价的合理因素，当日撰写反思性的"教后笔记"。

学校指导教师撰写教学案例。教师认真撰写案例，也会增加说课的科研含量。教师由撰写案例的习惯和经验迁移到说课中，会自觉地运用先进的教育理论来阐述和反思教学目标、组织教学内容、选择有效的教学方法等。在此基础上，学校选出具有代表意义的教师自己撰写的案例，并组织交流，共同讨论、分析、研究，促进教师深入思考如何改革自己的教学观念，尝试用新观念、新技能、新方法指导学生解决探究性学习所面临的新问题,并进一步反思自己的指导实践。

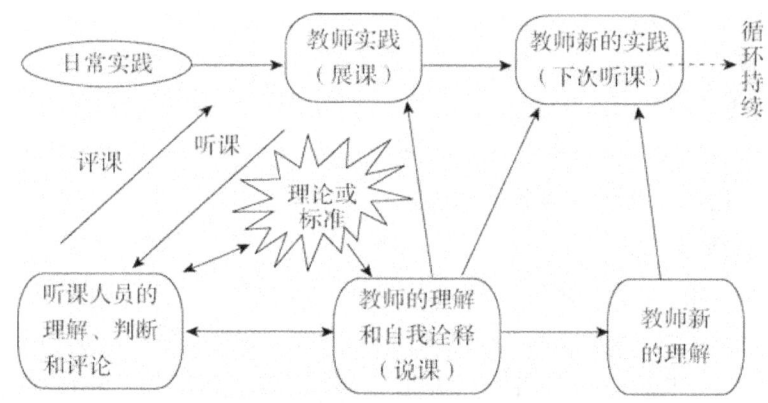

听—说—评课活动概念框架图

3. 名师带教法

这里讲的"名师",是一个比较宽泛的概念,除了特级教师、专家、学者外,还包括本区知名教师与本校优秀教师。在松江区"绿叶工程"首次评选中,我校有区级名师、导师、学科带头人、教学能手共 20 人,占任课教师三分之一。学校启动"开天杯名师工程",组织名师工程的过程也是挖掘自培资源、培养教师能力的过程。

(1) 营造名师成长的氛围

名师成长离不开环境,我校致力于创设一个得天独厚的校本气候、校本环境,以影响、教育、诱发名师本身完善自我的内动力,又千方百计挖掘未来"名师"的潜质,把好钢磨炼成宝剑,我们的做法主要有:一是创造性地通过把柔性管理与硬性要求相结合的培养方式开展具有特色的系列活动;二是创造生动活泼的学习和学术交流气氛;三是深化教育改革和教育科研活动。

(2) 建立名师带教制度

有计划、有组织地向优秀教师交任务、压担子,这是加快教师成长的一条有效途径。我校实施"名师带教"的策略有:导师带教制,学校聘请有经验的教育教学专家、特级教师担任导师,负责对优秀教师进行指导;链锁导师制,即一名优秀教师,既是上一层导师的学生,又是下一层学生的导师,使导师制的辐射连成网络,在不同层次中发挥优秀教师的作用。

(3) 发挥名师辐射作用

学校开展"走近名师"系列活动。让名师现身说法,向教师讲述自己的成长经历,为青年教师引路导航,让全体教师深刻理解名师先进的教育思想、独到的教学风格和高超的教学艺术,并产生强烈的学习愿望,达到"花开墙内满庭芳"的效果,从而促进教育专业发展。

4. 主题探究法

参与式培训主张以行为促进理念转变,强调培训活动以教师为中心,融新课程的理念、知识于参与式活动之中,强调教师主动、平等地参与培训活动及教师之间、教师与培训者之间的交流与合作,充分关注教师已有知识和经验,让教师通过活动自主构建新课程倡导的教育教学理念。因此,参与式培训可以缩短从理念到实践的路程。在具体实施中,我们围绕学校中心课题"小学学科教学中探索性学习的研究",采用"五步曲"实践式培训:即设想一个探究性学习方式,选择一项适合探究性学习的课堂教学内容,根据所选教学内容设计一个教学方案,进行一次探究性的教学实践活动,完成一篇探究性教学的案例研究报告。

每学期为一个单元进行循环实践研究。利用寒暑假完成前三步,请王厥轩、徐崇文、吴增强、徐根荣、张才龙、郭德峰等有关专家、理论工作者来校作讲座,并结合教师的教学进行诊断与评价、研究与分析。在此基础上,教师反思自己的教学,分析新学期全册教材,对教材内容进行科学合理的组合和筛选,对教材作出新处理,进行创新备课。一是开发可研究的内容。在现有的基础性学科教学中,结合原教学目标和内容,增加和融入探究性学习的目标,也有将原学科中可供探究性学习的内容开发出来让学生探究学习。如数学探究能力"三环节"单元培训法(引领探究→独立探究→感悟体验),在实践中数学教师列出可探究的内容。二是制定"小学探究性学习序列",从具体内容、教学单元、探究能力与培养目标、教学方法与手段等入手,明确探究能力培养要点。三是设计主题探究活动,归类重组。

关键词五　培育名师

在学期中实施第四步,即在"课堂拼搏"中"学会教学",把教师的教学实践与研究、在职培训融为一体,将培训地点设在课堂,一边教学,一边研讨。有的培训者先亲自上课,然后结合实践讲理论,将新课程的理念通过课堂直观地表现出来;还有的请教师先讲,针对课堂教学中出现的问题,培训者走上讲台,组织教学,进行即席指导,引导教师讨论,使整个课堂变成一个学习与交流的场所。如口述作文的实践与研究,只见教师从口袋里掏出一个又红又大的苹果,学生凝神瞅着,师说:"这只苹果从超市买来的价格是2元,谁能用智慧为它增值,将它以20元、200元……卖出?"这位教师正在上探究性作文课。

期末结束时,完成第五步:撰写案例研究报告(即撰写课例)。在教师实践、反思的基础上,学校以"教改论坛"的方式,为教师提供一个相互交流争鸣的舞台,让教师在合作学习中能够倾听,同时敞开个性化的自我,展示自己真实的思想,平等对话、相互启迪,做到认同中有质疑,融合中有反思,创设浓厚的学术争鸣氛围。在"教改论坛"基础上深入开展个案研究,学校领导深入实际,细心捕捉教师在实践中闪现出思想火花的典型案例,指导教师撰写教学案例,并组织交流,共同讨论、分析、研究,促进教师深入思考,尝试用新理念、新技能、新方法、指导学生解决探究性学习中所面临的新问题,并不断进行教学反思。在此基础上,再请专家来校作讲座,讲座学习也发生了实质性的变化,不再单纯讲理论,而是分析案例,在案例中让教师潜移默化地接受理论。这种全新的培训,构建了一种新的学校文化,为教育管理者与教师搭建了平等对话、交流的平台,使教师们在从理念转化为教学行为的路上迈出了可喜的一步。为此,学校又选择部分案例,由中国文史出版社正式出版《教育教学案例》一书,还有不少案例在杂志上发表。

学校成功的内在机制,在于建立一个高水平的教学研究群体。要建立高水平的教学研究群体,必须培养风格型教师,使其教学艺术生长在肥沃的天然的土壤上,开出美丽的风格之花。

(本文为作者于2005年12月在北京人民大会堂"首届全国小学校长大会"上的交流报告,获全国论文一等奖)

让名师工作室"名"起来

优秀的教师队伍是一所学校成功的柱石,名师队伍更是一所学校最宝贵的财富。我校历来重视教师队伍建设,一直将其作为学校诸多基本建设的中心环节。作为校长一手抓招聘,一手抓培养,两手都要硬。2003年,学校率先在全区成立"开天杯"名师工作室,赵小玲老师担任名师工作室主任,带领一批骨干教师率先践行新课程,从实践中探寻教育真谛。

名师工作室是个不断完善自身、追求充实和幸福的工作室,在这里,教育生命绽放出了绚丽的光芒。

一、名师工作室的担当

随着社会对名师的呼声越来越急切,课程改革进程中的新问题也不断涌现,教师专业化的理念逐渐深入人心,特别是优秀青年教师专业成长的欲望越来越强烈,他们不再满足于群体形式的通识培训和一般层次的教学研究,如何应答社会对名师的需求,如何满足优秀青年教师成长的愿望,成为我们思考的课题。在这样的背景下,学校名师工作室应运而生。

名师工作室以名师为核心,吸引优秀青年教师加入其中,延伸与补充教师培训部门的有关职能。名师工作室建立起优秀教师合作互动的新机制,在高水平教师的专业引领下,一批有共同教育追求的优秀青年教师开展卓有成效的教育教学研究,并且产生积极的辐射效应。名师工作室是名师与优秀青年教师的集聚地,是名优教师的重要发源地。

名师工作室是构筑教师专业发展的新阶梯和孵化优秀教师群体的新机制,是在名师领衔下的研究共同体和发展共同体。

一名特级教师就是一面旗帜,旗帜上飘扬的是鲜明的个性。赵小玲老师于2006年被评为上海市语文特级教师。赵老师作为名师工作室主任,就她自身而言,至少有两点值得学习与弘扬:一是为人正直,善解人意,富有童心,更容易被学生、家长、同行和领导认可;二是富有创意,她的课堂更有情趣、更能启迪学生、更让人难以忘怀,更好地诠释了实验小学"实"与"活"的教学思想。

关键词五　培育名师

就教学研究而言,名师的担当在于引领一批有志者在理论指导下,勇于实践和敢于探究。这种实践和研究是以生为本的。因此特别强调围绕自身的问题开展研究,而不是空中楼阁,纸上谈兵。一线教师在教学实践中发出的呻吟声就是名师冲锋陷阵的号角。问题即课题,课题即使命。名师需要发现问题、看准问题,带领青年教师在大量实验和尝试中,寻找到因人、因时、因所、因事的破解教育问题的路径。

二、做一名会倾听故事的教师

一个故事,就是瞭望美好世界的一个窗口。通过它,教师体味人生,孩子展望未来。名师工作室开展"与名家对话",思考人生,讨论问题,从教育之外的名人那里寻找教育的真谛。

在校园这个人与人心灵接触最为纯净和微妙的地方,我们如何走进孩子圣洁而美好的心灵世界?工作室先后邀请著名作家竹林、吴春荣以及特级教师、特级校长洪雨露、金建中,特级教师王晓岚、郭德峰……讲述一个个故事。交流之后,老师们隐约找到了答案。

作家与大师们讲述了自己读书、教书、写书和成长的经历。从他们的故事中,我们感受到:一名好老师就需要像这些作家、大师一样,拥有一颗细腻而敏锐的心,走进孩子中间,去捕捉、发现并唱出孩子们的心声。

如果倾听故事如一缕清风拂过老师的心田,那么那种田野式的倾听就需要有一种更加洪亮的声音。这种声音,来自长者,来自智者,来自大师。多年来,工作室的老师聆听过国学、艺术、哲学等多位老师的故事。我们通过倾听故事,扩展了自己的生活领域,提升了个人的综合素养。教师专业发展的基本前提是教师发展或教师成长,让教师本人拥有更充实、更有意义、更幸福的生活。

"明月装饰了你的窗子,你装饰了别人的梦"。生活就是这样,我们每一个人本身就是一个故事。我们在倾听他人故事的时候,也同样被他人倾听着。做一名会听故事的教师,才会让我们的内心积蓄更多宁静、宽厚与柔情。

三、做一名会创造故事的教师

孩子们为我们提供了创造故事的动力,我们则为孩子们放飞了追寻故事的足迹。

"当我每天翻开崭新的一页时,我总会自问:我是否在平静而不反复地生活?每天备课、上课、批改作业,这是教师生活的永恒旋律吗?一个会创造故事的老师,必定会跳出复制式的生活,而在思考和实践中,时刻改写着现在、描写着未来。"对于教师的成长而言,学会用故事说话,学会把语文变成故事,是让自己成为名师的基本前提。

我们这个团队就是这样一群故事的创造者。他们贴近学生、走进社会、亲近自然,用心捕捉生活中每一个细节、描绘工作中每一个瞬间。工作室鼓励教师们展开教育叙事,坚持在工作中书写教育故事。《那一朵小野花》《我不想当文明学生》《成长中的烦恼》……教师们记录着自己和孩子共同成长的每一个足迹。

为了谱写更精彩的教育故事,教师们不断思索、尝试、反思、修正……他将是一个好故事的创造者。现在教师笔下的故事越来越温情、越来越睿智,他们将动人的教育教学故事送到需要滋养的教师和孩子身边。

几年来,工作室以多种形式培养和发展教师,使他们在全国、市级教育教学比赛中屡屡获奖,成就了一批优秀教师,如2012年松江区第三届学科名师评选中,我校评上了12位名师,一路领先。从实验小学的一个校区到三个校区,从实验小学到第二实验小学、第三实验小学的先后创建,一批批骨干教师与学校管理者从这里脱颖而出。

(原文发表于《新教育论坛》,2005年第3期)

创新机制　打造名优教师团队

我校是一所在课程教材改革中成长、壮大的融实验性、示范性于一体的学校。2002年,我校与西林小学合并,2006年新城校区开办,目前学校有三个校区。办学规模不断扩大,教师队伍不断壮大,"做大做强优质教育资源,为松江教育的发展贡献力量"是我们面临的机遇与挑战。我们深知,加强教师队伍建设是立校之本,兴校之源,强校之基。2004年11月,在教育局领导的关心指

关键词五　培育名师

导下,学校成立了名师工作室,以此为契机,以打造名优教师团队为目标,积极创新校本培训机制,形成良性循环。

一、自我规划,激活教师专业发展的情感动力

营造促进教师专业自主发展的学习文化,激发教师对职业理想的追求和主动学习的愿望,是我校教师培养的出发点,以"自我规划、专业发展"为主题,积极探索促进教师发展的有效途径和多种形式,变外在的培训为内在的需求。如我们举办以"教师的专业成长与学校发展"为主题的教师与学校领导论坛、"体验职业快乐 打造幸福人生"专家讲座等,使教师感受到自己应该是专业发展的主体。全体教师对新一轮师资队伍建设规划进行学习与讨论,达成"我能行,我发展"的共识。

为了能对教师的潜能进行开发,我们让"引、带、导"的方式在教师群体中形成一种无形的动力。一是榜样示范、名师引路:通过名师工作室举办的"聆听、感悟、实践——我与名师面对面"系列访谈活动,了解身边榜样的成长历程,学习名师,走近名师,争做名师;二是能者为师、链锁带教:以课堂教学为主要研究领域,以开发教师差异资源为基本方法,分层分类形成教师间的带教网络;三是个别指导,以点带面:尤其关注处于发展高原期的中年教师,选择典型,以个性化指点明其方向燃其激情,并为这些教师创设交流自我发展规划的机会,自加压力,迎接挑战的同时,感染身边伙伴。

在良好的氛围中,每位教师分析自己的优势与不足,制定了三年发展规划,在专业思想、专业知识、专业能力、专业特色、专业素养五方面既有长远目标定位又有具体措施。

二、分层培养,实施教师专业成长的梯队战略

我们所要打造的名优教师团队的具体培养目标是:高尚的师德风范,深厚的文化积淀,合理的知识结构,较强的教育教学和科研能力。根据具体要求,我们将现任的教师按一定的业务能力,分为三个层次,即引领研究型(特级教师、市区骨干教师),榜样示范型(区级名师、校首席教师、学科带头人),奋发向上型(正在努力成长的年轻教师,包括刚刚参加工作的青年教师)。在教育教学中,对于不同发展期的教师给予不同的任务驱动。引领研究型梯队主要以研究、引领为主,出思路、出理念;榜样示范型梯队主要以实践、探索、示范为主,出经验、出方法;奋发向上型梯队主要是加强自身的学习与提高,勇于实践,不断探索,做出成绩。其中刚参加工作的青年教师,做到一年为基本入门,两年熟练,三年达到"入格"。梯队实施动态管理,每学年对照具体条例进行评价。

为加快青年教师的成长,2006年11月,我校成立了名师工作室的分支机构——青年教师工作坊。

三、课题引领,搭建教师实践研究的合作平台

我们坚持以市级课题研究为载体,通过搭建教师间合作交流的平台,促进教师间的专业交往,优化教师间的理解与对话,使每一位教师在群体的成长中发展自我,丰富自我。

1. 聚焦课堂,以问题引导研修

围绕课题,完善"五步曲、八环节"研修机制。我们工作的重点是:聚焦课堂,研究教学。正如老师们说的,教师的实力扎根于课堂,功力修炼于课堂,质量产生于课堂。学校每学期开展"百堂研讨课"活动,研究教学首先从捕捉课堂教学的真实问题入手,做到"三个学会"。以教研组为单位,开展"两项实战"。通过个人反思、同伴互助、专业引领的协同整合,使新课程理念有效转化为教师的课堂教学行为,形成教学特色和教学风格。

2. 交流对话,实现自我超越

围绕课题研究,名师工作室以"教改论坛"等组织形式,为教师提供一个相互交流的舞台,让教师在合作学习中能够倾听,同时敞开个性化的自我,展示自己真实的思想,平等对话、相互启迪,做到认同中有质疑,融合中有反思,创设浓厚的学术争鸣氛围。

教师参与论坛的过程,实现了多向交流对话:一是与自己对话——不断地与新理念、与他人经验形成比较,形成改进实际操作的教学设计;二是与同伴对话——做同伴教学反思的朋友或"镜子",共同建构,共同发展;三是与专家对话——读书明理,敢于质疑,带着问题寻找机会与专家交流,通过真诚互动获得理解,激发创造,实现自我超越;四是与实践对话——注重教学能力和群

关键词五　培育名师

体实践智慧的提升。

通过凝聚名师团队合作力量，促进教师专业发展，优化了我校教师队伍结构，提高了全体教师的人文素养与专业素质。目前，学校有特级教师1人；中学高级教师4人；区学科名师、德育名师9人；2人入选为"上海市名师名校长工程"成员。我们努力发挥实验小学示范、辐射作用，近两年，我校与6所兄弟学校结对联动、合作共赢，共有112位兄弟学校的教师与我校二十多位教师结对。成绩的背后，凝聚着区、局领导对我校的关爱。我们将不断探索实践，让教师发展学校，让实小成为师生共同成长的摇篮。

（本文为作者于2006年12月在松江区政府召开的师资队伍建设大会上的交流发言）

追求·努力

我是一名普通的小学校长，当校长二十多年，教育成了我平淡人生的旅途。我做了一些校长该做的工作，今天党和政府给了我较高的荣誉，今年被评为上海市特级校长，享受松江区教育政府津贴。首先感谢区委、区政府领导对教育的极大关注和高度重视，及对我们教师和校长的关爱，感谢教育局领导专家指导和社会各界人士的关心与我校全体教职工的支持、理解。

当校长，我始终坚持"思想力是校长的立身之本"。有思想是校长办好学校的前提，校长的教育思想、办学理念和办学追求，对学校的办学方向、教职工的共同价值追求起着至关重要的作用。正如苏霍姆林斯基所讲："校长的领导首先是教育思想的领导，其次才是行政领导。"我们实验小学是一所在课程教材改革中成长、壮大的融实验性、示范性于一体的学校，它的成长、发展凝聚着各级领导的关怀与兄弟学校的支持。实验小学于1990年创办，就如何将"三乐"教育的内涵提升与外延拓展，打造学校品牌，我们班子成员带领全体教师不断提炼办学理念，形成办学思想——为学生乐学奠基。将"三乐"教育赋予新的内涵：乐学，以乐促学、学有探究；乐教，以乐善教、教有研究；乐管，以乐优管、管有创新。要将理念内化为办学的行为。

当校长,首抓教师队伍建设。努力打造一支名优教师团队,是校长的天职,更是校长的首要任务。学校通过"三格"培养(新教师的"入格"培养、青年教师的"上格"培养、骨干教师的"风格"培养),创设条件,搭建舞台,营造教师专业自主发展的学习文化,激发教师对职业理想的追求,规划自我、发展自我、实现自我、超越自我。

当校长,潜心研究教育。校长一般有三个角色:领导者、管理者、教育者。在当今新课改背景下,作为教育者,要对教育有深刻的理解,要有引领课程改革的能力。我始终认为:学校最核心的业务、教育最核心的环节就是课堂教学,所有的教育改革最终必须落实到课堂上。校长应该做到"进得了课堂、讲得出名堂"。

今天获得的荣誉,进一步鞭策着我,要以此为起点,努力做好"质量立校、特色亮校、文化润校"这篇文章,将"均衡发展理念、特色兴教理念"落实到位:

一是读书读脑,学各校之长。要善于挤时间静心读一些书,正如易中天教授所讲:"学习谋生,读书谋心。"要更新自己的知识结构和心智模式,提高理论素养,用心体验校长自己的办学思想,跟上时代步伐;更要"读脑",吸取人们脑海中最新的东西,产生碰撞,激活大脑。向兄弟学校学习,学各校之长,扬各校之特。发挥实验小学示范、辐射作用,在均衡化发展方面付出应有的努力,与兄弟学校建立合作、研究共同体,共同探寻心灵成长的轨迹和对教育理想的追求,感悟对教育的大胆实践与真情付出。办特色学校不仅昭示着校长的教育艺术与真情,更是聚众人思维之精华、扬自身思维之活力。

二是激活思维,树学校之魂。校长要以敏锐的目光去捕捉新观念,以创造性的思维去吸收新思想,以先进的教育理念去指导实践,在校园文化、课程建设、现代管理等方面形成自己的特色,加强学校内涵建设,让学生德、智、体全面发展,学有所长。一方面,要有战略眼光,把学校的发展放到松江经济和社会发展的背景之中去审视,放在基础教育改革的整体框架中去定位。目前,我校有三个校区,两千多名学生,学校规模扩大了,管理难度加大了,更要"精耕细作",用文化提升教育品质。另一方面,要因校制宜,精心规划,稳健实施。

关键词五　培育名师

三是实践研究,创学校之特。一所特色学校的创建,是一个创新、实践、积淀、提炼和发展的过程。要学会研究,并通过研究促进工作开展,这个过程的体现既是一种科学的思维方法,也是一种科学的工作方式。要研究管理实践,不断提高管理水平。每所学校都是独特的,每所学校的发展都是具有挑战性的,而正是这一"丰富的独特",对校长的思维方式、观念体系、管理能力、生命情感等提出挑战。我们要用一种动态的思维方式,实现学校与个体的共同发展。

为了同一个目标,为了同一个梦想,为了同一个成就,追求着、努力着、快乐着⋯⋯

（本文为作者于2007年9月在松江区庆祝教师节大会上的发言）

实施校本管理　加强队伍建设

我校于2006年9月起尝试"一校三址"的办学模式,目前有三个校区(人乐校区、西林校区、新城校区),45个教学班,两千多名学生,175名教职工。在教育局的直接领导下以及教育局职能部门与兄弟学校的关心支持下,运行良好。我校与七所兄弟学校结对联动,合作共赢,每学期有五十多位教师来我校跟岗。随着办学规模不断扩大,摆在管理者面前的问题也随之增多,可谓千头万绪。

在管理实践中,我们深切地体会到:现代学校管理重心的发展趋势是校本管理。针对"一校三址"校区分散的特点,校长既要有学校发展决策的战略思维,又要有精细化思维,要在管理上做文章,走内涵发展之路,提升管理学校的领导力。首抓学校队伍建设,尤其是中层干部队伍与师资队伍。建立与完善学校"民主决策机制、管理责任机制和监督制衡机制"。

一、学会调控,提高中层干部的执行力

构建有效的内部管理运行机制,是搞好学校管理的基础和保证。在构建有效的管理运行机制中,我校着力打造一支素质良好的中层干部队伍,提升中层干部的执行能力。我校中层干部数量不多,多数从事语文、数学、英语学科

教学。在全校范围内营造想干事的氛围,培养能干事的素质,创新干成事的机制。具体从以下四方面入手:

一是竞聘——确保能者有位。

二是分工——确保上者可干。

三是历练——确保上者能干。

四是考核——确保上者愿干。

二、打造团队,激发教师发展的内驱力

学校规模扩大后,新教师迅速增加,首先把好入口关,学校成立招聘领导小组与专家指导组,以超过2∶1的比例进行面试、听课。2006年,共新增27位教师,其中15位为新教师,大多数是来自本市的应届本科毕业生。2007年又增加新教师8人,均为本市户口,其中4人为华师大师范类专业毕业。大量新教师增加,这就需要发动全体教职工进一步了解、学习并研究学校的优良传统,总结、梳理学校发展中形成和创导的办学理念(包括办学宗旨、培养目标、校训、校风、教风、学风等),形成全校教职工的文化认同,使之成为教职工职业规范和行为准则。提高凝聚力、吸引力,调动教职工的积极性,为学校的持续发展奠定基础。

1. "流动"形成良性竞争

学校在做大的基础上要做强,必须有一支过得硬的教师队伍,优质的师资必须靠自己去打造。对教师的管理不能局限于常规性的制度约束,更要侧重于建立适合教师成长的环境,找到适合自己发展的位置。

学校一直主张人员要有必要、合理的流动,允许教师选择更适合自己的环境,求得自身的发展。每学年,学校让每位教职工填写一份"岗位任职意向表",学校根据工作情况,尊重教职工的选择,按意向安排岗位。

为了配合这一机制,学校提出了"优质优酬"的分配制度。这一措施打破了论资排辈的做法,鼓励教师争先创优,极大调动了中青年教师的积极性,也有利于青年教师的成长。在改革学校分配制度的同时,学校加大培养力度,逐渐形成"体内循环"的流动机制,促进了教师队伍的整体优化。几年来学校先后有十多位教学骨干流入,同时也有十多位教师输出到进修学院做研训员,或

关键词五　培育名师

者到青少年活动中心和兄弟学校当领导。

2."人本"满足教师需求

"以人为本",首先尽量满足教师的发展需求。学校鼓励教师进修,帮助教师设计职业生涯,举办"自我规划与教师成长"主题系列活动,并制定"教师自我发展规划",定位在引导教师的专业发展上,让教师进一步明确自我发展的目标,学会去规划自己的教育生涯,在教育实践中不断地去体验生活的快乐。

学校建立"导师小组",采用"一对多"与"多对一"的导师团队形式,按"专兼搭配、功能互补"的原则,依据学校教师"三格"培养的要求,分层指导,形成合力。

建立工作室,共享成功喜悦。学校成立了"名师工作室"以后,又相继成立"青年教师成长工作坊""数学思维研究室"等。成立这些工作室、工作坊、研究室的目的,就是为了让优秀的教师更优秀,并带动更多的教师迈进优秀者的行列,促进师资均衡,让每个年级组、每门学科都有领军人物,同时鼓励教师弘扬自己的个性,形成自己的教学风格,成就一批有思想内涵与文化品位的教师。

3."环境"促进专业发展

优化环境,使教师们彼此有共同的目标,共同的利益,共同的语言。

首先,以个体与群体的互动营造环境。我们有意识地以先进的个体带动整个群体的发展,以群体的发展氛围促进先进的不断涌现。我校结合区首席教师、学科名师、德育名师、教坛新秀以及校首席教师、学科带头人的评选过程,精心设计,使之成为人人参与、个个提高的过程。

其次,以他主与自主的结合创设环境。教师专业发展是一个过程,尤其是一个自主发展、自我完善的过程。为实现这一过程,学校搭建了教师工作、学习、生活的平台:一是科研成果转化的培训平台,引导教师成为特色教师;二是课堂教学的展示平台,在课堂教学实践中摸爬滚打,练就过硬的教学基本功,在各个层面展示公开课、研究课、评比课、研讨课等;三是教研组交流整合的研究平台,与兄弟学校一起,大、小教研组联动,成为共同学习小组、合作研究的组、互动提高的组;四是能者为师的学习平台,以课堂教学为主要研究领域,以分层分类推进为基本思路,以开发教师差异资源为基本方法,以激发教师自主发展为动力机制;五是专家引领的提升平台,走出去、请进来;六是精神充实的娱乐平台,有计划地组织教工娱乐、健心健身、外出考察学习、走访慰问新教师等活动,丰富自我,让教师在平凡的工作中体验职业快乐,创造幸福人生,实现自身价值。

(本文为作者在2007年11月松江区教育系统人事干部管理工作大会上的交流发言)

让校本研修成为教师的内在需求

校本研修是学校加强教师队伍建设最基础、最普通、最有效的做法。校本研修,不是教师个人的"自娱自乐",也不是学校的"墨守成规",而是研究教师专业发展课题的有效举措。教师的发展、成长有着客观的规律,校本研修就是探索教师成长规律的重要实践。多年来,我校就校本研修不断开展实践探索。

一、做好校本研修项目设计

1. 研究教师:教学、研究、学习——同期互动

校本研修的主体是教师,我校首先把"每个教师发展"作为学校发展的核心价值观。我们的理念是"让校本研修成为教师的内在需求",使每个教师都感到自己在组织中是受重视的,都有机会获得成长,每个人也都有责任为学校发展做出自己的贡献。学校在发展过程中成就每个教师,让他们体验成长的快乐。

研究教师的关键是研究教师成长规律,首要的是激发教师自主发展的内驱力。通过研究、分析,我们发现,在教师的职业生涯中,教学、研究、学习三者扮演着重要的角色,教、学、研是兼容的,我们称为"同期互动"。如下图所示:

教学是校本研修的基点,也是教师的"看家本领"。研究是校本研修的核

关键词五 培育名师

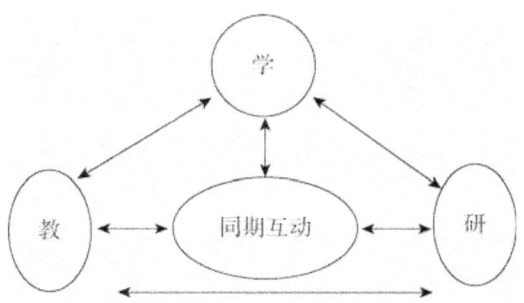

教师自主发展发生三环节关系（教、学、研同期互动原理）

心，也是教师发展的"发动机"，让教师不断地反思，是使教师从"一般教师"成为"研究型教师"的原因所在。学习是校本研修的深化，也是人生不断走向成功的"阶梯"。学校创设条件，引导教师自主发展。

2. 研究学校：课程、课题、课堂——三课联动

我校是上海市"一期课改""二期课改"的实验基地学校。学校自1990年创办就开始实施"三乐"教育（乐学、乐教、乐管）。2001年，实验"二期课改"，将新课程理念落实到学校的办学理念与办学目标之中，给"三乐"教育赋予新的内涵，改善学生的学习方式，改进教师的教学行为。学校提出三大实施策略：以乐促学、学有探究；以乐善教、教有研究；以乐优管、管有创新。探究性学习是"二期课改"重点、难点，也是亮点。在实践中我们感悟到，探究性学习在探究型课程、拓展型课程中比较容易体现，但是探究性学习作为一种学习方式在基础型课程中体现的难度比较大。如何克服困难，解决问题？我们努力进行实践。无论是先进的教育理念，还是优秀的教材，最终都要落实到课堂上，体现在教师的教学行为上。于是，2001年我们设计了课题"学科教学中探究性学习的实践研究"，该课题被立项为区级课题，2002年被批准为市级课题。通过课题研究，推进课程改革，最终将新课程理念落实到课堂，使课程建设、课题研究、课堂教学改革"三课联动"，同步发展，相互促进，形成联动效应。

3. 形成项目：自主研修、快乐成长——五步曲、八环节

校本研修主场是课堂教学。围绕"三尺讲台"，学校帮助教师破解教学难题，将"二期课改"的挑战当成发展机遇。促进教师成长是校本研修的主要着力点。

新课程的理念有了，课题立项了，就要落实到课堂上变为教师教学的自觉行为，使之成为促进教师专业发展的契机。在调查、研究、总结、分析的基础上，学校形成了校本研修项目"五步曲、八环节"。以课堂教学研究为载体的校本研修，重在过程研究。

五步曲：(1) 设想一种适合学生探究性学习的方式

    (2) 挖掘、整理一组本年级、本学科可探究的教学内容

    (3) 选择可探究内容设计一个教学方案

    (4) 进行教学实践活动

    (5) 撰写一个案例研究报告

   （前"三步"在假期中完成）

八环节：备课、前说课、上课、后说课、评课、反思、改进、撰写专题论文。

校本研修项目形成以后，制定实施计划与推进计划，不断总结，不断完善。在学校总课题统领下，围绕这"五步曲、八环节"，开展校本研修，一干就是八年。从2001年至今，完成并正在进行的有三项市级课题和一项联合国教科文组织中国可持续发展教育（ESD）项目"十一五"规划重点课题的子课题。如下图所示：

有效促进教师专业化发展的策略研究（2008年ESD项目）（正在进行）

↑

在课程统整中创建"三乐"学校文化的实践研究（2008年市级课题）
（正在进行，全国中小学整体改革实验学校实验课题）

↑

探究性学习指导策略及其心理支持的研究（2005年市级课题）
（已结题，获区一等奖）

↑

学科教学中探究性学习的实践研究（2001年区级课题，2002年市级课题）
（已结题，获区一等奖、市三等奖）

二、做精研修项目管理

有了研修项目后,关键是抓落实,具体由分管领导与教导处组织实施。我校的"五步曲、八环节"具体的流程是:"五步曲"是帮助每位教师围绕学校总课题,在课堂教学实践中带着问题开展研究的一个过程,每位教师每学期完成一轮"五步曲"的研修过程;"八环节"是引导教研组全体成员聚焦课堂开展实践研究的过程。具体如下文所描述。

1. 加强教研组建设,从发展性走向示范性

学校首先建立"三长"工作制,"三长"指年级组长、教研组长、备课组长。"三长"工作是完成教育教学工作的组织保证,也决定着校本研修活动的质量。

学校承担教师培训、培养的基地就是教研组,因此,教研组的建设是关键。教导处发挥积极作用,主要承担了组织指导与监督的工作。为了加强校本研修的过程管理,教导处不断进行校本研修调研,从制定研修实施计划到及时总结值得推广的教研组、备课组经验,进行精细化管理;组织教师开设"论坛""沙龙"等活动,让教师在思维碰撞中擦出智慧的火花,努力营造浓郁的研修氛围。在此基础上,加强教研组建设,从发展性走向示范性。

一是抓好专业理论学习。发展性教研组建设是指在常规建设的基础上,注重建设一个体现学习型、研究型、紧跟教育发展步伐的教研组。教研组是一个学习型的实践共同体。健全和强化学习制度,规范和落实学习计划,丰富学习内容,注重讲究学习方式和提高学习质量,保证教研组学习的制度化、全员化。

二是构建教研与培训相结合的工作模式。重视各种教研资源的积累,重视对教学与教研的反思,努力营造有校本特色的教研文化。让"学习——积累——反思"成为发展性教研组建设的基本特征。

三是提升教研组可持续的综合发展力。在教研组建设向示范性迈进的过程中,我校着力打造组内教师队伍合理的梯队结构。包括年龄、教龄、职称等在内的群体结构具有能够实现梯队衔接的优势。涌现出"叫得响"的名教师,形成有一定知名度的教学风格,积累有一定影响力的教学资源,让教研组在提升内功和发挥外力作用方面,具有可持续发展的条件。

2. 推进研修项目，从规范化走向特色化

提高以教研组为单位的校本研修的有效性，从规范化入手，向特色化发展。

一是研修选题规范化；二是研修活动过程规范化；三是研修评价规范化。

校本研修特色化正以不同形式呈现，如将提升育德能力作为校本研修的重要内容，尤其是班主任队伍建设，在新课改背景下围绕如何上好班队课这一研修主题，开展项目特色化研修。2007年至2008年，全校四十多位班主任进行实训，每位班主任都要上研究课、展示课，按研修"五步曲、八环节"的要求，骨干引领，人人参与，并请特级教师一一指导、点评，班主任的素养与专业水平都得到了提高。学校支持并指导教师撰写教学案例与专题论文，近几年先后为教师发表论文、案例六十多篇，编写了《与学生共成长》一书，出版专著五本：《教育教学案例选》《课堂教学新探》《三乐新曲》《教学实践与思考》《筑梦杏坛》等。

三、做实研修项目内容

教研组是校本研修的基本单位。"五步曲、八环节"的校本研修内容做实、做细的关键是教研组。以有效的教研活动作为教研组的重点工作，围绕课堂教学关键教育事件，赋予校本研修具体真实的内容，让教研组在学校发展目标引领下，逐步实现教师自主发展。

1. 基于关键教育事件做细校本研修

教学中的关键事件是指教师个人在教学活动中所面临的重要事件，教师要围绕该事件，对可能导致自己特定发展方向的某种特定行为做出关键性决策。

关键教育事件的研究为我校的校本研修活动及促进教师专业发展打开了一扇门，大家由此感到了教学生活的充实和富有意义。在教研组、备课组活动中，教师们参与的热情很高，专业发展的意识明显增强。在专家引领和指导下，注重"五步曲、八环节"流程的设计，及基于关键教育事件的深入研究与实践。根据"基于关键教育事件"校本研修理论，我们在设计过程中强调注重过程、关注细节、强化反思、跟进行为，力求体现可操作性。同时，根据研修阶段的不同，确定具体的研修步骤和内容，制订各阶段"基于关键教育事件"研修流程图。

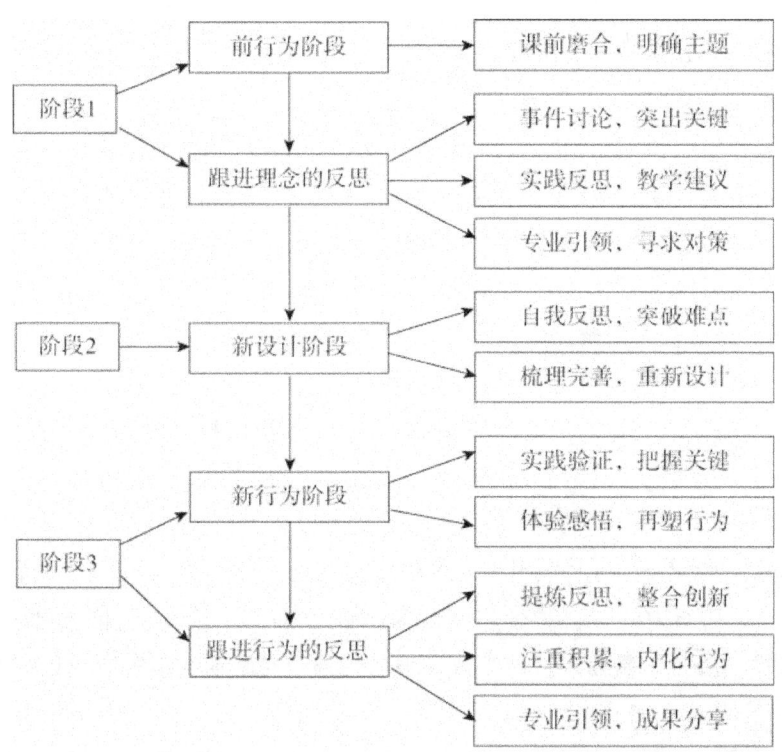

2. 基于"异质对话"做精校本研修

异质对话，即组织不同层次、不同经历、不同资历、不同学科的教师对话。在研修活动中，注重学术民主气氛，彼此不论职务高低、资格深浅，大家敞开心扉，直抒心怀，每个人都能充分陈述自己的观点和见解，相互倾听，了解和尊重各种不同意见，形成敢于直言的氛围。在异质对话时，我们把握好四个要点：一是放手实践，选准异质对话的最佳时机；二是平等和谐，体现异质对话的人文关怀；三是经验分享，追求异质对话的教学相长；四是交流互动，形成异质对话的教研文化。

在异质对话中引导教师注重四方面的对话：一是与自己对话——撰写教学反思日记，通过理清一个教学问题，梳理一份教学经验，整理一则教学案例，不断地与新理念、与他人经验作比较，形成改进实际操作的教学设计；二是与同伴对话——从对同伴的发展负责出发,乐于做同伴教学反思的朋友或"镜子",抱着真诚、豁达的态度,向同伴敞开自己的内心世界,在平等且富有情趣的交流中,共同"建构"、共同发展;三是与理论、专家对话——读书明理,夯实底气、敢于质疑,带着问题寻找机会与专家交流,通过真诚的互动获得理解、激发创造,实现自我超越;四是与实践对话——充满激情、上下求索,不断观察与审视教学实践中出现的新问题,在调整自身心态与行为过程中提升教学实践智慧。

四、做活校本研修机制

1. 构建教、研、学同期互动研修模式

校本研修既为每一位教师搭建成长的平台,也为提升教师群体提供做强的条件。多年的实践,为了确保研修活动的常态化、规范化和特色化。学校一直在努力构建一个自主学习、自主实践、主动发展、自我提升的"教、研、学"同期互动式的校本研修模式,并提出"伙伴互助行动计划",包括三个层面的互助:一是教研组内的学科教学层面的研讨式互助;二是面向全体教师梯队的"网络式"互助;三是校内打破学科界限与校外结对联动的横向专业化互助。

2. 完善校本研修保障机制

学校要有校本研修实施的组织保障,如规划的制定、制度的制定、计划的落实等,更要有机制保障,追求长效。因此,学校不断完善校本研修的保障机制:建立制度、保障研修;课题统领、带动研修;聚焦课堂、实践研修;专家指导、引领研修;开发课程、深化研修;校际联动、完善研修。多年来,我校实施的校本研修使我们深切地感受到:校本研修的指向是教师的发展;校本研修的保证是学校的领导力与管理者的执行力、学校的文化、组室的氛围;校本研修的根本是研与修的结合;校本研修的关键是教研组建设;校本研修的形式多元化、多层次、多类别。

让校本研修成为教师的内在需求,我们要不断实践"五步曲、八环节"的研修过程,提升研修品质,努力实现校本研修的四次飞跃:一是在强调课后反思的基础上,加强对新课程的理解,实现自我反思的飞跃;二是在同一学校不同学科或不同学校的同伴互助,实现同伴互助的飞跃;三是在推进案例研究的基

关键词五　培育名师

础上,加强对案例系列研究,实现案例研究的飞跃;四是不断树立教师新形象,提升教师专业水平,促进教师自主发展,实现专业引领的飞跃,让我们的教师自主研修,快乐成长。

（本文于2009年10月获全国中小学整体改革专业委员会第十五届学术年会论文一等奖）

用自己的力量打造名师

办学的根基在教师。一个教师在一所学校工作少则几年,多则几十年,不少教师一生就职于一所学校,他们在学校生活得是不是幸福,是不是体现人生价值,直接决定着其生命的质量。校长有责任有义务为教师创造良好的生存环境,让每一位教师对学校产生深深的依恋。教师是学校最宝贵的人力资源,学校要根据教师的职业和心理特点,大胆改革探索,充分挖掘教师的内在潜力,努力打造优质的师资。

一、"流动"形成良性竞争

2002年7月,原西林小学并入实验小学,2006年9月在松江新城区又开办了新城校区实验小学,目前实验小学是一校三址（人乐校区、西林校区、新城校区）。学校在做大的基础上要做强,必须有一支过得硬的教师队伍。优质的师资必须靠自己去打造,对教师的管理不能局限于常规性的制度约束,更要侧重于建立适合教师成长的环境,找到适合自己发展的位子。

学校一直主张人员必须流动,允许教师选择更适合自己的环境,求得自身的发展。2002年,我们提出了"流动骨干、激活青年、内退休养"的人事管理机制,这一流动机制,首先在校内各校区、各年级教学岗位间实行,随后推行到教学一线与二线间的流动,继而推广到校内外的流动。每学年,学校让每位教职工填写一份"岗位任职意向表",学校根据工作情况,尽量尊重教职工的选择,按意向安排岗位。

为了配合这一机制,学校提出了"同工同酬、优质优酬"的分配制度。这一措施打破了论资排辈的思想,极大调动了中青年教师的积极性,也有利于青年教师的引进，鼓励教师争先创优。在改革学校分配制度的同时，学校加大培养力度，逐渐形成"体内循环"的流动机制，促进了教师队伍的整体优化。几年来学校先后有十多位教学骨干流入，有6位流出到进修学院做研训员或到兄弟学校当校长或副校长，也有十多位教师内部退岗休养或离开了学校。

二、"人本"满足教师需求

以人为本，首先尽量满足教师的发展需求。学校鼓励教师进修，帮助教师设计职业生涯，举办"自我规划与教师成长"主题系列研讨会，并制定"教师自我发展规划"，定位在引导教师的专业发展上，让教师进一步明确自我发展的目标，学会规划自己的教育生涯，在教育实践中不断地去体验生活的快乐。

学校建立"导师小组"，采用"一对多"与"多对一"的导师团队形式，按"专兼搭配、功能互补"的原则，依据学校教师"三格"培养（入格、上格、风格）的要求，分层指导，形成合力。

建立工作室，共享成功喜悦。2004年11月23日，学校成立了"名师工作室"，以后又相继成立"青年教师成长工作坊""快乐语文工作室""数学思维研究室"等。成立这些工作室、工作坊、研究室的目的，就是为了让优秀的教师更优秀，并带动更多的教师迈进优秀者的行列，促进师资的均衡，让每个年级组、每门学科都有领军人物，同时鼓励教师弘扬自己的个性，形成自己的教学风格，成就一批有思想内涵与文化品位的教师。今年我校有一位教师被评为上海市特级教师，三位教师被评为市级骨干教师，七位教师被评为区级学科名师、德育名师。

三、"环境"促进专业发展

优化环境，使教师们彼此有共同的目标，共同的利益，共同的语言。

一是以个体与群体的互动营造环境。每个个体都是群体的一分子，优秀的个体能够带动优秀的群体，优秀的群体能够涌现更多的优秀个体。因此，我们有意识地以先进的个体带动整个群体的发展，以群体的发展氛围促进先进的不断涌现。我校结合区首席教师、学科名师、德育名师、教坛新秀及学校首席教师、学科带头人的评选，精心设计，使之成为人人参与、个个提高的过程。我们的主要

关键词五　培育名师

程序：个人申报、公开教学、资料展示、当众答辩、专家面试、命名颁证等。

　　二是以显性与隐性的结合优化环境。在学校环境中，显性的是随处可见的环境对教师产生影响；隐性的是随时感受得到的环境对教师影响。我们以文化育人的理念为指导，精心打造学校文化，构建"善教乐学"的机制，营造和谐的人际关系。

　　三是以他主与自主的结合创设环境。教师专业发展是一个过程，尤其是一个自主发展、自我完善的过程。为实现这一过程，学校要搭建教师工作、学习、生活的平台：一是科研成果转化的培训平台，引导教师成为特色教师；二是课堂教学的展示平台，在课堂教学实践中跌打滚爬，练就过硬的教学基本功，在各个层面展示公开课、研究课、评比课、研讨课等；三是教研组交流整合的研究平台，大、小教研组联动，成为共同学习小组、合作研究的组、互动提高的组；四是能者为师的学习平台，以课堂教学为主要研究领域，以分层分类推进为基本思路，以开发教师差异资源为基本方法，以激发教师自主发展为动力机制；五是专家引领的提升平台，走出去、请进来；六是精神充实的娱乐平台，有计划地组织教职工娱乐、健心健身、外出考察学习、走访慰问等活动，丰富自我，让教师在平凡的工作中体验职业快乐，创造幸福人生，实现自身价值。

（原文发表于《新教育探索》，2007年第1期）

养成提高师能的好习惯

　　提升师能的基础是培养教师良好的专业习惯。2011年教育部颁布的《小学教师专业标准（试行）》，从三个维度阐述了教师专业标准：专业理念与师德，专业知识，专业能力。在实践中我们感受到，学生良好行为习惯的养成需要教师良好习惯的有效引领。多年来我们开展习惯养成教育，从培养教师专业习惯入手，提高教师专业能力。

　　习惯是由他律转向自律的过程，若要形成好习惯，他律的内容和形式至关重要。因此，我校对教师必须要养成的几项专业习惯进行细化，促进教师师能的提高。

一、细化内容

教师专业习惯细化为"六个好习惯"。养成认真备课的好习惯,个人备课要做到超前、高效,集体备课要提出解决问题的思路与方法;养成有效上课的好习惯,关注全体学生,注重学生学习兴趣的激发和习惯、方法、能力的培养;养成善于听评课的好习惯,虚心学习,能按照"四看"(看理念、看目标、看习惯、看效率)的标准认真评课;养成及时批改的好习惯,正确使用批改符号,评语要与指导相结合;养成耐心辅导的好习惯,尊重学生的差异,保护每一个学生的学习热情,及时辅导学习困难的学生和有特长的学生;养成及时反思的好习惯,反思是一种优秀的工作、生活习惯。

反思可以从以下两方面进行。首先要掌握教学反思的基本类型。从内容上说,可写专题反思,即围绕一个特定的专题进行思考和省悟;也可写整体反思,即从整体上把握教学行为的各个方面,突出重点和失误,进行思考和评析。从时间上说,可写即时反思,即在教学活动结束后,立即对教学中的问题、成败等进行反思;也可写延时反思,即在以后的时间段里结合其他教学事件进行综合性评析和反思。其次,要把握教学反思的技巧与方法。一要选好题,要研究自己教学中存在的具体而真实的焦点问题,同时所选的问题应具有应用价值。二要分析透,要评析列举的案例、事件、实录、过程等内容的科学性和局限性,找出产生问题的原因,归纳取得成功的原因。三要体会深,即归纳反思的结论,其包括反思之后的感悟、收获及今后改进的方向。

二、实践思考

就"养成认真备课的好习惯"谈一点思考。

备课是展示教师个性化创造劳动的真实记录,是教学行为和学生学习行为的"点子库"。一节课能上好不是偶然的,它在很大程度上取决于教师的备课。如何备课才能取得事半功倍的效果?

思考一:"三心"相通情理交融

备课是教师和文本的对话、和生活的对话、和学生的对话、和未来的对话。因此,备课时教师的心要与编者、学生的心相通,"三心"相通,才能真正吃透教材,把握要点,用活教法,上出韵味。

关键词五　培育名师

1. 与编者沟通——备"本心"

备课要备根本,离开课标,课堂教学如天马行空,漫无目的,甚至偏离目标,南辕北辙。备课要充分考虑编者的意图,因为编者是以课标为指针,文本为载体的。所以我们要"依标靠本",准确定位,明确教学方向,落实教学目标。

2. 和学生融合——备"童心"

要读懂学生,心中无学生,势必无好课。要考虑学生如何学,了解学生学习的知识点、学习的兴奋点、兴趣的热点、认识的盲点难点等,还要考虑知识点外的情感、态度、价值观、学习习惯等方方面面。

3. 和自己对话——备"慧心"

备课是教师不断和自己对话,不断挑战自我、提升自我的创新过程。备课时我们要经常反思教学目标是否明确,是否发挥了自己的优势、营造了合适的教学氛围,及具体的步骤、策略突破重难点、课堂调控方案、教学资源的挖掘、使用等。如此,在备课中自身的素质、修养才能得以不断提升。

"三心"关系密切,缺一不可。"三心"相通,对人、对文、对目标、对方法才能了然于胸,这是备课最基础的工作。这样既能较好地预设课堂,又能较为从容地应对突发的、临时的生成问题,做到宏观运筹、微观调节,满怀信心去实现从预设走向生成互动的课堂。

思考二:只有深入才会浅出

备课要深入,设计要简明、清晰,要正确把握教材。一要把教材读"薄"——把复杂的问题简单化,把力气花在刀刃上,力求教学思路明确,教学重难点突出,教学板块清晰,教学方法灵活朴实。二要把课文变"厚"——胸怀大气,在课堂上注意人文性和工具性的统一,激发兴趣,拓展思维,培养创新意识和实践能力。多考虑听、说、读、写、算能力训练的各环节,让孩子感悟、体验、静思,并在此过程中感受到学习的快乐,搭建课内与课外、课堂与生活之间的桥梁。

思考三:钻研教材做到"五读"

1. 读教材

教材是教师实施课程标准的基本载体,是课程的核心内容。教师首先应该也必须把当天(或第二天)要教学的内容认真通读,读明白教材的主要内容,明确教材的重点、难点,并对怎样抓住重点、怎样突破难点、如何强化训练等问题要一清二楚,了然于胸。这样才能在课堂中发挥教师的主体作用,深入、全面地与学习主体交流,成为"交互主体",并在此过程中成为真正的"引导者、组织者、促进者"。

2. 读教参

教参是与教材配套的、教师备课用的主要参考资料。读教参时应做到:全册"说明"常读;每课"学习目标"熟读;"教材说明"对照读(对照自己在读教材时的理解);"教学建议"琢磨读;"参考资料"结合读(结合自己查阅到的资料,整合到自己的资料中,能够粗略地介绍给学生)。

3. 读学生

学生是备课要吃透的"另一头",是提高教学方案适切性、针对性和提高教学效率的保障,是备课的核心工作之一。备课时把学生的现状和潜能了解清楚了,才能把教学目标定位于学生的"最近发展区",让学生"跳一跳摘到桃子",才能把学生变成一种有利于教与学的资源加以利用,实现师生、生生间的有效互动,同时教师也在这种资源中获益,实现教学相长。备课时,还要充分估计在学习过程中学生可能出现的问题、可能遇到的困难、可能出现的"独特见解",并在教学中活用这些资源。这样,课堂上才能自在自如,全心对话。

4. 读资料

首先教师要做有心人,注意在日常生活中读书、阅报、上网、看电视、听广播时有意识地搜集与自己学科相关的信息、资料,并归档保存。在课堂教学时恰到好处地运用收集到的信息,不仅能使学生加深对知识的理解和对思想的领悟,还能开拓学生的视野,使其养成广泛阅读、博览群书的好习惯。

5. 读环境

现代课程论认为,课程不仅仅是教材,更是教材、教师、学生、环境四要素之间持续交互作用的"完整文化"。因此,备课时,读环境至关重要,包括教育情境、人际关系(师生、生生关系)、学习氛围、学习习惯、教学设计和设备等。

关键词五 培育名师

备课时,要综合考虑这些环境因素,以采取相应的教学策略,避免盲目造成一头热(教师积极)、一头冷(学生冷淡)使教学失败。

思考四:教学设计做到"五精"

教学设计是在认真研究教材、学生和环境的基础上进行的规划课堂教学的活动,是一个动态的、持续创造的过程。这种规划,既可以以文本的形式呈现,也可以是非文本式的存储于教师心中的架构。

1. 精心设计教学目标

一节教材或一篇课文的教学目标(学习目标)已经在教参中给予提示,教师可以结合自己钻研教材所得,决定是照用还是进行一些调整。需要完成哪些教学任务,达到哪些教学目标?教师得认真思考,精心设计,内存于心。

2. 精心设计教学流程

一节课,怎样导入,怎样过渡,怎样总结,安排哪些环节,哪个环节先、哪个环节后,哪个环节主、哪个环节次,这些环节分别指向什么目标、之间存在什么联系等,教师得认真思考、精心设计。

3. 精心设计课堂问题

新教材在课后"思考·练习"的编排上进行了全面的改进,减少了问题的数量,提高了问题的质量,目的是让学生有更多的时间读书,有更多的时间思考,直面文字,提出自己的问题。激起学生的兴趣,促使学生合作,引导学生探究,培养学生的创新精神。

4. 精心设计方法指导

这里的"指导",主要是指导思、示范和讲解。导思,即引导思考,例如引导学生认真读书,在书中寻找,并用自己的语言表达答案,引导学生在独立思考的基础上与同学讨论,分享各自的思考成果,引导学生向人请教或查阅有关资料等。示范分范读和范答。范读:语文课教学时可以由教师进行范读,创设情境、激发兴趣;感情朗读时,范读让学生模仿、学习;体验时,范读引发学生展开联想、想象。范答:当学生对问题的回答众说纷纭、模棱两可时,教师说说参考答案,引导学生再思考,提高学生的思维与表达能力。讲解:学生理解不对、理解不深的地方要讲解——做到准确、精练、生动,如教材涉及的相关人物故事、相关常识等,应适时、适当地讲解。

5. 精心设计练习

事实上,大部分作业已经由编者和有关人员设计好了,"思考·练习""积累·运用"等。如果教师能够在认真钻研教材时根据自身及学生的实际设计一些"自己的作业"或者对"思考·练习"进行改进,当然很好,但必须做到形式活——口头的、书面的,操作演示和查阅资料相结合,还要做到内容精——具有指导性、开放性、创造性,允许学生选择等。当堂练习,当堂反馈。

总之,教师的备课贵在实效,贵在创新,贵在永不满足的自我追求。学校不断推动和引导教师形成良好的专业习惯,实现教师专业素养、专业能力的自我提高。

(本文为作者于2013年8月在新调入教师培训大会上的报告)

关键词六　健康心理

关键词六

健康心理

　　德育的根本任务是培育人格，形成德性。我从1989年起在仓桥中心小学开展农村小学生心理健康教育，后到实验小学（包括三校区）进行"发展性学校心理辅导"，再后来进行了构建"三理整合、和谐发展"校本德育新模式的实践，对心理健康教育有些体会。生理、心理、伦理是人赖以生存、发展的重要因素，也是人实现社会化的基础。"三理整合"的核心是心理，前提是生理，归宿是伦理。身心健康发展的终极目标就是学会做人。正如著名教育家陶行知所言："千教万教教人求真，千学万学学做真人。"我们践行"三理整合，和谐发展"的校本德育新模式，旨在将德育主题的确定尽可能集中一点，德育内容的选择尽可能离学生实际近一点，德育活动的组织形式尽可能生动活泼、新颖、有趣一点。21世纪初，我把十多年研究心理健康教育的实践成果应用于实验小学的"三乐"教育之中，落实到"二期课改"的"三维目标"上，运用情感心理学理论，指导学生由"乐中学"内化为"学中乐"，丰富了"三乐"教育的内涵。在第三实验小学进一步构建了"三为"教育的框架，为培育学生的健康人格奠基，让学生真正感受到健康成长是幸福，不断超越自己是幸福，克服困难同样是幸福，从而体现了学生既有三理全面整合的效应，又有个性化的道德与心理的行为表现。

让青年教师在和谐的心理环境中迅速成长

随着社会不断进步,对教师的素质要求也越来越高,特别是对青年教师要求更高,随之也出现了青年教师的心理困惑。在实践中我们体会到,和谐的心理时空是青年教师健康成长的关键。对此,我们从以下三个方面进行实践。

一、有计划地进行自培

几年来,学校将青年教师培养工作作为学校工作重要内容来抓,不断地进行自我培养。

首先,领导转变观念,主动参与。学校主要领导亲自抓,组成了由青年教师为主体的心理健康教育的师资队伍。多年来,我们投入了经费,创造条件,学校多次派人参加市级培训班,聆听市内及香港等地著名专家学者的报告。学校组织教师参加相关心理咨询活动,先后去上海徐汇中学、曲阳四小、七宝中学等参观、学习、取经,还邀请专家来校举办讲座,已有多位青年教师取得"心理辅导初级合格证书"。

其次,培训骨干,提高青年教师的心理健康水平,加强教师自身的人格修养。为此,我们开展了一系列自培活动。

1. 了解心理奥秘,提高心理素质。我们以黄世雷的《教师心理健康及其对教育的影响》、陈仲庚的《人格心理学》和马绍斌的《心理保健》等为主要教材,组织教师们学习,大家一致认识到,心理健康者的最突出特点就是"接受"。接受自我,接受他人,接受自然,接受生活现实。

2. 发挥市、区级骨干教师作用,加强培训,帮助青年教师在转变教育观念的同时,掌握有关心理健康知识与技能。经过学习、培训,大家感悟到:首先,教师是普通人,他应当具备普通人应有的良好的心理特征,包括自尊、自信和较好的自控能力等心理品质,这是首要的、不可缺少的;其次,教师不仅仅是普通人,他还应当具有健康的教师心理。有了这种心理,他才会"爱生心切、育才心切",把对理想事业的追求化作深沉的爱倾注在学生身上,才会严于律己,时时、处处注意自己的表率作用,以自己的行为影响学生。

二、有目标地进行科研

多年来,我校对心理健康教育与整个教育过程相结合进行了有效实践,构建了政治思想工作和心理辅导合作领导班主任的工作模式,取得实效。为了使心理健康教育工作上一个台阶,进一步探索心理健康教育深入教学主渠道课堂教学,我们成立了科研小组,学校主课题为"课堂教学中的心理健康教育"。围绕中心课题,设若干子课题,教研组有重点课题,人人有教改课题。目前,我校青年教师中有市级课题4个,区级课题6个,校级课题32个,创设科研环境,促进青年教师成长。

1. 形成科研氛围。首先,我校培养出一定数量的,具有较强科研能力、业务水平的,在校、区有一定影响和知名度的骨干教师,并通过他们之间的互相影响,形成一种科研氛围,涌现了一批青年骨干教师,均具有较强科研能力。在区第七届科研成果评奖中,我校获一等奖1项,二等奖3项,三等奖4项,学校被评为"市科研先进学校"。其次,学校成立了教育教学科研组,请各科教学骨干担任研究员,提出学习理论、参加科研活动等具体要求。再次,选送中青年教师到高校硕士课程班进行学习,使他们具备发展的后劲。

2. 开展科研活动。青年教师围绕学校实施素质教育的中心课题,具体研究课堂教学,注意"三个带进",营造良好的课堂教学氛围。

一是把激情带进课堂,即教师要以饱满、高昂的激情和良好的心境上好每一堂课,以自己的激情去激励学生的情感。

(1) 善于控制情绪。教师必须有一个"自得其乐""自消烦恼"的良好心理基础。一方面不把自身的消极情绪带进课堂;另一方面对课堂里学生的偶发和突发事件不动怒,有协调与控制自己的情绪,并在较短的时间内拿出较好的意见和方法作应变处理。

(2) 气氛要活跃。情意共鸣沟通,信息反馈及时。如一青年教师在教学《穷人》第二部分时,巧布疑阵,以"桑娜推开西蒙家的门看见了什么,他又是怎样想的?"诱发学生学习的动机,随后出示:找一找文中就什么内容作了圈画;想一想为什么圈这些内容;议一议对这些内容可提出什么问题。师生情感得到交流，课堂气氛更加活跃。

（3）语言要精练、科学，充满感情，具有感染性。通过语言文字的理解和运用，陶冶学生的情操，丰富学生的情感。如指导学生读书，特别是指导学生朗读，培养、丰富学生的语感，反复吟诵，使学生逐步产生一种体验和感受，达到"活化"。

二是把微笑带进课堂，即教师要进行"微笑教学"。在教学过程中，一方面，教师带着愉快的心情看待每一个学生；另一方面，教师的一个笑容、一个眼神、一个动作、一句话、一种语调都要表达对学生的爱心和期望，让学生在轻松愉快的心境中增强理智感，提高学生主动性，发挥其创造性。

三是把趣味带进课堂，即教师在教学中根据教材的趣味性，注意应用现代教育技术，使教学过程充满生机和情趣。展现客观场景，深化主观感受；展示变化过程，揭示基本原理；化静为动，唤起学生主动参与；鼓励动手操作，培养创造能力等。我校为青年教师推出教学示范课，开展教学评比课，出版教育教学专刊，为青年教师开设教改论坛。

三、有效地建立教师管理机制

我校不仅开展青年教师心理保健知识讲座，让青年教师掌握常见心理问题的自我调节方法，而且改革教师管理模式，变程式化、事务型的管理为人性化的管理，以更贴近人的心灵世界，更贴近人的职业心态。就学校管理而言，运用多种方法促进青年教师成长。

1. 换位思考法

学校领导改变原来只注意工作怎么分解、任务如何落实的管理模式，换位思考，置身于被管理者的位置，就更能体会到教师的甘苦，研究教师究竟在怎样的心态下接受任务，抱着怎样的心理完成这项任务，他们是否感受到完成任务的压力与快乐等。这种做法可拉近领导与教师的心理距离，使更多的教师愉快地完成学校的各项工作任务，让更多的教师感受到成功的乐趣。正如我校一名青年教师说的那样，"当我作为一年级的老师，年复一年，教一批又一批的孩子懂得'加、减、乘、除'的时候，我不会感到单调乏味、心烦郁闷，而会感到无尽的乐趣，甚至还会发现其中具有某种崇高的意义。"可见，在他的眼里，太阳每天都是新的。

2. 倾听交流法

学校领导要学会倾听,善于组织交流沟通。平时多倾听青年教师的反映,善于从与青年教师的交流中获取有价值的信息,了解青年教师在想些什么,需要什么,他们为什么高兴,为什么困惑,为什么焦虑等。如就如何推进"二期课改",在打好课堂教学攻坚战的教改中,对课堂教学中的"三个带进",领导倾听青年教师看法,并组织教改论坛——"让课堂焕发出生命活力",青年教师的真知灼见赢得了领导的肯定和赞许。学校领导只有成为青年教师的知心朋友,才能使校长正确决策与指挥,也才能激发青年教师的工作热情和创造力。

3. 成就激励法

激励就是激发人的工作动机和行为的心理过程。学校领导要善于搭台子、铺路子,让每一位青年教师都有尝试成功的机会和显露身手的空间;要充分肯定青年教师的热情与创造;要积极引导青年教师立足岗位成才,在平凡中求创新。例如,学校组织青年教师们上党课,积极引导青年教师向教育劳模学习,弘扬敬业奉献、奋发进取精神。组织他们开展"岗位做贡献,奉献在校园"的青春立功活动,举行"学生在我心中""让学生最爱上我的课"的专题教育活动,举办现代教育思想报告会、青年教师教育思想漫谈会等一系列教育活动,使青年教师不断满足更高层次的需要。近三年来,我校青年教师写入党申请书的有16人,发展新党员8人,培养校级干部3人、中层干部5人,评聘小学高级教师2人。

4. 适度宽容法

学校领导要根据青年教师的特点,创设民主、宽松的管理时空,特别要能宽容青年教师成长过程中的不足,要学会赞赏每位青年教师的特长和优势,从而让他们看到自身存在的价值,激励他们跟懒散、脆弱、自卑等心理问题作斗争。在工作实践中,我们认识到,越是激励、越是赞赏、越是适度宽容,不但不会纵容他们的缺点,反而使青年教师加深了自我反省的意识,会使他们对自己的人格品德及业务素质等方面的自我完善的愿望更强烈。他们往往会自加压力,把外部管理要求内化为自我发展的客观需求,以更加饱满的精神、充沛的精力、健康和谐的心理走进课堂。

经过努力,我校成了教师专业化发展的基地、名优教师成长的摇篮。在2000年我区"绿叶工程"评选中,我校独树一帜,评选出区级名师1名、导师2名、学科带头人7名、教学能手10名。

(本文为作者于2002年1月在上海市中小学心理辅导协会上的交流发言)

在学科探究性学习中促进学生人格发展

当前"二期课改"的核心是学生学习方式的变革,是接受式学习一统天下局面的打破,探究性学习的兴起和发展,不仅在课外和校外,而且在学生学习的主要时空——课堂之中。课堂教学对学生人格的形成和发展必将产生巨大的影响。我们所研究的学科教学中的探究性学习,是指将探究性学习视为一种与接受式学习相对应的学习方式,强调学生主动探究、自主学习、发现问题和解决问题,基于问题来建构知识,而且注重学生的情感、意志、态度与价值观的培养,使学生获得全面和谐发展。如何在学科探究性学习中引导和发展学生的人格。我就这一问题谈一些看法。

一、人格教育与小学生人格的发展

人格,即个人的心理面貌,个人的意识倾向与各种稳定的心理特征的总和。心理学上也常常把人格等同于"个性",社会学、伦理学则把人格看作个人的道德行为倾向的总和。我们用人格来表示人的发展中最基本最重要的心理特征和行为品质。

人格教育是全部教育活动的出发点、最终目的和归宿。人格教育不是不重视知识的传授,而是要求在知识传授的同时更着力于引导每个学生认识自己,认识自己作为人的价值,是一种人性教育,是要求每一个学生先把自己当人。正如马克思所喜欢的一句格言:我是人,凡是人的一切特征我无不具有。

学校人格教育主要通过教学、活动、师生关系和学生的自我教育等进行实施。儿童处于人格发展的重要时期,一般认为,儿童期是心理和行为方式形成

关键词六　健康心理

的敏感期、关键期。0至6岁儿童自我意识开始启蒙;6至12岁儿童行为习惯的养成具有重要意义;10岁左右儿童性格开始形成,而至16岁左右独立人格基本形成。小学生正处于自我意识迅速发展,主体人格开始形成的重要发展时期,因此必须重视人格的形成、完善和发展。如何帮助小学生学习和适应社会是儿童发展的敏感问题,我们认为,健全的人格有助于对环境的适应与克服,有助于优化学生的学习心理结构,有助于以积极的心情去面向生活,面向未来。

二、传统学科教学对人格发展的影响

教学的基本任务是学生知识建构与人格健康发展的整体统一。然而,我们深切地感受到在传统学科教学中,以教代学、以教为考、把学生当作知识的容器的现象严重阻碍了师生双方心智的发展以及良好情感、意志的培养。传统课堂教学的教师的主要职责是"传道授业解惑",学生的任务主要是记住老师所传授的知识,课堂教学"满堂灌"或"满堂问"的现象也不足为怪了。教学划一的外在目的代替了教学的内在目的(实现学生主动地学习和建构主体精神),忽视了知识的科学建构,忽视了知、情、意的协调一致。教师的教掩盖了学生学的活动,学生的心智、技能、主体性不能得到充分发展,学生精神世界严重被压抑。究其原因:一是教育观念还未真正转变,要改变教师每天都在进行着的习以为常的教学方式、教学行为,其艰难性是不言而喻的;二是缺乏对学科教学本质的了解;三是支撑学科教学的科学理论没有引起足够的重视;四是教学评价的不足。学科教学机械、沉闷或形式上互动,缺乏智慧的挑战和自身本质力量的确认的现状,阻碍了人格健康发展。

革除传统学科教学的弊端,还学科教学以本来面目,从生命活动需要的高度和动态生成的富有活力的角度来重新认识课堂教学的性质与任务,重新认识教师在课堂教学中的任务与角色,要求按学生主动学习、潜力开发和多方面发展需求满足的目标在广泛、有质量、积极参与的一般原则指导下设计课堂教学的活动模式。把课堂还给学生,让课堂焕发出生命活力。

三、在学科探究性学习中促进人格发展的途径与方式

如何在学科探究性学习中发展学生人格?建构主义知识观为学科教学改

革提供了新的观点。知识并不能简单地直接由老师传授给学生,必须经学生自身已有的知识和经验主动地加以建构和获得。这一新的知识观为教与学带来了新的思考。情感教育心理学激活了课堂教学。情感教育心理学是指在情感心理学的基础上,根据教学需要,进一步发掘、揭示在教学活动中的某些情感规律,以便教学工作者能在教学环境中充分发挥情感的积极作用,为提高教学效果服务。学科教学既是一个知识不断积累的过程,又是文化涵泳的过程。建构主义学习理论的建立与情感教学心理学的加入,建构起学科探究性学习的教学模式——更新教学观念,改变教师的角色与教学行为;转变学习方式,建立和形成发挥学生主体性的多样化的学习方式。它可以从根本上革除传统的学科教学的弊端,一方面关注知识的建构;另一方面关注情感、意志品质、良好个性的培养,从而促进学生的人格健康发展。

1. 在良好的师生关系中发展学生个性

健康人格发展应建立在良好的师生关系的基础上。作为教师,首先应对学生未来的发展高度负责,自觉改善师生关系。按照教育人本论的要求,改善师生关系,应从尊重学生做起。要关心、理解、信任每一个学生,尊重学生的兴趣和爱好,公正、平等地对待每个学生;以极大的热情和信心鼓励暂时后进的学生;以教师的尊重和信任成为学生克服困难、健康成长的动力;以教师的赏识点燃学生智慧的火花;以教师的宽容与热切的期待激活学生的心灵。促使学生主体精神的发挥,是培养健康人格的关键。其次,教师要创造条件,努力缩短与学生之间心理上的距离,建立起友好、宽容、理解的心理关系,形成有利于教育活动的心理环境,在良好的关系中让学生的人格得到健康发展。

2. 在探究性学习中展现学生个性

学科探究性学习目的是改变学生的学习方式,重视培养学生主动探究、勇于发问、积极思辨、不畏艰难的良好个性,使学生的人格得到良好的发展。

课堂的活力在于探究,探究的本质在于创新。创造能力的开发与培养是现代教育的根本任务。这不仅是个体完善发展的基础,更是现代化社会发展的需要。人的主体性是学生身心成长与发展的原动力。在学科探究性学习中,培养学生的主体人格,让学生想创新、敢创新、爱创新。

(1)让学生想创新。在学科教学中,首先要唤起和培养学生的创新意识,点燃学生想创新的思维火花。一要呵护学生创新的灵性,就是学生的学习积极性和自觉性得到真正的呵护和调动;二要提高学生的参与率,参与的时间要充分,参与的形式要多样,要参与教学全过程。

(2)让学生敢创新。鼓励学生质疑问难,给学生一片探索的空间。学贵有思,思贵有疑。凡是学生能够自己学、自己想的,放手让学生自己去做;凡是能使学生撞击出智慧火花的地方,教师想办法为其提供机会。如此一来,学生的疑问也就自然地产生了。最初学生的疑问往往是零散的,浅层次的,这就需要教师做好引疑工作,使学生能将疑问设在重点难点处,设在新旧知识的结合处。生疑还须解疑方有长进,我们的教师在教学中能注意帮助学生对疑问归类整理,让学生凭借掌握的知识自己解决或在合作学习小组里讨论解决。教师在此基础上,根据学生的需要解惑。在教学中注意引导学生探究那些牵一发而动全身的关键性问题,并根据学生的接受能力,适当加大难度,设置困境,给学生一片探索的空间,这样才能使学生的智慧不断增长。

(3)让学生爱创新。爱创新,以创新为荣,以创新为乐,是创新人格的重要特征。在课堂教学中培养的创新能力,要体现四个"尽量":一是尽量让学生观察,二是尽量让学生经历知识产生过程,三是尽量让学生想象,四是尽量让学生运用。这样,学生在课堂教学中,才能体验参与的快乐、思维的兴趣、创新的愉悦。

3. 在开发潜能中完善学生个性

随着脑科学研究的发展,越来越多的科学发现证明:人体内潜存着大量未被开发利用的能力。如何将这些潜能有效地化为可供人运用自如的能力,应该是教育义不容辞的责任。正如富尔在《学会生存》中说的,在当代"人们愈益要求教育把所有人类意识的一切创造潜能都能解放出来"。

如何利用教育手段来有效开发人的潜能、发展学生的个性？我们认为:乐学是开发人的潜能、发展学生个性的有效手段。

现代心理学告诉我们,轻松愉快、乐观的良好情绪,不仅能使人产生超强记忆力,而且能活跃创造性思维,充分发挥心理潜力。实践证明,在心情愉快,精神放松的状态下学习,人的潜能可以得到一定程度的开发。这在现实生活中已经存在着大量的例证能够印证这个问题。

在国际教育界引起巨大震动的洛扎诺夫教学法(亦称暗示教学法)的第一个原则,就是要使学生感到学习是一种快乐。正是在此原则的指导下,他的实验取得了惊人的效果。据说他对1300名一年级学生进行实验,每周上课五天,不留家庭作业,用一年时间学完了两年的课程。用他的办法实验,可使初中一年级学生一天学会50—100个外语词汇,甚至有的人能用24天时间学会一门外语。这充分显示了乐学在开发人的潜能方面的重要作用。我校十多年来,实践乐学教育思想,有效地开发了潜能,发展了学生的个性。我们注重以下两个方面的实践与研究:

(1) 让孩子们在欢乐中学习

儿童的智慧潜力是很大的。兴趣是焕发智慧潜力的内部动力,有兴趣,才能带来独立的学习过程和发展学习能力,兴趣越高,学习负担越轻,能力发展越快。正如杜威所说:"兴趣总是一些隐藏着的能力的信号。"我们引导学生乐学,不仅仅把一切归结为兴趣,因为学习毕竟是艰苦的劳动。我们的目的是由儿童的兴趣出发,把他们引向爱学、会学、好学的乐学境界,从而使其焕发出更大的学习兴趣。从克服困难中获得成功,从成功中品尝到甜头,品尝到学习的快乐。为此,我们学校通过多种途径与方法,帮助孩子们在学习中凭自身力量不断取得成功,哪怕是点点滴滴的学习成功,对那些"困难生"都会构成巨大的动力,并成为获得个性发展的起点。

(2) 让孩子们不断发现自我

我校是上海市首批"二期课改"基地学校,我们提倡探究性学习方法。从低年级到高年级,在可行范围内尽可能为孩子们的独立探究开辟广阔的领域。现代儿童的心理特征之一,是喜欢独立观察、操作和读书,喜欢通过个人或集体探索发现某种知识。2002年6月10日《文汇报》第9版的教育专版内,全文刊登了由文汇报社、上海环保局、上海市环境教育协会等单位联合主办的"我身边的环保"全市中小学生征文竞赛中的三篇特等奖作品,其中一篇《生命之

关键词六　健康心理

水》以独特的视角获得了小学组唯一的特等奖。该文的作者就是我校六(2)班的张依琢同学。通过独立探究取得成果会给孩子带来最大的欢乐,教师要善于帮助、指引他们去依靠自身的努力争得这种喜悦。

他们之所以喜悦,从表面上看仿佛只是因为发现了新知,实际上更重要的是由于他们同时也发现了新的自我——发现自己的智慧和经历一番困难之后赢得的"我的胜利"和"我的价值"。这里,孩子们的欢乐,不单是学习上的欢乐,而且变成人格上的欢乐,本质是对个性的自我赞赏,是发现自我存在的价值。

（本文为作者于2003年4月在上海市心理辅导协会的交流发言）

新课改背景下教师积极情绪的调适

新课改的实施,关键在于教师。营造快乐、饱满、振奋的情绪状态,是教师实施新课改的有力保证。本次新课改,不仅要改变教师的教育观念,而且要改变教师每天都在进行着的习以为常的教学方式、教学行为,其艰难是不言而喻的。从这个意义上讲,在实施新课改中教师存在着一定的心理困惑。

一、教师心理不适的表现

1. 思维定势的依恋感

新课改对教育教学改革提出了全新的要求,要求教师在教育观念、教学方式上都要有根本性的转变。但是在课改实践中,教师往往陷入思维定势,自觉不自觉地拿着课改新教材,走着传统教学的"老路",具体表现为:一是权威定势,教师往往受权威定势影响极深,认定教参或名教师的教案就是正确的而无需更改的,并常常据此轻易地否定学生中的不同观点;二是从众定势,不少教师常将示范课、公开课作为自己教学的框子,束缚了自己应有的个性;三是经验定势,教师的思维广度往往被经验的狭隘性所束缚,甚至部分教师可能会引发某种痛苦的情绪,这种情绪如果没有得到有效的调适,极易产生对改革信念的动摇,甚至出现抵触情绪。

2. 新型师生关系引发的不适感

新课改倡导的新型师生关系以民主、平等、和谐为特征,给师生关系带来了革命性的变革。如在知识接受领域,师生之间成为平等的对话伙伴和合作者。新课程强调对学生的尊重、赏识,但并不意味着对学生要一味表扬,有的教师对新型师生关系还没有理解透彻。在伦理道德领域,教师须走进学生中,走到公共舆论中。在实际改革过程中存在的偏差,可能使教师得不到学生以及家长起码的尊重,或感到不公等,使教师面临着严峻的心理适应过程。

3. 自身素质缺失的焦虑感

新课改对教师在知识结构、思维方式、教学能力以及教学手段等方面都提出了新的标准和要求,要求教师能处理一些跨学科的知识,具有创新精神和创新思维方式,具有驾驭多种教学方式的能力等。参与课程改革的教师备课难度大,精神压力较大。对此,不少教师深切地感受到由于自身素质的缺失将难以适应改革的要求,产生焦虑感。研究表明,过大的压力会促使教师出现种种心理不适,在教学中变得无效、无能,更谈不上积极性、主动性以及教学潜能的发挥,直接影响新课程改革的实施。

二、教师积极情绪的调适

关注教师的心理困惑,给予教师关怀,确保教师以健康、积极的心态参与新课改,显得极为重要和迫切。在传统教学中,有不少教师没有意识到自己教学过程中的情绪状态对学生的影响,也就没有考虑过应使自己在教学中保持怎样的情绪状态为最佳的问题,这一切似乎都处于自然起伏状态。教师情绪对整个教学气氛的影响很大,甚至影响教学效果。

1. 教师在教学中的主导情绪状态

教师在教学中的主导情绪首先是快乐的。快乐的情绪不仅对学生的学习活动有促进作用,对教师的教学活动也有相应的促进效能。一旦教师的教学积极性提高,教学水平得到较好发挥,学生的某些需要便能在教学中得到满足而产生快乐情绪;由于情绪感染有互动性,学生的这种快乐情绪,又会通过情绪的感染功能影响教师,进一步促进教师的快乐情绪,由此形成良性循环,导致师生共乐的教学气氛。这种快乐的教学气氛是师生共同创设、共同享受、共

关键词六　健康心理

同调节的,而教师在其中起着主导作用。正如夸美纽斯指出:"是一种教起来使人感到愉快的艺术,就是说,它不会使教员感到烦恼,或使学生感到厌恶,它能使教员和学生都得到最大的快乐。"

其次,教师应始终保持饱满、振奋的情绪状态。教师在教学中良好的主导情绪,不仅仅是快乐的,而且还是饱满和振奋的,甚至在必要情况下,带有某种程度的激情高涨的情绪表现。唯有这样,才能更好地感染学生,使学生的情绪也兴奋起来,整个课堂气氛也随之充满应有的生气和活力。

2. 教师在教学中的自我情绪调节

那么教师怎样调节自己的情绪,使之在教学中处于快乐、饱满、振奋的主导状态呢？

（1）建立积极情绪的背景基础

一个人的主导情绪,也就是经常表现出来的情绪状态,是性格特征在情感方面体现,更多受性格的内层结构——对现实态度的性格特征的影响。对教师来说,只有对人生抱着正确、积极的态度,才会以乐观、振作的情绪格调生活在社会上,活跃在课堂里,为教学中最佳情绪状态的保持创设积极的情绪背景基础。我校根据办学目标与办学特色,实施"三乐"教育(乐学、乐教、乐管),经过十多年的实践与研究,取得了良好的效果。近两年来,以课题引领课改,于2001年建立市级课题——"学科教学中探究性学习的研究"。我们对在基础型课程中实施探究性学习进行积极探索,给"三乐"教育赋予新的内涵:善教乐学、优化管理。通过教师善教、乐教,引导学生步入乐学境界。让学生以乐促学、学有探究;让教师以乐善教、教有研究。

要使教师善教、乐教,学校要努力创设一个良好的融洽的氛围,让学校成为一个大家庭,让学校中的每个人都获得成功。而要做到这点,关键在于有效开发和激活学校的人力资源,充分挖掘全体教职工的潜力,最大限度地发挥教职工的工作积极性和主动性。

一是把每一个人调适到适当的位子；

二是信任每一个人,放手让他们去做；

三是为每一个人提供学习和发展的机会。

新教师是一个特殊的群体,他们的观念新、冲劲足、期望高,但实践经验缺乏,根据这一情况,在1—5年间,进行入格培训,建立带教制。中青年教师是学校的中流砥柱,他们具有较丰富的教学实践经验,需要提供较高层次的学习和宽广的发展天地。老年教师的教育教学经验最丰富,但他们需要知识与观念的更新,方式和方法的优化,学校经常有意识地将他们融合到中青年教师中去,一方面,让他们在与青年教师的共同奋斗中,发扬传统,传递经验,体验自我价值;另一方面,更新知识与观念,感受活泼与年轻,拥有希望与追求。

(2) 形成情绪转变的内动力

建立积极的情绪背景基础,并不能完全防止教师情绪的波动。教师也是生活在现实社会中的人。在学校里是教师,在社会上还承担着各种其他社会角色。也会面临各种矛盾、冲突,也有各种琐事、烦恼缠身。我们不能企求每一位教师总能在生活中保持乐呵呵的情绪,但我们要求每一位教师在走进教室后,能把一切烦恼暂时抛在脑后,全身心投入教学活动,实现情绪的转变。正如赞科夫所说的那样,"教师也应当这样:来到学校里,他整个的人就是属于儿童,属于儿童的教育事业。"如何实现情绪转变,保持积极的情绪状态,使之成为教师一种特定的职业习惯?我校从以下三方面入手:

其一,引导教师正确地认识自我,愉悦地接纳自我。

愉悦地接纳自己,牢固树立"天生我材必有用"的信念,帮助教师找到自身发展的生长点,增强自信心,给自己确定适当的人生目标。有了目标,才会自觉地去修身养性,实现人格的提升;才会刻苦地钻研业务,努力做一个学生欢迎的好教师;才会舍得无私奉献。适当的目标,能使人的生活和活动有方向、有重心;适当的目标,能使人获得成功,而这种成就感会使人更加珍视生活的意义,珍惜自我的价值,从而使生活更充实,以合乎理智的勇气去追求新的目标。

其二,帮助教师保持健康的心理状态,增强自我心理调节能力。

教师在进行课堂教学时应该有愉快的心境,热烈而稳定的教学情绪。课堂教学是一种教师与学生之间心智和情感交流的过程,教师在教学中的情绪状态,直接作为课堂心理气氛感染着学生,影响着学生的思维和情感方式,对

关键词六　健康心理

学生的心理品质起着潜移默化的作用。同时,健康的心境和情绪能使教师准确地把握教学内容,实施教学计划,合理地把握课堂管理,并能有效地通过观察学生的学习情绪来调整自己的教学计划,优化课堂心理环境。因此,教师不仅要明确什么是良好的课堂心理环境,而且要能面对自己的心理状态进行有效的自我调节。这就对教师自我心理调节能力提出了较高的要求。

其三,创设良好的心理环境,建立成功的激励机制。

每一位教师个体都生活在群体之中,每一个群体都有自己特有的心理现象,如舆论、士气、情绪、气氛、风尚、从众现象等,这些因素构成了个体的心理环境。心理环境与个体心理是相互制约的。积极向上的校园文化,会对教师个性的心理起到潜移默化的作用。"绿化、美化、净化"的校园,会使人感到心旷神怡;团结和谐的人际关系,积极、高昂的士气,则会使人产生亲切感和进取心。我们经过多年努力,创设了良好的心理环境,建立了成功的激励机制:一是引导教师"常乐";二是要求教师保持"平静";三是激励教师进取向上,让教师满意自己的工作,追求工作上的成就。

(原文发表于《心理辅导》,2004.3)

探寻新课改背景下的"生活德育"新路

2004年2月,中共中央国务院下发了《关于进一步加强和改进未成年人思想道德建设的若干意见》,之后不久,教育部部长周济在教育部学习贯彻中央的这一意见视频会议上的讲话,不仅进一步明确了德育在学校工作中的首要地位,同时也提出了结合新一轮基础教育课程改革探求提高学校德育绩效新路的要求。

过去,学校的道德教育比较普遍存在的误区是忽略了学生"生活世界"的真实意义,缺少学生的需求,缺少让学生真实感动的活动,导致了道德教育的封闭性和防范性,而未能积极大胆地激励、引导学生创造新生活。因此,我认为,着眼于学生的"生活世界",改进学校的德育工作,让道德教育回归学生生活,回归真实世界,让德育散发出生活的馨香是提高学校德育工作的针对性、实效性和主动性的重要举措。

一、理论支点：回归生活世界

综合各种证据，我们有理由确定，回归生活是21世纪学校道德教育改革与发展的价值取向。要从根本上消除传统道德教育的积弊，构建有魅力的道德教育，就必须回归生活世界。20世纪初，胡塞尔率先提出"生活世界"这一概念之后，海德格尔、赫勒、哈贝马斯等人从新角度阐发了传统对生活世界的遗忘，和当代哲学回归生活世界的迫切性，为道德教育的改革与发展奠定了新的哲学基础。生活世界是一个动态的、活生生的人文世界。上海"二期课改"的目标是围绕人的培养目标来设计和确定的，无论是课程的功能、结构还是内容的改革都把学生作为一个"人"提到了重要位置。我们倡导道德教育回归生活，主要基于两个理论支点：一是道德发展只有通过人们自己的生活才能实现；二是回归生活的课程才是真正综合的。在这种新的课程理念下，我们认为只有从真人、真事、真话入手，才能使课程改革真正传达国家和民族的核心价值观，为未来社会培养身心健康的建设者与接班人。

二、基本内容：指导三种生活

回归生活之后，道德教育内容的侧重点主要是强化生活中基础性的道德知识、道德能力和道德智慧的培养，这主要渗透在以下三个方面的具体指导之中。

1. 学习生活

在校学习是学生主要活动之一。学校道德教育要帮助和引导学生明确其学习目标，并将之具体化、层次化。要培养学生积极的学习心态，提高其学习的主动性、积极性。积极的学习心态是学生学习、激发创造力的内在动力。积极的学习心态包括自我意识、动机、情感与情绪、态度和价值观。它既有心理活动，也有精神活动，这是过去经常忽视的领域。要帮助学生学会学习，建构多元化的学习方式，引导学生把学习与自己的发展成才和祖国的前途命运联系起来，增强其学习的动力和坚持力。

2. 交往生活

当代学生基本上为独生子女，学习、生活节奏加快且更趋紧张，人际间直接接触减少,人际交往问题越来越突出,出现了不敢交往、不会交往的问题,严重影响到学生的心理健康和个性发展。为此,学校道德教育应积极承担起指导学生交往的任务,在指导学生学习有关人际交往基础知识的同时,注重培养和锻炼他们的交往能力,引导他们勇于和善于建立平等友爱、互帮互助、开放宽容、诚实守信的良好人际关系,为自身的健康成长和社会的稳定发展做好人际储备。

3. 日常生活

在物质生活比以前大大充裕的今天,以怎样的方式进行消费和养成怎样的生活习惯,成为摆在当代学生面前的新问题。学校道德教育在坚持生活化价值取向的基本前提下,要向学生传授现代文明生活方式的有关知识,应主动关注、研究和增补有关少年儿童生活中典型、敏感和棘手问题的内容,指导其以勤劳节俭、自尊自爱、量入为出的方式生活,引导他们体验这种文明健康的生活方式并养成良好的生活习惯。

只有让学生置身于丰富多彩的日常生活世界之中,对他们学习、交往和日常生活方式等作出具体指导,学生才能够感受到鲜活的世间乐趣,感受到道德修养的实质性提升,体验到如海德格尔所描绘的"诗意人生"。

三、实施模式:道德体验

道德教育必须从道德知识传输的老路上走出来,构建道德体验模式。从道德教育运行过程看,要使道德教育取得实效,必须顺利实现两个转化过程,即把教师所传递的品德规范信息内化为学生的品德信念,又将学生的品德信念外化为具体的品德行为。若要顺利实现道德的内化和外化,必须促发学生的切身体验。在实施道德体验模式时,最主要的是有效组织道德实践活动,有效创设富有感染力的真实道德情境。实践是道德体验的场域及主体性生成的基础,同时是道德体验深化、发展的动力。道德体验不仅在实践中产生,而且在实践中发展,实践建构着主体的精神世界。

如我校开展"三理整合、和谐发展"的校本德育,努力寻找传统道德与现代道德的结合点,经过两年的实践,"三理整合教育"首先以"尊重"为主要内容,点击道德教育的切入点。"尊重",指尊重人的尊严,尊重人的基本权利和责任,尊重人的价值,尊重人在自身发展中的主体地位。一句话,就是把人所赋有的权利和责任还给人自身。"尊重"教育就是营造民主、平等、和谐、相互促进的适宜学生发展的教育环境,培养学生"尊重"的意识和能力。

我校的"尊重"教育所涵盖的内容归纳为五个方面:尊重自己、尊重他人、尊重社会、尊重自然、尊重知识。具体为:

1. 尊重自己,强调"自立"

我们将"尊重自己"作为"尊重"教育的起点,其教育内容包括:

认识自己。我是谁,我从哪里来,我要到哪里去?在"尊重自己"教育活动中,创设了平等对话的环境,学生、家长和老师一起,共同感受生命,体验生命。

接纳自己。由于受遗传和后天环境、条件的影响,每个人都有自己的优点与不足。接纳自己,首先要承认并尊重现实,接受现实中的"我",还要善待自己。

维护自己。每个人的基本权利都应受到尊重,每个人都有权捍卫自己的人格尊严。人格是自己的脊梁,尊严能使人高尚起来。

发展自己。发展要靠自己。我们把培养自立的精神和能力贯穿于"尊重自己"的整个教育过程中,促进学生自我意识的发展。

2. 尊重他人,强调"平等"

尊重他人,并不是失去自己。是基于平等,在彰显个性基础上的对他人人格尊严的尊重,实际上是"开放的我""自立的我"的延伸。"尊重他人"的教育内容是:平等待人、诚实守信、善于助人、宽容大度等。

3. 尊重社会,强调"规则"

人的权利和义务最起码的体现就是树立规则意识。遵守规则是尊重社会的底线,因为这是法制社会的基准。其教育内容为:遵守规则、维护权利、承担责任。

4. 尊重自然,强调"和谐"

拓展道德教育的内容,把生态道德教育放到重要位置。我们将保护、爱护环境和学生自身文明修养结合起来,通过活动培养学生的环境意识,提高学生的文明素质。教育学生以一个开阔的"人"的胸襟来关注、保护和爱护环境,从

关键词六　健康心理

我做起,从身边小事做起。

5. 尊重知识,强调"探索"

创造并不是无中生有,创新能力的形成不仅需要有知识做支撑,还需要求实求真的科学态度和勇于探索的科学精神。我校是首批上海市"二期课改"实验基地学校,结合我校的市级课题"学科教学中探究性学习的实践研究",侧重于培养学生的探究精神,呵护学生每一点带有想象力的精神,鼓励学生独立思考,引导学生自己发现问题,解决问题。

道德体验是把外求与内求有机结合的内外交融的道德教育形态,强调在把人看成完整生命存在的基础上,实现认知和情感的协调、融合,促成外在的教育与激发学生的内在德性成长需要的整合,凸显道德教育的时空性、渗透性、实践性、主动性和内在性,才能体现道德教育的实效性。"生活德育"伴随着学生的生活,是充满教育情境的实践者的德育,在教师的指导下,让学生用自己的亲历去感悟,用自己的情感去体验,用自己的头脑去判别。总之,只有在学生的生活世界中、在学生的现实遭遇中,在学生内心世界的价值冲突中,才真正蕴藏着宝贵的德育时机,才能够真正开掘出学生道德品质生成与确立的源头活水,"生活德育"应成为学校德育的价值追求。

(原文发表于《松江教育》,2005 年第 5 期)

融三理　重技艺　讲和谐

学校有计划、有目的地对学生实施书法艺术教育始于 1990 年学校创办初期,至今走过了三个阶段,从开始的"注重文化传承,加强技艺训练"到"开展课题研究,优化教学过程"直至今天"融三理、重技艺、讲和谐",随着"二期课改"全面推进,学校在被评为首批上海市艺术教育特色学校的基础上,进一步突破,用心用情、用智慧挖掘书法教育新内涵,不断实践研究,拓展了办学新思路,提升学校品质。

一、"三理"整合、书法育人

2002 年,学校确立了"三理整合,和谐发展"的教育理念,将这一理念体现在书法教育中。"三理"是指生理、心理、伦理。我们认识到生理、心理、伦理是人赖以生存、发展的最重要因素，也是人实现社会化的基础。在教育过程中，将三个因素整体协调、相互渗透，以学生的心理健康发展为核心，以学生的生理发展为基础，以学会做人为归宿。

在这一理念引领下，学校书法教育的道路越走越宽。我们参加了全国教育科研"十五"规划课题项目"美术教育促进青少年的心理健康的实验研究"的子课题"书法教育促进青少年的心理健康的实验研究"。我们请华师大艺术系的周斌、心理系的桑标教授来校作讲座，讲析书法教育与心理健康的相关前沿信息。我们根据学生生理、心理特点研究优化教法，让学生收获到技艺之外的诸多情感体验。我们在课内外充分挖掘书法的育人功能，做到三个结合：

1. 书法教育与德育相结合

学校紧紧围绕"育人"这一目标，进行爱国主义教育、行为规范教育、审美教育。如我校开展的养成教育"十个好"——上好课、说好话、读好书、写好字、走好路、吃好饭、扫好地、行好礼、护好绿、做好操。我们在课内外学生的作品创作中有机渗透，让练字内容发挥潜移默化的教育作用；我们在书法训练过程中重视让学生养成对学习对工作一丝不苟的态度和良好的行为习惯，养成坚忍不拔的意志，勇敢地面对困难和挫折；我们在让学生评价欣赏中感受书法特有的美，提高审美能力。

2. 书法教育与环境建设相结合

营造怡静、雅致的校园文化。校园环境是隐性教育的大课堂。校园里一个个精心设计的小景，都洋溢着浓浓的艺术气息，处处都是学生展示书法才能的天地。在各校区的楼道内，悬挂着书画社成员的作品，并定期更换，为校园的书法特色增光添彩。学校文化墙的创意，让原本单调的围墙成为校园一道亮丽的风景线。师生在潜移默化间接受着中华民族特有的精神和理念的熏陶。

3. 书法教育与各类活动相结合

激发学生对书法艺术的乐趣和兴趣。学校每年举办校园文化艺术节，开展弘扬祖国传统文化的主题活动，如"醉白池杯"首届学校师生书画展、

"云间杯"——"迎香港回归"长卷书画展等。2004年5月18日下午,松江区实验小学承办的华亭老街文化之旅少先队现场观摩活动在这里拉开了序幕。"探文化之源,扬民族之情"的师生书画展给社会各界留下了深刻的印象,一幅幅格调清雅的书法作品,抒发了队员们对源远流长的中华民族文化之爱,把书法艺术的审美力、表现力、创造力发挥得淋漓尽致。

二、重视"技艺"、优化教法

各年段每周一节的书法课由专职书法教师担任,着重指导学生在楷书的笔画、结构两方面进行"技"的训练和"艺"的领悟。多年来,书法作为学校的一个重点项目,被列项为区优秀项目,进行了多项课题研究,书法研究成果获区教科研评比二等奖,多篇文章发表在市级刊物,出版了书法校本教材《楷书入门》。自觉的教科研行为,使书法课在保持自身特点的基础上能紧跟课改理念,如现在书法课中普遍采用的"体验式学习法"使书法教学成效显著,曾获上海市教学评比一等奖和二等奖。现将书法教学中的体验式学习法简述如下:

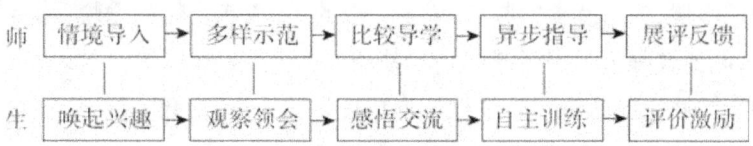

1. 情境导入,唤起兴趣

情境导入就是教师根据每课内容的特点,通过语言的生动描绘、实物的直观演示、学生的表演展示、电教的恰当渲染等方式创设一个个生动活泼的场景,激发学生体验的兴趣。如在《瞧这一家子》课堂教学中,学生一进课堂便发现黑板前背向他们站着八位同学,一种强烈的好奇吸引住了他们:这八位同学干什么?然后,通过课题了解他们是"钩的一家子"(八种类型的钩),待到"八个钩"——转身乐滋滋地向大家打招呼时,学生的情绪达到兴奋状态。

2. 多样示范,观察领会

多样化示范是关键:教师、学生都可以正确示范,也可以辨析不当之处,供大家"会诊",比较研究。总之,每一堂课根据所授内容的不同,进行不同形式的示范,成效显著,也活跃了课堂气氛。

3. 比较导学,感悟交流

比较导学,即组织学生把自己尝试所得和教师示范作比较,或和其他同学的尝试所得作比较,以引导他们进一步的学习。在这一过程中,尝试训练是重点,把这个"异"在尝试后的相互提问、交流中展示出来,会使教学内容更加丰满,学生受到的启迪也会更多。

4. 异步指导,自主训练

教师直面学生能力的差异,开展多层次、多方式的指导,以求人人获益。组织"小老师"和其他同学一起互助学习,结合学生的自主训练,使学生训练产生最优效果。发挥"小干部""小老师"作用。当然,教师在巡视的同时,对个别困难学生再加以细致关心,也是必须的。在这潜移"墨"化的过程中,独立自主与相互协作相结合,必将会使学生产生多重体验。

5. 展评反馈,评价激励

评价既是对学生学习结果的体验,更是对学习过程中诸多体验的交流,或知识点的掌握,或情感上的收获,或某一点的感悟,或合作的愉悦,均可作为评价内容,改变教师一锤定音式的评价法,让尽可能多的学生参与评价,教师相机引导,鼓励学生的评价,促使他们形成良好的心态,自我悦纳,体验发展。就其形式而言,有自评、互评、小组评、全班评等。

三、挥毫和谐　硕果累累

十多年如一日的书法教育研究与实践,使翰墨氛围在校园中日趋浓厚。教师书法沙龙、"三乐"书画社的定期活动,全校教师的"三笔字"(毛笔、钢笔、粉笔)比赛以及教师书法展示专栏等为爱好书法的师生提供了切磋技艺、和谐发展的平台。近五年来师生在"敏之杯""交通安全书法赛""上海市少年儿童书法展""尚德杯""大场杯""真彩杯""樱花杯"等较为规范的书法比赛中获奖、入展五十多人次。师生多次与"日本福冈三潴町"开展中日书法交流。学校的两名专职书法教师在锻炼中均已成长为上海市书法家协会会员,他们的书法作品频频在市级乃至全国级展览中亮相。我校把教师书法作为教师基本功训练的一个重要内容,书法教育成为校本课程,先后出版校本教材《楷书入

关键词六　健康心理

门》、师生作品集《书画乐》《翰墨情》等。

　　书法教育展示了她特有的魅力,师生在挥毫和谐,收获成功的同时,学校的和谐发展也迈出了新的步子,上海市科研先进学校、上海市行为规范示范校、上海市德育工作先进集体、上海市艺术教育特色学校、上海市文明单位等荣誉的取得,使学校的品牌得以提升。

　　十七年的坚守与创新,使书法教育正成为我校特色中的品牌,品牌中的亮点。我校的书法写字教育正体现在"三乐"教育办学目标之中,融入于课程教材改革之中,为师生发展创造条件,搭建平台。十七年的书法写字教育,取得了初步的成效,但比起兄弟学校还有较大的差距。敬请各位领导、专家、同仁多提出宝贵的意见,加以指导。我校以"上海市书法教育实验校"为契机,百尺竿头,更进一步,使书法这一"无色而具图画的灿烂,无声而具音乐的和谐"之艺术教育,在校园中放射出更加璀璨的光彩。

（本文为2007年5月上海市书法教育实验学校评审主旨报告）

积极心理支持下对小学生探究性学习指导的策略研究

回眸:我们的探究从这里起步

　　我校关于小学生探究性学习的研究与实践已有近六年时间,2002—2004年在市级课题"小学学科教学中探究性学习的实践研究"的引领下,全校教师聚焦课堂,通过教师探究性地教,实现学生探究性地学,积累了大量案例,并总结了各学科的探究方式,在2003年10月的全市校长专业委员会研讨活动中获得专家与同行的肯定,该课题成果获第八届上海市科研成果评比三等奖。

　　之所以将小学探究性学习指导策略与心理支持的研究联系起来,是因为根据我们掌握的情报来看,国内鲜见将探究性学习与学生的心理协同发展相提并论的具体研究,更未较深入地考虑以心理学理论来支持探究性学习指导策略的制定。国外心理学中尚没有一个与探究性学习相对应的术语。

　　我们所研究的小学生探究性学习指导策略,是指将探究性学习作为一种学习方式,以小学各学科教学的课堂为主阵地,以课外活动为补充延伸,教师在组织引导小学生参与探究、实现探究实效的过程中充分考虑小学生身心发展、知识掌握与心理支持三者的平衡所制定的探究性学习指导策略。

解读:我们的研究内容

研究之一:五大心理品质支撑小学生的探究性学习

探究性学习的性质和小学生的年龄特点决定了成功开展探究性学习需要相关的心理品质的支撑。

一、自信是探究性学习的基础

自信是对自己的能力作出客观评价的心理品质。表现为正确地评价自己的长处和不足,对自己所从事的学习和事业充满必胜的信心和不可动摇的信念。

二、好奇是探究性学习的欲望

好奇心指人对自己所不了解的事物觉得新鲜而感兴趣的心理现象。依据思维科学理论,好奇心是创造性人格形成的一个重要构成因素,是创新能力形成的一个基本条件。因为创造性思维产生的基础就是对事物感到新鲜而有趣,据此才能产生强烈的探究欲望和创新的心理要求。再从心理学角度讲,好奇心对主导动机的形成和积极的情感体验都有极其重要的作用。探究性学习需要学生对探究对象深感新奇而有趣。学生在对某项知识探究之前,首先认识到此项探究的意义和价值,通过探究能解决哪些实际问题,提高哪些能力。认识到这几点才能形成探究动力,也才能在探究中有所发现,有所突破。

三、情绪是探究性学习的潜能

心理学理论指出情绪是人对客观事物所持态度的体验,往往由面部表情或身姿表现出来。积极的情绪对人的行为起促进作用,有助于主观能动性的正常发挥,从而加快预期目标的达成。消极的情绪对人的行为造成消极影响,不利于能动性的发挥。如果一个人情绪长时间地处在消极状态,势必导致情绪障碍,对学习和工作产生负面效应。教学中教师要引导学生善于调节自己的情绪,学会控制激情,使情绪相对持久地保持在稳定而积极的最佳状态。

探究性学习容易使学生的情绪发生波动。当探究进展顺利并取得显著成绩时,情绪就乐观。当探究遇到阻力陷入困惑或不见成效时,情绪就低落。一旦情绪低落下来,就会影响探究的潜能迸发。从此心灰意冷甚至动摇信念。

四、意志是探究性学习的支撑

意志是人在行动中自觉克服困难,以达到预定目的的心理过程。意志品质表现为自觉性、果断性、自制性和坚持性。意志对一个人目标的实现起支撑作用。一个人目标再明确,外在条件再充足,主体如不付出一定的意志努力,目标也不过是水中月、镜中花。意志在目标与现实之间起支撑作用。探究性学习是艰苦的,需要付出意志力,因为探究性学习没有现成的答案供参考,没有他人的经验可借鉴,只靠探究者将头脑中储存的信息与新接受的信息进行有序有效的整合,在整合过程中发现两者之间的异同,以此作为突破口,意志努力的过程,是探究性学习持续发展的动力性支撑。

五、耐挫是探究性学习的桥梁

挫折造成逆境,探究性学习中的挫折指的是探究学习中受到的阻力和失败所产生的烦恼和失落感。这阻力与失败来自主、客观两方面:主观方面是因为学龄段的关系,学生资历浅,经验不足,思维空间相对狭窄,头脑中储存的信息表象有限,加之心理承受能力偏低;客观方面是由探究性学习的特点决定的,在对未知领域的探究中总会有阻力和失败,不会一帆风顺,关键是教育学生在阻力和失败面前要鼓足勇气,增强自信心,创造克服挫折的有利条件。

研究之二:四大心理障碍影响小学生探究性学习

一、惰性心理

有些同学完全依赖老师课堂讲解,思维惰性大,思路狭隘,不愿动手做实验和动脑思考问题,满足于固有的思维模式,受固有的方法框框约束,只能套用知识,不能灵活运用知识,只能模仿,不能创新,思维僵化,"满堂灌"教法和"套路式习题"是产生惰性心理的温床。

二、畏惧心理

看到复杂问题或较难问题就不敢想下去,担心自己的想法是错误的,不敢大胆创新,不敢进行"猜想",这种畏惧心理是培养创造性思维的大敌。

三、趋同心理

探究性学习不仅重视获得问题解决的结果,更注重学习者的创造性与主体性人格的培养。提倡学生在探究性学习中要有自己的独到见解,能自主发现问题的存在,能针对同一种问题提出自己不同的看法,从多角度、多侧面去分析问题、解决问题,提高学生的学习能力。而小学生受认知水平和鉴别能力的限制,在开展探究性学习的过程中往往会受"趋同心理"的制约,从而限制了学生自主学习能力与探究能力的发展。

四、思维定势

在学生的自主学习中,由于受到年龄因素、心理特征和先前经验的影响和制约,在自主学习的过程中会被课题中的一些表面现象所困扰,忽视条件与问题之间的整体联系,往往沿着固定的思路去分析和思考问题,产生思维的定势。在探究性学习中,思维定势有可能会使学生陷入旧框架的泥潭,难以发展学生的创新思维。

研究之三:在积极心理支持下的四大指导策略应用于小学生探究性学习及其成效

我们引导教师在课题引领之下,自觉地把学习方式的转变与心理健康教育密切结合进行研究,及时化解学习方式转变过程中可能产生的心理问题,顺利达到探究性学习的目标,不至于在心理问题产生以后,甚至累积为心理障碍后再去解决而为时过晚。我们将学习方式的转变与心理支持进行共时性研究,以期提高小学生学习和心理发展的水平。

一、和谐课堂　乐学促进善学

我校的心理健康教育追求的目标是:心理健康教育达到"随风潜入夜,润物细无声"的效果,即围绕"和谐沟通,活力课堂"而展开心理健康教育,探索实践"和谐沟通的课堂教学"。

"和谐沟通的课堂教学"就是以积极的人性观为指导,以学生的成长发展

关键词六　健康心理

为中心进行教育教学,通过师生和谐沟通来优化课堂教学,在活动、体验、感悟中实现"二期课改"的目标,尤其是态度、情感、价值观的落实。和谐沟通不只是语态的,还有神态的、体态的、心态的,一种心灵的和谐沟通。这种优化应达到"随风潜入夜,润物细无声"的境界。具体注重以下四个方面的实践与探索。

1. 教学风度优雅,达到三个美的呈现

教学风度是教师人格魅力的外在表现,是教学言谈、举止、态度的和谐统一,是一种功能美与形式美的统一。它表现为教师教学时的表情、姿态、形体、容貌、语言状态及其体现的精神。据调查,小学生欢迎的教师教学的优美风度是:神态美,微笑可亲、自信闲舒;体态美,潇洒飘逸、激情自若;语态美,激励有力、妙趣横生。要求教师力争具有神态美、体态美和语言美的和谐、优雅的风度。

2. 教学心态平衡,坚持三个基本信念

做到教学心态要平衡,必须坚持三个信念:一是以身作则,这是基于"我如何对学生,学生就会以同样的方式对待我和他人"的信念,最重要的是对学生一种"发自内心的尊重",一种"真诚的沟通"。二是邀请合作,这是基于"学生乐于学习的,合作学习是学生的基本需要"的信念。三是注意表达,这是基于"爱心、关心、耐心是学生向师心的根本"的信念,实现移情、融情,积极提高和谐沟通的课堂教学语言的技能和艺术水平。

3. 教学内容协调,注重"三个带进"

学校积极开展"五步曲"教学实践活动,即设想或归纳一种小学探究性学习的指导模式,整理或编写一组本年基本学科可运用该探究性学习指导模式的教学内容,设计一个符合探究性学习指导模式的教学方案,进行一次教学实践活动,撰写一篇案例研究报告。教师在选择、增删、整合教材时,要注意内容的协调,保障情境、体验、价值观要求的实现。要倡导营造师生互爱的课堂心理环境,注重课堂教学中的"三个带进",即把激情带进课堂,把微笑带进课堂,把趣味带进课堂。

我们认为,探究性学习重点应落实在"学习"上,而并非落实在"研究"上。对学生而言,研究问题本身的大或小并不意味着什么,引导学生对问题的关注与兴趣，养成思考、大胆探索的习惯，才是探究性学习的价值追求。

4. **教学过程优化，体现"四共"活动模式。**

思维共进。让教师与学生在教学中从思维的目标、内容、方法到思维的过程和结论，互启互促，合拍一致。在实践中，我们认识到，要真正使教师与学生的思维达到共振，关键在于师生之间互相信任，熟悉彼此的思维特点，在磨合的基础上达到默契。

情感共鸣。积极创设良好的课堂氛围，让师生的情感通过互感、互动、互移，达到一种高度一致的状态。

智能共发。在优化教学过程中，让学生的智力和能力共同发展，即学生智能共发、教学相长，重在创造力的培养。

个性共扬。俄罗斯教育家乌申斯基说："教育教学是教师的个性与学生的个性之间的影响过程，教师一刻也不能忽视个性问题。"我们的教师发扬自己的个性，遵循学生身心发展和教育教学的规律，促进学生个性的丰富和发展。我们鼓励学生在学习中有独立见解，要求教师给学生以方法指导。让课堂教学变成激发学生兴趣的催化剂，变成激活学生想象力和创造力的及时雨。这正在成为我校教师在"和谐沟通，活力课堂"教学实践中追求的课堂教学"效益观"。

二、激疑导学　问题驱动探究

苏霍姆林斯基说："在人的心灵深处，都有一种根深蒂固的需要，这就是希望自己是一个发现者、研究者、探索者，而在儿童的精神世界中这种需要特别强烈。"创设问题情境正是为了满足学生的这种需求。教师精心设计一定的问题或情境并提供相关学习材料、动手实践的工具、解决问题的思路和方法等，使学生面临某个迫切需要解决的问题，引起学生的认知冲突，使其感到原有知识不够用，造成"认知失调"，从而激起学生疑惑、惊奇、差异的情感，使学生在"愤悱"的状态中产生一种积极探究的愿望，集中注意，积极思维。因此，我们所追求的课堂教学是以问题情境来统领整个教学过程，学生在教师创设的情境下，通过观察、分析、讨论，产生学习新知的积极心理取向，学生自己去发现问题、提出问题，再通过师生合作筛选问题、分析问题、解决问题，培养学生的问题意识和学习探究能力。

要使学生产生问题意识,在具体的探究性教学过程中,教师应具备如下三种意识:

1. 对象意识。在教师眼中,每个学生都应是有个性、有特点、有思想的鲜活个体。这就要求教师要善于观察,了解学生的发展倾向、特长、爱好以及学生已有的知识和能力水平,甚至还要了解学生的家庭状况,以做到"心中有数""心中有人"。另外,既然学生有意识,会思考,那么教师就应该相信学生的智慧和能力,应放手让学生大胆地提问、大胆地假设。

2. 环境意识。罗杰斯认为,"心理的安全"与"心理的自由"是创造的两个条件。教师要为学生创设一种自由、民主的氛围,以激发学生的思维。为此教师要做到:保护学生的好奇心和探索性行为,不反对猜测,特别是具有一定道理的猜测;对学生所犯的错误要以宽容的态度设法消除学生的恐惧心理,鼓励学生不断思考、实践;尊重学生,使学生在决定探究什么问题时有真正的发言权;鼓励学生大胆创造和想象,不能因为学生提出一个在你看来是不切实际甚至荒诞的问题就否定甚至嘲笑学生;教师可以充当"未知者"和学生一起探究,这不仅减轻了学生的压力,激发了他们的兴趣,而且增强了师生互动,同时也改变了传统教学中无视学生主体,直接向学生提供定义、解释概念、给出答案、陈述结论的单向、枯燥的知识传递方式。

3. 激趣意识。心理学认为,兴趣是带有情绪色彩的认知倾向,它以认识和探索某种事物的需要为基础,是推动人去认识事物、探求真理的重要动机。在探究性教学中教师应该怎样去激发学生的兴趣呢?首先,提供相互矛盾的事件,呈现令人困惑的问题情景使学生产生"认知失调"或"认知冲突",从而引发学生的兴趣,激发他们强烈的好奇心和求知欲;其次,切实帮助学生克服初始阶段的困难,稳定学生的兴趣;最后,培养师生之间积极的情感互动。

三、多元合作 差异成为资源

常说的合作学习指的是学生在小组或班级中为了完成共同的任务而进行的有明确责任分工的互动性学习。在我们研究的探究性学习中,合作可以产生在师生、生生乃至亲子间,合作互动产生的多种信息,也是课程的重要资源,这是奥斯本智力激励法给我们带来的启发:一部分人在一起相互启发,填补知识空隙,从而引起创造性设想的连锁反应,产生众多创造性设想,这就是差异所带来的探究性学习资源。在这种多元合作的过程中,不同对象之间的合作要获得成功都需要一定的心理支持。

1. 师生合作,教师角色要转换

探究型课堂实施的一个基点是放手让学生自主探究,是对学生主体地位的确认和充分肯定。在师生合作过程中,教师应尽量将自己的角色定位如下:

(1) 教师要扮演编剧、导演、平等的参与者

在课内外探究性学习中,教师必须对活动过程进行设计和组织,此谓编剧;教师又必须组织好学生的学习活动并使学生明确活动的目的与意义,提供活动的社会与生活背景,要像导演给演员说戏一样让学生进入角色,通过学生自己的表演完成相应的活动,此谓导演。教师在活动中做的是设计者和组织者的工作,真正的演员是学生,教师只是一个平等的参与者。

(2) 教师要扮演倾听者

教师应鼓励学生自由思考、标新立异,哪怕是看似荒谬的见解也不应全盘否定;应引导学生尽可能以已有的学习、生活经验为基点来形成假说,当学生对自己的见解很有把握时,应允许他们按照自己的见解形成假说。在实际教学中,有时因为教师介入过早(学生还没有充分地自主探究足够长的时间),使学生失去了本可以"发现"的机会;有时因教师介入过晚,以致于学生过久处于无助状态。在活动中重要的是给学生以适时适宜的帮助,使学生的思维得到及时启发,创造机制得到启动。

(3) 教师要扮演心理医生

在探究型课堂中,重视学生的内心世界,让学生有话敢说,消除师生间的心理紧张气氛,让学生把求新知、喜探究的天性发挥出来。当学生的主体地位得到充分体现时,相应地对学生认知程度和心理水平也提出了更高的要求。

2. 生生合作,成员间相互依存

生生合作是指相对稳定、人数不多的为共同目的而结合的学生联合体之间的合作。个人在小组中受小组的影响,可以产生三方面的心理效果;小组归

关键词六　健康心理

属感、小组认同感、小组支持。

（1）明确的责任分工

在小组合作学习中,各小组应有明确、具体的任务,应有合作学习的目标,并明白各自应该承担的角色,掌握各自所分配的任务,分工明确,责任到人。设置合作学习小组长和异质分组是为了促进小组成员之间的合作,在角色分配中,每个小组可以民主推选组织能力强、学习基础好的学生担任组长,可将学习有困难的学生定为每组的副组长,以利于调动他们的积极性,促使他们迅速地进入良好的学习状态。我们可以通过分发表格,使每位组员清楚自己的任务,并努力使本组的活动获得好评。

（2）适当的角色轮换

学生在小组中的角色可以而且应该经常轮换,使小组成员有机会担任不同的角色,明白各个角色所应承担的责任和义务,以此增强合作意识和责任感。同时,各小组成员应形成一个利益共同体,发展为一个整合的学习资源共同体。

（3）共同的学习目标,小组的目标应成为小组成员共同努力的方向。小组成员不仅要努力实现小组的共同目标,而且还要理解这一共同目标,在认识上达成一致,最终把共同目标转化为小组合作成员的内在需要和自觉的行动。

3. 亲子合作,与孩子共同成长

（1）蹲下身子倾听孩子的心声

家长与孩子,犹如在一起奔跑的长跑选手,只不过父母在这个时候奔跑的速度要快于孩子,并且现在的确是跑在孩子的前面。但放眼望去,离终点还甚为遥远,家长还不能以胜利者的姿态来居高临下地点评孩子,而是应该蹲下身子,用孩子的视角来对待孩子的问题。让孩子愉快地和父母完成探究合作,家长首先要尊重孩子的好奇心,允许孩子提问。家长要学会这样一句话:我真喜欢你爱提问题! 把孩子的探究问题当作家庭的要事与他共商而不用敷衍了事的态度对待,会让孩子增添从事这项探究活动的兴趣和信心,使他们有一种心理安全感。教育家洛克早就说过:"他们得到了心爱的自由,这对于他们就是一种不小的鼓励。"

（2）发挥榜样作用

抓住家庭或家庭外的可以探究的事物，鼓励孩子自主探究，在与孩子的合作探究中遇到困难时，家长要表现出有决心、有恒心、有毅力，为孩子树立一个好榜样，让孩子知道，做任何事情都要付出巨大的努力，没有辛勤的付出就没有成功后的喜悦。

（3）掌握合作尺度

我们让孩子在家庭中聘请父母担任自主探究问题任务的辅导员，辅导员的责任是协助、指导，而不是包办代替。因此，父母与孩子在共同探究中还应分清承担探究任务的责任主次，父母应看重与孩子共同探究的过程，而不仅仅只注重探究的成果，越俎代庖的结果只能加重孩子在学习上对父母的依赖，失去探究和培养创造力的意义。

四、合理评价，激励维持动机

1. 重视形成性评价

学生在追求学习目标、完成学习任务的过程中，如果能及时得到反馈，即让他们及时知道自己学习的结果，能明显地激发积极的学习动机。

2. 适当开展竞赛

这是激发学生学习积极性的有效手段，小学生在竞赛条件下比在平时常态条件下往往能更加努力学习。竞赛中，由于小学生有着很强的好胜心，总希望争第一，得到老师的表扬，利用这种竞争心理可以使学生学习兴趣和克服困难的毅力大增。

3. 重视合作学习的评价

把个人之间的竞争变为小组之间的竞争，把个人计分改为小组积分，把小组总体成绩作为奖励或认可的依据，形成组内成员合作、组间成员竞争的新格局，使得整个评价的中心由鼓励个人竞争达标转向共同合作达标。合作学习理论的"不求人人成功，但求人人进步"的理念，以及以小组总体成绩为评价依据进行认可和奖励的做法，有利于我们走出竞争教育的怪圈，实现教学评价的科学化和导向性。

关键词六　健康心理

4. 加强日常的鼓励性评价

教师鼓励性评价能增强学生的自尊和自信，激发学生的探究兴趣，使主动追求成功达标。和谐的师生关系是鼓励性评价的基础，教师要全面关注不同层次、不同类型学生的各种心理需求，要善于发现学习困难生的闪光点，及时鼓励他们在原有基础上取得进步，对各方面素质较好的学生，应鼓励他们向更高目标努力。赞扬每一个学生的每一次成功，教师的语言要真诚、中肯，鼓励和赞扬都要发自内心，要新颖独特灵活多样，满足学生求异求新的心理，要恰如其分，不过分夸张。

5. 运用延迟性评价

迟延性评价是美国创造学家奥斯本倡导的"智力激励法"的一条原则，其基本要求是在产生各种设想的过程中，暂时不要对设想进行评论，以便参加讨论的人能在和缓、自由的气氛中畅所欲言，互相启发，在有限的时间内提出数量众多的创造性设想。

6. 巧用自我评价

由于探究性学习有别于传统的接受性学习，因此，探究性学习的评价也有其特殊性。在探究性学习评价方面，我们关注的不是问题解决的结果，而是学生探究问题、解决问题的过程以及过程中所产生的丰富多彩的情感体验，关键在于改变学生的学习方式。评价的对象有时针对学生个体，有时针对课题小组；评价的内容包括参与的态度，收集、整理信息的能力，人际交往和合作精神，成果的表达等；在评价方法上，更关注情感体验，重在自我评价。

（原文获上海市第四届学校心理健康教育科研成果一等奖）

学会倾听　善于沟通
——让我们共同走进孩子的内心世界

在父母给孩子提供了越来越丰富的物质条件、越来越大的生活空间的今天，孩子们快乐的时光却越来越少。最近一次调查表明：小小孩童"郁闷"多，

78%的孩子感到不开心,原因很多,其中因为父母责怪甚至训斥而不开心的占到15%。调查人员认为,家长不正确的教育方式成为孩子郁闷的"罪魁祸首"。63%的孩子不愿求助父母。孩子们不快乐,可他们不愿意向父母求助。这一方面表明现代少年儿童的独立意识在增强,另一方面也表明对父母的认同感在减少。这样的情况在另一个问题中有更突出的显现。72%的孩子在做作业的时候,不希望父母坐在身边。79%的孩子认为父母对自己的成绩和名次有着严格的要求。如何改变这一状况,我认为:

一、更新观念,让孩子敞开心扉

1. 信息化社会

面对信息革命和全球一体化浪潮,信息产业、多媒体、英特网、知识经济、信息高速公路、数字化生存、宇航技术等新词语及其附带的新概念、新观念乃至新的世界观占据着人们的视野,冲击着人们的头脑。每一天,人们都在感受着它们,从无到有,从小到大,从少到多,从说起来新鲜、陌生到耳熟能详……信息革命的时代,知识经济的时代已经到来。我们的共同感觉是地球变小了,所谓地球村、全球化、世界一体化等已经不仅仅是说词,而是我们身边真真实实发生的事情,这就是我们生存的世界。

当今信息化社会,两代人同时实现社会化。通过问卷调查得知,学生的信息接受量是教师的6倍。

2. 教育与课改的应对

国际21世纪教育委员会在报告《学习:内在的财富》中阐发了四种学习应当成为21世纪人们教育的四大支柱:学会求知、学会做事、学会共处、学会做人。

美国弗里德曼《世界是平的》一书中关于21世纪"必备的知识",讲到三点:一是在平坦的世界中首先需要培养"学习如何学习"的能力——不断学习和教会自己处理旧事物和新事物的新方式;二是激情和好奇心,不管做什么事情,拥有激情和好奇心永远都是一大优势,有一句话刻到美国每所学校的入口处——没有人会比一个拥有好奇心的孩子学习更努力;三是和他人友好相处,你必须喜欢别人,你需要擅长和别人打交道。

关键词六　健康心理

全国与上海新课改推进中先进的理念：以学生发展为本，培养学生创新精神与实践能力；知识与技能，过程与方法，态度、情感与价值观，三类课程实施，三维目标的落实。

3. 了解孩子

一个孩子从呱呱坠地到长大成人，是一个从幼稚到成熟的发展过程。我们要抓好人生成长四个关键期，即受教育最佳期：2—3岁，婴幼儿的自我反抗，是先有动作技能的发展，如抓、握、翻身、爬行等动作，后有言语的发展；6—7岁，入学阶段，幼儿从玩到有责任的学，以具体形象思维为主；11—12岁，童年期，抽象思维活动逐步增加，相当于小学阶段，在这个时期，生理发展相对稳定、平衡，身高、体重的增长都比较均匀，脑的机能正在完善，感觉知觉方面、视敏度（指在一定距离内辨别细小物体的能力）增长了；17—18岁，青春期，是从儿童发育到成人的过渡期，是生理上发生急剧变化的时期，这一时期生理上最重要的是性成熟开始，这一时期的生理、心理的发展都接近成熟，观察力、记忆力、想象力、思维能力都发展到接近成人水平，开始形成理论思维，情感丰富，心理定势形成，正确的人生观、价值观形成。

4. 寻求孩子的认同

如不少家长担心自己的孩子因为玩电脑游戏而耽误学习，而他们的对策就是一味打压、禁止。家长的这种行为极易使孩子产生抵触情绪，慢慢地双方关系越来越冷淡。如何获得孩子认同，家长既需要改变自己的心态去接纳身边的人，也需要改变自己的行为，去让身边的人接纳。家长们不妨和孩子做朋友，尝试和孩子一起玩游戏，拉近与孩子的距离。

二、学会倾听，了解孩子的心声

如何教育子女，许多父母都会碰到诸多问题，但正如美国著名心理学家史坦堡博士所说，大多数父母都凭直觉养育子女。他认为，如果父母能够更清楚而正确地了解哪些教养方式行得通，以及为什么行得通，他们的直觉将会愈来愈准确，也更有能力面对为人父母的特有挑战与喜悦。从事儿童与家庭研究三十年期间，史坦堡博士发现，某些教养的原则与健全的儿童发展之间关联密切，这些原则普遍适用于所有家庭，无论收入、种族与家庭形态。有四条基本的原则;父母的作为很重要,父母会对子女产生重大影响,孩子并不只是基因的产物;制订规则与约束,规范孩子的生活,处理因规定而引发的冲突;帮助孩子培养独立性,帮助孩子在做决定时仔细考虑,不要轻易为子女做决定;确立教养子女的目标,鼓励孩子朝正确的方向发展,帮助他们成为有能力、有责任感、有安全感和有爱心的人。

我认为,家教成功至少有两点。一是家教成功不取决于父母的学历,更不取决于父母的社会地位,而取决于父母的现代教育观念、科学养育子女的方法、健康的心理素质、良好的生活方式与习惯的平等、和谐的亲子关系。二是教子成功经验,家长自己发展与孩子成长同等重要,以身作则,言传身教,做出榜样。父母送给子女最珍贵的财产便是父母自身的美德,父母更应为人师表。

善于交谈者首先要有倾听的本领,倾听是成功交谈的基础。听人谈话不仅要用耳朵,还要有感官反应,例如眼睛、心灵、头脑等要有积极的反应。

首先,倾听表达了对对方的尊重和理解。当听别人说话时,对方说了一半,如你已理解意思了,而此时脸上表现出不耐烦的样子,或者开小差、两眼呆滞,或心不在焉地看其他东西,这样会使对方不高兴,有损于对方的尊严。因此,当听别人讲话时,要专心致志地凝视对方,始终保持饱满的精神状态,用点头或重复别人话的方式来表示呼应,使对方感受到你对他的尊重与重视。有人把倾听叫做"纯洁的魔术",因为它是使自己与他人友好相处、建立深厚友谊的有效途径。

其次,倾听显示了人的机智。有一次,瓦尔特·惠特曼和一位朋友在大街上散步,惠特曼停下来与一位陌生人交谈起来,期间,惠特曼垄断了对话达20分钟,对方几乎没有开口的机会。他们分开后,惠特曼转向他的朋友说:"这是一个机智的人。"惠特曼说得有道理,倾听确实会使人变得聪明起来。因为你注意听对方的每一句话,不漏掉一个字,足以证明你的机敏。正如有人说的,一个傻子绝不会有足够的理智意识到别人的话多么有价值和多么重要,因而不会给予密切的注意。美国一位全国一流的汽车设计师曾说过"为了在汽车制造业中取得成功,你必须把手指按在公众的脉搏上,必须尽可能广泛地专注

关键词六　健康心理

地洗耳恭听他们的需求。实际上汽车不是我们制造出来的,是由公众设计出来的。"因为没有一个人能在盲目中获得成功。这虽然是个商业例子,但也表明了倾听意义之所在。

听和说、读和写是最基本的沟通方式,也是最基本的生活技能。与人交往,倾听是一门艺术。你听别人说,才能了解别人的想法,才能与别人交流。有人可能会觉得谁不会听呀,有耳朵,有听力就行了。"听"也有层次之分。有人把听分为四个层次:第一个层次的听就是听而不闻,如同耳边风;第二个层次的听是敷衍地听,说是在听,嘴里也"嗯、啊"地附和着,其实脑子里在想着别的事情;第三个层次的听是选择性地听,每句话都听进去了,但是却不一定听懂了说者的意思;第四个层次的听是设身处地地听,这是听的最高层次。听人说话不是一件难事,但要达到设身处地地倾听也绝非易事。我们可以先让孩子从简单的做起,掌握一些基本的技巧,如听的时候眼睛要看着对方,听的过程中可以插入一些与交谈的话题有关的小问题,一方面让对方知道你在认真地听,另一方面便于你把问题了解得更清楚。问问题或发表自己的看法要在对方说话的间歇,不要打断对方的话等。

培养孩子掌握听的艺术,首先要从家长学会倾听孩子说话开始。经常有父母抱怨:"这孩子是越来越不好懂了,他根本就不跟我说话。"这样的结果虽然表现在孩子身上,但是责任还在于家长,因为在孩子还肯与您交流时,您没有认真地听孩子说话,而且经常以自己的主观意愿去猜度孩子,还没有听懂孩子要说的话之前就下结论,就急忙摆出家长的架子去教育孩子。

可见,有效的关注使助人者能够仔细倾听当事人的言语和非言语的表达。人们从关注和倾听中寻求的并不是他人重复其话语的能力,录音机可以完美无缺地做到这一点。在人类的交流中人们要求的不仅仅是躯体的呈现,更希望看到他人在心理上、交往上和情感上的呈现。

完全的倾听涉及四点:第一是观察和察觉当事人的非言语行为——姿势、面部表情、举动、语调等;第二是倾听和理解当事人的言语信息;第三是倾听整个上、下文,即联系其所生活的社会环境,对整个人进行倾听;第四是倾听那些不太妙的论调,即当事人所提到的也许需要受到挑战的东西。

有成效的助人者应学会如何倾听和觉察下列表现：

△ 躯体行为。诸如姿势、躯体移动和手势等。

△ 面部表情。诸如微笑、皱眉、扬眉、撇嘴。

△ 与嗓音相关的行为。诸如语气、音调、嗓门大小、强弱、抑扬顿挫,语词间隙、强调、停顿、沉默和流畅。

△ 可观察到的自主的生理反应。诸如呼吸急促,出现暂时的皮疹,脸红,苍白和瞳孔扩张。

△ 身体特征。诸如健康状态、身高、体重、面色等。

△ 总体的外表。诸如修饰和衣着。

这里的诀窍同样在于既要抓住这些行为中的信息,又不致过于琐细或过于刻板地对待它们。

三、善于沟通,让成长的快乐永久

沟通是一项双向的心智活动,许多家长把单向的指令和教导理解成沟通。沟通的前提是尊重对方,家长尊重孩子,自然会注意到自己的语气和沟通的态度,这样才容易走进孩子的内心。

沟通分析理论是美国人伯恩于1957年最早提出的。他认为,一个人的自我状态一般由儿童状态、家长状态和成人状态三部分构成,而且这三种状态还会在每个人的身上交互存在着。

儿童状态:表现出来的是一种由于童年经历而形成的情感体验。其积极方面是能够与人合作,具有灵活性、想象力、创造性和乐观精神；消极方面是做事缺乏责任心,对别人有比较强的依赖性、容易沉溺于自我欣赏,不能主动去关心别人。

家长状态:表现出保护、控制、呵护、批评或指导倾向。其积极方面是做事有原则,具有一定的道德情操,能够关心爱护别人,具有服务和献身精神等；消极方面是会过分指责别人,对别人强求,禁忌多,倾向于惩罚别人,过于庇护,有恩赐和特权观念等。

成人状态:表现出做事有理性、精于计算、尊重事实、尊重别人。

养成良好的行为习惯,终身受用。培养孩子健康的心理素质,如自尊心、

关键词六　健康心理

自信心、责任心、进取心等,正如俗语说的"自尊、自信是人的脊梁"。掌握沟通艺术,多一点欣赏与赞赏。首要的是尊重孩子,尊重孩子不仅是两代人交流与合作的需要,也是孩子学会尊重他人的重要前提,因为孩子是从生活中学习的。成年人会在生活中,自觉或不自觉地向孩子渗透自己的生活态度和价值取向。

如《学习的革命》一书所讲:

如果一个孩子生活在鼓励之中,他就学会了自信。

如果一个孩子生活在忍耐之中,他就学会了耐心。

如果一个孩子生活在表扬之中,他就学会了感激。

如果一个孩子生活在接受之中,他就学会了爱。

如果一个孩子生活在认可之中,他就学会了自爱。

如果一个孩子生活在承认之中,他就学会了要有一个目标。

如果一个孩子生活在分享之中,他就学会了慷慨。

孩子的快乐=尊重+理解+关爱。人们经常说要尊老爱幼,就家庭教育来讲,尊幼爱老更好,那真是一种生活的境界!家长们都希望孩子和自己敞开心扉,那么,请你们用心去呼唤孩子的心,把爱变成一股暖流注入孩子心田!"用心去成就,让爱变成暖流,敞开你的心扉,让成长的快乐永久,让生命的光彩永久!"

(本文根据作者于2008年4月参加的上海教育博览会"名师讲坛"交流发言整理)

让好习惯滋养着学生心田

"教育是什么?往简单方面说,只需一句话,就是要养成良好习惯。"著名教育家叶圣陶先生在其论著中,涉及"习惯"的表述多达百余处。"教育培养习惯、习惯成就未来""好习惯益终生""遵守规则,养成习惯""细节决定成败"……可见,好习惯十分重要。

我校的办学理念:笃行每一事,快乐每一天。培养目标:基础扎实、习惯良好、全面发展、学有所长。校训:养正求真。为此,学校明确提出:好习惯是学生的第一成绩。为真正让"好习惯"的种子在孩子心底生根发芽,学校在"学生行为规范十个好"的基础上要深化、细化,要优化、固化,从教师师德教育、教学行为规范入手,对不同年级学生从学习、生活、交往、安全四个方面进行习惯界定、培养与训练,以此塑造学生良好品行。扎扎实实地践行好习惯"四个进":好习惯进课堂,好习惯进课程,好习惯进活动,好习惯进研修。

一、好习惯进课堂

教育的转型始于课堂。叶澜教授提出过"把课堂还给学生",如何还？教师在课堂上一切行为的出发点和归宿点是学生,要关爱每一个学生、关注每一个学生。关注学生的状态以便激发其兴趣,关注学生的差异以便因材施教,关注学生的困难以便循序渐进。正确的教师行为来源于教师在课堂上的激情,也就是教师用自身态度的投入和情感的体验激发并调动学生的学习兴趣和热情。学生行为应是自主的、主动的、能动的、动态生成的。学生行为应体现为一种生命的活力和生命的体验,在体验中生成新的认知。

1. 教学规范,养成习惯

教师教学从备课入手,教学严谨、规范。教师自身的教学规范有利于学生好习惯的形成。将学生良好习惯的培养融入日常的教育教学中,培养学生良好的学习习惯,包括课前预习的习惯、专心听讲的习惯、保质保量完成作业的习惯、及时复习的习惯、作业中认真审题、仔细答题、认真作图、用心检查的习惯,课外主动阅读和积累的习惯等。当然,好习惯的形成需要一个日积月累的过程,因此在具体的培养和实施过程中,学校根据年段特点、学科特点,明确提出不同学科、不同阶段的习惯培养要素,让教师能够有针对性地在课堂上进行培养,让学生在循序渐进的学习过程中养成良好学习的习惯。

如语文学科的培养目标:喜欢读书,能说会写,一手好字。数学学科的培养目标:概念清楚,善于思考,解题灵活。英语学科的培养目标:词汇丰富,口语熟练,勤于应用。体育学科培养目标:不怕吃苦,健康第一,动有所长。低年级语文"四个实":实在认字写字,实在词语句子,实在正确朗读,实在习惯。再如对低年级学生的听、说、读、写基本技能、养成习惯作如下规定。

关键词六　健康心理

听:能认真倾听老师讲课和同学发言;养成边听边思考的习惯;能独立进行适当判断或修改。

说:语句较完整,声音响亮;在小组交流中敢于发表自己的观点。

读:能读通、读懂教材和练习的要求,初步养成找关键字、重点字的习惯。

写:坐姿正确,字迹端正,格式规范,养成写完后认真、独立检查的习惯。

2. 指导学生,习得好方法

课堂学习是学生手脑并用、身心共济的复杂活动,当然要讲究方法。法国生理学家贝尔纳曾说过:"良好的方法能使我们更好地发挥运用天赋的才能,而拙劣的方法则可能阻碍才能的发挥。"的确,得其法者事半功倍,不得其法者事倍功半。怎样帮助学生习得好方法呢?我们的做法是:以学生为主体,通过引导学生学会自主学习,通过调动多种感官,动眼看、动耳听、动口议、动手做、动笔写、动脑想,在过程中习得方法,在横向联系、纵向联结的过程中,学会举一反三、以一当十。当然,我们也意识到学习方法的运用不仅受知识水平、学习经验、学习习惯等的影响,而且还受到学习个体的兴趣、爱好、能力、性格、气质等的影响。因此,在全体学生掌握基本学习方法的基础上,我们提倡学生特别是高年级的学生,结合自己的学习实践,在多种方法中找到最适合自己的学习方法。

3. 研究学科,细节入手

新课程标准中提出的"三维目标",即知识与技能,过程与方法,情感、态度与价值观。这三个目标不是简单的叠加,而是一个有机的整体。

重视一个"研"字,做到一个"实"字。研究学科特点,研究学生身心特点。既要"带着学科走向学生",更要"带着学生走向学科"。教师要从细节入手,在教学过程中要做到"六个好":

（1）精心构思,反复锤炼,备好每一节课;

（2）讲究方法,注重效果,上好每一节课;

（3）耐心细致,持之以恒,做好每一次辅导;

（4）热情关怀,悉心指导,完成好每一次答疑;

（5）精心设计,认真批改,落实好每一次作业;

（6）有的放矢,细心分析,讲评好每一份试卷。

二、好习惯进活动

1. 进班级活动

（1）晨读。早晨走进教室，哪怕教室内只有一个学生，他也手捧课本（语文、英语），坐姿端正，声音洪亮地在朗读课文。晨读要成为一大亮点，倡导学生"入校则静，入室则学"，全校学生只要走进教室，第一件事就是拿起课本，大声朗读。随着到校学生的增多，琅琅读书声便溢满了校园。两分钟预备铃，静、齐、快，做好上课准备。教师要养成不拖课、不挤课的习惯。

（2）和谐的师生关系。参照教育局"松江区关于优化中小学师生关系的二十条意见"及我校制定的"和谐师生关系十条"。

一是优化人际环境，沟通协调讲诚信，人际交往见真情。人际环境，主要指在教育教学过程中所形成的人际关系，既包括教师和学生的关系、学生和学生的关系、教师和教师的关系（更多的是指班主任和任课教师），也包括教师和家长的关系，是形成良好班集体的必备要素。

二是优化课堂教学环境，教风学风要严谨，求知探索入佳境。形成以教师为主导、学生为主体的良好人际关系，教师要民主、平等地尊重每一位学生，而学生要积极地进行自主、合作、探究学习，师生在和谐氛围中释疑解难，探索求知，共同完成教学任务。

三是优化自身心理环境，自我意识能稳定，顺境逆境好心境。师生健康的人格有利于教育环境的和谐、温馨，有利于促进健康人格的形成。

四是优化物质环境，硬件设计讲人性、环境布置要温馨。教室环境布置使师生感到愉悦，为师生创造生活和发展的最佳空间。

（3）班集体建设策略与方法

抓好班集体建设三要素：一是以班主任为核心的教师集体的管理、引领与指导；二是小干部培养、使用与管理；三是师生参与集体建设的主体性、积极性与创造性。

基本方法：日常渗透与主题教育的统一；

形成合力：榜样示范与全体参与的统一；

功能相和：外部支持与内涵发展的统一；

动态共生:教师集体主导与学生集体主体的统一;

和谐平衡:德、智、体、美、劳发展的统一。

2. 进节庆活动

重视"仪式教育",让"节庆"活动形成系列,养成习惯。如一年级入学典礼,加入儿童团仪式;二年级入队仪式;三年级"十岁生日";四年级的"大手牵小手"——"四带一"手拉手仪式;五年级毕业典礼;如"三八"节、清明节、"五一"节、端午节、教师节、国庆节、元旦、春节;如游戏节、科技节、体育节、校园文化艺术节、读书节等;学校的"教学节"与"班主任节"等。

3. 进团、队活动

(1) 儿童团、少先队教育,规范化训练。团、队活动仪式规范、顺序规范。

(2) 主题班队活动开展。有主题、有仪式、有内容、有新意。

(3) 儿童团、少先队争章活动开展。充分利用"少儿广播""电视台""乐佳OK"等。建立学校电视台,围绕专题"滴水润泽,德学同行"——养成教育系列节目,为孩子提供一个展示的舞台,让孩子用自己的视角了解社会,了解学校,审视自己的行为,体现"小学校、大社会"的理念。编、播、演教师指导,学生完成,每一学期一个主题,每班一期。形式多样:快板、相声、小品、故事、情景剧等,表述自己对好习惯的认识及做法,既教育了同学也教育了自己。

4. 进实践活动

(1) 专题教育:"两纲教育""国防教育""影视教育""安全教育",及疏散演练活动等。

(2) 社会实践:开发校本实践课程。1—5年级十个学期活动,形成系列。开发社会教育资源,建设若干个三实小实践基地,如叶榭的汉医药博物馆、自来水公司、消防厂等,形成社会化教育网络。

5. 进家庭指导活动

(1) 构建家庭教育网络。学校、年级成立学校家庭教育委员会,班级建立家庭教育指导小组,开展经常性、针对性的家庭教育。

(2) 指导家庭教育。一是方法,二是内容,三是做人。

(本文为作者于2013年2月在教师大会上所作主旨报告)

关键词七

精致管理

　　管理是学校建设发展的重要保障。从某种意义上说,学校一切工作的成效都可归因于管理水平。实施精致化管理,就是要优化管理过程,追求管理绩效,实现管理目标,这已成为现代学校管理的共同走向。我在三十多年的学校管理中,突出的是"法""德""情"三个字。法是学校管理的重要依据,德是一所学校得以发展的灵魂,情是学校管理的润滑剂。学校只有坚持"依法治校,以德立校,以情育人"的有机融合,把握三者在学校发展中的独特作用和相互关系,才能使学校得以可持续发展。实施精致化管理要关注两个结合。一是精细化与人性化结合。学校管理主要是以人为核心的管理,是以每位师生充分发挥自主性与创造性为目标的管理。二是制度化与个性化结合。制度化管理只是管理的规范化要求,实现自觉与创新的个性化管理才是最终目标。总之,精致化管理是学校发展的必要条件,也是创建办学特色的有力保障,更能凸显校长"大化无痕,渐入佳境"的管理智慧。

关键词七　精致管理

实践研究　培育特色

创建特色学校必须立足本校实际,脚踏实地力行。校长要根植于学校教育实践,做个有思想的实践者,让校长在研究性管理实践中成长。今天就围绕"办学特色"这一话题,谈三点:

一、以特色带整体

办学特色的内涵:从哲学层面思考,办学特色问题其实是个性与共性、一元与多元的关系问题。要在尊重学校共性的基础上充分体现个性,积极倡导和鼓励多元,最终达到共性与个性、一元与多元的和谐统一。特色是学校价值取向的集中体现。解明的特色集中体现学校的价值认同,对学校发展发挥有力的导向作用与凝聚作用。

办学特色不是自贴的标签,而是一所学校在长期的教育实践中,遵循教育规律,发挥本校优势,选准突破口,以点带面,实行整体优化,逐步形成的一种独特的、优质的、稳定的办学风格和模式。也就是说,学校在办学过程中形成独特的办学理念、思想策略、方法及效果等,并且得到专家与社会认可。学校文化是形成特色学校的灵魂。热闹的"活动"并不意味着"特色",创建特色学校不能急功近利,也不能盲目跟风。特色项目、特色活动作为创建特色学校的切入口,"独木不成林"。特色不只是一个点,而是学校的价值观体系,它体现于学校的办学理念、生活方式、教育教学方式之中。特色学校具有全面性,面向全体学生,全面贯彻教育方针,促进学生全面发展。

二、以特色上水平

形成办学特色的核心因素是人。学校的校长、教师和学生是办学的主体,在办学特色形成过程中起着核心作用。

1.锤炼办学理念——为学生乐学奠基

校长的办学理念是形成办学特色的源泉。锤炼办学理念,用科学的文化理念引领学校是校长的使命。校长观念的更新与领先,往往成为形成独特的学校气氛与工作风格,促进特色学校建设的认识与实践的动力。先进和科学的办学理念在学校中践行,首先要研究自己的学校、研究教师、研究学生、研究自己。特色学校的创建,必须建立在学校自身的基础上。发现自己学校的问题,就是发现了学校发展的空间;能否意识到学校发展的有利因素,也关系到学校发展的现实路径问题。当校长将视野从向"外"看转为向"内"看时,当校长能在外界背景下关注自己内部的发展问题时,也许会发现:每所学校都是独特的,每所学校的发展都是具有挑战性的,每个校长都面临着不同的发展任务。而正是这一"丰富的独特",对校长的思维方式、观念、体系、管理能力、生命情感等提出挑战。

特色是学校教育传统的集中体现。特色有助于学校的持续发展与超越。原来水平较高的学校持续进步,基础薄弱的学校走向成功。我校一创办,就实施"三乐"教育。经过十多年的实践与研究,我不断地思考"三乐"教育,寻找理论依据,不断总结、提升。伴随着"二期课改"的深入,为乐学而乐教、乐管——为学生乐学奠基的理念基本形成。引导学生由"乐中学"最终达到"学中乐"的乐学境界。乐学是指学生的一种积极、主动的导向自我愿望实现的学习情绪。有了乐学,才能逐步会学,会学才能把学习变成自己的需要,从而锻炼终身学习的意识和能力,终身受益。

2. 构建课程体系——引领学校发展

思想的高度决定了行为的力度。历经多年研究,我们在办学策略、课堂教学、学校管理等领域中形成了具有"三乐"教育特征的管理模式、课程设置、课堂策略、教育评价、队伍建设、校本德育六大操作策略,给"三乐"教育赋予新的内涵:以乐促学、学有探究;以乐善教、教有研究;以乐优管、管有创新。

第一,课题引领,整体推进。

我校将课程建设、课题研究、课堂教学改革同步发展,相互促进,形成联动效应,组织教师设计"课程、课题、课堂,三课联动"方案,建立市级课题"探究性学习指导策略及其心理支持的研究",形成课题研究网络。实践乐学四大策略:以情乐学,师生情感共鸣;以趣乐学,激发内在潜力;以美乐学,陶冶高尚情操;以创乐学,培养实践能力。通过开展案例研究,教师积累了大量实验第一手资料,坚持6年,已有1000多个有价值的教学案例,300多篇论文,正式出版

关键词七 精致管理

5本书,部分研究成果获区、市一、二等奖。

改革课堂教学,从优化课堂心理环境入手,构建"和谐沟通的活力课堂"。优化教学设计,优化教学内容,优化教学过程,体现"四共"教学机制:(1)思维共振。让教师与学生在教学中从思维的目标、内容、方法到思维的结论,互启互促,合拍一致。(2)情感共鸣。积极创设良好的课堂氛围,让师生的情感通过互感、互动、互移,达到一种高度一致的状态。(3)智能共发。在优化教学过程中,让学生的智力和能力共同发展。(4)个性共扬。教师发扬自己的个性,遵循学生身心发展和教育教学规律,促进学生个性的丰富和发展。

我们积极探索乐学、乐教、乐管的三维建构。采用三维建构的方法把乐学和乐教、乐管纳入一个系统去考察。揭示了乐学、乐教之间的对应、耦合关系,揭示了教与学、教学行为与学习行为之间内在、深刻的联系。心理学研究表明,一个人潜能的发挥和发展需要有两个心理条件,一是"心理安全",二是"心理自由"。并且人的创造性与"人的智力活动中产生的情绪体验"密切相关,可见,教学中乐学氛围的创设和导学,在现实的学校教学中更具有突出的意义。当学习满足学生需要时便有乐的体验,当学习不能满足学生需要时则有苦的体验。因此,教师应充分认识教学活动中学生学习的这一"苦乐"属性的特点,积极地组织教学来引导学生的学习,达到以乐促学、以乐善教的境界。

第二,优化课程,注重整合。

给学生多一点选择,让课程多一点童趣。为了让特色进一步凸显,学校着力构建了"三理整合 和谐发展"的课程系统,如目标系统、开发系统、实施系统等。首先从建立学校的课程体系思考和实践,努力整合各种教育资源,把三类课程有机融为一体,校本课程开发和建设突出整体性、前瞻性和可生成性,逐步构建、完善了具有学校办学特色的课程体系。不断优化课程,从转变课程理念入手,明确课程目标,完善课程结构,更新课程内容。

如"三理整合 和谐发展"校本课程的开发与实践。三理——生理、心理、伦理。生理是人发展的基础,心理是核心,伦理是归宿。身心健康发展的终极目标是学会做人。如果一个人生理上有缺陷,由心理上弥补,生理健康并不等于心理健康,运用整合思想,构建了课程目标体系:学会健体、学会学习、学会做人。分年级、分层次,形成序列。低年级:学会交往、学会合作;中年级:学会关心、学会学习;高年级:学会选择、学会优化。学生的知、情、意、行和谐生成,同步发展。

三、以特色求突破

办学特色的形成是一个创新、实践、积淀、提炼和发展的过程。规模办学让学校办出特色,变"有"为"优",变"优"为"特",既要有学校发展策略,更要有管理智慧。一所特色学校的创建,不是一蹴而就的事情,它往往需要全校师生多年的艰苦奋斗,才能创建出有别于其他学校的独特之处,形成比较稳定的、个性鲜明的风格和卓著的成绩,只有这样才能赢得社会的公认。特色学校又是一个动态的概念,它随着时代的变迁而变化,随着社会的发展而发展。学校的特色发展也是校长成长的有效途径。学校如何走出"高原期",让特色学校真正"特"起来?首先要学习借鉴学校发展的"BPR"理论(即以学校管理者的组织核心竞争力为重点,对学校教育教学流程和组织结构进行根本性的再思考和再设计,以达到学校绩效的巨大提高的策略)来进行特色学校的再造。校长要审时度势,不断地寻求学校发展的生长点。其次要突破常规、超越常规,给校长更多的空间和时间,减少校长繁杂的事务,改善对学校一刀切的评价体系。校长也应该有所为与有所不为,才能发挥真正的作为。正如国家总督学顾问、中国教育学会副会长陶西平先生讲过的,"要努力形成办学特色,当今校长的重要使命就是在国家教育方针的指引下,以不拘一格的方式办好不拘一格的学校,为培养不拘一格的人才打好基础。"

(本文为作者于2008年3月在上海市2008特级校长讲坛上的演讲)

办学特色与精细化管理

一、论坛主题产生的背景

自2007年10月"导师带教结对"签协至今,从计划制定到具体实施,紧紧围绕"办学特色的实践研究"这一主题,并结合教育局关于"精细化管理"的要求,开展带教实训活动。带教对象由5人增加到11人,在带教的形式上,采用

关键词七 精致管理

了多种培养手段相互穿插结合、有机渗透的方法。在带教的内容上,我与专家组成员根据学员的实际情况,确立了理论学习、专题讲座、走访考察、交流探讨、专题论坛、课题研究等六大板块。学员们认真写好小结,并汇总了区级以上的公开课、展示、研讨活动、研究的课题、发表的论文、出版的书籍等,呈现在"网上专栏"里。

1. 理论学习,专家引领

比较注重基本理论学习,对学员们进行教育思想上的指导。在带教过程中开展基本理论著作学习、专题报告,鼓励学员在平时进行自主学习。我开展过的讲座有"办学特色的实践与思考""'三乐'教育的认识与实践""用文化提升教育品质"等,还给学员推荐书目如《理论与实践:国际视野中的学校发展》《教育的挑战》《校长学———一种反思性实践观》《吕型伟教育文集》《学校管理实践哲学》等。此外,我们还聘请了华师大郭景扬教授、社科院青少年研究所的陈建强研究员、上海市"名校长"基地主持人洪雨露特级校长、郭德峰特级教师、金建中特级校长等为专家导师,从理论的高度给予学员们以引领与提升。

我今年为上海市第二届"名校长"培养基地专家组成员,充分利用这一资源,先后组织教师们倾听专家讲座:北师大林崇德教授《创造性人才的心理学研究》、陈建强教授《提炼教育特色,打造教育品牌》、陈玉坤教授《优质学校建设》、钟启泉教授《课程比较研究》、陆有铨教授的《办学理念确立的哲学思考》等。通过学习、培训,学员们的教育思想更加坚定、教育思路更加明确、教育行为更加务实。

2. 走访考察,案例分析

理论指导、专家引领、走访考察三者环环相扣,点面结合,是宏观与微观的统一。学员们先后走访了徐汇区向阳小学、黄浦区曹光彪小学、宋庆龄学校、奉贤区实验小学、嘉定区普通小学、嘉定区实验小学、松江区的实验小学、泗泾小学、新浜小学、第二实验小学等10所学校,走访各类学校、考察不同情况,就是在为自己的学校寻找新的生命力,就是在认识、了解、分析一个个鲜活的案例的同时真切地学习。

这些学校的办学理念和操作方式让学员们大呼不虚此行,原来学校可以这样办,原来教育也能如此具有特色。在走访了10所学校后,大家感到办特色学校是"有方法无定法"的,一切都要从学校的实际情况出发,以学生的全面发展为本,进一步探索挖掘,形成从点到面的学校特色,进而形成各自独特的校园文化和教育教学理念。学员们意识到办学特色是每所学校都可以具有的,但特色的形成需要一定的时间和过程,切勿急功近利,要踏踏实实办学校,认认真真搞教育。

3. 交流讨论,启智求真

学习是一个循序渐进的过程,在每次理论学习、专家讲座或走访考察之后总是适时地安排了一些相对宽松的交流讨论时间,使学员们能够在接受了大量的信息后于第一时间进行梳理、消化、吸收、扬弃,并相互交换所思所想。交流讨论是宽松的,参与者各抒己见;交流讨论是新鲜的,讨论主题是刚聆听的报告、讲座或者先前所走访学校的办学特色,讨论的内容则是刚出炉的真知灼见,有疑问、有肯定、有赞同、有思考,都是学员们第一时间的感受;交流讨论是务实的,从操作层面交流,如嘉定区普通小学的"课程文化的构建"对我们启发很大;交流讨论是有成效的,通过讨论,学员们不仅消化了当天所获得的信息,而且学员之间达成了校际联动资源共享的协议,大家共同分享经验。

二、论坛主要内容与思考

第一部分:特色——学校价值取向的集中体现

1. 学校变革呼唤形成办学特色

在学校改革与发展中,"特色"成为一个关键词语,是学校教育发展到今天的一个必然结果。

学校特色是"校本"的自然产物。校本突破了原有的办学模式化、要求统一化、同质发展的教育观念,学校开始把"为了学校""在学校中""基于学校"作为基本着眼点。强调"校本",把更多的注意力投向课程、课堂、教师、学生,及学校教学质量、办学特色与品牌、精细化管理、创新发展等。

注重学校特色是学校内涵发展的重中之重。强调提升学校的办学质量,也就是提升学校的"软实力"。强调学校实现精细化管理,精致发展,秉承"天下大事、必作于细"的原则,在事关发展理念的每项工作上都力求精雕细琢。这样的发展理念势必将办学特色放在学校改革与发展的突出地位,在特色的形成和品牌的培育中,使学校发展上升到一个新的更高的水平。

突出学校特色是激发学校办学活力的需要。把更多的办学自主权下放给学校,让学校在自身的发展背景、环境、传统、资源等基础上形成正确的定位和方向,是学校变革的内在要求。在这种办学活力和内动力的探求中,学校特色也就自然浮出了水面。

2. 遵循办学特色形成的规律

办学特色是符合学校发展实际需求、反映学校自身特点,经由学校长期努力形成的相对稳定、得到社会认可且具有一定美誉度的学校实践行为。办学特色的形成,从优势项目到项目特色,从项目特色到学校特色,再从学校特色到特色学校,这是一个长期的教育创新过程。办学特色的形成,是一个逐步积累,逐步完善的长期的艰苦的追求过程,它的形成也是有规律可循的。

办学特色的形成,是一个不断优化选择的自我完善过程。

办学特色的形成,是一个由潜在优势向显性优势转化的过程。

办学特色的形成,是办学主张与社会特定需求相适应的过程。

办学特色的形成,是发挥学生之所能、扬其所长、科学育人的过程。

办学特色的形成,是在一定办学目标的吸引下实施整体改革的优化过程。

办学特色的形成,是校长解放思想,使自己富有特色的教育观点、教育思路、教育风格且逐步成熟的过程。

办学特色的形成,是学校的上级主管部门不断深化管理改革,赋予学校应有办学自主权的过程。

3. 学校创建特色的哲学思考

(1) 哲学是学校创建特色的理论基础

要将一所学校办出特色,成为名牌学校,校长必须要有自己的办学哲学。管理的实践需要哲学的引领,办学的探索需要哲学的引领,无论是管理者还是教育家都需要哲学的思考。马克思说过,"人们最精微的、最看不见的精髓都集中在哲学思想中","任何真正的哲学都是自己时代精神的精华"。作为在社会主义制度下从事教育事业的校长,我们要用马克思主义的哲学观来指导我们的办学实践,办出党和人民满意的学校。

毛主席的《实践论》和《矛盾论》是辩证唯物主义哲学的经典著作,能成为我们办好学校的重要依据和"教材"。《实践论》认为:实践是认识的源泉;认识来源于实践。认识有一个过程,从实践开始到感性认识再到理性认识。实践是无止境的,认识也应该无止境。我们的办学也是如此,以实践为起点,在实践中不断总结提炼,并用总结提炼出的经验来指导实践,应对一个又一个新的情况和问题,循环往复,周而复始。

(2) 办学中的哲学问题

在具体的办学实践过程中,我们所碰到的哲学问题更是层出不穷,比如让无数教育理论家争论不休的"主体与客体"的问题;比如在当前教育中比较突出的培养学生的共性与张扬学生的个性之间的矛盾;比如在德育中我们经常会碰到教育的理想目标与现实环境之间的落差问题;还有就是对我们这些已经达到一定办学水平,取得一定办学成绩的校长来说普遍存在的学校稳定与发展之间的问题等。

此外,一所学校、一名校长的办学哲学还集中体现在办学的价值观上,是以育人为中心,还是以育分为中心,以发展为中心,还是以功利为中心,这都与一所学校的文化和学校校长是否具有哲学领悟力有关。

第二部分:学校特色需要精心培育

1. 对"精细化管理"的理解

(1) 精细化管理的要义

精细化管理:科学管理之父泰勒最早提出了精细化管理思想。

在现代管理学中,科学化管理有三个层次:第一个层次是规范化,第二个层次是精细化,第三个层次是个性化。精细化管理作为第二个层次源于20世纪50年代日本的一种企业管理理念,它是社会分工以及服务质量的精细化对现代管理的必然要求,是一种以最大限度地减少管理所占用的资源和降低管理成本为主要目标的管理方式。

关键词七　精致管理

现代企业对精细化管理的定义是："五精四细"，即精华、精髓、精品、精通、精密以及细分对象、细分职能和岗位、细分每一项具体工作、细化管理制度的各个落实环节。

精细化管理最基本的特征就是重细节、重过程、重落实、重质量、重效果，讲究专注地做好每一件事，在每一个细节上精益求精、力争最佳。

精细化管理强调将管理工作做细、做精。"精细"是一种意识、一种态度、一种理念，更是一种精益求精的文化。精细化是"精细"的系统化，精细化管理是"精细化"的理论化。

（2）精细化管理的核心

追求卓越，追求完美。

追求卓越源于细节又归于细节。中国古代就有类似说法："见微知著""千里之堤，溃于蚁穴""千里之行，始于足下"。这些名言强调了任何细小的东西都可以通过系统放大，既可以"成大事"，也可以"乱大谋"。

伟大源自细节的积累。卓越并非高不可攀，也非遥不可及。每一个人只要认真地从自己做起，从日常每一件小事做起，都可以达到卓越。老子说过，"天下之难作于易，天下之大作于细"。天下大事，必作于细；天下难事，必成于易。

管理的真谛在"理"不在"管"。精细化管理关键要突出一个"细"，这个"细"字有几层含义：一是规范，系统的每一环节都必须规范；二是科学，指管理的方法科学，符合客观规律的内在要求；三是周到，过程中的每一个环节必须考虑到，不留死角，管理条理清楚，层次清晰，一目了然。既要抓"大"，又不能放"小"，最主要的还是抓"小"，落实"小"的细节，从那些最容易出现问题的方面抓起，抓那些薄弱的环节。

所谓润物细无声。做好"小事"需要高度的责任心、敬业精神和严谨求实的态度，必须付出数倍于别人的努力，并胆大心细，才有可能取得超越他人的成绩，正所谓"大处着眼、小处着手"。

（3）精细化管理的实施

在实施精细化管理的过程中，最为重要的是要有规范性与创新性相结合的意识。规范性方法是基本的、不可缺的条件、要求、手段,创新的方法与技巧是在规范性的基础上发展的要求和手段。规范是"精细"的表现形式,"精细"是创新的方向和动力。"精细"的境界将管理的规范性与创新性很好地结合起来,把单位引向成功。管理大师彼得·杜拉克说:"行之有效的创新在一开始可能并不起眼。"而这不起眼的细节,往往就会造成创新的灵感,能让一件简单的事物有一次超常规的突破。成也细节,败也细节。

2. 学校实施精细化管理的特点

学校的中心工作是教学工作。可见学校教学精细化管理不能等同于企业的精细化管理,其核心内容是在于实现教与学的和谐共鸣、不断提高教学效率。

(1) 对教学精细化管理的两种误解

在理念上把学校教学精细化管理等同于企业的精细化管理,扼杀师生自主发展和探索创新的精神。

在实践中把学校教学精细化管理视为对师生学校生活的全时空占有和全方位、全流程的控制。

(2) 学校教学精细化管理的特点

规范性。必须重视管理常规。以常规管理为切入点。从小事入手,从细节入手,实现学校管理规范化、程序化,为学校内涵发展奠定基础。要解决师生的精神状态以及工作或学习的良好行为习惯的养成问题,以确保师生在教学中的行为符合基本规范,实现教学质量的提高。

共鸣性。教与学的和谐共鸣。"共鸣"是指教学活动引发学生的兴趣,并使其愿意深入学习。"和谐"是指教学活动符合学生的学习与身心发展规律。学校教学精细化管理的核心内容是实现教与学的和谐共鸣,这是教学精细化管理的精髓所在。

有效性。强调教学效率,是为了给学生综合素质发展留下更多的空间。

全面性。教学精细化管理是面向全体学生的,重点关注学业处于中下层的学生。如:"学困生"的转化。

创新性。教学精细化管理的成功只是学校发展的一种阶段性的成功,通

关键词七　精致管理

过不断地探索、反馈、调整,形成符合规律的基本教学规范,并用制度把它固定下来,从而实现不让一个学生掉队的目标。它还有待于进一步发展和提升,即"用文化提升教育品质"。精品化,追求卓越,最终目标是促进学校组织的发展,促进师生员工的发展,最大限度地开发利用师生员工的创造潜能,让师生员工和学校共同发展,增强学校和师生员工的自我发展能力。

3. 学校实施精细化管理要注重两个结合

一是精细化与人性化结合。与企业不同,学校管理主要是以人为核心的管理,是以每位教师充分发挥自主性与创造性为前提的管理活动。

二是制度化与个性化结合。精细化管理并不是管理的最终目标,不过是规范化管理的一个延续。它的最终目标是实现个性化管理。有个性才是学校发展的必要条件,才有办学特色。

管理是学校生存与发展的重要支柱。从某种意义上说,学校的一切工作都是管理工作。优化管理过程,追求管理绩效,实现管理目标,已成为现代学校管理的共同发展走向。

(原文发表于《松江教育》,2009 年第 3 期)

用整个心做整个校长

校长不仅应该是一位好教师,而且必须是"教师的教师",是能够发现教师的长处、挖掘教师的潜能、发挥教师的聪明才智和发展教师的个性特长的师者之师。"有什么样的校长,就有什么样的学校",这种提法是把校长角色放到学校核心位置上去度量的。校长的教育理念、办学目标、管理风格会在一所学校打下深深的印记,校长的决策水平会影响学校的前途和命运。现在的校长正遇上社会变革与发展的重要时期——基础教育改革的重要历史机遇期。素质教育、新课程改革、校本管理等,使学校管理具有新的内涵。我在学校管理的实践过程中认识到:校长的核心作用是靠他的办学思想来体现的。校长要把先进的教育思想、办学主张和学校实际情况相结合,形成先进的办学理念,包括学校定位、发展目标、工作方针和行动策略等。作为当今的校长,我认为,除了要具备较高的政治素质、全面扎实的业务知识，以及把爱与责任作为师德之魂外，还必须要有思想、会管理、善科研、懂经营。

一、有思想

校长是一校之魂，魂就是思想，有思想是校长办好学校的前提，校长的教育思想、办学理念和办学追求，对学校的办学方向、教职工的共同价值追求起着至关重要的作用。著名教育家苏霍姆林斯基说过，"校长的领导首先是教育思想的领导，其次才是行政领导"，有正确的办学思想，才能形成正确的办学理念。

校长是一所学校办学方向的掌舵者。他不仅仅只是对教育教学业务工作负责，更要掌好办学方向的舵。我认为，校长对办学方向的把握与思考，集中体现在全面贯彻教育方针上，而全面贯彻教育方针又具体落实到对学生的培养目标上。一个好的学校管理者的工作要具有强烈的渗透性，又要具有较强的前瞻性，要渗透到教师领导和管理学校工作的方方面面，如办学机制、教学管理改革、教师队伍建设、学生管理、学校文化建设、课程教材改革等。

校长也是教育思想的贯彻者。近年来，在全面实施素质教育和全面推行新课程的导向下，更新教育观念、树立正确的教育思想成为我国基础教育领域的热门话题。教育思想的探索是一项十分严肃而科学的工作，来不得半点形式主义。教育思想不是感性的、直觉的，不是随意的、即兴而发的，而是对教育现象及其内在规律的较为系统的认识。在开展教育实验、探讨新观点时，校长必须保持清醒的头脑和敏锐的观察力。贯彻正确的教育思想是学校管理者教育价值观的体现，也是校长"咬定青山不放松"的勇气与恒心的呈现，它是学校管理者发挥领导作用之"魂"。

校长同时还是学校管理的指挥者。校长对学校的管理作用最终落实到学校的部门管理上。学校无论大小，其内部管理部门按管理职能划分，必须形成一个层级结构，校长位于这个结构的最高层，其次就是中层管理者。我深知：校长要超脱一点，要承认别人在具体事务的处理上、在某门学科的教学上比自己强。校长不可能样样精通，更不应该事事都管，要腾出时间，腾出精力，思考学校改革与发展的大问题。同样，学校中层管理者也要有这样的意识。

二、会管理

学校的管理,是根据一定的教育目标和管理目标,通过决策、计划、组织、指导和控制,有效地利用学校的各种要素,以实现培育人的社会活动。"管"是刚性、强制性的,"理"是疏导、是柔性的。管:依法而管,管而有度。理:以情有理,理而有节。因此,管理应有度有节,应依法或制度而管。现代学校管理发展的趋势,其重心已放在校本管理上,校长要注重抓好以下几个方面:

一是构建以人为本的学校管理文化和制度。

学校管理涉及诸多因素,其中最主要的因素是对人的管理,特别是教师的管理,因此,刚性制度约束和人性化的人文管理的和谐统一,是现代校长管理的有效方法和发展方向。作为校长,在"管"的方面,要花精力"建制用人",即抓好规章制度的建立和打造一支优秀的中层干部队伍;在"理"的方面,要给教师更多的人文关怀,构建和谐的校园文化。

二是构建有效的管理运行机制。

学校实行校长负责制,这是我国现行的教育管理体制。它理顺了校长与行政部门的关系,扩大了办学自主权;理顺了校长与党组织的关系,提高了办学效率;理顺了校长与教职工的关系,赋予校长一定的决策权。因此,在校长负责制的体制下,校长如何构建、搞活学校内部管理的运行机制,是搞好管理的基础和保证。在构建有效的管理运行机制中,我校着力打造一支素质优良的中层干部队伍,提升中层干部的执行能力;在全校营造想干事的氛围,培养能干事的素质,创新干成事的机制。

三、善科研

让办学实践插上教育科研的翅膀。二十七年的教育生涯,二十多年的校长经历,我走过了一条"优秀教师——管理者——领导者"的成长之路。在摸索中徐行,积累了一定的教育经验和管理经验。也正因为如此,容易在办学实践中"跟着感觉走",过于依赖经验,甚至陷入经验主义的泥沼,迈不出科学施教的新步。因此,我更注重兴科研之风,走科研之路。要求教师不当"教书匠",校长也不能甘作"办学匠",要在教育科研的实践中不断认识自己,提升自己,超越自己,战胜自己。"喊破嗓子不如自己做出样子",我率先搞教育科研,多年来,先后承担十多项市级、区级课题研究,并组织带领教师进行教育科研,取得了良好的效果。

为了增强教育科研的后劲,更为了使自己在信息化社会里居于不败之地,我乐做继续学习的先行者,不断地给自己补氧充电。2003年,我参加了由叶澜教授领衔的"学校变革"校长研修班学习;2006年,参加了由洪雨露校长领衔的上海市"名校长"工程基地班学习。沉心静气再读诗书,用生命做学问,用心血写文章,不断改善自己的知识结构和心智模式,在学科专业上求精求深,在教育理论上求高求新,在促进学校发展、师生发展的同时,不断实现自我发展。

四、懂经营

作为实验小学的校长,需要以经营的理念来发展学校。要学习、借鉴经营企业的一些理念和做法,要追求学校和师生的发展最大化(企业追求的是经济利益的最大化)。当然,学校经营重在经营自己的品牌、质量和教育理念,打造良好的品牌,赢得社会的赞誉。开放的国家、开放的社会决定学校的办学也得开放,决不能关门办学,因此校长要努力协调好各种关系,内求团结,外求发展。

首先,校长要善于协调好学校内部公共关系,使全体师生员工形成目标同一、认识同向、行为同步的共识,增强学校的感召力、凝聚力、战斗力。内部的团结、协调是学校形象的第一需要,是办好学校的基础,而良好的学校内部公共关系是学校内部协调的标志。学校内部公共关系的总目标:将学校的工作目标同师生员工的需要协调一致,激发全体教职工的主动性、积极性、创造性和主人翁责任感,全面提高学校的教育教学质量和办学效益。

其次,校长要善于协调学校外部公共关系。现代教育是以学校为中心,学校、社会、家庭一体化、网络化的教育系统。作为这一大教育系统核心的学校,其生存和发展越来越依赖于外部环境。实现从被动适应外部环境到主动影响外部环境的转变,对现代学校管理经营具有重要意义。在协调学校外部公共关系中,校长要协调好学校自身同政府及教育行政部门的关系,主动同上级沟通,主动提供学校信息,主动接受监督、指导、帮助和评估。同时还要探索学校同社区的关系,与社区建立良好的关系可促进学校更好地发展。

(原文发表于《中小学整体改革》,2009 年第 1 期)

探寻制度化管理与人性化管理的平衡点

管理是学校生存与发展的主要支柱。从某种意义上说,学校的一切工作都是管理工作。优化管理过程,追求管理绩效,实现管理目标,已成为现代学校管理的共同发展走向。如今,随着教育改革的深入,尤其是绩效工资的实施,更需要学校管理创新,积极探寻制度化与人性化管理的平衡点。

一、在制度设计中充分考虑人性化

制度是用来指导和约束个人和组织的社会行为,调节人与人之间、组织与组织之间、人与组织之间的社会关系的规则。制度是要求成员共同遵守的、按一定程序办事的规程。从管理的角度看,制度起着关键的保证作用。制度化管理是完成组织目标的基本保证。制度化管理,作为一种规范人的行为的方法,具有刚性原则。

人性化管理强调的是被管理的对象,致力于满足人的情感需要和人的发展需要,是一种柔性的管理。在学校管理过程中,过分强调量化,实际上许多事物是很难用量化来计算的。在办学过程中,人是最能动、最活跃、最具创造力的因素。学校管理的核心要素是人,人既有物质的需要,也有精神的需要,对人的管理不能简单、机械,要给予更多的关注和关爱。

在制度设计时要充分考虑人性化。制度化管理和人性化管理是相互联系、相互统一的,制度的落实和执行,需要每个人的参与,人是管理的根本。我们不仅需要每个人遵守管理制度,更需要每一个人自觉地工作,始终维护学校的利益。这就要求我们在建立法治化管理的同时,需要融入人性化,在设计制度的过程中充分考虑教师的合理需要,使学校发展的需要与教师发展的需要相统一,从而使制度化管理与人性化管理达到和谐统一。

二、在实施绩效管理中创新管理制度

各种制度一旦制订出来,我们每个人都要严格按照制度办事,在制度面前

人人平等。只有建立起完整的规章制度,切实规范师生行为,才有可能形成良好的校风,才能保证校园生活的积极、有序和高效,实现学校管理规范化、程序化。但刚性的制度约束只能解决"不可以这样做",而不能解决"如何做得更好"的问题。日新月异的教育形势与不允许学校以固定的标准为目标,形势的发展、竞争的激烈、观念的更新,绩效工资的实施,要求学校作出与之相适应的反应。为此,学校需要创新管理制度。

融绩效管理的理念于学校的管理制度中,使学校的管理制度向着个性化方向发展,以利于师生的成长和学校的可持续发展。

1. 绩效管理的重心在于沟通

沟通是教师与管理者的平等对话,它所体现的是管理的民主。沟通贯穿于绩效管理的全过程。一是在绩效计划制定阶段,管理者和教师经过沟通就目标和计划达成一致。如果没有与教师沟通,教师就没有参与感,易产生抵触情绪,甚至根本不认同单独由学校领导提出来的目标和计划。二是在计划实施的过程中,管理者主要是做好三方面的沟通工作:提供心理支持,创设一种能够让教师说出心中焦虑与担心的氛围;提供工作指导与工作反馈,经常给教师指导并向教师反馈工作信息,以便及时调控。三是在绩效评价时,沟通就显得更为重要和必要了。通过沟通,管理者告诉教师过去一学期的成绩与不足,指导教师朝正确的方向发展。

2. 绩效管理的核心在于持续改进

绩效管理的根本目的在于持续提高或改进绩效。作为学校管理者应当承担绩效管理的责任,尤其是对教师负有直接管理责任的年级组长、教研组长、备课组长,他们应在教学与学生管理方面对教师进行绩效指导。从激励角度看有两种思路进行绩效改进:一种是发现教师绩效不理想的原因,然后帮助教师探究改进的方法和途径,即"避短法"。这种方法在实践中确实能够取得效果,但也因人而异,多少有点挑刺的味道。另一种方法可以称之为"扬长法",主要以激励、表扬为主。管理者要学会欣赏部属,学会基于优点的绩效管理。

3. 绩效管理的关键在于确立科学的绩效评价机制

教师绩效评价是对教师在工作中的表现进行评定,以了解教师工作的质量。教师绩效评价的依据是工作职责与职业规范。绩效评价要与日常教师管理工作结合，形成一套反映教师工作全貌的评价制度和统计分析资料，建立以校长为首的学校教师评价工作小组，与教师进行评价沟通，采取教师自评，同行互评，"三长"（年级组长、教研组长、备课组长）参评，学校评价小组总评等方式，对多方面获得信息进行定性定量分析，以此改进教师的教学行为，激励教师的工作积极性。

4. 绩效管理的立足点是促进教师的专业发展

绩效是教师个体态度、教育教学技能、教育价值观念等综合因素的整体体现。因此，要提高或改进教师的绩效，归根结底是要提高教师的综合素质，促进教师的专业发展。在绩效管理的基本环节中，管理者要做到：以发展性评价作为更高境界的教师评价。在制订教师绩效计划时，要让教师有一个明确的与学校绩效目标相一致的自我发展计划，要让教师成为自己绩效计划制定的真正主体。在绩效辅导时，既要对教师完成任务提供指导，也需为教师长远发展创造条件，要注意挖掘教师专业发展的潜力与特长。绩效反馈除了将评价结果告知教师外，还要将力量更多地用在与教师讨论结果、讨论下一步的绩效目标与发展目标上，引导教师自我发展。

三、学校管理需要刚柔相济

制度化管理的特性在于强调刚性的制度层面。在学校管理过程中，刚性的管理是必不可少的。人性化管理是柔性管理。制度化管理和人性化管理是相互联系、相互统一的，缺一不可。没有制度，学校将失去存在的基石，而没有人性化管理，学校将失去未来的发展。所以，刚柔相济是学校管理不可或缺的两个方面。

人性化管理的核心是"以人为本"，满足需要，追求和谐。人性化管理讲感情，学校的人性化管理可以凝聚人心。当然，只讲感情并无限地宽容，会导致社会惰性的滋生、心理需求的膨胀和责任心的减弱，这不是实施人性化管理的本意。因此，当人们为人性化管理叫好时，不应该淡化制度化管理，尤其是在价值取向多元化的今天，若丢弃了制度化管理，工作就无法正常运转。可见，制度化管理和人性化管理不是孰优孰劣的问题，而是如何相互结合、寻找平衡点的问题。制度化管理和人性化管理正像科学与人文的关系一样"本是同根生",在实践中可以共生互动、互补互通:在制度化管理中,应更好地体现"以人为本";在人性化管理中,要以制度建设为基础。

当前学校实施精致化管理,首先,倡导一种精致文化的管理,即把科学管理与人本管理两种思想及模式有机整合,把两者的优势融为一体,避免各自的片面性。长期以来,在学校管理中存在一种"钟摆现象",把科学管理与人本管理人为对立起来,视为水火不相容的思想与模式。其次,科学管理在注重科学原则、科学方法,强调制度管理、规范管理、标准化管理的同时,并没有否定人的作用。同时,作为调动人的主动性、积极性和创造性开展管理活动的人本管理,也不能被认为仅仅就是尊重人、信任人、关心人,就是人力资源的开发与利用。恰恰相反,人本管理也十分重视组织结构的科学管理和规章制度的变革。

综上所述,制度化管理与人性化管理都有美的丰富内涵:制度化管理科学规范,师生共同遵守,是一种有序之美;人性化管理,理解人、关心人,是一种和谐之美。依法治校的制度化管理和以德立校的人性化管理刚柔相济、情理交融、相辅相成,可以提升学校管理的层次和境界,升华学校管理的内涵。人性化管理和制度化管理,就像一座天平上的两个托盘,在学校管理中,校长要善于把它们放在一个平衡的尺度上去衡量,探寻平衡点,而不要厚此薄彼。校长应在健全管理制度的前提下,提供人性化管理,才能真正提高管理的效能,实现学校可持续发展。

(本文为作者于 2010 年 2 月在松江区教育局人事工作座谈会上的交流发言)

善于管理　敢于担当

"三长"工作是完成教育教学工作的组织保证,决定着学校教育教学工作的质量。"三长"是学校教育教学的中坚力量、带头人。如何实现上述服务任务?我根据当今学校办学现状(一校三址)和教育教学实际情况,就"管理"与"担当"讲五点要求。

关键词七　精致管理

一、管理之本：依靠、凝聚教师

进一步提高认识。"三长"要坚持质量是学校立足之本的观念，树立全面的质量观，必须从严管理、科学管理、人文管理。"三长"是教育教学质量的实施者、组织者、管理者。"三长"要敢于负责，大胆管理。学校需要"三长"大胆管理，家长需要"三长"大胆管理。以什么样的态度当好组长特别重要，态度决定一切。

进一步提高管理水平。"三长"要在管理中学会管理，要讲究工作方法，以理服人，要抓计划、制度执行。要营造良好的年级组、教研组、备课组、办公室氛围和积极向上、相互学习、相互帮助、相互理解、相互促进的人际环境；要大气，不要斤斤计较；要及时了解组内教师思想、工作、生活情况，只有这样，工作才能有针对性；要努力把自己的小组建设成积极肯干、团结和谐的坚强集体。

作为"三长"，在接受任务时，要对自己多一份信心；对待工作、同事和学生时，要多一些责任心、细心和关心；遇到困难或自己不懂的问题时，要多一份虚心。

二、管理之基：严格执行制度

没有规矩不成方圆，国有国法，家有家规，校有校规。13 世纪英国杰出大法官亨利·布雷克顿有一句名言：国王在万人之上，但却在上帝和法律之下。制度经济学有一句名言：制度决定一切。带领教师及组内员工，搞清楚应该做什么、不应该做什么，应该怎样做、不应该怎样做，应该讲什么，以及自己的主要职责是什么、组室对整个学校工作具有什么影响和作用等问题。这样，就能把整个组的师生工作积极性充分调动起来，并使其成为推动学校工作不断前进的巨大动力。

在管理中做到"三有三必"：有布置必有检查，有检查必有反馈，有反馈必有考核。在工作执行方面，从"三个维度看"：一看力度，执行是否落实到位；二看高度，执行是否按标准去做了；三看效度，是否达到目标要求，是否有效果。

学校以规章制度进行科学管理，要求师生员工按章办事，行为有所规范，并在日积月累、反复实践的过程中，形成一种良好的学习、工作习惯，进而形成良好的组风、校风。

三、管理之精:细节创造完美

"三长"是引领者、组织者、实践者、把关者、检查者。学校要求"三长"除了教好自己的班级以外,还要从年级角度、学科角度、组室角度思考学校教育教学质量的全面提高。

年级组长必须研究本年级学生思想品德教育、心理状况及各班级特点,千方百计提高学生道德水平,全面关心学生德、智、体、美、劳各方面的健康成长。组长主要负责年级德育工作及日常年级管理,包括教育教学动态、常规、家长来访、家校互动,年级家委会等,提高年级组的工作效率。年级组要基本形成符合本年级学生特点的特色化、主题化、富有文化内涵的年级活动序列,以促进相关课题的开展。

教研组长、备课组长要切实研究如何提高课堂效率和教学质量,抓教学五环节,特别在备课、上课和批改作业上找原因、想办法,提高备课质量和批改效率。

教研组长负责本项教学研究,带领一个团队开展工作,首先必须做一个思考者。作为组长该凭什么去引领组内的教师,促进校本教研的发展?答案就是"五步曲、八环节"必须抓实、抓细,持之以恒。要养成学习与反思的习惯,增强研究意识,以研究者的眼光审视、反思、分析和解决本学科在教学实践中遇到的问题。其次要做一位实践者。要从了解学生、分析课堂等环节做起,与学科组的教师们一起实践,一起体验和创造适合自己的专业生活方式。"三长"不仅应该作为学校教学处、校长室的助手和参谋,还应根据学科建设需要及时与教导处沟通、交流,使教学常规执行得更好。

教研组要形成教研工作课题化的思想,每个教研组围绕学校的总课题,申报符合自己学科特色的子课题,围绕课题开展教学研究工作,分析学校质量,从而促进教师成长(青年教师培养、骨干教师风格形成),提高教学质量。备课组要组织以单元教材分析、教学设计研究、本学校小型竞赛等为主要内容和形式的系列活动。

四、管理之效：积极向上的团队

在系统管理之中，需要用"心"、用"情"来管理，达到"润物细无声"的境界，更需要用制度来管理，达到依法办学、依规办事。

一看组内风气：积极向上。二看教育教学规范：井然有序。三看中心工作：提高质量。四看班风、学风：养成教育。五看工作干劲：积极肯干。六看组长自身：以身作则。

五、管理之源：学习、实践两不误

要提高管理效能，要敢于担当，要提高自身修养、学养。

一看自身学习，看书有益，不断吸取知识营养。二看持之以恒，做工作要有信心、恒心、决心、耐心。只有坚持，才有收获。三看以身作则，带头学习、带头执行、引领组内员工。

（本文根据作者在"三长"工作推进会上的讲话要点整理）

用教育哲学滋养管理智慧

2010年3月，我有幸赴北京国家教育行政学院参加第四期全国基础教育改革动态校长研修班学习。来自全国各省市的一百位校长相聚一堂，又正值《国家中长期教育改革和发展规划纲要（2010—2020年）》（公开征求意见稿）颁布之时，是学习的好机会。教育部袁贵仁部长作了《新时期我国教育改革发展的形势与任务》报告，陈小娅副部长作了《基础教育科学发展的基本政策与重点工作》报告。基础教育司司长召开座谈会，全国著名教育家、学者、校长在会上作了交流。本次研修学习内容丰富，思想深刻，形式多样。一场场精彩报告带来一份份收获，一份份收获引发一次次思考，其中令我思考最深的是"用教育哲学滋养管理智慧"，就此谈一点学习体会。

一、学点哲学，提升哲学素养

以哲学素养提升办学思想。校长是学校之魂，是学校办学思想之魂。校长是学校的灵魂，不仅仅在于校长个人对学校发展的功能作用，更在于校长对学校的价值引领和办学思想的引领。正如北京师范大学石中英教授在《提升

价值领导力——校长的必修课》报告中讲到的,真正的教育家必须具有广阔的价值视野、丰富的价值意识和卓越的价值领导力。只有这样,校长才能成为名副其实的"学校的灵魂"。价值领导力正是校长哲学素养的一种表现,是哲学素养在学校管理中的具体转化。

有思想的校长,要学点哲学,提高哲学素养。哲学素养是现代校长必备的素质。校长要高瞻远瞩,高屋建瓴,卓有成效地进行教育管理,就必须有教育哲学思想做指导。教育哲学是指对教育问题从哲学的高度给以阐明和分析。教育实践唯有在教育哲学的引导下,才能对教育问题进行科学的探究而不至于迷失方向。在教育的长河中,校长作为教育之舟的一名"舵手",掌握着学校发展的方向。面对潮涨潮落、激流险滩该如何从容应对?如何提升科学决策、指挥协调、灵活应变的能力?如何引领学校创建特色,走内涵发展之路?许多问题是校长在学校管理的过程中必须解答和落实的,这就需要校长做出理性的思考。正如美国教育哲学专家乔治·F·泰勒在《教育哲学导论》一书中指出,"一个人的哲学信念是认清自己的生活方向的唯一有效的手段。如果我是一个教师或教育领导人,但没有系统的教育哲学,并且没有理智上的信念的话,那么我们就会茫然无所适从。"现代校长要领导学校走向成功,必须具有科学的管理哲学素养。

冯恩洪校长作的报告《学校发展规划与学校管理》,充满着哲理,我深受启迪。他以云南省千所学校现代化建设编制规划为例,讲了四个操作步骤:一是了解样板(山东杜郎口中学、内蒙古包头二中、上海建平中学、上海闸北八中等12个样板);二是选择样板;三是建设样板;四是超越样板。正是在选择中建设,建设中创新,创新中超越。我不禁联想到自己在制定学校四年(2008—2012年)发展规划时的情景,如何进一步拓展、提升"三乐"教育,如何将"为学生乐学奠基"的理念深入到每一个教职工,将学校的办学思想转化为教师教育教学的自觉行为……在调查研究的基础上,组织全校教职工讨论,从环境、课程、教师、文化入手,编制出符合时代特点、体现学校特色、可操作性强的学校四年规划。我体会到:环境是基础,课程是重点,教师是关键,文化建设是保障。可见,思想是行动的导向。学校有了先进的办学思想、教育理念,就有了学校的精神支柱,才可能会产生科学的教育行为。

二、多一点思考,提升管理悟性

校长要用管理哲学思想做指导。从北京史家胡同小学卓立校长、广渠门中学吴甡校长的"校长讲坛"中,我领悟到校长辩证的思维方法。我在实践中也有深切的体会:学会思考,善于思辨,改善思维方式。一要广思。多思则明。当前学校工作更具开放性、透明度,校长要想得多,想得广,这样的思考就如园中花,讲究百花齐放,怒放争春。校长要从各个方面对学校的发展进行全盘思考,对每方面要怎样发展做到心中有数。还要学会拓展思维。二是能思。思考是行为的基础,思考如急流奋进中的一叶小舟,要不断调整前进的方向,才能乘风破浪、勇往直前。能思体现在:思考的方向对头;思考的效率高;思考有深度。校长在研究中,对下属所提的问题,应及时筛选,敏锐捕捉主要问题,并就此展开讨论,形成决策。三要细思。思考如撒开的一张网,要有收获,还要有淘沙拣金的细腻。学校每一个目标的确立,每一次决策的形成,每一个事端的解决,可谓千丝万缕、缕缕连心,来不得半点马虎。如校本课程的开发,一切以学生为中心,既要考虑学校的实际,考虑前后承接,学校的办学特色,开发的连续性和实施操作的可能性,还要想到教师资源及家长、社会资源的充分利用。思考的周密细致、丝丝入扣,带来的是工作的稳步、持续、高效。

管理与哲学是密不可分的。管理活动作为人类自觉的活动,也必然具有一定的哲学色彩。科学管理奠基人泰罗说过,科学管理从本质上来说,包含着某种哲学。日本的经济管理家镰田胜写了《怎样提高领导艺术》一书。他在书中写道:领导艺术要以思想哲学为指导。英国的克·霍德金森在《领导哲学》一书中指出,管理是行动的哲学,哲学是管理行为一个组成部分,是一个核心部分。这些论述都揭示了管理与哲学之间的有机联系。正由于如此,有人提出现代管理的一个公式:哲学素养+管理科学+管理艺术=管理水平。

学习哲学,提高哲学素养,能够促进校长自觉地生成和升华学校管理的悟性。管理悟性是一种管理的灵性,反映学校管理者在管理实践中的"开窍"程度,包括在特定环境、特定条件、特定情境中的分析能力、判断能力、洞察能力等,它是管理者世界观、人生观、价值观、管理观的综合反映。在学校管理实践中,管理悟性的提升是领悟、体悟、顿悟三个环节有机统一的过程。

领悟,是对党的教育方针、教育政策以及上级教育行政部门的决策与意图进行消化吸收,形成自己的独特理解、独到见解和有自身特色的管理思路,使自己成为善于统揽全局和把握大势的"明白人"。2010年3月4日上午,我聆听了教育部袁贵仁部长的报告,其对国家中长期教育改革和发展的总体任务的解读,十分深刻。把促进学生成长成才作为学校一切工作的出发点和落脚点,我领悟到:育人是根本,体现为一切以学生为中心,以教学为中心,加快人才培养,促进公平;提高质量是核心,解决"有学上"和"上好学"的问题;改革创新是学校内部发展的动力与活力。将以提高质量为核心的教育发展观内化为自己学校的办学思想,注重内涵发展,使其办出特色、办出水平。

体悟,是对实践中形成的感性经验的理性总结。体悟实质上是把经验上升到规律性认识的过程,即由感性认识转化为理性认识,即实践、认识、再实践、再认识。通过在管理实践中不断提升体悟能力,可以把自己培养成苦干加巧干的"有心人"。我听了教育家魏书生的报告,深有感触。

顿悟,是一种瞬间迸发的灵感,是瞬间产生思想火花的过程。北京史家胡同小学卓立校长的报告令人眼前一亮,他当校长四十多年,常做常新,不断迸发智慧的火花,在2009年学校60周年校庆时,温家宝总理为该校题词:学、思、做、行。卓校长说得好,一所学校发展靠什么?靠办学理念。他说一生做两件事:一是不断提升办学理念;二是完善现代化学校硬件建设。他以"铁的制度,活的机制,柔的方法"锻造了一支过硬的教师队伍,闻名于全国。北京广渠门中学吴甡校长的报告,以校长价值观引领教师价值观,认为教育为学生生命奠基,教育是点化和润泽生命,是生命影响生命的事业。可见,顿悟并不是突然从天上掉下来的,而是厚积薄发所产生的效应。没有天长日久的经验积累,顿悟是难以形成的。校长应在学校管理实践中不断提升顿悟能力,及时抓住自我的第一感觉,不断调动自身潜藏的丰富经验,实现认识飞跃,从而把自己培养成为能举一反三、触类旁通的"开窍人"。

关键词七　精致管理

总而言之,教育哲学是校长专业成长的思想支柱,是校长不竭的动力来源。教育哲学是一盏指路明灯,为校长提供了思考教育问题的科学方法,让成长着的校长们不会迷失方向,并引导着校长由经验型向专家型不断迈进。

(原文发表于上海市《双名工程通讯》,2010年第4期)

基于"教师发展自觉"的校长价值领导力

校长价值领导力是指校长在理解学校核心目标,把握学校根本价值方向等方面发挥主导、示范和凝聚作用的能力,即从共同价值观的角度对组织成员的个体价值观进行引导、规范、整合和更新的能力。校长价值领导力不仅仅是一个概念,更是将共同价值观付诸实践的过程。

校长管理学校的核心工作,就是帮助每位教师得到发展,重视"教师发展自觉"的价值和作用,从而落实让每位学生都得到发展这一教育宗旨。那么校长如何在引领教师实现发展自觉的过程中体现和提升自身的价值领导力？北京人大附中刘彭芝校长的"激活每一个细胞"的思想是教师实现发展自觉的形象表达。我于2009年7月11日—20日,冒暑进京参加为期十天的第二阶段人大附中刘彭芝"卓越校长基地"培训学习。我对"校长是学校的灵魂"有了新的认识,对"提升校长价值领导力"这一命题有了更深刻的理解。

"校长是学校的灵魂",即校长在确立学校核心目标、把握学校根本价值方向等方面发挥主导、示范和凝聚作用,体现在对学校核心目标的追求以及对学校根本价值方向的引领上。一个个精彩报告,一场场创新展示,一次次专题研修,令人十分震撼。在这次培训学习中,我进一步领悟了刘彭芝校长的办学思想与办学行为。刘彭芝校长的主题报告《人大附中创新之路》内涵深刻。专家报告精彩纷呈,如:航天员杨利伟英雄团队的报告《祖国、理想、意志、追求——中国航天员英雄团队成长之路》;当代著名作家、原文化部部长王蒙的报告《老子的帮助》;原外交部部长李肇星的报告《外交风云录》以及英国皇家医学会院士王执纪教授的报告等。令人钦佩的《人大附中创新之路》内容丰富:人大附中道德教育之路;"三高"足球基地体教结合创新之路;艺术教育创新之路;

中外教育创新之路等。来自全国的近百名校长与人大附中干部、名师围绕专题进行讨论、交流、演讲,大家一致认同校长是学校的灵魂,校长应有价值领导力。

一、价值领导力的理解

从刘彭芝校长深邃的教育思想中我感悟到:校长的价值领导力不仅仅是一个概念,更是一种实践过程。正如北京师范大学博士生导师石英教授在阐述校长价值领导力时所讲,有关领导力的新概念,如道德领导、文化领导、价值领导,它们之间不是完全没有关系的,借用哲学家维特根斯坦的一个名词,它们之间存在着一种家族相似关系。

道德领导强调校长个人的道德素质对于学校工作的影响作用。文化领导强调通过创造有吸引力、竞争性和凝聚力的学校文化来实施领导行为。价值领导从性质上说也类似于道德领导和文化领导。价值领导扩展了道德领域,把正确、高尚的人类基本价值和社会主流价值以及组织的共同价值作为实施有效领导行为的条件和手段。价值是文化的核心,创建富有吸引力和教育影响力的学校文化,最根本的就是要明确学校的核心价值观并在学校文化建设的各个层面加以体现。

可见,价值领导力是领导者运用价值领导艺术以解决管理实践中出现的问题、调控管理行为、实现组织目标的能力,即从更高层次或新的角度对组织成员主观需要、偏好与理想的引导、规范、整合和更新能力。价值领导力包括以下几种能力:一是价值识别能力,这是实施价值领导力最基础的能力;二是价值引导能力,校长要在价值识别的基础上帮助师生员工客观分析自己所持有的价值观念以及它们对自己行为的支配作用,引导他们选择那些体现人类基本价值、社会主流价值和组织价值原则的价值观念;三是价值辩护能力,帮助师生员工充分地了解和认同学校组织价值的合理性与正当性;四是价值整合能力,在一个价值多元的时代,学校管理也面临着比较多元的价值环境,校长应该基于正确的价值立场进行价值整合,在尊重价值多样性的前提下引导建立基本的价值共识;五是价值实践能力,价值领导的过程也就是将共同价值观念付诸实践、体现于学校的办学理念、制度、行为乃至环境建设之中的过程。

刘彭芝校长的办学心路充分体现了校长的价值领导力。我参加"卓越校长基地"学习，更要不断地强化自己的价值领导意识，不断地通过学习和实践提升自己的价值领导力，向着卓越的价值领导者迈进。

二、校长价值领导力的提升

如何提升校长的价值领导力，刘校长为我们树立了榜样。第二阶段学习的所见、所闻、所思、所感……作为学校的校长，我思考着这些问题：校长价值领导力与学校发展的关系是什么？校长价值领导力与学生价值观教育的关系，在不同的学段，校长应该提倡哪些价值观念？怎样理解校长的价值领导力与教师队伍建设的关系？如何提高校长价值领导的有效性，如何保证学校价值领导的连续性等？

如今，我越来越清晰地认识到，答案就在人大附中，就是刘彭芝校长。

刘校长在主题报告《人大附中创新之路》中讲到"坚持走可持续发展之路，实现社会责任的最大化"，她从时间与空间维度上阐明了教育的真谛，揭示了人大附中的经验：一是忠诚于党和人民的教育事业；二是确立教师在教育事业中的主体地位；三是坚持解放思想、改革创新；四是永远争创一流。始终坚持这几条，不动摇、不折腾、不懈怠，咬定青山不放松，一张蓝图干到底。她提出了宏伟目标，人大附中要创百年名校、千年名校……刘校长真不愧是"关注天空"的教育家。

我不禁想起温家宝总理曾提出的重大教育命题：教育家办学。其核心就是建设教育强国必须按照教育规律办事，尊重教育领导的专业特性，为校长专业化发展指明了前进方向，对于提高办学水平，办真正的教育，培养全面发展的高素质人才具有重要意义。人大附中的崛起、发展、腾飞，刘校长的远见卓识、博大胸怀、追求卓越、无私奉献的人生哲理，准确地揭示了中国基础教育发展的内在规律，是尊重教育规律和回归教育本质的重要体现，是教育工作重点从外延向内涵发展的适时转移，是提高教育质量的根本保证，是对当代教育领导尤其是校长的新要求，对推动中国更多的教育家脱颖而出，办一流的学校、世界的名校、一流的教育，会起到积极的作用。

著名作家王蒙的报告《老子的帮助》,聆听后启发很大,他从"道法""无为""柔弱"进行阐述,揭示了一个深刻道理,世界上万事万物都有自己的规律,要按规律办事,用哲学的思维来思考问题,解决问题。人大附中的"超常教育"创新之路,是一条不平凡的路,从一个数学实验班开始,如今形成"超常教育"的体系,也从一个侧面体现了遵循教育规律办教育。

三、校长价值领导力的体现

刘彭芝校长创新的重要内容之一是培养教师,让人大附中的办学思想、办学理念内化为每位教师的教育教学行为,让每个教师适应自己的岗位,挖掘每个教师潜力。

教师发展是一个自主发展、自我完善的过程。教师发展自觉的意义在于实现个体的生命意义和教师职业人的生存价值。马斯洛需要层级理论告诉我们,每个人都有生理、安全、归属尊重、和自我实现等渐次提高的需要。在这五个需求层级中,后三个需要对教师尤为重要。如何实现教师发展自觉?在具体的实践过程中,有以下三种策略。

1. 激发每位教师实现自我价值的"内在原动力"

我们把"每位教师发展"作为学校发展的核心价值观,用这一价值观引领学校管理的创新,鼓励探索、鼓励创造、鼓励形成特色。倡导每个教师保持自己独特的思想,而又能宽容地对待观点的差异,追求一种和而不同的思想境界,使每个人都感觉到自己在组织中是被重视的,都有机会获得成长,每个人也都有责任为新课程推进、学校的发展做出贡献。学校在发展过程中成就每个教师。

从教师发展自觉的三大要素来看,知识与能力是能源系统,这个"源"从何处而来,而且能源源不断,我认为首先要学习,而且是有效的学习。学习是教师发展自觉的前提和基础,没有学习不可能有发展的能源——知识与能力。学是"知"也是"行",是为知而行。关键是教师"学什么"和"怎样学",如何让教师有效学习?我校自 2002 年以来实施案例式校本研修——"五步曲、八环节"。五步曲:设想一种探究方式,挖掘一组教学内容,设计一个教学方案,进行一次教学实践,撰写一篇研究报告。八环节:前说课,上课,后说课,评课,课后反思，教学案例，案例教学，撰写论文。案例式研修是适合教师的学习和专业发展的。

教师的学习应该是提升自我生命价值的学习，是丰富教师精神生活的学习。教师有效的学习应该是发自内在需求，并且引发内在需求的学习，是解决实际问题引发新问题的学习。教师有效的学习更是一种能够实现"转化"的学习。

在具体实施中，我们着力于形成基于"转化式"的学习方式。任何有效的学习都必然涉及转化。从我校实施的"五步曲、八环节"案例式研修项目来看，教师这种"转化式"学习体现为具有内在关联的三个方面：首先能否将看（听）到的讲（做）出来，即通过教学实践把书本中看到的、讲座中听到的知识、观念、道理转化到教学设计和教学过程中去，这也就是通常所说的把知识转化为行为；其次能否把做出来的说出来，即通过说课反思将自己的实践行为与所学新知进行比较，言说本身既是梳理思路、洞察实践的过程，也是审视学习行为和学习效果的过程；再次能否将说出来的写出来，这种转化侧重于通过写作转化已有的经验和思路，这些转化的目的是使教师实现对所学新知的占有。在"转化"这一问题上，教师有没有转化的意识、能不能转化、会不会转化等不仅是衡量教师学习有效性的标准，也构成了教师学习能力和学习品质的基本内涵。这种转化能力的核心要义在于把别人做事情变成自己正在做事情，同时使自己的所思所想、所作所为形成和调整的过程变成主动去吸收他人思想和行为经验的过程。要实现这一目标，需要教师不断地在自我追问中反思：面对这个学习内容或学习对象，我想转化什么？我该如何转化？我转化了没有？哪些转化变成了自我的东西，哪些没有转化依然是别人的东西？这种基于转化的反思不应是一次性的，而应是持续性和渗透性的，全方位、全过程地渗透在教师学习过程之中。最终形成的既是一种转化意识、转化方法、转化能力，更是一种转化习惯。

2. 关注每位教师专业发展的"内在导向力"

教师从职初教师到骨干教师有其成长规律和成长途径。我校根据教师不同资历、学历、驾驭教育教学的能力和教师的内在需求，分层培养、分类指导，即新教师的"入格培养"、青年教师的"上格培养"、骨干教师的"风格培养",简称为"三格"培养,旨在培养"风格型教师"。

一是目标导向。心理学研究表明,群体的共同目标越明确,人们从事学习、研究和工作的积极性、主动性就越高,相互协作的精神也就越好。新教师如何给自己一个准确的人生定位、专业规划?我认为,除了需要自我的设计和自我的奋斗外,他们更需要学校领导的关怀与指导。在"青年教师工作坊"活动中,我与新教师第一次座谈,以"成功与快乐"为主题,就目标的设定、职业生涯的设计、自我价值的实现进行漫谈。我结合自己成长的经历,总结了"成功三步曲"。第一步:主动把握人生目标。一个职业目标与生活目标相一致的人是幸福的,目标的设定要以自己的最佳才能、最优性格、最大兴趣、最有利的环境等信息为依据。第二步:不断尝试挖掘兴趣。为了成为最好的自己,最重要的是发挥自己所有的能力,追逐最感兴趣和最有激情的事情。第三步:取得阶段性进步。找到了你的兴趣,下一步该做的就是制定具体的阶段性目标,一步步向自己的理想迈进。

二是名师引领。2004年11月学校成立名师工作室,培育名师,让名师成为学校的中坚力量。五年来,学校通过树样子、引路子、搭台子、压担子等多种途径,扎扎实实、坚持不懈地开展培养活动。一是榜样示范、名师引路,通过名师工作室举办的"聆听、实践、感悟——我与名师面对面"等一系列活动,了解身边榜样的成长历程,学习名师、走近名师,在教师群体中形成一种无形的动力。二是能者为师、链锁带教:以课堂教学为主要研究领域,以开发教师差异资源为基本方法,分层分类形成教师间的带教网络。三是个别指导,以点带面:尤其关注处于发展高原期的中年教师,运用"教师二次成长论"进行个性化指点,明其方向燃其激情,并为这些教师提供交流自我发展规划的机会,自加压力,跨越高原期,超越自我,感染同伴。

三是多元评价。领导的评价对教师的工作具有导向作用,这就要求管理者改变原有的管理方式,变终端评价、终端奖励为阶段性评价奖励,变单一评价为多元评价。学校实施"精致化管理",旨在整合科学管理与人本管理的思想,注重管理过程和管理细节,追求卓越、精益求精。加强对过程的控制,要求

关键词七　精致管理

管理者必须把自己的工作重心下移,提高对教师工作的关注程度和参与程度,不仅是监督,更主要是服务,想教师所想,忧教师所忧。通过给教师提供进修机会、树立典型、派出参观学习、发表论文、出版专著、评优奖励、评选骨干教师等多种形式,不断给教师添加"情绪饮料",帮助教师总结经验,给教师以事业成功的感觉,从而把领导的要求期望变为教师工作的内动力。

3. 创设每位教师适应外部环境的"内在应变力"

社会的激烈竞争,新课改的全面推进,家长的过高要求,使教师们面临着前所未有的压力,减轻教师压力势在必行。帮助教师摆脱职业倦怠,让教师的心理快乐起来、健康起来,是全社会的梦想和希望,也是学校的作为与期盼,同时需要全社会的支持和推动,也需要教师自己的调控,增强内在应变力。

一是自我减压;二是尊重教师;三是社会支持。

校长要引领教师实现教师发展自觉,必须具备一种自身对教师的人格魅力。刘彭芝校长的人格魅力首先体现在她宽广的胸襟能接纳不同的教育思想。刘校长不仅善于兼收并蓄古今中外名家各派的教育思想,而且尊重学校里不同教师的各种观点、各种想法,尊重教师的思想个性,鼓励教师做一个有思想的教师,宽容教师的教学个性,为他们创造辉煌搭建平台,让他们各展所长、各尽其才,争奇斗艳,在人大附中形成了不拘一格育人才、万紫千红春满园的生动局面。

刘彭芝校长具有极强的价值领导力,为我们树立了榜样。要提升校长的价值领导力,首先,要学习著名校长的治校之道,研究各校长的治校思想和经验。其次,要放开眼界,全面了解国内外所发生的巨大变革,以及这种变革对学校教育提出的挑战与要求。校长的价值领导力说到底来自于社会变革所提出的教育需求。再次,要学一点哲学,不断地提高自己的哲学修养。结合自己的领导经验进行反思性研究,通过对学校办学案例的分析来进一步领悟和丰富价值领导力的意蕴和价值领导力的内涵。

（本文为作者于2011年7月25日在美国哈佛大学"中美基础教育文峰论坛"上的演讲,发表于《中小学管理》,2011年第1期）

实施精致化管理　创建新优质学校

一所学校凝聚力的形成,很重要的一点是有没有共同的价值观。共同的价值观演绎成师生共同认可的行为准则,即办学理念。办学理念是学校的灵魂,先进的办学理念对内是凝聚力、向心力,对外就是核心竞争力和品牌。

管理是学校生存发展的重要支柱。从某种意义上说,学校的一切工作都是管理工作。实施精致化管理,就是要优化管理过程,追求管理绩效,实现管理目标,这已成为现代学校管理的共同发展走向。

一、精致化管理的思考

1. 精致化管理的认识

在现代管理教学中,科学化管理有三个层次:第一个层次是规范化,第二个层次是精致化,第三个层次是个性化。精致化管理作为第二个层次源于20世纪50年代日本的一种企业管理理念,它是社会分工以及服务质量的精细化对现代管理的必然要求,是一种以最大限度地减少管理所占用的资源和降低管理成本为主要目标的管理方式。具体为:"五精四细",即精华、精髓、精品、精通、精密以及细分对象、细分职能和岗位、细分每一项具体工作、细化管理制度的各个落实环节。

精致化管理最基本的特征就是重细节、重过程、重落实、重质量、重效果,讲究专注地做好每一件事,在每一个细节上精益求精、力争最佳。

精致化管理强调将管理工作做细、做精。"精细"是一种意识、一种态度、一种理念,更是一种精益求精的文化。精致化是"精细"的系统化和深刻化。如我校制度化、民主化、人文化管理形成相应的精细化系统就是实现了学校管理的精致化。

精致化管理的核心是追求卓越,追求完美。追求卓越源于细节又归于细节。中国古代就有类似说法:见微知著;千里之堤,溃于蚁穴;千里之行,始于足下。这些名言强调了任何细小的东西都可以通过系统放大,既可以"成大事",也可以"乱大谋"。

2. 精致化管理的特点和关注点

一是规范性。必须重视管理常规,以常规管理为切入点。从小事入手,从细节入手,实现学校管理规范化、程序化,为学校内涵发展奠定基础。要关注师生的精神状态,以及工作或学习的良好行为习惯的养成等,以确保师生在教学中的行为符合基本规范,实现教学质量的提高。二是共鸣性,即教与学的和谐共鸣。共鸣,是指教学活动引发学生的兴趣,并使其愿意深入学习。和谐,是指教学活动符合了学生的学习与身心发展规律。学校教学精细化管理的核心内容是实现教与学的和谐共鸣,这是教学精细化管理的精髓所在。三是有效性。强调教学效率,是为了给学生综合素质发展留下更多的空间。四是全面性。教学精细化管理是面向全体学生的,重点关注学业处于中下层的学生,如"学困生"的转化。五是创新性。教学精细化管理的成功只是学校发展的一种阶段性的成功,通过不断地探索、反馈、调整,形成符合规律的基本教学规范,并用制度把它固定下来,从而实现不让一个学生掉队的目标。它还有待于进一步全面发展和育人文化的提升,即"用文化提升教育品质"。最终目标是促进学校的发展,促进师生员工的发展,最大限度地开发师生员工的创造潜能,让师生员工和学校共同发展,增强学校和师生员工的自我发展能力。

学校实施精致化管理要关注两个结合。一是精细化与人性化结合。与企业不同,学校管理主要是以人为核心的管理,是以每位教师充分发挥自主性与创造性为前提的管理活动。二是制度化与个性化结合。精致化管理并不是管理的最终目标,不过是规范化管理的一个延续。它的最终目标是实现个性化管理。有个性才是学校发展的必要条件,才有办学特色。

二、精致化管理的实践

1. 以管理为驱动,精心培育学校干部队伍

二十多年来,我一直坚持依法治校与以德立校、以情育人有机结合,我认为这是学校可持续发展的潜在动力。学校管理是一门综合艺术,在大力推进素质教育,办好家门口学校的今天,学校管理中尤为突出的是"法、德、情"这三

个字。法是学校管理的重要保证,德是一所学校得以发展的灵魂,情是学校管理的润滑剂。只有坚持依法治校、以德立校、以情育人有机结合,把握这三者在学校发展中的地位与作用,才能使学校得以持续发展。

我对学校干部的使用与管理,采取的是"足球队"的管理方式。我告诫领导班子成员不做边锋,做中场,做球队的大脑。校长是主教练,主管校长是执行教练。

校长根据球队的整体状况和每名球员的技能、风格制定球队的目标和战术,前提是了解。通过大量实训、典型案例的分析、反思,总结经验,提高球员的能力。通过平时的训练,演练队伍,提高球队中个人和整体的能力,鼓励个人一专多能。比赛场上,球员根据场上情况自主发挥处理解决。高度重视赛后分析,总结成功与失败的体验,分享经验,提高技能战术,做到循环往复。这样不仅提高了球员的能力,同时也增强了每个成员的成就感,球员很快就成为球队的主人,想事、干事。这样做的结果是谋划学校发展的人多了,学校自然就实现了优质快速的发展。开始可能步子会慢一些,但后劲十足。当大家都能独当一面之时,校长会更"超脱",也会有更多的时间思考学校的大事和整体的发展。随着办学规模不断扩大,实验小学从一个校区发展到三个校区;新学校不断创办,从实验小学到第二实验小学,再到第三实验小学。我们培养了一批批名师与学校中层干部,成就了一个个校长与书记。

2. 以育人为根本,精心实施"有根"的德育

立德育人是教育发展的本质要求,也是实现人的全面发展的根本目标和途径,是促进人的全面发展的根本要求。

我校德育工作以基础道德教育为目标,以有效德育科研为先导,以养成教育为重要手段,以精彩的系列活动为载体,实施"有根"的德育教育,把学校教育、家庭教育、社会教育有机结合,努力践行"社会主义核心价值观",形成了富有特色和成效的德育工作体系。

我们始终信守"有根"的德育,根深才能叶茂。通过有形无痕的德育,实现学生的有效和有得。

精致德育"五个靠":

德育靠教化,以爱育人(突出一个"导"字);

德育靠养成,习惯成人(突出一个"养"字);

德育靠体验,活动育人(突出一个"做"字);

德育靠熏陶,文化育人(突出一个"悟"字);

德育靠自觉,学科育人(突出一个"融"字)。

3. 以质量提升为核心,精心实施"有效"课堂教学

课堂教学的出发点和着眼点:一是基于对我校师情和学情的认识;二是基于长期开展有效教学理论及实践的探索。我们把两者有机结合起来,探索有效课堂教学的路径。

精致教学"五字功":

基础教育关键在基础。这些年来,我们一直要求教师要练就过硬的基本功。我提出了"五字功"。

熟:任课教师熟悉所教的每一个学生,了解他们的基本学习情况;对课程和教学要熟练掌握;课程标准、学科知识、教法和学法烂熟于心,并能熟练运用。用真才实学赢得学生的信任。

准:知识准确,掌握基本知识、基本技能,特别是概念、定理、公式等要理解透彻。用真知灼见武装学生。

简:化繁为简,精益求精。善于把复杂的问题简单化,把抽象的推论形象化,用教师的"辛苦"换来学生的"容易",便于学生掌握并应用。

新:备课常备常新,讲课常讲常新,辅导常导常新,习题常做常新,知识不断更新。用高尚的师德和高超的教学技能激发学生学习的兴趣和对所学学科的热爱。与时俱进,与学生共同成长。

悟:强调的是教师要学会反思,在反思中成长。只有具备悟性,才能成为专家型教师。

把以上五个字做到融会贯通,才能做到"活"。才能给予学生"活水""活法",使学生活学活用。

我们通过实施精致化管理,丰富了素质教育的内涵,促进了学校各项工作的开展,取得了良好的办学效果。同时,我们也深深体会到:"精心"是态度,

"精细"是过程,"精化"是保障,"精品"是结果。我们坚信,我们精益求精的事业态度,加上细致入微的教育过程,必将打造出更加精致优质的松江第三实验小学。

(本文为作者于 2014 年 3 月在松江区新优质学校建设研讨会上的发言)

有感于培训

跨入新世纪,我有幸参加了多次校长培训学习。2006 年参加上海市教委首批"名师名校长"洪雨露特级校长培训基地学习;2009 年参加北京人大附中首批"刘彭芝卓越校长"培养基地学习;2010 年参加国家教育行政学院培训学习;2013 年参加由华师大叶澜教授领衔的"学校变革"研修班学习……收获颇多。

一、培训——凝练理念的催化剂

优秀校长不是培训出来的,是从教育改革与实践中产生的。但是多年的培训实践证明,培训能为早出、出好优秀校长提供专业的服务。优秀校长最主要的是要有教育信仰。要坚定教育信仰,就要凝练和完善自己的教育理念。凝练理念的过程,实质上就是不断澄清问题、不断坚定信仰的过程。凝练的过程,就是对教育规律进行不断探寻,对教育价值进行不断追问,对培养什么样的人、为谁培养与怎样培养,对自己是谁、要成为谁、从哪里来、到哪里去等根本性问题进行不断思考,努力寻求合目的性与合规律性的统一的过程。对这些问题理解的深度,往往决定其成长与发展的高度。凝练理念的过程,也是校长不断认识自我、挑战自我、超越自我的过程。

教育是面向未来的事业,培养的是明天的人才,教育总面临着昨天的知识、今天的教育、明天的人才,社会需要与个人需要,当前需要与长远需要,功利与伦理之间多种复杂矛盾。因此,校长需要有独立的、辩证的哲学思考和自我判断能力来预设未来发展所需要的一些素养并努力将其付诸实践。优秀校长在教育活动中,应如陶行知先生所言,"敢探未发明的新理""敢入未开化的边疆"。我们提倡培养学生的创新精神,如果校长自身没有创新意识和能力,

关键词七　精致管理

在培养体制、机制上没有任何创新，那么培养创新人才就是一句空话。

凝练理念是一个由实践上升到理论，从具体到抽象的过程，需要校长积极而深刻的反思，更需要加强同伴互助式的互动环节及专家引领式的指导，这样可以加速校长逼近教育真理、洞察教育真谛的步伐，从而使自身独特的教育理念逐步清晰。

凝练理念为优秀校长形成自身的办学思想提供了必需的思想内核。名校长最主要的特征应名在思想，有独特教育思想是其专业发展的最高境界。苏霍姆林斯基说，校长对一所学校的领导首先是教育思想上的领导，其次才是行政上的领导。显然，校长要用思想来领导，首先自己要有思想。

培训强调校长的办学思想应该来源于其办学实践，但又要高于实践，既要"上得了天，也要入得了地"，只有经过上下来回的历练，其教育思想才有可能更为合情、合理、合法。

在优秀校长逐渐形成其教育思想的过程中，有四个方面的关键应该抓住。其一，注重隐性知识显性化。优秀校长身上蕴藏着丰富的隐性知识，将隐性知识显性的过程，实质上就是更好地把握事物本质的过程。如果能将其尽可能明确化，势必会进一步丰富校长的办学智慧。其二，注重感性认识理性化。思想是理性思维的结果，我们在思维的过程中一方面要将感性上升为理性，另一方面思考本身也是不断改进校长思维品质的重要过程。其三，注重零碎知识系统化。校长在长期实践过程中，常常会有突发的灵感，但是这种灵感很可能是局部的、即时的，如果不注意积累，这种灵感很可能就是昙花一现。但如果把这些零碎的、随机产生的智慧火花加以系统化，那就是一种十分宝贵的财富。其四，注重办学理念体系化。一个校长的思想需要用一生的追求与努力来不断完善。优秀校长本身不是真理的代表，他们是在不断实践与思考中不断向教育真理逼近的人。从确定的办学理念出发，向办学的各个维度——德育、课程、教学、队伍、管理等方面展开，从而逐步形成逻辑严密的办学思想体系，这就是培训希望生成的最为重要的目标之一。

二、培训——校长成长的引领者

培训也使我对优秀校长成长的认识得以进一步深化。

首先,优秀校长是对社会责任和历史使命有自觉担当的校长。正如刘彭芝校长所言,引领与担当是人大附中工作的"一体两翼",是完整和真实的人大附中。正是在引领和担当过程中,人大附中认真履行自己的社会责任,努力成就一所中学的价值最大化。可以说,刘彭芝校长的引领是大气的、持久的,担当是宽广的、普惠的,她不仅超越了"子率以正,孰能不止"和"老吾老以及人之老,幼吾幼以及人之幼"的个体行为层面,而且延伸与扩展为一种社会自觉行动。刘校长的引领与担当,绝不是心血来潮,不是图名与逐利,更不是屈于某种外在压力,而是植根于她的思想与信念,植根于她的执著与追求、她的人生态度和价值观念。这种引领与担当,有其深厚的理论、实践和现实基础。

作为优秀校长,一方面要有时代意识,要充分认识到一所学校的时代意识,要充分认识到一所学校的社会责任担当,敏锐地把握社会转型的特征,把党的教育方针创造性地落实到学校的具体办学实践中;另一方面要自觉尊重历史、感恩历史、传承历史,能从历史中找到规律,能从历史中发掘传统,用历史的、发展的眼光来审视当下的教育,从而更好地把握今天,创造未来。

其次,优秀校长应该是自觉践行以生为本理念和办学规律的校长。学校教育以及学校管理的最终目的都是指向学生成长和发展的。在办学过程中,校长要自觉尊重、洞察与把握教育规律和学生成长规律,不断践行为学生终生幸福奠基的价值追求,引领学校又好又快地健康发展。

另外,校长成长须与学校发展鱼水交融。好的校长,必能找到学校个性发展的途径,并把个人对教育、对学校生活的理解融入其中,使一所普通学校超越其他学校,凸显出独特的精神气质。从这个意义上讲,校长的成长能引领学校发展。同样,学校的发展必须能激励、助推校长不断开阔眼界,提升素养,实现其人生价值。

1. 校长成长引领学校发展

一个安于现状的校长,很难使学校的管理水平再上新台阶。一名优秀校长,需要不断超越自己,首先,要爱学习,不仅学习书本知识,还要向他人学习,取人之长,补己之短。在不断学习中接受新思想,转变教育观念,提升自身观察、分析和解决教育实际问题的水平。任校长期间,我多次参加全国、市校长

关键词七 精致管理

培训班、论坛及学校特色发展学术研讨会,参观考察了全国各地名校,提取不同学校成功的经验并结合实际运用到办学中,自觉受益匪浅。其次,要善于思考。思考是创新的前提,校长要学会观察,更要学会思考。校长不仅要思考学校的现在,更要思考学校的未来,能及时发现问题,调整措施,积极研究问题,寻找规律。校长还要勤于笔耕,将所思所想记录下来,不仅可以积累资料和经验,还可以培养认真做事的习惯。

基于学习、思考和研究,校长可逐步形成自己的教育思想和办学思路,进而引领、促进学校发展。一所学校在校长的带领下,有了科学的办学思想、教育理念,才可能产生科学的教育教学行为。我先后在仓桥中心校、实验小学、第三实验小学三所不同的学校做校长,基于学校师生发展中存在的问题,提出了心理健康教育、"三乐"教育与"三为"教育的发展理念,确立了特色发展的办学思路,在实践—改进—反思—总结—再实践的螺旋式上升中,找到了适合学校发展的路径。

2. 学校发展为校长成长搭建平台

从校长成长过程来看,多数校长大都经历了教师、班主任、教研组长或年级组长、中层干部和副校长等若干台阶。我在担任校长之前,在各种岗位得到了充分锻炼,更得到过时任校长、老教师的精心指导、培养,为以后从事管理工作奠定了基础。走上校长岗位后,在学校管理中不断发现问题、分析问题、解决问题,逐步完善自我,学会如何用人、如何处事、如何理财等,促进了自身的发展。可以说,学校的发展为校长成长创造了条件,拓展了空间,夯实了基础。

现在学校越来越多地受到社会关注。政府简政放权,学校自主办学的空间扩大了,肩负的责任与使命更重了。同时,家长对孩子期望值高,对学校教育也提出了更高要求。因此,校长必须明确自己新的角色、定位和历史责任,在规范办学、素质教育、特色发展等各个方面进行新的探索和实践。而校长在教学管理的过程中不断成长,其人生价值也逐渐得到展现与认可。从众多办学成功者的例子来看,不难发现其共同的特点是,充分认识到自己存在的价值,把办学中的困难和问题视为展示和奉献的机会,把学校办得有声有色。最终,学校发展了,校长也获得了自我的专业成长。

说到底,校长成长与学校发展就是一种鱼水交融的关系,两者相互支撑,相互影响,相互成就。理想目标就是让这两者在发展中共赢,最终受益的是教育事业和广大师生。

三、培训——专业自觉的助推器

培训中专家的专业引领与指导有其不可替代的作用,促进校长专业发展,形成校长专业自觉。

1. 认识自己,知道我是谁

认识自己是专业发展的基础。认识自己是一种理智行为,征服自己终能赢得胜利。在现实生活中,校长同其他人一样,由于某些复杂因素的影响,会不时陷入自我迷失的状态。如有的校长过高估计自己,自我感觉良好,常因取得一些成绩而沾沾自喜,忘乎所以;有的校长则过于看轻自己,在困难面前,苦无良策,缺乏信心,怨天尤人;也有的校长抱着无所谓的态度,自认比上不足,比下有余,甘居中游,不愿显山露水。

其实,校长的成长是一个漫长的过程,从任职到适应,从胜任到成熟,是经验不断积累、素质不断提升、能力不断增强的过程。校长如果对自己每个阶段的发展心中无数,或把握不准,就会对工作造成危害,阻碍前进的步伐。

2. 发展自己,要有路线图

发展自己是专业成长的目的。校长的成长,是分阶段的连续递进过程,是理念和素质在教育环境中不断走向成熟和更新的过程。目前,我国校长的专业化程度还不高,影响校长成长的因素比较多,既有个人素质和内在动机问题,也有外在体制机制和学校条件的影响问题。鉴于学校及校长所处的不同阶段和起点差异,需要因人因校而异规划发展目标。有了明确的目标之后,再以此为依据制定具体的学校发展和个人成长行动路线图。

校长的专业发展环境主要在学校,关键是实践。其一,校长的发展是从教师素质结构转向校长素质结构的过程。校长与教师承担的任务不同,专业知识和专业能力要求有明显区别。校长需要更多的是领导和管理学校的知识与能力,而教师主要掌握的是教育教学知识和能力。其二,校长的发展是内因与外因相互促进的过程。校长的主观努力作为内因是根本,组织培养和学校环

关键词七　精致管理

境影响作为外因是条件,外因通过内因起作用,只有内外因相互促进,才能取得更好的发展效果。其三,校长的发展是一个不断学习和反复实践的过程。校长的知识、能力和智慧,主要是通过学习与思考、知与行的统一实践活动而获得的,因此,必须始终坚持学以致用的原则。其四,校长的发展是受关键因素影响的过程。对校长发展起决定作用的环节往往只有几步,如有关键人物的指点和教诲,或有展示才华的关键事件,或抓住起转折作用的机遇等。

3. 超越自己,让梦想成真

超越自己是专业发展的更高境界。校长要有高远的梦想,就是有决心把学校办成教育发展的理想圣地,办成教师专业成长的良好平台,办成学生发自内心喜欢的乐园。

总结一些校长成功实现梦想的经验和特质,大致有五点。一是对教育充满梦想,有远见卓识。他们信仰坚定,思想敏锐,洞察问题深刻,与时俱进,不走极端。二是胸怀博大,有开阔的视野。他们立足现实,放眼未来,理念先进,能力出众,善于研究和解决实际问题。三是积极进取,有创新精神。他们恪尽职守,业务精湛,勇于变革,敢想人之未想,敢做人之未做。四是讲究领导艺术,有管理才能。他们坚持科学决策,依靠群众,实行民主管理,工作务实高效。五是认准目标,有强大内心。他们不管做什么,勇于负责,不做则已,做就做好,不达目的绝不放弃。

(本文为作者于2012年5月在松江区"小学校长沙龙"上的发言)

大化无痕　渐入佳境

古语中,"管"字意为"锁钥",其说见于《周礼》"司门掌授管健,以启闭国门",后延伸其义为"控制和执掌";"理"字较早见于《说文解字》"治玉治氏为理",后延伸其义为"治理、协调"。"管理"应是管"事"、理"人"之意。管理的本质是一种协调,让人心情愉悦。当管理者把管理看作一门艺术时,它给人的感觉就应该像欣赏艺术品一样赏心悦目。现代管理之父彼得·德鲁克认为,归根到底,管理是一种实践,其本质不在于"知"而在于"行",其验证不在于逻辑,而在于成果,其唯一权威就是成就。管理就是一门艺术,而且是实践性非常强的一门艺术,如果没有了实践,管理就不能称之为艺术。坚持一项修炼,修养一腔情怀,研习一门学问,抵达一种境界,在自己的校长管理实践中,我一直在努力提升自己的管理境界。

一、坚持一项修炼

《礼记·大学》中写道:"古之欲明明德于天下者,先治其国;欲治其国者,先齐其家;欲齐其家者,先修其身……身修而后家齐,家齐而后国治,国治而后天下平。""内圣"才能"外王","治人"必先"修己"。源远流长的儒家文化告诉我们,加强自我修养永远是为人处世的根本。在一定程度上,管理其实是管理者自我管理的过程,也就是管理者自我修炼达到"内圣外王"的过程。

李嘉诚说过,想当好的管理者,首要任务是知道自我管理是一项重大责任。儒家之修身、反求诸己、不欺暗室的原则,是培养理性力量的基本功,是人把知识和经验转变为能力的催化剂。所有的成功者都是自我管理的典范,不是因为他们有多高的水平,而是因为他们深刻地认识到自己所处的地位和身上肩负的责任,再加上他们对未来无限的期望以及对成功的渴求,使得他们非常注重"内省"和"自律"。

著名教育家苏霍姆林斯基说过,有什么样的校长,就有什么样的学校。著名教育家陶行知认为,校长是一个学校的灵魂。教育圣贤的这些话,时时提醒、激励并鞭策着我,作为学校的领头人,必须严格自律,正人先正己。

榜样的力量是无穷的。"其身正,不令而行;其身不正,虽令不从。"校长的威信不在于其权力大小,而在于其是否能做到率先垂范,以身作则。因此,作为校长,我给自己立正规矩:要求别人做到的,自己首先要做好;要求别人不能做的,自己坚决不做;要求教师敬业,自己首先要做到勤政;要求教师加强学习,自己要带头学习;要求教师提高业务水平、道德素养,自己首先要身体力行;要求教师尊重学生,校长首先要尊重教师……学校每施行一个新规定,我总是首先表态,请全体教职工监督我的实际行动。

"己所不欲,勿施于人。"作为一校之长,我时时刻刻设身处地地为教师着想,给教师以更多的尊重、更大的自主、更高的自觉、更严的自律。校长的自

关键词七　精致管理

律,引发学校每一位教职工的自律,实现每一位教职工的自我管理,最终达到管理的最高境界。

在二十多年的校长生涯中,我时刻提醒自己,别拿校长当干部,不能高高在上、颐指气使,要学会俯下身子,走到教师中间,倾听教师的心声,做教师的贴心人,当学校的勤务员。"领导就是服务",让管理成为一种服务,全心全意为师生服务,成为自己工作的座右铭。我时刻提醒自己与教职工在思想上坦诚相见,工作上诚恳相待,情感上诚挚相融,生活上诚心相助。用事业的追求激励人,用宽松民主的氛围凝聚人,倾听教师心声,维护教师权益,让管理变成服务,让命令变成感召,让威严变成亲和。

教育是人心灵上最微妙的相互接触,学校管理更是一项心灵修炼。修心灵以炼事业,修事业以炼人生。三十多年来,我以自律为支点,撬动管理的杠杆,打造最好的自己,打造最好的团队,打造最好的学校。当校长自己"魅力四射"时,学校自会"群星闪耀",焕发出别样的风采。

二、修养一腔情怀

康德说,有两样东西,我们对它思考越是深沉和持久,它们所唤起的惊奇和敬畏就会充盈我们的心灵,这就是繁星密布的星空和我们内心深处的道德律。仰望教育的星空,我们胸怀教育理想,修养教育情怀,成为我们毕生的追求;坚守内心的道德律,我们脚踏实地办教育。

十年树木,百年育人。教育是心灵与心灵的沟通,是灵魂与灵魂的交融,是人格与人格的对话。教师是传播人类文明、开发人类智慧、塑造人类灵魂、影响人类未来的崇高事业。让孩子茁壮成长、拥有美好的未来,让教育的恩泽惠及更多的家庭,让我们的学校造福一方百姓,重任在肩,使命光荣,我们倍感神圣和自豪。

教育是一种事业,一种奉献的事业,一种智慧的事业,一种创新的事业。在我看来,决不能把教育当作一种谋生的手段,而应把教育视为一种生活态度、精神信仰。教育者应该摒弃一切私心杂念,心清气爽,爱教育爱到痴迷,让教育成为人生的全部。我经常对全体教职工讲:"教育是一种事业,教育者要从内心深处挚爱这项事业,只有这种挚爱,才能让我们成为真正的教育者,也只有这种挚爱,才能让我们为教育倾心付出。"我也经常告诫学校干部:"我们干的是事业。如果你真心热爱这项事业,你就融进来。"

多年的教育教学实践使我认识到,虽然教育很"浪漫",但校长必须很现实,我们的工作实实在在,容不得半点浮躁。教育需要理想,校长更需要理想。理想是"天",是目标,是方向;现实是"地",是基石,是根本。我告诉自己,既要有仰望星空的"浪漫",胸怀远大的教育理想,又要有脚踏实地的"真实",把自己的教育理想实实在在地播撒在点点滴滴的日常工作中。

素质教育已经深入人心,学校管理尺度成为热议的话题。我始终认为,学校一方面要给学生自主发展的充足空间,一方面依然坚持精耕细作,这样才能使学生成长中的教育盲区得到及时关注,才能让学生获得成长的最优教育资源。"天下难事必成于易,天下大事必作于细",精耕细作的常规管理是学校一切工作的基础。"播下一个行为,收获一种习惯;播下一种习惯,收获一种性格;播下一种性格,收获一种命运。"抓行为,养习惯,促品质,这是实实在在的"硬功夫、真功夫",需要我们求真务本。常规管理工作可以不新奇,但必须扎实;可以不抢眼,但必须有效。正是我们落到实处的工作,几十年如一日的坚持,终使我们积跬步而至千里,积小流而成江海。

如果没有满腔炽烈的情怀,教育就会失去那份美好与鲜活,变得枯燥而疲惫。理想远大,则视野远大;情怀宽阔,则格局宽阔。让管理成为一门艺术,炽热的教育情怀孕育出无穷的精神力量。

三、研习一门学问

秦朝末年,刘邦和项羽争霸天下,刘邦笑到了最后,成为一代开国之君。他曾得意地说,"夫运筹帷幄之中,决胜千里之外,吾不如子房;镇国家,抚百姓,给饷馈,不绝粮道,吾不如萧何;连百万之众,战必胜,攻必取,吾不如韩信。三者皆人杰,吾能用之,此吾所以取天下者也。"诚如刘邦所言,他深谙用人之道,是"将将之人",他用自己的管理实践,证明了自己是一个高明的管理学家。当然,管理学校无法和治理国家相提并论,但校长也要懂得用人之道,做到知人善任,"智者取其谋,愚者取其力,勇者取其成,怯者取其慎"。人尽其才,才尽其用,是一门学问,值得我们校长终身去研习。

关键词七　精致管理

作为校长,我告诉自己,学校领导、教师和学生都是学校的主人,只有"英雄个人"不会成就一所学校,有了"英雄团队"才能使学校获得长足发展。我让自己学会唤醒、激发、调动、协调所有人的自觉、自主、自为,使之成为学校可持续发展的不竭动能。在仓桥中心校、实验小学、第三实验小学,没有旁观者,人人都是主角,没有"我",只有"我们"。强烈的主人翁意识,让每一个人从"全力以赴"到"全心以赴";精神与物质的双重激励,让每一位教职工从"工作养家"到"工作悦心"。

"上者为闲""智者在侧""能者居中""专者居前",校长不是"救火大队长",不能陷入事务主义,要实现各就各位、各尽其责、层次分明、收放自如。我们拥有一个善于管理、肯干奉献的领导班子,班子成员通过"真正放权—适当督导—定期验收—及时反馈"的管理模式,为全校教职工搭建起了火热创业的激情舞台。

作为校长,我的工作主要是引领、指导。在这过程中,我要求自己做到"六多六不",即多鼓励、不指责,多理解、不猜疑,多帮助、不为难,多关怀、不冷落,多指导、不命令,多调查研究、不偏听偏信。"一枝独秀不为美,万紫千红才是春",管理的艺术在于调动每一位团队成员的工作积极性。研习管理的学问,使大家各显神通、各展其能,学校的发展才会焕发出蓬勃的生机与活力。

四、抵达一种境界

大道无形,管理无痕。"无为而治"是中国管理思想家的共同理想,《老子》中"我无为而民自化,我好静而民自正,我无事而民自富,我无欲而民自朴",将"无为"视为最高的治国境界。儒家认为"无为而治"要"以德为政",以道德的手段来达到"无为而治"的目的,"为政以德,譬如北辰居其所而众星共之",他们主张君主实行"象征性管理",搞好个人修养和对下属的道德教化,就可以以一驭百,逸以待劳,"垂衣裳而天下治"。

融"有为"于"无为",寓管理于无痕;内化于心,外化于行。管理无痕,如同春风化雨、润物无声般一点点浸入师生的心田,融入每一个人的血液,也潜入和运行于学校良性循环的血脉中。

国学大师王国维认为,古今成大事业、大学问者,必经过三重境界。"昨夜西风凋碧树,独上高楼,望尽天涯路",此第一境也;"衣带渐宽终不悔,为伊消得人憔悴",此第二境也;"众里寻他千百度,蓦然回首,那人却在,灯火阑珊处",此第三境也。学校管理也有三重境界:人治境界,法治境界,德治境界。

人治境界,是学校管理的第一境界。学校在发展初期,通过校长的领导和教职工忠实的执行,让教职工在严格的学校环境中快速成长,以确保学校近期目标的实现,"管得宽,抓得细""有管无理"。对于处于成长发展阶段的学校,"人治"不失为一种境界,有道是一个好校长带出一个好学校。但遗憾的是,好校长不可能永久领导一所学校,如果继任者的德与才逊于前往,这所好学校就会风光不再。再者,"人治"是为管理而管理,学校管理流于形式,只管住了人的身,没有管住人的心,因而理想的管理境界不应局限于此。

法治境界,是学校管理的第二境界。学校在发展过程中,注重制度的建设与完善,并在此基础上形成一整套适合自我生存与运转的体系。这时,不是校长说了算,而是制度说了算。用制度捍卫公平,用制度凝聚人心,让制度形成力量,法治境界管住了人身,也管住了人心,但学校是学校,教师是教师,教师只是在工作,只是把工作当成一种任务和职责。法治境界,"为理而管,因管而理",在管理到位的情况下,学校教育教学活动能顺利开展,如果没有了管理,情况就可能大相径庭。学校只有时时注重管理、加强管理,才能保证教育教学活动的有序进行。这种状态下的学校管理目标虽然能够实现,但"成本"较高,因而理想的管理境界还不应局限于此。

德治境界,是学校管理的第三境界。在德治境界管理下,校长的思想行为与教职工的思想行为和谐共振,每一个学校成员都有一种神圣的使命感,自觉主动地去完成工作,他们追求的是一种工作的乐趣和神圣的成就感。学校的发展成为每一个成员的愿景,学校成为了一个"和谐的英雄组织",组织之内充满了强烈的人文关怀、人文情愫、人文价值和人文理想,形成一种文化自觉的氛围。"无管有理",处在德治境界的学校,校园里人人是主人,人人是管理者,教师的主人公意识得到了充分发挥,教师的高度自我管理基本上取代了学校管理。学校管理部门的职能重点由"管"转向"理"和"通",即主要起引导和协调的作用。学校的各种资源得到了最充分的利用,学校的管理成本也因此降

关键词七 精致管理

到了最低水平。

"管是为了不管","管理"重在"理"。在自己的校长生涯中,我努力使自己的管理达到德治境界,除了通过自己的榜样引领,更格外注重人文关怀、文化引领、精神塑造,让自己"轻管重理",以求"不管之管""无为而无不为"。

尊重教师、依靠教师、服务教师、成就教师,"以师为本十六字",让自己的工作向教师生命处用心,尽最大努力提升教师幸福指数,给教师搭建成就事业的广阔舞台。"以文化之",让文化生成教育力量、凝聚力量、精神力量、约束力量、感召力量,让文化成为学校发展的灵魂,成为学校发展的原动力。

艺术的最高境界是什么?之于书法,是气韵生动;之于绘画,是象外有象;之于音乐,是天籁之音;之于舞蹈,是随心起舞;之于管理,是不见管理,化为无痕……

坚持一项修炼,让管理春风送暖;修养一腔情怀,让管理返璞归真;研习一门学问,让管理举重若轻;抵达一种境界,贵在真实。

(本文为作者于2013年9月在松江区校长座谈会上的发言)

关键词八

积淀文化

　　学校的发展最终在于学校教育的文化价值。学校的教育价值存在于学校的文化价值之中,学校管理的最高层次是文化管理,校本建设讲到底是学校文化建设。我把"传承文化,建设文化,积淀文化,用文化管理,用文化育人"作为校长的重要办学职责。我带领学校教职工努力追求学校文化个性,作了如下几个方面的努力:积极践行"三理整合,和谐发展"的校本德育,提升道德文化;"多元开发,共建共享"的校本课程建设,展现课程文化;"精神、行为、时空"的优化配置,营造课堂文化;"乐学、善学、会学"的学生自主发展,培育学生文化;"自主、团队、错位"的教师专业发展,彰显教师文化;"内需、探究、反思、引领"的校本研修,构建教研文化;"乐学、优质、和谐"的快乐教育,呈现学校品牌文化;"为人正、为学乐、为业精"的"三为"教育,彰显师生品格文化。所有努力都是为了实现"文化浸润,励志凝神"的学校文化自觉。

关键词八　积淀文化

教师文化的营造与滋养

学校文化是人类社会大文化作用于学校,内化为学校自身的结果。它以社会主导文化为基础,又以本校的价值观为核心,蕴含着学校传统、领导作风、教师教风、学生学风、人员素质、校园环境等丰富的内涵。正确的办学思想,先进的办学理念是学校文化的灵魂。多年的工作实践,我认为校长首先要有自己的办学理念,有了理念才有信仰,有了信仰才有追求;其次,要把办学思想和理念转化为教师的共同追求。我就教师文化的营造与滋养谈一些看法。

一、要重视教师文化

学校文化与教师文化是相辅相成的,教师文化是学校文化的一个重要方面,又是学校文化发展的动力。现代教师组织行为的观点认为,按照行政工作的特点来领导学校、管理教师是不太合适的。教师具有很强的职业特征,教育改革的深厚动力应该来自教师自身。当前如何推进"二期课改"?无疑,教师是关键,课堂是主战场。无论是先进的教育理念,还是优秀的教材,最终都要教师去落实,体现在课堂教学中。

1. 新课程呼唤教师角色的改变

我们领悟到,实施新课程,教师是学生学习的合作者、引导者和参与者,教学过程是师生交往、共同发展的互动过程。教学过程不只是忠实地执行课程方案(标准)的过程,而且是师生共同开发课程、丰富课程的过程。课程变成动态的、发展的,教学才能真正成为师生富有个性化的创造过程。

如何将教师的角色由传授者转化为促进者?我们认为:一是积极地旁观,学生在自主学习、自主观察、实验或讨论时,教师要积极地听,积极地看,设身处地地感受学生的所作所为,所思所想,随时掌握课堂中的各种情况,考虑下一步如何指导学生学习;二是给学生心理上的支持,创造良好的学习氛围,采用各种适当的方式,给学生以心理上的安全和精神上的鼓舞,使学生的思维更加活跃,探索精神更加高涨;三是注意培养学生的自律能力,注意遵守纪律,与他人友好相处,培养合作精神。

2. 新课程呼唤综合性教师

新课程的综合性特征,需要教师与更多的人、在更大的空间、用更加平等的方式从事工作,教师之间将更加紧密地合作。新课程提倡培养学生的综合能力,而综合能力的培养要靠教师集体智慧的发挥。因此,必须改变教师之间彼此孤立与封闭的现象,教师必须学会与他人合作,与不同学科的教师打交道。例如,我校实施的市级课题"学科教学中探究性学习的研究"颇为明显。在探究性学习中,学生将打破学科或班级界限,根据课题的需要和兴趣组成探究小组。由于一项课题往往涉及自然常识、数学、语文、信息技术等多种学科,需要几位教师同时参与指导,教师之间的合作,教师与实验员、图书馆员之间的配合将直接影响课题研究的质量。在这种教育模式中,教师集体的协调一致、教师之间的团结协作、密切配合显得尤为重要。

可见,学校不是工厂,学生不是产品,学校自身的凝聚力、学校内部的竞争力还是要体现在学校自己的文化上,体现在教师文化上。

二、要营造教师文化

怎样营造教师文化,我认为首先要形成教师讨论、争论的气氛。要鼓励不同的思想,不同的理念,不同教学方法的交流。在一个教师群体中,能够有不同的思想、观念、教学模式、教学方法的交流与冲突,是非常宝贵、非常重要的。如我校建立的"教改论坛"——《应对课堂以外与学生心理发展》《改善沟通、情感共鸣》《学科教学中探究性学习之我见》等,青年教师的《读书沙龙》等。请看我校教师"教改论坛"的一个片断。

时间:2002年11月8日

地点:松江区教师进修学院

主持人:徐岭

参加对象:部分中青年教师

内容:应对课堂以外与学生心理发展

生活中不是缺乏教育资源,而是缺乏善于发现和有效利用教育资源的眼

关键词八　积淀文化

睛。对于那些在设计好的教案外和常规课堂内外突然出现的有效教育资源，尤其需要我们积极对待，及时抓取，丰富课程内容。

知识的交流，思想的碰撞，文化的沟通，都是营造教师文化的必要条件，而且这种文化本身对学生来说就是一种熏染，一种陶冶。学生会感受到各种不同风格的存在，从而知道不同的问题有不同的解决方法。这是我们教师队伍建设中非常重要的一环。

三、要滋养教师文化

从学校领导的角度来说，所谓教师文化首先就是教师的发展。学生有发展的要求，促进学生的发展是我们的职责；教师也需要发展，促进教师的发展也是我们的责任。当前全世界都在提倡关注教师的成长，关注教师的专业发展，激励教师的成就感。多年来，我校始终把教师队伍建设作为立校之本、兴校之源，通过校本培训，把教师专业化发展作为一项重要策略，放在学校建设与发展的重要位置。

1. 明确目标、制定方案

学校建立"教师专业发展领导小组"，由书记、校长、教导主任、年级组长、教研组长、教师代表组成，校长任组长。学校制定了教师专业发展的目标与实施方案，"立足校本培训，着眼全面发展，凸显品牌教师"，并明确了教师专业发展的途径——校本培训。

我校的校本培训模式主要是在整个学校的水平上进行的培训，全体教师参与，部分中青年骨干教师既是研究者，又是研究对象，以学习方式变革为基点，研究课堂教学模式的转变，通过理论学习、实践研究，转变教师的教育理念，最终成为教师的教学行为。

培训目标

通过校本培训夯实教师的教学基本功，提高教师的职业道德修养、教学能力和科研能力，培养研究型教师。从首次被评为区"绿叶工程"的名师、导师、学科教学带头人、教学能手以及年轻的小学高级教师和优秀的一级教师中造就一批既懂得现代教学方法和现代教学手段又具有较高学术水准的骨干教师。将这种研究模式用于青年教师的培养，并扩大到全体教师，营造学术氛围,提高教师的整体素质,实现有计划的教师专业发展。

培训方案

结合区"绿叶工程"的启动,学校制定了"开天杯名师工程"实施方案。本方案研究目标:

通过方案的实施,提升教师专业化水平,提高教师的教育教学能力,培养名师。教学能力包括教育观念、学术功底、教学艺术和教育技术,分阶段重点研究,协调发展。从区"教学能手、学科教学带头人""区级导师、名师"中造就一批懂得现代教学方法和现代教学手段的骨干教师和具有很高学术水准的专家型现代名师。同时将这种研究模式用于青年教师的培养,并扩大对其他教师的影响,营造学校研究教学氛围,提高教师的整体素质。

2. 分层要求、分类指导

我们根据本校教师不同的学历、资历和驾驭教育的能力,分成入格培养层、上格培养层和风格培养层三个层次,实行分层要求、分类指导。

新教师的"入格"培养

一是引导他们做好角色的转换;二是狠抓教学常规;三是实行师徒结对;四是建立新教师考核制度。

青年教师的"上格"培养

学校首先给青年教师树榜样;其次,根据青年教师的特点,开展各种教育教学活动,通过观摩、研讨、竞赛、考核、评比等形式,给青年教师以成功的机会,使其从中获得成功的心理满足。再次,创设条件,优化培训环节;最后,进行有针对性的指导。

骨干教师的"风格"培养

随着素质教育的逐步深化,实验学校必须培养出一批具有现代教育思想观念和风格特色的教师,由此来带动学校自培工作的全面发展。我们的做法是以科研为先导。骨干教师通过科研攻关,创新能力不断提高,不仅取得了一批教科研成果,而且形成了自己独具特色的教学风格。

3. 落实措施、讲究方法

我校的"校本培训"以学校中心课题"学科教学中探究性学习"研究为发

关键词八　积淀文化

展点,尝试教师探究性地教与学生探究性地学,共同探索新知,以上海"二期课改"为制高点,以区"绿叶工程"为契机,尽可能地把外在的培训措施内化为教师积极、主动的自我发展,培训的主要方法是:

专题讲座法

一是邀请专家,开设系列专题讲座;二是参观访问、学习交流,增加教师的感性认识;三是增添一些书刊杂志,为教师学习提供方便;四是与教师深入研究与讨论,确定每个教师的发展方向和发展计划。

实践反思法

教学实践与研究是教师专业发展永不枯竭的源泉,反思是教师专业发展的起点和归宿。优秀教师是一个反思的实践者,具备反思自我、质疑自身的能力。实践反思法,是在教师提高认识、转变教育理念的前提下,学校创造条件,让教师夯实教学基本功,并帮助教师总结和分析实践中的经验或教训。总结与分析的过程,是教师自我反思的过程,也是教师把实践经验上升为指导学生进行探究性学习的规律性认识的过程。

案例培训法

学校要求教师自己写案例。教师写案例的过程,是一个在实践基础上反思并清理自己思路的过程,是水平与能力发展的过程,是一种切实可行的促进教师专业发展的培训方式。我们认为抓住教师的说课和撰写案例的基本功训练,是校本培训的有效切入口。

我们出版了《上海市松江区实验小学教育教学案例选》(中国文史出版社2002年6月第1版),供广大教师学习讨论。

名师带教法

营造名师成长的氛围,建立名师带教制度,发挥名师辐射作用。

如果一所学校营造出教师发展的浓烈氛围,滋养着丰富的人文精神,那么这所学校一定充满活力,具有不断向上、创新的盎然生气。

(原文发表于《学校文化建设的思考与实践》,上海教育出版社,2007)

在课程统整中创建"三乐"学校文化

一、课题研究基本情况

1. 课题提出

我校是上海市"一期课改"和"二期课改"实验基地学校。学校自1990年创办就实施"三乐"教育（乐学、乐教、乐管）。学校经历了两个十年的课改：第一个十年（1991年—2000年），"一期课改"；第二个十年（2001—2010年），"二期课改"。在实践中我们感受到，课程统整是个极具探讨空间的课改命题，牵一发而动全身，要将课程统整的研究与学校文化创建进行系统思考。以"课程统整"为抓手，有利于由"三乐"教育到"三乐"文化的形成，从而进一步推动课程改革向纵深发展，实现学校课程在培养人、实现教育目标上的整体性和协调性，立足学校实际，回归教育本义。为此，学校立项课题"在课程统整中创建'三乐'学校文化的实践研究"。该课题是学校"新四年"（2008—2012年）发展规划的中心课题；2008年为上海市教委的规划课题和全国中小学整体改革实验学校的实验课题，2009年为全国教育科学"十一五"规划教育部重点课题"和谐学校文化建设与课程教学的关系研究"实验学校的实验课题。

所谓课程统整，是以学校为单位，在明晰和端正学校办学思想的基础上，自觉地基于国家的课程政策"规范"，对学校课程加以审视和变革，对国家课程、地方课程和校本课程通盘地加以整体设计、组织实施、管理和评价改进，进行校本化重组。课程统整的主要特征：一是实现国家课程、地方课程、校本课程在学校层面的一体化和整体性；二是在课程阶段性目标确立、教学内容选择以及课程资源整合上实现校本化和协调性；三是形成学校课程合力，增强课程对学校和学生的适应性，积极有效地实现课程的育人功能和教育价值。

2. 研究目标

本课题试图以"课程统整"为抓手，探索乐学、乐教、乐管的学校文化建设，致力于建立学校的核心价值观，"为学生乐学奠基"。研究与实践乐学、乐教、乐管的策略、方法与途径，立足于学校"三乐"文化的高度，有效促进学生、教师和学校的健康、可持续发展。

3. 研究视角

学校领导指导、帮助教师由乐教引导乐学,在实施课程统整中完善校本研修机制,有效提升教师新课程的执行能力,让教师由"乐中教"走向"教中乐",促进教师专业发展,体验职业成功与快乐。

教师指导、培养学生乐学,让学生有兴趣学、有信心学、有方法学、有能力学,提高学习效能,引导学生由"乐中学"走向"学中乐"的最高的治学境界。

致力于建立学校的核心价值观——"为学生乐学奠基"。通过实施课程统整,发挥课程更大的育人功能,促进学校课程的价值追求,提升学校课程领导力。

4. 研究方法

(1) 行动研究

学校明确提出"在工作中研究,在研究中工作"的工作研究策略。首先,清晰界定的问题;其次,具体说明行动计划——包括对行动计划运用于问题情境的假设检验作出说明,通过评价监督确保采取行动的效率;最后,参与者反思、解释发展,并在行动研究群体中交流这些结果,实现教学、研究、师训一体化。

(2) 案例研究

案例研究是我们"行动研究"中最常用的方法。近几年来,我们在建立二十多个子课题研究的基础上,通过全校教师共同的工作,在实施课程统整中积累了数百个教育教学案例,经过筛选,编辑出版《三乐新曲》一书,于2009年4月由上海教育出版社出版。

二、课题研究过程与实施策略

在整个课程的实施过程中,我们把课题研究与学校整体改革发展相结合。在研究过程中牢牢把握六个结合:一是课题研究与学校实际发展需求相结合;二是课题研究与学校精致化管理相结合;三是课题研究与教师校本研修相结合;四是课题研究与学生自主发展相结合;五是课题研究与课堂教学有效性相结合;六是课题研究与校庆20周年总结经验相结合。

在行动研究过程中,实施五大策略。

1. 以乐化人,领悟"三乐"教育真谛

我们所实践的"三乐"价值取向、文化氛围不仅仅分别单独指向学生、教师与管理者,三个"乐"分别有其多元主体。如学生除乐学外,还有自我管理的乐管问题;教师除乐教外,还有学习提高的乐学和管学生的乐管问题,学校管理的"乐"除乐管外,还有自身的乐学和如何让教师乐教引导学生乐学。因此,乐管的"管"应是把握服务的理念,除了学校领导层面的乐于管理服务,教师、学生、乃至家长在课程统整所带来的变革中,变被动接受学习与任务为主动参与课程建设,在全员参与的民主管理中完善学校课程实施运作机制。因此,我们实施的"三乐"是相互渗透和融合的一种以乐化人的学校文化。

(1) 乐学的基本要素

乐学的培养目标包含主动性、独特性、独立性、创造性、合作性、责任心六种因素,简称为"五性一心"。总体上看,"五性一心"是个性品质发展水平的指标。主动性表现为主动学习、主动参与、主动关心;独特性表现为有主见、有自己的认识兴趣和独特的行为倾向;独立性是指自主、自理、自制、自立;创造性指创造意向、创造热情、创造能力和创造意志;合作性表现为处理好人际之间、个人与集体之间的关系,尊重、理解、谦让、宽容、竞争;责任心是指对自己、对他人、对集体负责,守时、守信,讲究质量、速度。

我们的教育是以乐学为逻辑起点,也是以乐学为最高理想的教育。乐学是引发乐学教育的所有事实、过程的基础,也是组合乐学教育的所有因素的核心。因此,乐学教育基本要素的分析必须围绕乐学这一概念来进行。乐学是学习主体学习过程与结果相统一的特征描述。这两种过程和结果是紧密联系在一起的,它包含着爱、趣、美、优四种基本要素。

爱、趣、美、优各具有自身的发展价值,它们之间的关系是以情感来融合为一体的。缺乏情感这个活跃的因素,就不能构成"乐学"教育活动,也就无法形成儿童的发展。快乐的情感是一种巨大的推动力和凝聚力,它可以促进儿童产生理想志向、审美热望、追求成功的内驱力。如果这种内在力量消失,外部的影响就很难发挥作用。以情感作为乐学教育的灵魂和统摄力,将爱、趣、美、优整合在一起，形成发展的价值序列和教育影响，促进学生整体性的发展。

我们把爱、趣、美、优放在横向面上，把创造视为纵向维度，就可以得到一个三维模型结构，如下图所示：

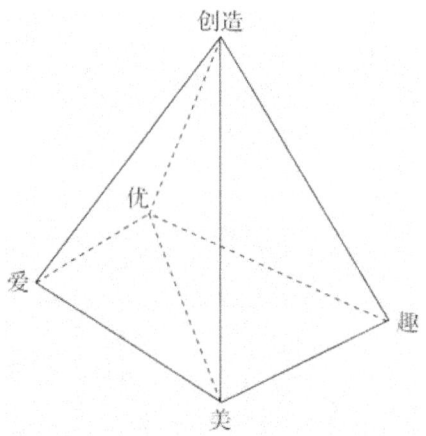

(2) 乐学、乐教、乐管的三维建构

乐教与乐学是乐学教育中的一对基本概念，也是操作中的一对重要范式。在这对概念中，乐学是目的，乐教是手段。在操作中，乐学是"五性一心"培养目标的高度浓缩和概括，后者也是乐学发展过程和水平的衡量尺度和评价目标；乐教、乐管是教学活动、评价、管理等措施和手段的总称，同时又通过这些措施和手段来达到乐学教育的培养目标。

我们初步揭示了乐教与乐学之间的对应、耦合关系，揭示了教与学、教学行为与学习行为之间内在的、深刻的联系。从操作意义来说，要注意教学的对应关系（师生之间的关系）；活动要符合儿童发展意向，使学习者获得满意感、产生成就动机；环境要具备系统性、可控性和优美感；评价要有激励性，以促进学生不断地学习和追求。

在乐学教育中，学始终是第一性的，占主体地位的；教是第二性的，居于主导地位。双重建构充分地考虑到了教和学、目的和手段的相互关系，并赋予乐教概念以广义，它不仅要传授知识、发展能力和形成基本技能技巧，而且要影响儿童个性,促进儿童的整体发展。

乐教、乐学与乐管模式的三维结构(1)

目标\评价\举例\手段 \ 目的		乐　学		
		主动性	独特性	独立性
乐教	教学	激发兴趣乐于学习	独特的认知风格,独到见解	独立思考和独立解决问题
	活动	积极参与充满热情	个人独特活动,独特的兴趣	独立思考与集体活动
	评价	正确的自我评价	差异性评价	行为的自我评价
	管理	参与管理、主动关心	因材施教、扬长避短	增强自律性和自制性

乐教、乐学与乐管模式的三维结构(2)

目标\评价\举例\手段 \ 目的		乐　学		
		创造性	合作性	责任心
乐教	教学	创造力和创造意识	公平竞争、集思广益	成就动机的激发学习效益
	活动	创造美的生活情趣	尊重、理解宽容、协作	守信用、对集体负责
	评价	创造意识和才能评价	善于正确看待他人	个人行为与社会行为的一致
	管理	体验创造的乐趣	个人服从集体	遵纪、守法、集体荣誉感

关键词八　积淀文化

2. 以乐善教,实践学期课程统整

学期课程统整,是指遵循国家的课程设置与课程标准,以指定教科书为主要教学资源,再参考其他教科书等多种教学资源,根据科学的教育理念和本校的培养目标及学生实际,系统设计教学内容,实施教学取得实效的过程。要求教师在每学期开学前先对自己一学期的教学工作进行系统设计,对各种教学要素进行统筹整理(我们称之为"统整"),形成自己所教学科的"学期课程统整指南",然后按自己设计的指南备课、上课。在具体操作上我们分三步走:引导教师学会研制"学期课程统整指南";研制"学期课程统整指南";落实"学期课程统整"内容。

(1) 满足需求,让课程适合每一个孩子

2008年9月起,学校在一、二年级中开展了"中华文化经典诵读"活动,学生在教师的带领下朗读《弟子规》《三字经》等我国经典著作。"人之初,性本善。性相近,习相远。苟不教,性乃迁……"每天中午的"拼拼读读"时间,总能听见从一、二年级各个教室里传出诵读《三字经》的清脆声音。孩子们学《三字经》,品《三字经》,通过"中华文化经典诵读",营造学习氛围,了解祖国优秀文化,养成良好的习惯,提高了语文素养。"中华文化经典诵读"活动,着力打造新时代的优秀少年,受到了家长的一致好评,体现了语文教育的新理念——沐浴经典的光辉,抹亮孩子人生的底色,让经典润泽人生。

"乐佳OK"是我校每周一次的校园广播。学校以学生自愿报名为主推选"小小广播员",然后对他们进行培训,轮流主持"乐佳OK"的"新声亮相""脑筋急转弯""知识天地""八音盒"等栏目,每学期都有30—40位学生有机会当"小小广播员"。特别是"脑筋急转弯"栏目,听到广播的小朋友只要猜对了答案,就会得到一份小礼品;还有"八音盒"栏目,学生可以点播喜欢的歌曲,这样就有机会在广播里听到自己点播的好听歌曲……小广播员们个个精心准备学生们爱听的内容,讲给大家听,孩子们每个星期都会盼着周五播放"乐佳OK"的日子到来。"乐佳OK"的节目办得有声有色,既丰富了校园生活,又锻炼了孩子们的能力。优美语言的表达,丰富情感的表露,就在"乐佳OK"大舞台。"乐佳OK"广播,就是明星闪亮的舞台。

(2) 走进生活,让课程与周围世界相融

在丰富多彩的生活天地里,由近及远、由表及里地渐次认识周围的生活世界,深切感受生活世界的价值与意义,从生活世界的源头活水中汲取永不枯竭的精神养料,逐步培养起学生对自然与社会生活的深厚感情,使他们的思维、道德、审美等素质在坚实而肥沃的现实生活土壤中得到健全发展。

从2008年12月14日起,学校在一、二年级儿童团员中开展"喜迎世界博览会,争做礼仪好苗苗"的活动。学校倡议每个儿童团员做到"一个再见""三声问好":到校门口时,对家长说"再见",主动向老师、保安叔叔和值日同学问好;校园里见到老师、家长等随时问好。"讲礼貌"认知活动人人皆知。学校创设了主要的几个情境点:校门口、走廊、办公室。这种与周围世界相融的教育方式学生喜欢,家长配合。如今,"一个再见""三声问好""随时问好"已经变成孩子的自觉习惯,文明礼仪在校园里蔚然成风。

在新学年到来之际,为了培养学生关于时间的价值观念,把语文课、品社课和其他学科中有关"时间、时间价值、惜时"的内容进行调整,使其相对集中。各班举行"一分钟的价值"主题班会;数学课上计算一分钟带来了巨大效益数据;集体午会课上讲珍惜时间的感人故事;"乐佳 OK"广播中播放儿童歌曲《童年》。这种珍惜时间的课程通过创设情境的方式充斥在学生的生活世界里,让学生从教室到校园,从学习到日常习惯,从听、说、唱、看、做等线索中感受到时间跳动的脉搏;让他们有一种"行如风"之感,从而塑造他们惜时、守时的良好品质。

(3) 把握契机,让课程与社会热点同步

不是所有的课程都有教材,一些富有时代特征的事件往往就是最好的课程。在课程实施过程中,我们学校始终把握时代脉搏,紧跟时代步伐,捕捉教育契机,在主题性教育活动的设计中,让学生在活动中触摸到真人、真事,感觉到心灵的震撼,品味人间美好的真谛,使其树立正确的人生观、价值观。

2008年5月12日,四川汶川地区遭遇了8.0级大地震,许多房屋在瞬间倒塌,许多生命在地震中消逝,许多人在等待着救援。学校在第一时间组织师生开展"灾难无情人有情,实小师生献爱心"主题活动。学校在升旗仪式上发出倡议,各班开展"情系汶川"主题班会,收看地震灾情直播,大队部举行捐款活动;品社课上,学习救灾中的感人事迹;自然课上,老师讲解地震原理,一起学习地震自救知识和灾后防疫措施;作文课上,大家用文字表达对逝者的哀悼,对伤者的同情,对平安者的祝福。

2008年8月,北京奥运会胜利闭幕。中国人民用满腔热情实现了"绿色奥运、科技奥运和人文奥运"的激情梦想,让北京成为和平盛会和友谊盛会。学校组织学生收看空中课堂——《圆梦2008》,见证中华体育健儿们"更快、更高、更强"的中国奥运精神!实小学生再一次用心灵感受奥运健儿冲击人类生理极限的雄心与激情,再一次了解了成功举办北京奥运会的重要意义。

2010年4月,玉树发生地震,在4月21日全国哀悼日上,学校组织师生开展"情系玉树同胞,实小爱心传递"主题活动。学生们积极响应,纷纷伸出援助之手,捐出自己的零花钱和压岁钱,奉献自己小小的爱心。

2010年5月,世博会在中国上海举行,学校开展"上海世博风,校园海宝情"主题活动,鼓励家长、师生关注世博开幕盛况,关注世博进展动态。

捕捉社会热点相关的课程不胜枚举。让学生在活动中触摸到客观世界、社会生活的发展和变化,为他们日后人格发展的社会化奠定基础。

(4) 触摸童心,让课程与生命成长共鸣

优化课程环境,顺应儿童天性,以活动为根基,引发他们生命的冲动和需求,通过操作、探究、体悟、陶冶,使其充分展示自我、完善自我、升华自我,积蓄蓬勃旺盛的生命力量。

学校每学期都会举行主题性课程大单元教育活动,让孩子们在他们的世界中感受生活的真善美,让他们在成长过程中保持一颗纯真、善良、美丽的童心。

每年的"快乐阳光"体育节,孩子们都会将自己喜欢的体育项目上报,有培养团体协作意识的"阳光伙伴""同舟共济",有体现现代特点的滑板车、溜溜球,有展现民间传统的斗空竹、滚铁环,有激起各中队师生狂热激情的"小足球联赛"……

每年的"展现魅力"艺术节,喜欢器乐的孩子主动请缨参加"校园十大乐手大奖赛",喜欢跳舞的孩子将"校园舞星大奖赛"作为自己表现才艺的舞台,喜欢唱歌的孩子可以拉上自己的亲友团和啦啦队一起参加学校的"家庭卡拉OK大奖赛"……

每年的"放飞梦想"科技节,是锻炼孩子们动手及思维能力的主要舞台。各种各样的飞机模型、建筑模型、火箭模型独具匠心的创新设计,在他们脑中不时激起探求的问号……

爱唱、爱玩、爱跳,正是儿童的天性,只要是他们喜欢的,他们就会在节日主题性大单元活动中展开梦想的翅膀,激起创造的灵感,在快乐的氛围中,收获成功,收获成长。

事实证明,我们实践乐学思想是行之有效的,实践课程统整是减负增效的。我们惊喜地发现:课堂上、探究中、节日里都能看到孩子们乐观开朗的性格、彬彬有礼的举止、积极向上的精神面貌、踏实努力的学习态度,学生成了校园中最美的风景。如今,如何让"乐学"思想提升为"快乐"文化,如何以文化来引领学校发展成了全校上下共同思考的问题。

3. 以乐促学,引导学生学会学习

以情乐学,师生情感共鸣。

以趣乐学,激发内在潜力。

以美乐学,陶冶高尚情操。

以创乐学,培养实践能力。

4. 以乐优管,实现教师发展自觉

学校管理的核心工作,就是帮助每位教师得到发展,重视"教师发展自觉"的价值和作用,从而落实促进每位学生得到发展这一教育宗旨。从"课程统整"的角度看,教师的专业能力至少可以包括课程理解力、课程开发力、课程执行力等。课程理解力是后两个能力的基础,它可以使教师具有敏锐的教育洞察力和判断力,把握好教育时机、教育内容、教育进程和教育反思。

学期课程统整是推动教师主动研修的内驱力。教师发展是一个自主发展、自我完善的过程。教师发展自觉的意义在于实现个体的生命意义和教师职业人的生存价值。马斯洛的需要层级理论告诉我们,每个人都有生理、安全、归属、尊重、自我实现等渐次提高的需要。在这五个需求层级中,后三个需要对教师尤为重要。如何实现教师发展自觉？在具体的实践过程中,有以下两种策略：激发每位教师实现自我价值的"内在原动力";关注每位教师专业发展的"内在导向力"。

5. 以学论教,促进教学管理改革

以"学期课程统整"来实施新课程,其基本理念是确立教师在课程改革实施中的主体地位。为保证这个主体地位的确立,让教师真正成为课程改革的主人,真正成为教学的主人,学校教学管理也需要改变,首先表现为管理理念的改变。为此,我校明确提出了"让每一位学生都能享受到学习的快乐和成长的喜悦""让每一位教师都得到可持续发展"的学校管理思想。这个管理思想就是以人为本,学校管理的一切措施都是围绕师生发展来展开的。基于学校教学管理理念的改变,通过实施"学期课程统整",我们在具体的管理方式方法上也作一些改革。

(1) 管理重心下移,实行"三长"工作制

管理层级延伸到年级组、教研组与备课组。学校建立"三长"工作制,"三长"是指年级组长、教研组长、备课组长。学校确立了"三长"的地位、作用,明确了"三长"的职责与任务。"三长"工作是完成教育教学工作的组织保证,"三长"工作决定着学校教育教学工作的质量。

一是把日常管理放到年级组一级。

二是赋予教研组长的教学管理权。

三是积极发挥备课组在教学工作中的基础性作用。

可见,把教学管理的重心下移到年级组、教研组、备课组,有利于学期课程统整的实行,有利于新课程的实施。平时加大常规管理的力度,认真抓好计划、实施、检查、反馈,充分发挥"三长"在教育教学管理过程中的引领作用,引导教师共同研究、解决教学中的实际问题。

(2) 实施动态监测,建立教学诊断机制

教师实施"学期课程统整"以后,课程改革与教学的主动权被交到了教师

的手上。为了保证国家课程标准的落实和本校培养目标的实现,需要加强学校的教学监测,以便及时掌握教学情况,做出反馈与调整。

一是对教师研制的"学期课程统整指南"进行把关;

二是在教学过程中进行动态监测。

对教师的备课、上课、作业布置及批改等进行动态监测,尤其注意发挥教学测验的诊断作用,发现问题及时反馈,共同诊断,及时调整。我们就监测的结果同教师一起诊断,共同反思"学期课程统整指南",反思教学设计,反思教学方式方法,形成下一步改进的设想,再加以实施。我们已经初步形成了"监测(包括教学测验)→诊断→改进→再监测→再诊断→再改进……"的学校教学管理运行机制。

(3) 实践多元评价,完善激励导向机制

教师评价导向:促"教师力争上游,人人岗位成才"。

学生评价机制:促"全体学生健康、快乐、全面成长"。

课堂评价标准:促"精致的家常课实现"。

为学生乐学奠基,为乐学而乐教乐管,实验小学提出了"以乐促学、学有探究;以乐善教、教有研究;以乐优管、管有创新"的"三乐"教育内涵。完善乐学、乐教、乐管的指标,具体指标体系如下表所示:

一级指标	二级指标	三级指标
乐学 (从"乐中学" 到"学中乐")	发挥学习主动性	学习态度好;学习兴趣浓;自我评价行;实践能力强
	展示学生独特性	有独立思考的能力;有善于质疑的能力;有主动参与的能力;有明显的兴趣特长
	激发学习创造性	树立创造意向;激发创造热情;培养创造能力;锻炼创造意志
	体验探究合作性	人际关系和谐;个人集体相融;尊重理解宽容;谦让竞争并存

（续表）

一级指标	二级指标		三级指标
乐教 （从"乐中教" 到"教中乐"）	激发乐教情感		轻松愉悦的心境；引人入胜的方式；富有情理的语言；宽松适度的激励
	形成乐教氛围		师生关系和谐；家校有效互动；活力课堂三带进；乐教引导乐学
	夯实乐教功底		教学钻研要精深；教材把握要精确；教学过程要精彩；作业设计要精选
	提升乐教能力		有良好的沟通能力；有缜密的组织教学能力；有独特的教学风格；有经常的研究习惯
	提高乐教绩效		实施有效统整；落实培优辅差；学习能力增强；教育质量典范
	创新乐教机制		评选校级骨干；分层分块奖励；校际结对联动；引领示范辐射
乐管 （从"乐中管" 到"管中乐"）	学生	自我管理	自己的事情自己做；自己的伙伴自己帮；自己的进步自己争；自己的活动自己搞
		同伴互助	互相学习；取长补短；共同体验；合作探究
	教师	民主管理	建立"三长"工作制；完善项目负责制；健全校务公开制；建立民主参与制
		自主发展	更新教育观念；开展课堂实践；发展专业能力；着力教育研究
	领导	精致管理	管理团队和谐；强化过程管理；创新管理机制；追求管理绩效
		服务指导	搭建学习平台；深入教学一线；减轻师生负担；提高课程执行力

三、课题研究成果与体会

1. 课程统整昭示学校发展愿景

（1）建立学校核心价值观

在学校文化中,价值观特别是核心价值观不仅是统领学校组织及成员发展的精神和灵魂,而且也是学校主导文化及个性的集中体现。一所学校之所以区别于另一所学校,就在于其拥有独特的核心价值观。我校近20年的"三乐"教育,围绕"为学生乐学奠基"这一核心价值观,创建"三乐"学校文化。乐学是指学生的一种积极、主动,从而导向自我愿望实现的学习情绪。乐学,不是用强制手段刺激学生学习,而是尽可能地去唤起学生对学习的兴趣。有了乐学,才能逐步会学;会学才能把学习变成自己的需要,从而锻炼终身学习的意识和能力,终身受益。奠基,就是在小学阶段打下乐学的根基,为终身学习奠定基础,取得乐学效应。我校在核心价值观统领下,学校组织各系统之间、各成员之间形成一个具有共同价值认同和文化目标的整体。在规划的实施与课题研究的进程中,"三乐"学校文化的建构及学校文化个性的塑造正是经由学校建立的核心价值观、规范和态度实现的。学校领导者在规划与确立学校的核心价值观时,充分认识与理解学校的文化传统,洞悉其内在的核心价值观,并与全体师生员工根据学校发展的目标反复提炼。

（2）完善学校"三乐园"课程体系

培养目标更明晰,并且将其贯彻到学校的全部工作中,这是学校领导赢得课程实施领导权的基本要求。培养目标在学校教育体系中始终占有主导地位,课程是实现学校培养目标的中间环节,课程实施是实现学校培养目标的基本途径之一。因此,抓住了学校培养目标,也就抓住了学校课程实施的主导地位。

我们的培养目标:乐于学习、基础扎实、习惯良好、全面发展、学有所长。从"学生学什么""怎样学"入手,培养学生乐学——有兴趣学、有信心学、有方法学、有能力学,提高学习效率。我们架构与完善了学校"三乐园"课程体系。

关键词八　积淀文化

（3）落实乐学的培养目标

实施学期课程统整源于我校"实"与"活"的教学思想。近几年来，我校追求的"实"与"活"的教学思想，得到了更充分的体现，促进了学校课程建设。"实"与"活"的教学思想深深扎根于基础教育实践。所谓"实"，指教学体现务实的态度，扎实的教风，使学生在不同的发展阶段学有所长，使课程目标落到实处。"实"体现了基础教育基础性的本质要求。实在基础，做实年段、务实课堂、落实主体，让学生获得实质性的发展。所谓"活"，指教学要目中有"人"，教学理念不断发展，教学方式不断创新，教学方法灵活多样，以学定教、顺学而导，从而使教学充满生命的活力。"活"体现了基础教育发展性的时代趋势。活在生成，用活资源、激活方法、盘活评价，使学生获得生动性的发展。

"三乐园"十大课程，为学生乐学奠基。

只要是学生喜欢的我们就开设，只要是教师想尝试的我们就开发，只要是能适应学生未来社会发展需要的我们就努力找寻。我们总能从学科与学科之间找到联结点，从主题活动情境中找到融合点，从社会实践体验中找到发展点，让学生在愉快的体验中学到知识、学到本领，发挥特长，张扬个性。

作为学校的课程领导者，只有站到学校培养目标的高度来看学校的课程设置、课程建设、课程实施，才能看得清楚，才能总揽全局。在实际工作中，把培养目标具体化为教师看得见摸得着的具体要求，教师才能接受，才能在工作中落实。如何抓培养目标的落实？用大课题来引领，引导教师展开研究与实践，努力探索实现培养目标的途径和方法，是一个很好的策略。

2. 课程统整提升教师研修水平

（1）课程统整诱导教师共生实践智慧

（2）课程统整完善教师研修机制

课程统整是一个实践性、创造性和互动性的问题解决过程，围绕这项探索，教师的研修活动可概括成如下基本框架。

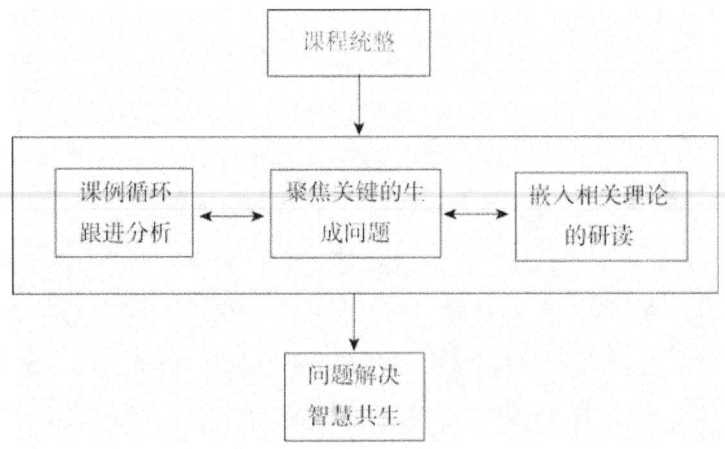

围绕这样一个教师研修的基本框架,我们进一步提出与之配套的几个具体操作要点:

扎根课改背景,聚焦关键问题。

分析教学细节,驱动深度探究。

关注知识缺失,引导学习内化。

剖析典型事件,连续跟进反馈。

3. *课程统整提高学生学习效能*

学习积极性对学生的学习活动具有重要的能动作用,是学生有效学习的前提条件,是影响学生学习成效的最直接的现实因素。可以从以下四方面培养学生的学习积极性。

一是养成学习的自觉化;二是形成学习的合作化;三是诱导学习的探索化;四是体验学习的情感化。

四、课题研究的进一步思考

1. *如何在统整中提高课堂效率、实现减负增效*

课题研究虽然暂告一个段落,但不少问题仍萦绕在我们脑海:如何让教师有时间进一步思考、探究、实践,将一切有效资源进行合理整合,使教育教学更为有效,从而大大减轻师生的共同负担?

关键词八　积淀文化

2. 如何在统整中进一步创建有底蕴的学校文化

学校文化是一所学校在建设、发展和育人活动中所创造的具有本校特色的精神财富和物质形态。学校文化在学校发展历程中的作用是不可替代的，是学校发展核心竞争力的一个重要方面，是一个超越制度层面而存在的、无形的"场"。学校文化的建设不是一蹴而就的，需要长期的(甚至是几十年的)沉淀积累，需要我们一批人甚至几代人具有高度的文化自觉和文化实践能力并努力创建。如何在长期的过程中不断形成"三乐"文化、实现学校的可持续发展值得我们思考。

3. 如何在统整中进一步提高精致化管理效能

学校管理的最高境界是文化管理，这是一个学校管理的理想追求。在更多的时候，学校的管理形态是呈现多元状态的，既有文化管理的模式、道德管理的方式，也有制度管理模式、权力管理模式。学校文化管理必须以人为本，高扬以人为本的旗帜，彰显人的尊严和价值。学校必须为师生才华的蕴积、显现，创造一个宽松的心理环境和充满人情味的氛围，营造一个相互提携、相互支持、相互宽容、相互学习的文化氛围。唯有如此，教师之间、师生之间、生生之间才能产生积极的情感体验，学校才能面对各种思想、观念和价值观的冲突和整合，形成柔性、合作、共享和宽容的管理机制。

(本文为2008年市级课题结题报告，获松江区教科研成果一等奖)

"三乐"教育的文化个性

学校缺乏个性，这是当代学校普遍存在而且已被意识到的问题。目前一般采用的改变方式是强调创建学校的特色，乃至品牌(特色的精致化、系统化和辐射力，产生特色的"品质"和"牌力")。但大多数学校对特色的理解是做出"强项"，以强项点状呈现的方式标明特色，这也许与特色的理论要求和实践鉴定存在一定差距有关。

我们认为，特色是反映学校个性的精粹，学校个性本质上是文化个性，所以特色实质上是学校文化个性的重要标志。如今，学校尽管有了很大的变化与发展,但校长办学仍缺乏创造空间。一旦校长的个性被磨灭,或校长原本就无突出的个性,满足于随大流、"等靠要",那么学校无个性就成了必然之事了。改革开放初期,校长被寄予了学校变革、更新、发展的希望,也确实出现了一批敢于搏击时代潮流的新型校长,办出了有自己个性的学校,如上海一师附小倪谷音校长的"愉快教育"、闸北八中刘京海校长的"成功教育"、南通师范附小李吉林老师的"小学语文情境教育"、常州教科所邱学华的小学数学"尝试教学"等。这些教育(教学)特色是校长(或教师)对自己的教育经验长期积累和筛选并取得良好教育效能的结果,或是在某一先进教育理论指导下反复试验之后在同行中显示出的独特教育智慧和学校文化个性,它具有单项性、有效性、创造性和辐射性的特点。

有人说有一个好校长,就会有一所好学校,这里内含着合理的一面,即校长的精神状态和领导水平、能力与个性,确实会影响学校的发展。但学校文化个性的形成,不仅要求校长有先进的办学理念和文化追求,还要有全体师生员工的认同和给力。所以,它既是认识的,更是实践的,既是个体的,更是集体所共有的。

"三乐"教育的文化个性

乐学。我们倡导乐学,认为教学活动中学生的学习本质上应该是快乐的,因为教育是学生通过学习追求真、善、美的目标,如果这个追求的过程是痛苦的,就不符合人类教育的价值,只有让学生产生快乐的学习情绪体验才是正常的。当然在追求过程中会碰到困难和挫折,但是当学生经过努力而克服之,不论取得成功或失败,均有积极的情绪体验,如成功的喜悦、失败的不馁,都有助于学习的突破和自我超越的实现。一旦学生体验到学习的快乐,他就获得了教育文化的个性基因。

优质。从学校师生发展的目标主成分而言,其本质指向为基础、全面、个性、创造和素质,这些均为优秀则为优质。

基础优秀:注重均衡的基础和人的发展的基础。包括工具基础(读、写、算、信息技术)、知识基础(学科知识及其整体掌握)、能力基础(学习、生活、交往、选择、合作、探究、协调等能力)、道德基础(民族精神、传统美德、革命传统、

关键词八　积淀文化

心理健康、环境保护、网络道德、生命价值等)。

全面优秀:全面发展的教育和全面发展的人。德育为先,"五育"互渗,整体发展。"五育"是一个系统,是高度相关的,随着社会和科技发展,其相关性将会不断丰富和提高,这就促进了"五育"内资源的相互利用和联合开发。

个性优秀:个性的全面发展和健康个性教育。人是有差异的。作为兴趣、爱好、特长的个性倾向性在学生的基础教育阶段就逐步表现出来了。如果这些个性倾向是积极健康的则为优质个性,如果表现为自我中心、个人主义、偏见执拗就为消极扭曲的个性。

创造优秀:教育的创新与人的创造能力的发展。素质教育的重点是培养学生的创新精神和实践能力。学生的创新建立在健康个性的基础上,表现为参与活动的自觉性、能动性、创造性、形象思维、抽象思维、发散思维、聚敛思维的灵活运用和有机结合,辩证思维和创造性思维促进思维品质的优化等。

素质优秀:素质教育和人的素质整体提高。前述诸点,最后落实到素质优质的终点上。基础学校要善于开发学生的先天素质,使其由潜在状态变成现实活跃的心智技能,经后天优质教育而形成的思想道德素质、身体心理素质、科学文化素质和劳动技能素质都达到较高水平,能很好地应对新环境、新事物的挑战,取得理想效果。

和谐。和谐的教育和人的和谐发展。上述"优秀"的主因素综合为"优质",达到在完整、均衡基础上有所特色的结构状态则为和谐发展的人。和谐也可看作"全面"构成因素的量的规定中的合理比例,如德育为先并非在时空的配置上占量第一,而忽视智育中课堂教学主渠道,学科教学时间总量的优势,其他各育的适度安排。所以"和谐"也是对培养目标作出质和量的合目的性和合规律性的制约。就"三乐"教育而言,"和谐"还表现为情感的和谐,"喜怒哀乐皆成文章"。赫尔巴特说过,爱所要求的情感和谐可以在两种情形下产生:教师深入到学生的感悟中去,不让学生注意即机警地参加进去;或者他设法使学生的感悟以某种特殊的方式接近他自己的感情。

(原文发表于《三乐教育　惠泽童心》,上海教育出版社,2011)

创建"实"与"活"的课堂文化

学校文化的核心是学校的愿景与目标,它是人们行动的准则,也是凝聚教师、学生、家长和社区的主要载体。学校文化引领着全体成员不断地求真务实,积极向上。学校文化在一定程度上反映了学校成员的共同追求、共同价值和共同利益。

我校自2012年7月从松江区实验小学的华亭校区独立建制以来,学校光大实验小学的办学思想,以"笃行每一事,快乐每一天"为办学理念,努力形成"实"与"活"的课堂文化。

一、课堂文化的理解

课堂文化是指在课堂教学活动中形成的并为师生所自觉遵循和奉行的共同课堂精神、教学理念和教学行为。课堂文化是课堂存在和运行的模式与生态,是课堂中教学理念、教学方式、教学关系、教学条件和教学环境等诸多因素的综合。课堂文化包括课堂环境文化、课堂制度文化、课堂行为文化、课堂精神文化,呈现出层次性。不同的层面上有着确定的不同内涵,即不同的文化要素。如果把这种层次结构形象地表示为若干圆环,就形成了一个同心圆,对应着不同的文化要素,如下图所示:

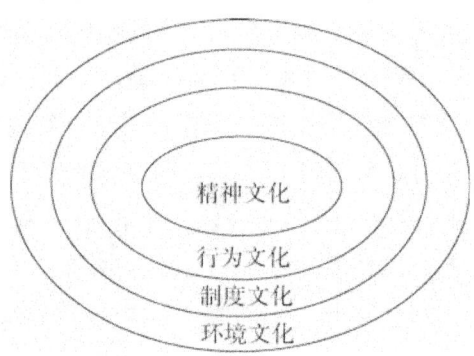

1. 课堂环境文化

课堂环境文化指依据当代教育理念和课堂教学改革的趋势,营造适合学生自主学习、自主发展、有利于实现高效课堂的和谐环境氛围。其文化内涵是开放、赏识、宽容、激励。在软件方面,主要指班集体建设:班名、班级目标、班级公约、班级规范等。在硬件方面,如教室内布置,高雅的读书角、有特色的名人名言等。

2. 课堂制度文化

课堂制度文化指课堂教学运行过程中的规范,包括对教师的规范和对学生的规范。其文化内涵是他律、自律、规则。如小组学习,并非是让四个学生坐在一起,一味求热闹却难以见到预期的课堂效果,而重要的是需要规定组长、发言人、讨论程序、结果呈现、不同意见辩论,这些"规则"是理念与具体做法之间的桥梁,它规范着小组学习的进程和效果,这就是制度文化。课堂制度文化从规矩的角度为课堂文化的整体构建提供着运行的规范。

3. 课堂行为文化

课堂行为文化是课堂文化建设的关键。无论课堂教学改革基于何种新理念,课堂(课前、课中、课后)的全部运行是由行为来支撑的。其文化内涵是尊重、民主、平等、和谐。

教师行为是课堂行为的主导,教师在课堂上一切行为的出发点和归宿是学生,是关爱学生、关注学生。关注学生的状态以便激发其兴趣,关注学生的差异以便因材施教,关注学生的困难以便循序渐进,这就是当代课堂的学生观。正确的教师行为来源于教师在课堂上的激情,也就是教师用自身态度的投入和情感的体验激发和调动学生的学习兴趣和热情。

学生行为。学生作为学习活动的主体,其行为应是自主的、主动的、能动的、动态生成的。反思我们的课堂,学生的行为还是被动的,被老师预设的教案弄得团团转,尚未达到主动参与、主动发问、主动思维、主动解难。学生行为应体现为一种生命的活力和生命的体验,在体验中生成新的认知。

师生互动行为。师生互动行为强调教师要走出"讲"的误区,让学生在"问、落、问""练、讲、练"的互动过程中学会知识、夯实基础、增长能力。课堂行为文化以它深刻的渗透性和传递性成为整体构建课堂文化的关键。

4. 课堂精神文化

课堂精神文化是课堂文化建设的核心和灵魂,它规定和制约着课堂环境的品位,规定和制约着课堂制度的严谨和规范,规定和制约着课堂行为的准则。要真正形成课堂精神文化,教师的文化自觉是至关重要的,有了教师的文化自觉,就会通过课堂重建,改变师生对教育、课堂、教学、学习的传统观念,提升对教育本质的理解,从而提高课堂教学的品质,促进课堂上师生的共同成长和发展。

二、"实"与"活"教学思想的提出

学校一创办就提出"实"与"活"教学思想。所谓"实",指教学体现务实的态度,扎实的教风,使学生在不同的发展阶段学有所得、学有所长,从而使课程目标落到实处。"实"体现了基础教育基础性的本质要求。所谓"活",指教学要目中有"人",教学理念不断发展,教学方式不断创新,教学方法灵活多样,以学定教,顺学而导,从而使教学充满生命的活力。"活"体现了基础教育发展性的时代趋势。

三、"实"与"活"课堂教学的构建

我们结合小学教学的特点,从学校的培养目标(基础扎实,习惯良好,全面发展,学有所长)与学生实际出发,以"实"与"活"的教学思想为指导,从学科目标、教学方式、教学实践到教学评价,进行了较为深入的、整体性的探索。

1. 实在基础:让学生获得实质性的发展

(1) 实在养成教育

"三个三":三字切入、三课推进、三方互动。

习惯决定命运,好习惯终身受益。叶圣陶曾说过,教育就是培养习惯。良好习惯是一种非智力因素,是形成学生健全人格的基础,是学生成人、成才的前提。养成教育是看得见、摸得着的素质教育,坚持不懈地抓孩子良好行为习惯的养成,是一个实实在在的硬功夫、真功夫。将养成教育付之于行动中,把良好的学习、生活、卫生、安全等习惯培养长期渗透在日常教育教学和管理中。

立规范

立规范,从"近、小、实"三字切入。本着贴近生活、小处着手、实践积累的

关键词八　积淀文化

原则,细化"三理整合、和谐发展"的校本德育,坚持不懈地落实行为规范"十个好":上好课、读好书、写好字、说好话、吃好饭、做好操、行好礼、走好路、扫好地、护好绿。制定"十个好"可操作的细节与规范,持之以恒抓好。

抓合力

抓合力,学校、家庭、社会"三方"互动。学生良好行为习惯的养成,不仅依靠学校教育的主阵地,还需要良好的家庭教育和社会教育的密切配合。积极探索学校教育、家庭教育、社会教育加自我教育的"3+1"教育模式,其中家庭教育尤为重要。

求实效

求实效,从课堂、课程、课外"三课推进"。养成教育以体验教育为基本途径,要精心设计和组织开展内容鲜活、形式新颖、吸引力强的道德实践活动,使养成教育内容"进课堂、进课程、进活动"。

课堂文化应重视培养学生好习惯。小学阶段是学生形成良好习惯的最佳时期。将学生良好习惯的培养融入日常的教育教学中,培养学生良好的学习习惯,包括课前预习的习惯,专心听讲的习惯,保质保量完成作业的习惯,及时复习的习惯,作业中认真审题、仔细答题、认真作图、用心检查的习惯,课外主动阅读和积累的习惯等。当然,好习惯的形成需要一个日积月累的过程,因此在具体的培养和实施过程中,学校根据年段特点、学科特点,明确提出不同学科、不同阶段的习惯培养要素,让教师能够有针对性地在课堂上进行培养,让学生在循序渐进的学习过程中养成良好的学习习惯。

课堂文化应强调指导学生习得好方法。课堂学习是学生手脑并用、身心共济的复杂的活动,当然要讲究方法。法国生理学家贝尔纳曾说过,良好的方法能使我们更好地发挥运用天赋的才能,而拙劣的方法则可能阻碍才能的发挥。的确,得其法者事半功倍,不得其法者事倍功半。怎样帮助学生习得好方法呢?我们的做法是:以学生为主体,引导学生学会自主学习,调动多种感官,使其动眼看、动耳听、动口议、动手做、动笔写、动脑想,在过程中习得方法,在横向联系、纵向联结的过程中,学会举一反三、以一当十。当然,我们也意识到学习方法的运用,不仅受到知识水平、学习经验、学习习惯等的影响,而且还受到学习个体的兴趣、爱好、能力、性格、气质等的影响。因此,在全体学生掌握基本学习方法的基础上,我们提倡学生特别是高年级的学生,结合自己的学习实践,在多种方法中找到最适合自己的学习方法。

(2) 实在班集体建设

班集体建设的目标与任务:

一是优化人际环境,沟通协调讲诚信,人际交往见真情。人际环境,主要指在教育教学过程中所形成的人际关系,既包括教师和学生的关系、学生和学生的关系,教师和教师的关系(更多的是指班主任和任课教师),也包括教师和家长的关系,是形成良好班集体的必备要素。

二是优化课堂教学环境,教风学风要严谨,求知探索入佳境。形成以教师为主导、学生为主体的良好人际关系,教师要民主、平等地尊重每一位学生,而学生要积极地进行自主、合作、探究学习,师生在和谐氛围中释疑解难,探索求知,共同完成教学任务。

三是优化自身心理环境,自我意识能稳定,顺境逆境好心境。师生健康的人格有利于教育环境的和谐、温馨,而和谐的环境能促进健康人格的形成。

四是优化物质环境,硬件设计讲人性、环境布置要温馨。教室环境布置为师生所愉悦,为师生所喜欢,为师生创造生存和发展的最佳空间。

班集体建设的策略与方法

抓好班集体建设三要素:一是以班主任为核心的教师集体的管理、引领与指导;二是小干部的培养、使用与管理;三是师生参与集体建设的主体性、积极性与创造性。

基本方法:日常渗透与主题教育的统一。

形成合力:榜样示范与全体参与的统一。

功能相和:外部支持与内涵发展的统一。

动态共生:教师集体主导与学生集体主体的统一。

和谐平衡:德、智、体、美、劳发展的统一。

(3) 实在课堂教学

课堂是学生生成正确学习概念的"实践基地"。学生的差距往往是在课堂

关键词八　积淀文化

上拉开的。学生的学习能力的发展在很大程度上取决于课堂教学的实效。为此,我校倡导课堂研究的常态化与日常化,即教师要在每天的工作中,在每节课上,踏踏实实地研究教学,花架子的教学、摆架子的研究,都不能实现学生学习的真正提高。因此,课堂教学要目标集中,一课一得,不要面面俱到,要落点清楚,体现年段要求。

为了使课堂务实,我们请年级组围绕"实"与"活"的教学思想,研究、明确本年级的教学应"实"在何处。比如,一年级语文教学任务:一是识字教学,掌握700字左右常用汉字,培养独立的识字能力;二是阅读教学,为巩固、扩大识字服务(识字为阅读,阅读助识字),培养阅读兴趣与阅读综合基础素养;三是听说教学,一年级学生要做到集中思想、认真倾听,用标准普通话说话,语言连贯。经常收看儿童电视节目,收听少儿广播。低年级语文教师针对教学任务,通过研讨认为,要"实在认字写字,实在词语句子,实在正确朗读,实在兴趣习惯"。这一共识,在全面实现低年级语文教学目标的过程中,突出了教学重点,凸显了学段特点,具有很强的教学指导性。在此基础上,一年级语文组确立了"字理教学"的研究课题。

有效教学的有效备课

在团队集体备课基础上发挥每位教师的智慧,针对班主任实际,分析学情,备好自己的课。要在"四个性"上花功夫:一是适切性,学习的目标尽可能适合学生;二是直观性,学习的内容尽可能贴近学生;三是趣味性,学习的方法尽可能吸引学生;四是渐进性,学习的过程尽可能提高学生(能力)。注重学生的基本功训练:写字、朗读、计算、语言、数学思维等。

有效教学的有效作业

作业设计兼顾知识的巩固、能力的培养与情感的体验,作业评价关注学生的差异,促进学生在原有水平基础上的发展。一是作业设计要体现以下三点:精——精心设计,体现基础性、巩固性;度——关注差异,练习有坡度、有层次;导——启发引导,举一反三,不断地让学生激起学的"情",引发学的"趣",满足学的"需",达成学的"度"。二要使用好"作业布置与错题记录本"。及时记录,每周分析,跟踪研究,练习再设计。三要给学生留有当堂练习的时间。当堂练习,当堂反馈。四要长、短作业结合,利用"快乐活动日"与探究活动,设计长作业(周、月或学期)。

有效教学的有效评价

评价激励和有效教学相结合,提高有效教学的自觉性,具体是"一查、二评、三看":"一查"是每学期一次教学效果的质量监测;"二评"是学科教师的听课评课活动和教师教学业务情况的阶段评价;"三看"是通过调研活动,看教师备课的个性化调整情况,看教师作业设计与批改情况,看教师的教学心得。

(4) 实在校本教研

坚持聚焦课堂,修炼内功,打造品牌,扎扎实实开展"五步曲、八环节"的校本教研活动。

五步曲——设想一种学习方式,挖掘一组教学内容,设计一个教学方案,进行一次教学实践,撰写一篇研究论文。

八环节——前说课、上课、后说课、评课、课后反思、教学案例、案例教学、撰写论文。

加强教研组建设。继续实践有效教学的有效做法——"五步十问"。一是课前准备两问:用什么教学方法达到我想达到的教学目标?我为什么认为这些方法能够达到目标?二是课堂教学两问:我在教学中发现学生在学习中存在什么问题?这些问题对我的教学意味着什么?三是课后反思两问:我的课堂教学多大程度上实现了我预定的教学目标?我的教学目标是否要做一些调整?四是作业布置两问:我的作业布置是否兼顾了不同学习能力的学生?作业中出现的问题如何解决?五是学生辅导两问:对不同学生在学习中出现的不同问题是否清楚?在辅导学生学习过程中如何更好地对症下药?

(5) 实在教师发展

学校要发展必须优先发展教师,课堂要发展必须优先发展教师,学生要发展必须优先发展教师。

全体教师重师德

认真学习贯彻国家颁发的《小学教师专业标准》,从三个维度予以落实:专业理念与师德,专业知识,专业能力。具体体现在13个领域58条要求上。制

关键词八　积淀文化

订学校"强师兴教"三年行动计划与教师专业发展规划。开展"塑师德、正师风、强师能、铸师魂"系列活动。确立"学生为本、师德为先、能力为重、终身学习"的理念,明确目标:师德建设目标——爱心为核心,专业为重点,学术为亮点;专业素养目标——与书为伴,与文同行,启迪职业智慧,提升学养情怀;开发研修课程——师德与素养,知识与技能,实践与体验。

入职教师学规范

新教师工作目标———一年入门,两年上路,三年站稳讲台。

"过三关""十个学"。过三关——熟悉教材关、课堂教学关、班级管理关。十个学——学说话、学拜师、学看教材、学备课、学上课、学批改、学写真实感受、学听课、学写字、学勤奋。

每位教师求发展

有效开展校本研修制度,进一步发挥"名师工作室"与"青年教师工作坊"作用。结合区新一轮骨干教师评选工作,学校开展校级骨干评审工作。开设"人文讲坛",开阔教师视野,培养教师追求知识、获取信息的兴趣和愿望,提高每位教师的专业与人文素养。

2. 活在生成:使学生获得生动性的发展

(1) 用活资源

传统课程观造成教学资源的视野比较狭窄,学习空间比较封闭。而新的课程改革为我们打开了广阔的资源视野,体现出学习的开放性。

我们认识到,课本虽然是学生学习的重要(或核心)资源,但并不是唯一资源,教科书是教师进行教学的重要(或基本)凭借,但并不是唯一凭借。学生发展的空间也并非局限于几十平方米的教室,教室以外有着更广阔的学习空间。因此,在用好规定教材的同时,我们把目光投向更广阔的资源视野,比如,开发教材资源。我校以"二期课改"上海版教材为主体教材,同时,还为教师准备了人教版的教材。我们鼓励教师针对本班实际、本单元实际对教材进行拓展延伸,增添调整,使教材为学生的学习服务。再如,开发网络资源。教师经常组织学生利用网络开展综合性学习,各个班级建立起班级网站或班级博客。此外,我们还大力开发家长资源、社会资源,每个学年,家长助教志愿者将为学生奉献几场精彩、生动的报告。

实践告诉我们,学习资源无处不在,教学资源丰富多彩。作为智慧的教师,应当善于发现每一个可能会涌流无限生机的"泉眼",精心开发。

(2) 激活思维

课堂文化应强调引领学生激活思维。思维是学科的核心,是课堂的内核。课堂上,我们倡导教育教学面向每一个有着差异的个体,努力开发学习潜能,培养学生思维的灵活性、深刻性、敏捷性和独创性,让抽象思维、形象思维、发散思维、类比思维、迁移思维、创造性思维同时得到发展。教学中,要倡导学生对答问、作业或考试中的典型错误进行辨析,去伪存真,让学生主动参与找错、辨错、认错、改错的全过程,既可以加强他们对知识的理解和掌握,又提高了他们的分析水平,同时也培养了学生思维的批判性。

(3) 盘活评价

随着教育的不断发展,学习的个性化趋势越来越明显。基础教育改革如何适应学习的个性化趋势是摆在我们面前的重要问题。众所周知,评价是促进学生学习的重要手段,小学教学对于学生学业的评价应该"盘"活,实施增值性评价,启用"快乐园护照"。

我校追求"实"与"活"的教学思想,以"课程统整"为载体,牢牢抓住课堂教学这一中心工作,实施精致化管理,"立足"校本,在推进学校课程过程中形成学校文化。

(本文为作者于 2012 年 8 月在第三实验小学成立首次教师大会上的主题报告)

文化润校　特色发展

学校是文而化人、滋养生命的地方。学校文化就是一所学校的灵魂,是生成学校特色的核心要素。把握学校核心文化,不断完善课程体系的过程,就是推动学校特色发展的过程。正是基于这样的思考,我们的办学关键词始终如一:文化、课程、特色。

关键词八　积淀文化

一、理解学校文化的内涵

学校是传承和创新文化的重要场所。学校文化是学校理念和精神由内而外的自然呈现与自然生成,是凝聚和激励学校群体成员进行教育教学改革的重要精神力量。

文化是一种传承,文化又是一种愿景,文化还是一种认同。学校文化的形成与发展,前提之一是要得到广大师生的充分认同。不仅要知晓学校文化的概念内涵和表达形式,更要对其中的文化元素具有深入的理解和认同。当前有一种倾向性问题或思维方式值得注意,即把学校制定的发展目标、远景规划及规章制度等,都视为学校文化。其实,这些文本材料只有得到全体师生的充分理解和广泛认同,并内化为大家的思想观念和价值取向之后,才能真正形成学校文化。比如,"制度文化"的建设,在制定各项制度时,就要充分发扬民主,积极听取和征求全体师生乃至家长的意见和想法,在充分反映师生意愿的基础上,不断完善各项制度建设框架,这是建设制度文化的必由之路。

文化最终是一种践行。文化建设的关键还在于落实到具体的行为。没有践行,便没有文化。我非常认同这样的观点:有作为才有地位;有行为才有作为。也就说,一所学校的文化真正确立并形成,主要体现在全体师生具体的实实在在的行为上。说到底,支撑学校全体师生行为的是学校文化。因此,要发展学校文化,应该在如何将学校的核心理念、价值追求、行为准则内化为全体师生统一的思想意识和价值取向,并外化在各种教与学的行为上做文章。文化只有落地生根,体现在与其思想倾向和价值追求相一致、相匹配的师生行为中,这时候才可以说,我们有了真正意义上的学校文化。

二、接续学校文化的根脉

1. 接续学校文化根脉的价值

教育是一种文化,这种文化从某种意义上依赖于学校传统的力量。学校文化传统的活力就在于接续与传承。

马克思在《路易·波拿巴的雾月十八日》中写道:人们自己创造自己的历史,但是他们并不是随心所欲地创造,并不是在他们自己选定的条件下创造,而是在直接碰到的、既定的、从过去继承下来的条件下创造。

正如教育家马卡连柯指出的,任何东西,也不能像传统那样地巩固集体。培养传统、保持传统是教育工作中极其重要的任务。一所学校如果没有传统,当然就不会是好学校。

叶澜教授也说过,在当代,文化在教育中的功能更被关注的将是形成学生对周围世界和自己的一种积极而理智的,富有情感和探索、创造、超越意识的态度与作用方式,是开发学生生命潜能的一种力量……真正面向未来的学校文化恰恰要扎根于传统与现实的文化土壤之中,孕育出的却是超越历史与现实的文化。

2. 接续学校文化根脉的困境

(1) 缺乏扎根于本土的生命底色

察看许多学校教育文化传统的现状,我们可以看出,学校缺乏自觉地扎根本土的意识。如学校在校长更迭的时候,新的校长总想有一番作为,而这番"作为"往往是"另辟蹊径",结果,学校被弄得伤筋动骨,甚至面目全非。有时,每一次的"新旧交接"就是一次对固有学校文化毁灭性的"连根拔起"与"推倒重来"。折腾来折腾去,学校就变得每次都要"从零开始",导致许多学校一谈起办学的年限,都说"百年老校""历史源远流长",可在学校文化传统的传承上却形成了这样一种困境:有时间没历史,有口号没文化,有时尚没风尚,有标新没本心……在实际的教育教学方法上也是唯"上"是从、唯"外"是听,学校没有明确的本土化的教育理念。在课程设计上虽有安排校本课程及综合实践课程,但普遍缺乏一种个性化、独特性的东西,都是"大一统"的形态。自内而外,彻头彻尾的"均质化"趋向淹没了原来可以各具特色的"本土文化"与"本校文化"。

(2) 缺乏咬定青山不放松的定力

教育就是一种持续的生长,文化更是持续的生长。持续的生长需要固元培根,这就是《论语》中所谓的"君子务本,本立而道生"。学校文化传统之道的茁壮成长、枝繁叶茂,其根本就在于养护教育的本质命义与追求,养护本校的根本理念与根本追求。然而,我们的不少学校成了某种意义上的"气象台",天天随寒随热,跟风听雨。学校里往往是今天提倡素质教育,明天狠抓高效课

关键词八　积淀文化

堂；一会儿进行生命教育，一会儿进行读经活动……某种主义、某种主张在学校里面如昙花一现，一波未平一波又起。在这"闹哄哄的你方唱罢我登场"的转换之中，学校变得无所适从，无可依倚。在一阵又一阵自上而下的"改革"浪潮的席卷下，学校变得浮泛。没有沉心静气与深思熟虑地考量：适合本校并在本校已产生积极影响的教育教学文化要素是哪些？应该如何发扬光大？只有开掘学校内在的精神矿脉，才有源源不绝的智力宝库；只有认定目标，咬定青山不放松，才能真正积储成学校本身独有的文化品质。

(3) 缺乏推陈出新的保卫和平精神

文化的力量就是在传承中创新，温故知新，推陈出新。学校是文化培植的发源地，是创新精神的培育所。在众多的学校中，校风校训等口号标语总是充满着"创新"及与之相近的字眼，表现在教育教学方法上也是唯新是求，唯时尚是追。表面上看起来，日新月异，旧貌换新颜，然而往往是换汤不换药，骨子里面是规行矩步，并无新意，没有丝毫独树一帜的勇气，没有丝毫另辟蹊径的智慧。早在两百多年前，瑞士教育家裴斯泰洛齐就大声疾呼："请你想想，时代在进步，五十年来，一切都变动了，学校还是依然故我。这哪能培养出现代的人才，哪能适合时代的需要？！"许多学校几十年不变地只是平庸地紧贴着时潮，紧贴着某些"前沿与前进"的标签，分毫不着地奉行"经验主义"之道，轻车熟路地推行"分本主义"与"应试模式"。

3. 接续学校文化根脉的实践

(1) 构建与学校办学理念相一致、朴素典雅的环境文化。让学校的"每一面墙都会说话"，并表达着学校的价值追求。环境文化在润物无声中化育着师生的心灵。

(2) 构建体现人文关怀的现代学校制度文化。学校制度是调整学校组织内各种关系、维系学校正常运转的各项规定。当学校制度和学校文化融洽之后，就形成了一种制度文化。如何使刚性的制度蕴含文化特质，使制度更具人文关怀，处处体现尊重人、发展人的制度设计理念，是制度文化建设的关键。

(3) 构建蕴含时代精神，富有个性且为师生员工所认同的精神文化。学校精神是学校群体在长期的教育教学实践中积淀起来的,共同的心理和行为中体现出来的理念、价值体系、群体心理特征及精神价值传统,是学校文化的内核,决定并制约着学校文化的发展及学校文化系统的取向和性质。

三、建设学校文化的路径

1. 特色始于文化的继承与创新

学校文化的继承与创新是把握学校核心文化的两大主要途径。文化继承,就是对学校发展历史不断地进行梳理和总结,理清并把握学校文化核心要素。这个过程,是我们对自己再认识的过程,更是我们深刻反思的过程。文化创新,要把握教育改革发展总体趋势,把握"育人"这个核心,在继承学校文化的基础上,重视学校文化的发展与建设。对照新课改精神与目标,我们明确了优势也发现了差距与不足并开始优化和提升学校文化。

(1) 寻得到的学校文化发展脉络

学校教育科研工作本身就是一种探索、求真、扎实、创新的过程,也是塑造学校文化的过程,教育科研是学校文化形成和发展的内在功力。我校坚持教育科研,不断探索并尊重教育规律,科学育人,注重对实践的反思与提升,追求卓越的教育科研发展历程,就是以乐学为核心的学校文化逐渐形成并不断发展的过程。

(2) 看得懂的学校文化核心的内涵

我们凝练历任领导集体的办学经验,结合学校的历史文化积淀和现代文化理论,形成了"学校文化建设行动计划"。基本形成了三大系统:一是逐步完善"精神力系统",实现价值引领;二是初步形成"形象力系统",实现环境育人;三是着力完善"执行力系统",实现文化育人。

(3) 有规划的学校文化建设目标

学校文化的形成和完善是一个动态的积累的过程,在办学实践中我们通过努力,使学校文化"精神力系统"明晰,"形象力系统"和谐,"执行力系统"完善,使学校实现"办学理念的高格调,校园环境的高品位,学校制度的高效率,行为文化的高标准"。用文化统领学校建设,努力使学校真正成为"学生快乐学习、健康成长的乐园,教职工幸福工作、实现价值的家园",努力让师生心有依归、行有准则、思有追求。

2. 特色源于课程体系的支撑与丰盈

课程是育人的载体，既体现国家教育方针也承载学校的教育价值和目标。在以"三乐"教育为核心理念的学校文化统领下，我们发挥实验小学新课改的优势，实施"课程统整"，提高学校的课程领导力与执行力。

（1）校本化落实国家课程

随着教育改革的不断发展，特别是课程改革的深入，素质教育的全面推进，越来越聚焦于"发展内涵、提高质量"。我校旨在以"课程统整"为载体，加强学校课程建设，实施精致化教学，在提升学科价值层次，完善学科教学建设，深化学科教学研究的过程中，通过研究性的实践探索，形成了学校"实"与"活"的教学思想与"做实年段、做强学科"的实施策略。

实施"课程统整"源于我校"实"与"活"的教学思想。近年来，我校追求"实"与"活"的教学思想，促进了学科教学建设，大面积提高了教育质量。

（2）特色化实施校本课程

以上海市新课程方案标准为指导，运用课程统整的思想，建立"快乐园"学校课程的体系与框架。主要体现为一个核心，两个层面，五大领域。**一个核心**：以学生发展为本，开发学生多元潜能。**两个层面**：第一个层面针对基础性课程再设计，教师通过对教材的二度开发与建构，转化为充满活力的和具有创造力的课堂教学活动；第二个层面为"创生"，就是把握学校自身的状况开发新课程。**五大领域**：身心健康类、语言文化类、科学思维类、艺术修养类、综合实践类等五部分组成立体式、多维度的校本课程体系。

（3）个性化研发师本课程

学校重视科研，也受益于科研，采取教科研相结合的思路，以"草根化"的小课题研究为基础，以市级、国家级课题为依托，形成教科研网络，细化各学科的研究项目。学校鼓励教师在实施课程、创建文化课堂中大胆改革创新，进行课程的统整，形成师本课程。很多教师有了基于问题在实践中研究和解决的意识，开始转变视角，真正依据学生的发展审视课堂，也开始从课程的角度去思考自己的教学，形成了自己个性化的教学风格。

3. 特色显于师生生命的绽放

文化立校,特色发展,已经是学校的办学传统与特色。在我校,乐学是教师们头脑中的核心理念。教师都能以思考的目光审视工作,以研究的状态从事工作,以反思的襟怀完善工作。实小教师呈现了特有的状态:他们热爱学校,热爱学生,热衷于研究,热衷于合作,充满成就感。

在研究的氛围中,学生得到更多的尊重,学生更喜欢学校,更认同教师,更迷恋我们多彩的课程。学生更自信了,更快乐了。在文化引领下,我们的课程让学生充满活力,呈现实小学子一贯的状态:在校期间他们热爱读书、求知欲强、兴趣广泛、综合能力强、自信、迷恋学校;进入上一级学校后,发挥骨干作用的多,在学习上后劲足的学生多;走向社会后,发挥积极作用、生活能力强、生活幸福的人多。

丰富的带有明确育人导向的课程体系,得益于学校文化的统领和指引,反过来,学校文化的发展带动了学校课程建设。学校也由此完成了由单一的学科优势走向文化氛围浓厚、以整体办学风格突出为特征的特色学校。学校以"轻负担,高质量""学生综合素质高,创新精神与实践能力强"而得到社会的广泛赞誉。

文化立校,特色发展。虽不能完全至,然心向往之。我们会更智慧、更从容、更踏实地行走在探索的道路上!

(本文为作者于2013年7月在重庆巫溪县教育局校长培训大会上的报告)

用养成文化滋养新优质学校

近年来,伴随着办好家门口的学校——新优质学校的强劲东风,松江区第三实验小学于2012年7月由松江区实验小学(华亭校区)独立建制而成。学校一创办,就钟情于养成教育,孜孜以求,持之以恒,渐渐形成养成文化,谱写新优质学校建设、发展的新篇章。

一、好习惯奠基人生,诠释养成教育的基本理念

一所新办学校的基石是规范,一个人成功之要是习惯。叶圣陶先生认为

教育就是养成良好的习惯。英国著名的"家庭教育之母"梅森更是旗帜鲜明地指出:教育就是帮助孩子形成习惯和吸收思想。基础教育最主要的任务就是培养好习惯,良好而持久的习惯养成能够让教育产生奇迹。养成教育的实践证明:学生时代,习惯在一定程度上左右着学生生活的快乐和成长的质量。好习惯越多,越能顺畅地健康成长;反之,成长的烦恼就越多,习惯成为学生健康成长的决定性因素,决定着学习兴趣的保持、学习潜能的可持续拥有和良好学业评价的获得。

当今在教育转型中的养成教育是心灵能量的传递。为此,学校明确提出"好习惯是学生的第一成绩"。学校确立了"为人正、为学乐、为业精"的办学思想,"笃行每一事,快乐每一天"的办学理念,"基础扎实、习惯良好、全面发展、学有所长"的培养目标。尤其在创建区新优质学校过程中提出了"每个孩子都是传奇""传奇可以创造奇迹"的核心理念。同时学校建立了区级重点课题"基于综合实践活动课程的生活化乐学体验的实践研究"与"生活化乐学中规则意识培养",不断践行新优质学校的核心价值。"养人养心,养鱼养水,养树养根"三个文化短语所代表的沟通心灵、营造环境、培养习惯是新形势、新背景下,我校实施养成教育的三个重要途径与方法。"好习惯益终生""遵守规则,养成习惯""良好习惯,自主养成""好学生、好习惯、好生活"诠释了我校已有的养成文化。关怀人的生命质量,使每位教师、学生拥有幸福的能力,都成为心灵高贵、品格高尚、气质高雅的读书人,成为美好生活的创造者和享用者,这是新时期我校独特的育人目标。

二、好习惯贵在养成,促进学生成长的内驱动力

1. 良好氛围的创设

行走校园间,养成润心田。进入学校大门,"遵守规则,养成习惯"几个大字映入眼帘,告诫同学们从小就要遵守规则,养成良好的学习、生活习惯。"教育培养习惯,习惯成就未来"的育人理念在校内豁然醒目,告诫师生,学校教育的目的首先是培养学生良好习惯,让其先成"人"再成"才"。走进教学楼,首先看到的是南北一百多米长的"文明礼仪长廊",图文并茂,内容涉及学习、生活、待人等各方面的礼仪常识,吸引着各年级的学生驻足观看。早晨,走进教室,哪怕教室内只有一个学生,也能听到声音洪亮的朗读。"晨读"是学校的一大亮点,我们倡导学生"入校则静,入室则学"。全校学生只要走进校园,步入教室,第一件事就是拿起课本,大声朗读,随着到校学生的增多,琅琅书声便溢满了校园。

2. 良好习惯的形成

习惯塑造品格。每一个好习惯的背后是一种好的品质在支撑,通过好习惯培养,塑造好品格是学校实施养成教育的最终目标。基于这种认识,学校一创办就实施"三礼"教育。"三礼"即有礼貌、知礼节、懂礼仪。所谓"礼貌"是指人与人之间和谐相处的意念和行为,是言谈举止对别人尊重与友好的体现。"礼节"是人们的日常生活中,特别是在交际场合,相互问候、致意、祝愿、慰问以及给予必要协助和照料时惯用的形式。"礼仪"是指崇礼行义、廉洁知耻的道德准则,包括孝敬师长、宽容友爱、诚实守信、坚持正义、知荣知耻、廉洁公正等自觉行为。讲"三礼",是当今小学生的基本要求,也是做人的基本规则。做到"四个抓":

第一,抓细礼仪习惯。

第二,抓实学习习惯。

第三,抓好生活习惯。

第四,抓牢安全行为习惯。

3. 用规则说话

(1) 用规则说集体的话

(2) 用规则说民主的话

三、好习惯促进改革,形成以学设教的教学风格

教育的转型始于课堂。正如叶澜教授提出的"把课堂还给学生",如何还?教师在课堂上一切行为的出发点和归宿点是学生,要关爱每一个学生、关注每一个学生,关注学生的状态以便激发其兴趣,关注学生的差异以便因材施教,关注学生的困难以便循序渐进。正确的教师行为来源于教师在课堂上的激情,也就是教师用自身态度的投入和情感的体验激发、调动学生的学习兴趣和热情。学生行为应是自主的、主动的、能动的、动态生成的。学生行为应体现为一种生命的活力和生命的体验,在体验中生成新的认知。

关键词八　积淀文化

1. 教学规范,养成习惯

教师教学从备课入手,教学严谨、规范,教师自身的教学规范影响、培养学生好习惯。将学生良好习惯的培养融入日常的教育教学中,培养学生良好的学习习惯,包括课前预习的习惯,专心听讲的习惯,保质保量完成作业的习惯,及时复习的习惯,作业中认真审题、仔细答题、认真作图、用心检查的习惯,课外主动阅读和积累的习惯等。当然,好习惯的形成需要一个日积月累的过程,因此在具体的培养和实施过程中,学校根据年段特点、学科特点,明确提出不同学科、不同阶段的习惯培养要素,让教师能够有针对性地在课堂上进行培养,让学生在循序渐进的学习过程中养成良好的学习习惯。

2. 指导学生,习得好方法

课堂学习是学生手脑并用、身心共济的复杂活动,当然要讲究方法。得其法者事半功倍,不得其法者事倍功半。怎样帮助学生习得好方法呢?我们的做法是:以学生为主体,引导学生学会自主学习,使其动眼看、动耳听、动口议、动手做、动笔写、动脑想,在过程中习得方法,在横向联系、纵向联结的过程中,学会举一反三、以一当十。当然,我们也意识到学习方法的运用,不仅受到知识水平、学习经验、学习习惯等影响,而且还受到学习个体的兴趣、爱好、能力、性格、气质等影响。因此,在全体学生掌握基本学习方法的基础上,我们鼓励学生特别是高年级的学生,结合自己的学习实践,在多种方法中找到最适合自己的学习方法。

四、好习惯提升素养,拓展自主发展的有效途径

有人说,人是习惯的奴隶,习惯了的事情便不再难。当教师先进的教育理念、科学的教育方式成为一种良好习惯,教师便会运行在专业成长良性发展的轨道上,自主前行。反之,偏离了自主的轨道,靠外力推动,被动地接受提高和发展,专业成长一定是缓慢而低效的。长期教育实践使学校管理者认识到,教师培训工作重在调动内因,良性成长,自主发展。因此,我们以养成教育为突破口,以扎扎实实的校本研训为途径,培养教师良好的专业习惯,促进教师自主发展。

没有教师好习惯,难有学生好习惯。培养教师良好的教学习惯是行之有效的教师内化养成理念的校本研修方式。作为学生快乐成长路上的引领者，在三尺讲台上我校教师习惯用童心和爱滋润学生心田，习惯用慧眼和思考创设真实的课堂，习惯用书籍和笔墨演绎真善美。学校一创办，就成立教师专业发展工作室和数学教学研究室，建立名优教师培养工程和骨干教师工作团、青年教师工作站，"室、团、站"式的帮、带、扶策略，紧紧围绕"学习为魂、研究为渠、实践为本、反思为智"这十六字校本研训方针，开展了一系列校本研训活动。开展"教学节"活动，主题研修活动，小课题研究，同课异构，"我与名师同行""我的课堂我精彩""开天杯、万科杯、创新杯"课堂教学观摩，教学反思交流，创新课堂研讨，教学基本功演练等活动，使教师队伍的专业技能不断提高，孕育出一支有良好专业习惯的教师队伍。我们的教师习惯为自己的专业发展设立阶段目标；习惯研究思考；习惯展示交流；习惯读书写作；习惯反思；习惯合作，具有广阔的可持续发展潜力。

五、好习惯形成课程，守望健康快乐的成长岁月

我校传承、光大实验小学的办学思想，开发了"三理整合、和谐发展"校本德育课程，让学生学会健体、学会学习、学会做人，在此基础上又开发了"我的好习惯""好习惯·好生活"校本德育课程，实施思路、目标、内容、途径如下：

1. 总体思路

校本德育课程由两条主线组成：一是以培养学生良好习惯为主的拓展性课程"好习惯·好生活"；二是以传承中华传统美德为主的系列主题教育活动。既有传授类课程，又有践行类课程，两者相得益彰。

开发并设置校本拓展型课程"好习惯·好生活"。此课程作为学校拓展型课程，与学生的行为规范教育、养成教育相结合，与学生生活中包含的德育教育内容有机整合，从知识传授、技能训练、情感熏陶入手，以习惯培养为基准，以健康、文明、安全的生活能力提高为宗旨，全面开展生活与德育的融合教育，让好习惯陪伴学生美好的人生。

2. 课程目标

针对小学生不同阶段的年龄特点与身心发展特点，"好习惯·好生活"制定了核心目标：

关键词八　积淀文化

（1）知识与能力目标：认识学校、家庭、社会生活中的生活习惯、学习习惯、劳动习惯和文明礼貌习惯，积累一定的生活经验。正确认识有意义的生活。

（2）过程与方法目标：在生活的过程中，使学生逐步养成基本的生活习惯和技能，学会自主处理学习和生活中的各种问题的方法，努力提高生活质量。

（3）情感态度价值观目标：知道养成良好的生活习惯和技能是参与社会、学会做人的首要条件。学会感受美好生活的意义，积极过好每一天。知道自己的事情自己做。

"好习惯·好生活"课程的核心价值为交往、学习、安全、文化、卫生、营养、自理、文明、审美、勤俭、谦让、诚信、感恩，并贯穿于课程实施的全过程中。

（本文为作者于2013年9月在推进新优质学校全校教师大会上的报告）

文化浸润　励志凝神

"文化"一词古已有之，南朝王融在《三月三日曲水诗序》中说"设神理以景俗，敷文化以柔远"。"文"是错综交杂的痕迹，是一种界线；"化"是改变。各种事物有章有法地聚在一起非常"美好和谐"的一种现象就是"文"，用这种"美好和谐"的理念行之于一切，就是"以文化之"，就是"文化"的要求。而美好和谐是文化的最高要求。"观乎人文，以化成天下"，可见文化的力量。

文化是沟通心灵的最好渠道，文化进入心灵的过程是渐进的，而一旦进入心灵，其作用便极其深远。文化，上善若水，看似无形，实则润物无声，融通人心。文化如水，有泽被万物之德，有汇纳百川之量，有因势利导之智，有百折不挠之勇，有随物赋形之美，有滴水穿石之力。

很多知名企业都十分重视企业文化的建设。如娃哈哈集团公司当初只有3个人，是一家靠14万元起家的校办工厂，如今发展成为拥有一系列知名产品的著名企业。娃哈哈集团公司从小学校园里走出了"经济奇迹"，是因为从它诞生的那一天起，企业领导就提出了自己的企业文化"励精图治、艰苦奋斗、勇于开拓、自强不息"，并以这种文化来指导每一位员工的行动，激励他们发挥主人翁精神，树立起了一个鲜明的企业文化形象，成为"文化兴企"的典范。另一家知名企业海尔集团也非常注重企业文化建设。海尔的"斜坡球体论"认为，海尔如同一个爬坡的球，基础管理是制止它下滑的止动力，而它倡导"敬业报国，追求卓越"的企业精神和基于"迅速反应，马上行动"的工作作风而形成的企业文化则使"爬坡的球"有了牵引力。

美国曾组织一批科学家对全球25年来最成功的企业进行了一项调查研究，研究结果显示：企业成功的主要原因不是机会、资本、技术，甚至不是企业的组织结构、员工技能等，企业制胜的法宝在于企业本身独特的、具有鲜明个性的企业文化。

如同卓越的企业必须有优秀的组织文化一样，真正的名校也必须具有独特的学校文化。我们认为，学校更应该注重自身的文化建设，学校应该成为代表先进文化前进方向的地方、成为先进文化聚集的场所，成为优秀文化传承的媒介。而一所名校，就应该是精神的特区、文化的家园。学校应成为当地最有文化内涵、最有文化底蕴的地方。学校文化是学校发展的灵魂，学校之间的竞争归根结底是学校文化之间的竞争。文化是学校的"软实力"，是一种凝聚力、吸引力、感召力。失去了学校文化的支撑，师生的精神家园将逐渐荒芜，学校的办学层次将流于平庸，学校将失去可持续发展力与核心竞争力，最终只能归于败亡。没有文化的积淀与引领，发展只是陨落的流星，进步只是夜绽的昙花。校园文化是一项复杂的系统工程，环境是文化，制度是文化，管理是文化，习惯是文化，行为是文化，状态是文化，精神是文化，道德是文化，修养是文化，心理是文化，风气是文化，执行是文化……文化不仅要洋溢在全体师生脸上，更要凝聚于师生的神态、灵魂中。但正因其复杂，所以才需要用力，要让校园文化软实力铸就名校品牌，让文化成为名校的名片。

文化是教育的基本内核，是学校工作的轴心，更是育人成才和学校发展的根基。组织心理学家埃德加·舍恩说："领导人真正的重要性就在于创造并管理文化，领导人是否具有独特的才华，表现在文化方面所作出的贡献。"作为一名校长，我时刻提醒自己，必须注意提升自己的文化素养，提升自己的文化领导力。以文化经营学校，是最上乘的学校管理，也是名校的必由之路。我经常告诉自己，校园文化不是表面的红火热闹，不只是形式的表现、文字的表达，更是思想的渗透；她是历久弥新、无须张扬的畅达、透悟，是触摸无着、随处弥漫

关键词八　积淀文化

的细致、温馨；她是活跃跳动、激情四射的神韵、灵动，也是全校师生理念更新、思维活跃、幸福发展、和谐共处、教学相长；她是每个人的表里如一、是非明辨、心态阳光、积极乐观。文化是一种无形的力量，文化能生成教育力量、凝聚力量、精神力量、约束力量、感召力量，主文化已成为学校发展的灵魂，成为学校发展的原动力。

（本文为作者于2013年7月在全国"学校文化建设"论坛上的演讲）

在传承中培育学校教育品牌

一、教育品牌

教育品牌是学校教育核心发展的重要标志。随着我国教育供给方式的日趋多元化和家长对学校选择度的增加，品牌已经成为学校赢得家长、求得生存与发展的关键。社会对学校品牌的渴求越来越强烈，塑造和发展学校品牌越来越重要。家长愿意把孩子送到实验小学，是对实验小学品牌的认同，我们应该对得起家长和学生。我认为，在信息时代，学校最大的资产不再是有形资产，而是无形资产，学校品牌不仅是一个牌子，而是凝聚了一所学校的教育理念、管理哲学和共同价值观并以此为核心的学校文化。学校品牌影响着学校里的每一名师生员工，决定了一所学校与另一所学校不同的管理方式和思维方式，更决定了家长和学生对这所学校的印象和态度。

现代品牌学校应该有现代教育理念，有自己的教育思想和办学方向，有精品意识，并追求卓越。校长理念的更新，观念的领先，往往成为形成独特学校气氛和工作风格、促进学校品牌建设的认识与实践的动力。正如苏霍姆林斯基说："校长领导学校，首先是教育思想的领导，其次才是行政上的领导。"

锤炼学校品牌理念：为学生乐学奠基。当我于2001年2月接任校长时，实验小学已经是名满茸城的地方名校。我完全可以做一个守成的校长，轻松自如地生活。但是我对实验小学提出了新的发展目标：办成一所"上海一流、国内领先"的品牌学校。这是一个自加压力、超常发展的目标，也是一个必须奔跑才能达到的目标。我对自己的要求是：做一个优秀的"领跑人"。做一个优秀的"领跑人",最重要的是要有先进的办学理念和一个科学而明确的目标,让团队围绕这个目标统一思想和行动,形成共识和合力。

二、品牌设计

所谓学校教育品牌设计,是指对品牌理念、品牌行为、品牌形象三大方面进行的具体设计,如图所示:

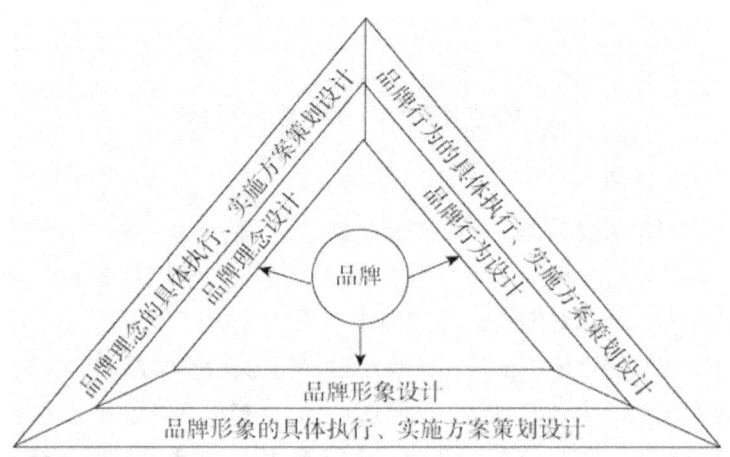

1. 品牌理念设计

塑造学校品牌是一个系统工程。学校品牌需要从品牌理念、品牌行为、品牌形象三个维度去思考与实践。学校品牌理念锤炼是指学校在确定走品牌化道路的基础上,通过对品牌的理性思考和认识,旨在形成一套有利于学校品牌发展的思想体系而开展的调研、诊断、分析与策划过程。学校品牌理念为学校品牌行为、品牌形象指出清晰的引领方向、思想指导以及宏观判断标准。学校品牌理念作为学校办学理念的有机组成部分,从内容上看,主要包括学校品牌是什么(品牌定位)、品牌将做什么(品牌发展愿景)、品牌将怎么做(品牌战略)、品牌为什么要这样做(品牌核心价值)及品牌宣传用语等。它和办学理念存在一定的重复性和交叉性。

实验小学:"三乐"教育——"三乐"文化
↓
实验三小:乐学教育　笃行每一事,快乐每一天

关键词八 积淀文化

2. 品牌行为设计

从学校品牌设计的内容来看,品牌理念是内核,品牌行为是中层,品牌形象是表层。品牌理念指导着品牌行为和品牌形象的建设与发展,而品牌行为和品牌形象又影响着受教育者对学校品牌的态度。

品牌行为设计,是指以深化品牌核心价值,涵养品牌文化底蕴,拓展品牌外延,提升品牌知名度、美誉度和忠诚度为目的而开展的一系列制订制度与标准,提出执行策略、构划相应支持保障的过程。

从行为的领域上可以划分为内部品牌管理行为、品牌教学行为、品牌德育行为等设计,从对象上可以划分为品牌人物、品牌模式、品牌活动等设计。

学校要注重教学行为的品牌策划,如图所示:

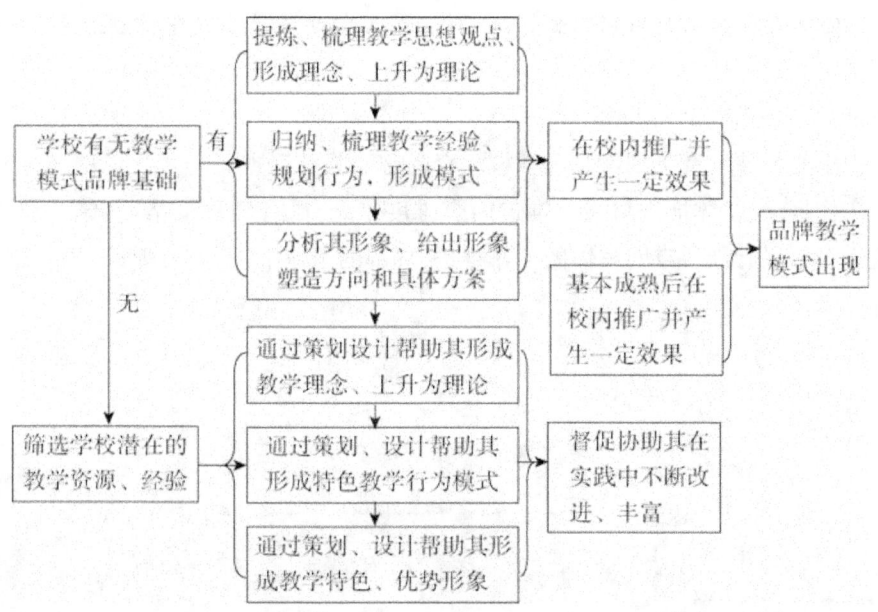

3. 品牌形象设计

学校品牌形象设计是指在学校品牌理念的指导下,外化品牌行为,塑造品牌个性,提升学校品牌影响力,针对学校视、听、嗅、触等多种形象元素进行修正、重构、延展和应用等一系列活动。

如:学校品牌标识设计(校徽、校标等)

校园文化的创建("走廊文化"构建)

校园文化的创建 $\begin{cases} 旧:传承\to发展\to推陈出新 \\ 新:正确的定位\to坚持不懈的努力 \end{cases}$ 积淀→提升→示范引领

三、品牌培育

学校品牌培育是一个长期的、系统的工程,是一个环环相扣的过程。完成学校品牌设计之后,学校品牌塑造就进入了培育环节。学校品牌培育不是随意而为的,需要进行全方位的策划。

学校品牌培育是针对学校实际情况,落实学校品牌设计,将其变为现实的行动过程。

1. 品牌培育的路径

学校品牌培育策划就是为学校培育品牌寻找路径或者方式。以课题统领与工作推动、整体推进与局部推进两个维度来划分,有四种策略:整体的课题统领,局部的课题带动,整体的工作推进,局部的工作推进,如图所示:

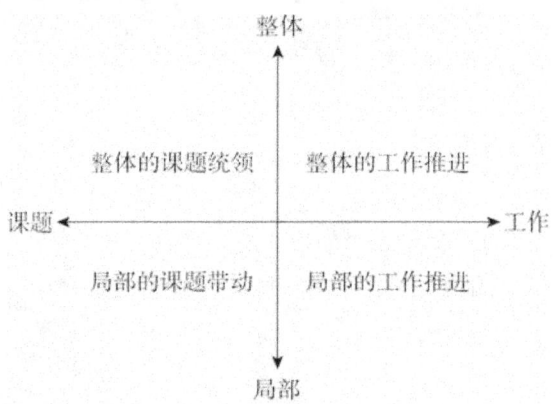

2. 品牌培育的重点

(1) 品牌德育

一是养成教育"三个三":三字切入、三课推进、三方互动。

关键词八　积淀文化

习惯决定命运,好习惯终身受益。叶圣陶曾说过,教育就是培养习惯。良好习惯是一种非智力因素,是形成学生健全人格的基础,是学生成人、成才的前提。养成教育是看得见、摸得着的素质教育,坚持不懈地抓学生良好行为习惯的养成,是一个实实在在的硬功夫、真功夫。将养成教育付之于行动中,把良好的学习、生活、卫生、安全等习惯培养长期渗透在日常教育教学和管理中。

二是班级体建设。

三是家庭教育。

指导家庭教育,从培养孩子习惯入手,建立家长委员会,家长学校,形成教育合力。

（2）品牌教学

完善"4A"教学模式,实施"精致教学"。

研究学生、把握教材,提高教学质量。

（3）品牌课程

课程建设的思路

学校要建设语言、数学、科学与技术、体育与健康、艺术与创意和综合实践等六大课程领域,并对各领域的内容作细分。统整课堂教学和课外活动,实现三类课程统整与课内外活动融合贯通。校园的每一角、每一处都充满愉悦氛围,学生耳濡目染,浸润其中,人人皆学,时时在学,处处可学。教师要改变教学观念,要研究学生,研究"学习设计",为学生的乐学而乐教,即"为学而教,以学设教"。学习的目标尽可能适合学生,学习的内容尽可能贴近学生,学习的方法尽可能吸引学生。"快乐学习"要倡导:激起学的"情",引发学的"趣",满足学的"需",达成学的"度",从而让学生走向由乐学到会学的理想状态。

课程实施的要点

快乐学习,播下儿童能力发展的"智慧种子";

快乐运动,播下儿童身心发展的"健康种子";

快乐阅读,播下儿童心灵发展的"人文种子";

快乐歌舞,播下儿童个性发展的"艺术种子";

快乐创意,播下儿童思维发展的"科学种子"。

快乐学习,快乐运动,快乐阅读,快乐歌舞,快乐创意,让学校形成一个"快乐生态场"。

学校要注重家校联动、社区融合,把小教室、小学校延伸至家庭、社会大学校,建构学校、家庭、社区一体化教育生活的"快乐生态链",建设发现快乐、分享快乐、创造快乐、传播快乐的"快乐生态圈",从而培育快乐文化。快乐,从相信自己开始;快乐,在磨炼情绪中体验;快乐,在与人分享中获得;快乐,在创新实践中积淀;快乐,在自主发展中成就。

课程实施的载体

综合实施课程开发建设——校内外课程统整,生活化乐学体验。

(4) 品牌教师

学校要发展必须优先教师发展,课堂要发展必须优先教师发展,学生要发展必须优先教师发展。

全体教师重师德

认真学习贯彻国家颁发的《小学教师专业标准》,从三个维度予以落实:专业理念与师德;专业知识;专业能力。具体体现在13个领域58条要求上。制定学校"强师兴教"三年行动计划与教师专业发展规划。开展"塑师德、正师风、强师能、铸师魂"系列活动。确立"学生为本、师德为先、能力为重、终身学习"的理念,明确目标:师德建设目标——爱心为核心,专业为重点,学术为亮点;专业素养目标——与书为伴,与文同行,启迪职业智慧,提升学养情怀;开发研修课程——师德与素养,知识与技能,实践与体验。

入职教师学规范

新教师工作目标——一年入门,两年上路,三年站稳讲台。

"过三关""十个学"。过三关——熟悉教材关、课堂教学关、班级管理关。十个学——学说话、学拜师、学看教材、学备课、学上课、学批改、学写真实感受、学听课、学写字、学勤奋。

每位教师求发展

继续实施教师"三格"培养:入格教师学规范,上格教师学精致,风格教师显特色。

关键词八　积淀文化

有效开展校本研修制度,进一步发挥"名师工作室"与"青年教师工作坊"作用。结合区新一轮骨干教师评选工作,学校开展"校级骨干"评审工作。开设"人文讲坛",开阔教师视野,培养教师追求知识、获取信息的兴趣和愿望,提高每位教师的专业与人文素养。

(本文为作者于2013年10月在市级课题结题工作会上的主题报告)

附　　录

优化课堂心理环境　探究课堂教学模式

记者　方有林

　　松江区实验小学为了挖掘教学生产力，提出了优化师生"生产"关系的思路。他们针对当前师生关系存在着的不足，从优化课堂心理环境入手，试着构建"三共"的师生关系，通过教师的"三个带进"和"五个转变"来培育学生爱学、会学和主动学等方面的能力。教师们在开展"以乐优教、教有研究"等行动研究和探索中，建立了"激趣、精讲、善导、探究"的课堂教学新模式。

　　记者：胡校长，松江区实验小学优化师生关系从优化课堂心理环境入手，就是通过调整师生的"生产"关系来更大程度地提高教学生产力。请问您认为的课堂心理环境包括哪些要素？

　　胡银弟：课堂心理环境是指在课堂教学中对师生心理产生实际影响的学习生活环境。主要指与课堂物质环境相对的软环境。课堂心理环境可以有积极、健康、生动活泼的心理环境，也有消极、冷漠、沉闷的心理环境。创造良好的课堂心理环境是进行课堂教学，提高教学质量的重要条件。

　　影响课堂心理环境的要素主要有：师生及学生之间的人际关系，课堂心理气氛，班集体的学习风气，教师的期望，教学内容、教学要求、教学方法，教学的"情"与"趣"和课堂学习的环境条件等。

　　记者：建立良好的师生关系是优化课堂心理环境的核心。贵校从构筑新型师生关系入手，可谓是抓住了问题的关键。请问您认为目前的师生关系存在着哪些方面的不足？

　　胡银弟：师生关系是教育领域的一个古老而又永恒的话题，也是学校人际关系中一对最基本的关系。

在今天的学校教育中,师生关系尚带有浓重的传统色彩,师道尊严等观念对师生关系依然产生着根深蒂固的影响。近几年来,已经有越来越多的人开始认识到,传统的师生关系是确立学生在教育中的主体地位的障碍,越来越认识到这种师生关系对培养创造性人才的不利影响,并思考和尝试建立一种新型的师生关系。

记者：您认为比较良好的师生关系包括哪些方面的内容？

胡银弟：我校构建了"思维共振、情感共鸣、个性共扬"为主要内容的"三共"师生关系。"三共"的具体内容：

一是思维共振。是指教师与学生在教学中从思维的目标、内容、方法到思维的结论,互启互促,合拍一致。在实践中,我们认识到,要真正使教师与学生的思维达到共振,关键在于师生之间互相信任,熟悉彼此的思维特点,在磨合的基础上达到默契。

二是情感共鸣。是指在一定的教学气氛或情境中,师生的情感通过互感、互动、互移,所达到的一种高度一致的状态。在实践中,我们总结出三点达到情感共鸣的方法:一是使学生学习成功,师生共同分享成功感的体验,达到一种成功感共鸣;二是把教学内容中所包含的情感,经由情感性教学,移情给学生,引起学生的情感反应,达到一种互移互动的情感效果;三是通过联想、对比等方法,引申、转化教学内容,赋知识以情感,使师生在学习、思维共振基础上,达到情感共鸣。

三是个性共扬。是指教师发挥自己的个性,遵循学生身心发展和教育教学规律,促进学生个性的丰富和发展。我们鼓励学生在学习中有独立见解,要求教师给学生方法,如"变一变""加一加""改一改""评一评""试一试"等,通过思维体操,让学生自主操练,兴趣与欲望得到满足。在知识的支撑下,创作的火花不断地闪现。

记者：优化师生关系,最重要的是在课堂上营造师生互爱、互动的课堂心理氛围,在实践过程中,松江实验小学具体要求是怎样的？

胡银弟：一是注重课堂教学中的"三个带进",营造良好的课堂教学氛围。

二是运用四个"学会",创设师生互动的教学空间。

"三个带进"是指把"激情"带进课堂,把"微笑"带进课堂,把"趣味"带进课堂。"三个带进"是为了激活课堂教学中诸多教育因素,营造一种适合学生主体性发展的情感氛围。

四个"学会",是指学会参与,学会合作,学会体验,学会选择。要求师生在良好的课堂心理氛围中,通过师生的互动,改善课堂教学效率,优质高效地完成教与学的目标。

记者:"三个带进"是对教师营造良好师生关系的具体要求,它包括哪些方面的内容?

胡银弟:把激情带进课堂,即教师要以饱满、高昂的激情和良好的心境上好每一堂课,以自己的激情去激励学生的情感。这就要求教师要:

善于控制情绪。教师必须有一个"自得其乐""自消烦恼"的良好心理基础。一方面不把自身的消极情绪带进课堂,另一方面对课堂上学生的偶发事件不动怒,能协调和控制自己的情绪,并在较短的时间内拿出较好的意见和方法作应变处理。

气氛要活跃。情意共鸣沟通,信息反馈及时。教学不仅是传授知识,也是师生情感交流的过程,活跃的课堂气氛才能使教学获得最佳效益。

语言要精练、科学,充满感情,具有感染性。通过语言文字的理解和运用,陶冶学生的情操,丰富学生的情感。

把微笑带进课堂,即教师要进行"微笑教学"。在教学过程中,一方面教师带着愉快的心理看待每一个学生,另一方面教师的一个笑容、一个眼神、一个动作、一句话、一种语调等又表达对学生的爱心和期望,让学生在轻松愉快的心境中增强理智感,提高学习主动性,发挥创造性。为此,我们要求把出自内心的微笑带进课堂,要用和蔼、慈祥的目光覆盖学生全体,让他们感到自己是被重视的、被关注的,从而缩短师生间的心理距离。

把趣味带进课堂,即在教学中教师要根据教材的内容、要挖掘趣味性,注意应用现代教育技术,使教学过程充满生机和情趣。

记者:营造师生互爱、互动的课堂心理氛围,侧重在学生方面有哪些要求?

附　录

胡银弟：创建班级文化，让学生体验乐学。一是创设丰富多彩，积极向上的班级环境。让学生从踏入班级的第一天起，就产生一种愉悦感，逐步形成认同感。这些环境因素潜移默化地影响着学生日常的思想行为。二是形成民主、和谐、相互理解的班级人际关系。班级中的人际关系不仅是知识交往的关系，而且是情感上的互动关系，对他人、对自己都能具有交流内在体验的勇气，并相互信任，建立心理层次上和谐的人际关系、积极主动地和创造性地进行学习的乐学氛围。三是实施乐学策略。学生在爱学中找到一定的规律和适合自己的学习方法与策略，逐步形成会学、主动地学、创造性地学和持续发展地学的能力。

记者：在优化课堂心理环境中，你们探索了从"五个改变"入手：一是改变教师的教学理念；二是改变教师每天都在进行着的、习以为常的教学行为；三是改变课堂教学模式；四是改变师生关系；五是改变学生的思维方式与学习方式。在具体的教学行为上，教师主要要做到哪些方面？

胡银弟：达到"四个要"：一要保证有充分的时间让学生在课堂教学过程中能动地活动；二要提供实践活动的空间，让学生主动参与学习过程；三要采取灵活多变的教学方法和手段（现代教育技术与学科教学整合）；四要精心设计培养学生实践与创新能力的载体与方法。

记者：在小学阶段的教育中，教师的主导作用比较突出，优化课堂心理环境中教师可以大有可为。除了对教师在专业上有要求外，培养教师良好的心理素质十分重要。你认为，教师良好心理素质的培养应该从哪几个方面入手？

胡银弟：要帮助教师培养良好的心理素质，我们是从以下三方面入手的。

一是引导教师正确地认识自我，愉悦地接纳自我。愉悦地接纳自己，牢固地树立"天生我才必有用"的信念，帮助教师找到自身发展的生长点，增强自信心，给自己确定适当的人生目标。有了目标，才会自觉地去修身养性，实现人格的提升；才会刻苦地钻研业务，努力做一个学生欢迎的好教师；才会乐意无私奉献。

二是帮助教师保持健康的心理状态，增强自我心理调节能力。课堂教学是一种教师与学生之间心智和情感交流的过程，教师在教学中的情绪状态，直接作为课堂心理气氛感染着学生，影响着学生的思维和情感方式，对学生的心理品质起着潜移默化的作用；同时，健康的心境和情绪能使教师准确地把握教学内容，实施教学计划，合理地把握课堂管理，并能有效地通过观察学生的学习情绪来调整自己的教学计划，优化课堂心理环境。

三是创设良好的心理环境，建立成功激励机制。创设良好的心理环境，关键要建立成功激励机制。首先，引导教师"常乐"。教师必须有一个"自得其乐""自消烦恼"的良好心理基础，遇事要乐观，学会调节自己的情绪。学校帮助教师排忧解难，扩大生活的圈子，培养兴趣爱好，创造"常乐"的条件和环境，如工作环境、生活条件、职称评定、激励机制等，多为教师着想，帮助教师减轻或摆脱人为制造的烦恼。其次，要求教师保持"平静"。我们倡导在日常教育教学生活中做到：喜不狂，忧不愁；胜不骄，败不馁；烦不躁，紧不急。以静待动，善于处理一切课内外事件，冷静解决学生中的一切不愉快的情况。最后，激励教师进取向上，在工作中获得成就感。教师只要从事业上不断地获得成就感，就能在心理上获得满足，并发现自己的价值，这样就能让教师更投入教学工作中，不断开拓自己的视野，学会辩证地看问题，学会自我调节，矫正不良心理，逐步完善自己的人格。

记者：前面谈的基本上都是对教师的要求，是外在的东西多。真正落实到具体的实践中，你们提出"以乐优教、教有研究"的教学行为实践，具体有哪些方面的内容？

胡银弟："以乐优教、教有研究"，包括创设乐教环境和提高乐教能力两个方面。

创设乐教环境方面，主要是开发和激活学校的人力资源，充分挖掘全体教职工的潜力，最大限度地发挥教职工的工作积极性和主动性。我们的主要做法是：(1)把每一个人调适到适当的位置。为了使每一位教职工都能找到适合自己的岗位，我们在岗位聘任方面推出了新举措。一是在中层管理机构的设置上作了重大的调整；二是每学期期末，学校让每位教职工填写一份"下学期岗位任职意向表"，按一、二、三意向填写，然后学校根据工作情况，尽量尊重教职工的选择,按意向先后进行岗位安排。(2)在管理上,学校主要领导着重于宏观的思考和决策,各处室人员从微观着手,着重于实施与服务。没有太多的压力和束缚,教师工作的主动性和创造性得到了充分的体现和释放。(3)为每一位教师和员工提供学习和发展的机会。

提高乐教能力方面,我们重点抓了教师适应需要的新的能力的激发和提高:(1)与学生形成对话和沟通关系。(2)教育科研能力,首先表现为对自己的教育实践和周围发生的教育现象的反思能力,善于从中发现问题,对日常工作保持一份敏感和探索的习惯,不断地改进自己的工作并形成理性的认识。(3)对新的教育问题、思想、方法等多方面具有探索和创造能力。(4)教师具有教育智慧,表现为教师具有敏锐感受、准确判断生成和变动过程中可能出现的新情况和新问题的能力;具有把握教材时机、转化教育矛盾和冲突的机智;具有根据对象实际和面临的情境及时做出决策和选择、调节教育行为的魄力;具有使学生积极投入学校生活,热爱学习和创造,愿意与他人进行心灵对话的魅力。

记者:教师"教有研究"落实在课堂教学中主要包括哪些方面的教学行为研究?

胡银弟:要改变学生的学习方式,落实新的学力观,让学生"学有探究",关键是改革课堂教学,探究性学习应该贯穿于整个教育教学过程,教师必须要"教有研究",不断地进行课堂教学再设计,优化教学过程。

首先,改革课堂教学要进行课堂教学再设计。强调"三个放"的要求,即教师应将精力放在教学研究上,放在钻研教材上,放在如何使学生成为学习的主体、培养学生学习能力上。一是改革传统的备课方式。根据教师的教龄、任教年级的年限及学科的不同,写教案的详略有所不同。强调书写有实效性的教案,重点放在学法指导上,放在学生理解掌握教材的基础上。加强课后小结和教研力度。二是开展"再设计"创新课的展示活动。根据"再设计"要求,把培养学生创新精神和创新能力贯穿于教学的各环节之中;要求提高课堂效率,使学生真正动起来、活起来,成为课堂的主人。三是根据学生知识掌握的不同程度及学生能力的不同水平,分层、分类留作业,改变了"一刀切"式的留作业方式,重点突出在课前准备、课中参与、课后探究,使学生乐学、善学、好学,有助于减轻学生的学习心理压力。

其次,优化教学过程。我们在优化教学过程,引导学生步入乐学境界的进程中强调三个"突出位置"。(1)把教师的教学引导作用放在影响教学活动中学生学习的突出位置上。(2)把学生的需要放在教师引导学生乐学着重考虑的突出位置上。(3)把教师教学的科学性与艺术性的统一放到突出位置上。

最后,开发校本课程。开发校本课程,弥补统一的国家课程和地方课程难以适应我校特点和学生个体特点的不足。我们着重从综合性跨学科课程、技能性兴趣课程、社会性实践课程三方面入手进行校本课程开发。

记者: 多年来你们重点抓好构建"学有探究、教有研究"课堂教学新模式,转变教师的课堂角色,改变课堂教学结构,改变课堂教学内容,改进课堂教学方法等,建立了"激趣、精讲、善导、探究"八字要求的课堂教学新模式。课堂教学新模式的具体内容是什么?

胡银弟: 我们提出了建立"激趣、精讲、善导、探究"八字要求的课堂教学新模式。

激趣。即激发感情、激起兴趣。首先,要求教师充满感情,满怀激情,善于搭架师生情感交流的桥梁;其次,要积极运用现代教育技术和手段,千方百计创设良好的教学情境,极大地激起学生求知兴趣。

精讲。要求教师课堂讲授扼要,突出重点,说明难点,把基本理论、基础知识和基本技能方法交给学生,讲得精确、精练、精彩,效果好,用时少,体现效率观念。

善导。要求教师面向全体学生,为学生服务,努力研究学生的学习心理、原有知识水平、接受能力,遵循教育规律,尊重学生个性特点,使自己的教学适应学生需要,让学生主动参与教学过程,参与探究和讨论,使学生学得主动、生动活泼,体现现代教育"教师为主导,学生为主体"的思想。

探究。这是"八字"要求的核心。课堂教学的目的是让学生掌握基础,发展能力,体验成功,培养创新精神。

附 录

　　从克服满堂灌到形成"八字"要求课堂教学模式,我们组织教师进行有效地实践,要求做到"上好每堂课、听听随堂课、开展评比课、争取公开课、推出展示课"。

　　在"八字"要求课堂教学新模式的构建中,我们还归纳了"六字教学法",即"顺""激""精""启""导""育"。

(本文摘自《60个校长的智慧谈话》,上海教育出版社,2004.5)

把问题变成课题

记者　崔益军

　　课间,胡银弟和学生们快乐地闲聊着,笑声不时从教室里传出,吸引着路过的学生们好奇地探头张望。胡银弟说:"课堂心理环境的营造非常重要,实验小学的老师们都知道三个'带进':把激情带进课堂,把微笑带进课堂,把趣味带进课堂。这是学校进行探究性学习研究的重要抓手。"

　　胡银弟还记得当初代表松江区实验小学提出"学科教学中探究性学习的研究"的课题时,有位参加评审的专家私下里说,这个选题好是好,但对于一所小学来说,太难了。胡银弟说"我们'实小'就是一所在课程教材改革中壮大的学校,我们不回避课改中的难点,而要把问题变成课题。"

　　胡银弟独辟蹊径,首先抓住对课堂心理环境的优化。要求教师在教学过程中,把信任的目光投向每一位学生,把尊重的话语送给每一位学生,把和蔼的微笑撒向每一位学生。胡银弟解释说:"我们力图建构'情知交融'的课堂教学新模式,激发学生的探究兴趣,形成良好的学习心态,使学生学习的主动性充分发挥,唤起创新意识。"

　　与教学设计的优化、教学内容的优化相比,课堂心理环境的优化似乎显得有点"虚",其效果似乎也难以评估,把这项内容作为首要工作合适吗？胡银弟认为:"心理环境的营造不只在于理念的推动,更强调具体的措施保障以及与现有教育教学手段、方式的整合。"

近二十年的校长生涯,从致力于农村薄弱学校的内涵发展,到深入"二期课改"进行探究性学习研究,胡银弟一直在挑最难走的路走。"把问题化为课题,然后持之以恒地去研究它,解决它。在这个过程中,我从来没有想过难或不难,因为,校长必须为学生的发展服务。"话语间,胡银弟的表情波澜不惊。

(本文摘自《百名校长风采》,上海画报出版社,2004.10)

为了托起明天的太阳
——松江区实验小学师生剪影

吴春荣

我一直想为松江区实验小学写篇文章。

既姓"实验",在上海市的一期和二期课程、教材改革工程实施中,学校当然被列为试点;而我,作为上海市中学语文教材(H)的专职编写人员,也与这所学校结下了不解之缘。而今,十多年过去,学校像一个沐浴在灿烂阳光下英姿勃发的青年。我走向她,走近她,从相识到相知,从相知到相爱。实不相瞒,每一次到学校,我情感的琴弦,总被强有力地拨动;每一次到学校,我总有新的发现,新的收获。我觉得我有责任让更多的人了解这名青年的情怀,了解她对未来的追求,以让更多的人爱她,进一步呵护、指导她成长。

一

> 即使是一种先进的科学的理念,如果不能深入到人们的心里,充其量也不过是句漂亮的口号。

我又一次站在了学校的艺术雕塑下。

每次来到实验小学,我都会在这座雕塑下逗留片刻,或伫立着凝视某个细节,或缓缓移动脚步边观赏边寻思。于造型艺术,我是门外汉,但我太喜欢这个作品了,风格简洁明快,线条温婉流畅,而其深刻而隽永的寓意,总透示着一种崇高、神圣的精神与责任。

雕塑约10米高,竖立在离校门十多米的一个触目位置,它的右面、后面、左面均为教学楼。

几名小朋友围拢来,看着我,其中的一名还叫了我一声"吴老师"。

"哦,小朋友,"我蹲了下来,抽掉他头发中的一片树叶,"你认识我?"

"您不是听过我们班的课?"

是的,是的,我观摩过你们班的课堂教学,我们应该早就认识,我怎么就忘了?"那么,小朋友,你能不能给我讲讲这雕塑,比如,它是什么?表示着什么?好吗?"

"这是底座,由红、黄、蓝三种颜色的图形组成。知道为什么是这三种颜色吗?"他直视着我。我知道,这是在学他的老师,在提问。

"这三种颜色是基本色。有了这三种基本的颜色,就可以调配出无数种漂亮的颜色。"一名小女孩代我作了回答,"它们作为底座,象征着千千万万的接班人都离不开基础教育。"

"谢谢你,"我面朝着她稚嫩的脸,显然,她刚才与提问的小朋友一起做了一场游戏,脸上红扑扑的,也冒着细细的汗珠。"你让我懂得了设计者的构思。"话一出口,我有点后悔,这"构思",她能听懂吗?

"在底座之上,是雕塑的主体部分。"小女孩拉着我的手让我站了起来,并向后退了几步,显然是为了让我看清雕塑的顶部。"老师您看,这是三只手,托着一个圆球,看到吗?"

"那么,这又表示什么意思呢?"这回轮到我问了。

"这三只手代表学校、社会、家庭。"

"圆球代表明天的太阳。"

"这象征着学校、社会、家庭三位一体,共同承担着培养我们下一代的责任。"

二

> 聪明才智是不同的认识在认知过程中撞击出来的思想火花。从这个意义上说,拒绝质疑就是拒绝创新与进步。

仿佛在课堂上,小朋友们纷纷表述着自己的理解。我不知道老师们是否给他们讲述过这雕塑,他们像读懂了一篇篇课文一样,显然也读懂了这雕塑。

我又一次被感动了。几个月前一堂课的情景,又一次浮现在我的眼前。

三年级的一堂试教课正在进行。

孩子们涨红着脸,纷纷举起小手,有几个孩子甚至站了起来,前倾着上半身,希望老师能让他发言。

试教的课文是《一颗希望的种子》,内容讲的是,"我"在爷爷的农场撒下了一些西瓜籽。第二天再去瓜地时,发现一个大西瓜正瞅着"我"笑。"我兴奋极了——我种出了世界上最大的西瓜!"直至稍大后才知道,这只西瓜是爷爷从家里搬去的。

我熟悉这篇文章。十多年前,小学教材组的同志让我读过这篇文章,后来因为有些不同意见,未曾入选教材。

课堂上的争论是由一个孩子的问题引发的。这个问题是:爷爷为什么要这样做——把西瓜搬到地里?

"撒种后的整个下午,因见不到西瓜长出来,'我'几乎要泄气了,爷爷这样做,是为了不让'我'泄气。"一个孩子很有把握地说。

"爷爷这样做,是为了让'我'坚信:既然播下了种子,就一定会有收获。"一个孩子补充说。

"可是,这明明是一种欺骗行为嘛!"有孩子提出了截然相反的意见。

"我也觉得这样的做法是不妥的。要知道,从播种到收获,有一个漫长的过程,还要付出许多艰辛的劳动,比如要浇水,要施肥,要除草。爷爷应该将这些告诉'我'。"

"课文最后有一句话说:这件事在一个孩子幼稚的心田里播下了希望的种子。我认为这才是爷爷这样做的意图。"一个孩子显然不同意上面两位同学的意见。

"说得好,"执教老师说,"你能把课文的这最后一句话朗读一下吗?"

他清楚而有感情地朗读起来,接着,老师让全班同学齐声朗读了一遍。老师显然也支持这样的理解。

"可是,可是——"因为激动,这个孩子有点气急。

"慢慢说,"执教老师亲切地说,"你坚持自己的意见,是吗?"

"课文中在写到播种后还写了爷爷的一句话:'接下来就是等待了。'接下来绝不是等待,而是管理。这管理比播种更重要,更费时。"

"课文中确实有漏洞。撒种那天下午,'我'不知道跑了多少趟瓜地,可直到傍晚,'连瓜苗的影子也没见着'。从这句话可知:'我'是懂得的,种子播下后,首先要长出瓜苗。而第二天他未见长出瓜苗却见到了一个大西瓜,他怎么就相信了呢?"

……

争论还在继续,我却情不自禁地联想了开去。我想到一位老师在执教《家》时,有学生提出:强调家应该有温馨的亲情,这是对的,可是仅有温馨和亲情就是家吗?一家人出去旅游,有温馨也有亲情,可那风景区能算是他们的家吗?我又想到一位老师执教《攀登世界第一高峰》,在讲读到一位叫刘连满的队员,为了让队友们攀上绝壁,让大家踩着他的双肩上去时,有学生问:"那么这位刘叔叔自己呢?他上去了没有?如果上去,他又是怎么上去的?"我们不是一直在强调学生要有创新意识,学生要自主学习?那么,怎么才能有创新意识?怎样才算是自主学习?松江区实验小学的这些课,也许给我们以启示,这就是首先要让学生学会质疑。质疑需要独立思考,质疑才能激发创新思维的火花,会质疑的学生无疑是学习的主人。不仅对同学的意见质疑,而且也可以对教师质疑,甚至对教材质疑,进而对社会上的各种现象、各种问题质疑。如果我们的学生具备了这种能力,那我们的教育将会出现怎样一种生机勃勃、生动活泼的局面啊!

三

铁匠师傅说,重锤锻打和反复淬火可以造就出精良的工具,但前提是,被锻打和淬火的必须是铁而不是泥。

孩子们离去了,我看了看表,快到了商定的时间了。我于是向三楼的办公室走去。

今天,我到实验小学来,是因为我与学校的几位老师有个约会。在市教委工作的我的一个朋友,希望我立马组织一篇教学新语文教材(试验本)的文章,文章要得很急,在校长的支持下,此刻,就是想听一下他们的意见。他们都很忙，我不知道他们能否在短时间内撰写出这篇文章。

说起来，他们还是我的徒弟，其中，有两名是校长分配给我的，算是名正言顺；另两位是我们私下认的，未经学校备案存档。不过是否备案，在我看来，并不重要。

松江区实验小学，有一支优秀的教师队伍。区教育局曾实施过一项名为"绿叶"的工程，这所学校有20名教师榜上有名，占了全区上榜的小学教师的四分之一。其中11名教师被评为教学能手，占了全区的16%；6名教师被评为学科带头人，占了全区的19%；2名教师被评为导师，占了全区的三分之二；一名教师被评为茸城名师，全区就这一名。按理，我应该总写这个群体，但很抱歉，这里只想写写其中的四位，即我的"徒弟"。是的，我有点儿偏心。我名为指导教师，但名不副实，由于种种原因，我其实很少与他们联系，更谈不上关心、指导他们。我决定用这点儿"偏心"来稍稍做些弥补。再说，相对于其他教师，我对他们毕竟更为熟悉一些。

首先要写的是赵小玲，她虽已步入中年，可孩子们的性格、朝气濡染着她，使她青春永驻。十多年前，我曾因有感于她的一堂课而写了一篇教学剪影，记得题目是《一篇散文，一首诗……》。文章见报后又收入一本散文随笔选。至今想起来，那课堂上的情景仍清晰如当时。听这样的课，不仅是孩子们，我们这些观摩的同志也很快融入其境。这十多年来，目睹不少优秀教师"跳槽"，我一直担心，担心她也突然离开教育岗位，因为这对她来说似乎并不是一件十分难的事。事实上，早就有这样的先例。个别干部利用自己的职权或影响，将自己的教育岗位上的家属调入机关或其他单位。可赵小玲坚守在小学教育的岗位上，长年累月地在平常又平常、琐碎又琐碎的工作中默默奉献出自己的青春，奉献着几乎是全部的爱。作为一名老教育工作者，我不仅感到欣慰，而且对她充满了敬意。

王萍曾多次参与我主编的书稿的撰写，她的认真态度与语言表达功底，给我留下了较深印象。但这里我不想写这些。我只想写一件事。去年，区里评聘首席教师，全区初评出候选人12名，她们的事迹及照片赫然上了《松江报》，王萍榜上有名。教师节那天，区政府领导公布了9人名单，王萍却不在其中。

为此，学校领导希望我关心一下，于是我找了她一次。我原以为她会因此而不高兴。没想到，她平静如常，把这事看得很淡。事后，我了解到，她一如既往，认真工作，认真教学，这使我有点感动。我一直认为，挫折，往往比鲜花与掌声更能考验人，锻炼人，对待挫折的态度，也更能显示一个人的情怀与思想境界。今年，学校及区教育局又推荐她申报中学高级教师。我知道，小学教师申报中高，与中学教师申报高级相比，要求更高，难度更大。她将又一次面临着考验。我相信，无论是哪种结果，她都会坦然处之，积极待之。

梁丽群原是西林小学的，西林与实验合并，她也就加入了实验小学的群体。几年前的一天，西林的领导让我去观摩她们的教学展示，我听了她的一堂课，并认识了她。事后我知道，她与岳阳小学的沈密连等，过从甚密，区教研室的资深教研员徐宁告诉我，她们生活得很洒脱，但对教学绝对投入，绝对负责，教学能力也绝对强。徐宁还特地说，这个小梁，很聪明，很有悟性。我也留意到了，她对课改的精神领悟得较深较透，教学中十分注重质疑。去年下半年，学校为了实践探究性学习作为一种学习方式进入课堂，决定开几堂试验课，其中的语文课由她执教。那天，我发现她表现得淡淡的，反而忙着招待我，似乎并不特意把上试验课当作一回事，我又听说，她甚至事前不愿试教。倒是我，替她捏了把汗。那天，除了区里小学界的同行，市里的许多专家、学者也观摩了她的课。课后，著名小学语文教育家袁瑢在发言中还特地点评了她的课，高度肯定了这堂课。直到此时，我才松了口气："这个小梁！"

相对以上几位教师，陶艳要年轻一些。作为实验小学第二梯队的优秀教师，她开始在区里崭露头角。一个月前，学校让她为区里的同行开一堂课，为此先在一个班级试教。那天，我也被邀前去。课后座谈时，学校的几位领导、赵小玲等纷纷评了她的课，评论之坦率、意见之尖锐，让我暗暗感到吃惊。我担心她一下子接受不了。可校长笑笑对我说没事。我不由得想到了年轻时在农村打铁铺里看到的师傅制作农具的情景，当时就听师傅说，只有用重锤锤打，农具才坚固耐用。我立刻想到，实验小学的领导，在培养青年教师时，用的也是重锤。陶艳可能也读出了我的担心，朝我看了看，用眼神告诉我她能承受，能正确对待。我于是又想到，一个青年教师如要迅速成长，很重要的一点，就是要听得进各种意见,尤其是批评意见,就是要经受得起重锤的锤打。据说,这次区里组织的中青年教师教学评比,陶艳名列第一,不愧是重锤锤打出来的。

四

有人说,将才无需精于厮杀拼搏,只要能够运筹帷幄就行。这无疑是时髦的妄言。一个不知道士兵是怎么作战的将领,怎么可能做出正确的决策从而决胜千里?

关于那篇我的朋友约写的教学新语文教材的文章,"徒弟"们一致认为:这篇文章,要有一定的分量,为此,需要搜集有关资料,需要好好反思,在这么仓促的情况下,恐怕难以完成,但文章一定要写,而且一定要写好。看,这就是我的"徒弟"们的态度与气魄。我想,也罢,写文章,主要是为了总结、提高,而急就章往往难以达到这样的目的。

我随即离开她们,向二楼的校长室走去。我得把商议的情况向领导汇报。

正好几位领导都在。

原本就是狭小的办公室,放了六张办公桌,逼仄的情况可想而知。每每来到这样的办公室,我总禁不住要感叹。我曾多次去过那些单人办公室,一个人占了偌大的一间且不说,单就那宽畅,那气魄,那浮华,也不由你不感叹。仅就这办公条件,搞教育的自然望尘莫及。松江区实验小学毕竟还是在本区堪称一流的学校,六位领导居然蜗居在一间斗室之中,两者相比,不说天壤之别,那差距也够悬殊的了。

两校合并后,校级班子领导增至7人。其中徐建新是党支部书记,钱祖兴是副书记;胡银弟是校长,徐岭、项小凤、朱金高分别是副校长;工会主席是唐连青。如果说,整所学校是一个团队,那么,这里就是这个团体的心脏,是指挥室。

在我的印象中,党政班子相当团结。不是说工作中没有不同意见,即使是一个人,有时候思想上也有矛盾。但他们总是在民主的气氛中讨论、争议,统一认识。一旦形成决策,大家的步调绝对是一致的。班子成员之间,彼此尊重,和谐相处。我曾经参加过他们的一次简单的聚餐。两位副校长,各自站了起来,举着酒杯,找到一个共同点,就碰一次杯,喝上一大口。结果,一下子找出了七八个共同点。比如,都是女性,个子一样高,年龄相仿,都从事文科教学等。我还惊奇地发现,竟都能喝酒,刚才还是满满一杯,竟喝了个杯底朝天。我问,你们喝的什么酒?答曰:竹叶青。我分别拿过酒杯一闻,原来都是绿茶。又是一个共同点,于是再碰杯,只可惜已经没有了"竹叶青"。这个在不经意间被我发现的细节,也许可以看作是一种象征。是的,班子在领导这所学校的过程中,在对孩子进行基础教育的过程中,成员之间的共同点实在是太多了。

胡银弟是行政班子的班长,个子不高,年龄也不算大,但在我看来,有着宽广的胸怀。企业中有一句广为流传的名言,顾客是上帝。但美国的一位学者型企业家认为:企业员工才是他心中的上帝,因为只有有了第一流的员工,才能有第一流的服务。胡校长的心中,正是装着学校156名教职员工,他们是他心中的上帝。一次跟我说起学校的教师,他简直如数家珍。作为一校之长,这是一种不应缺少的理念,即要把本校的教师视作珍宝,因为只有珍爱自己的教师,充分信任他们,才能赢得广大教师的尊敬与信任,才能调动起他们的主动性、积极性。他还抓住各种机会,关心教师,为提高教师的社会地位、福利待遇奔走呼吁。为办好学校,顺利实施课改,他又努力取得教育行政部门及社会各界的支持。他觉得这是他的责任。不这样做,或做得不好,是他的失职。

胡银弟还是一位学者型的校长,他早先研究课堂心理环境对学生成长的作用,在松江,甚至在整个上海,这是一项较为前沿的研究,根据这一研究而撰写的专著《优化课堂心理环境的实践与研究》,后由中国文史出版社出版。上海市的"二期课改"开始实施时,他着手研究探究性学习,决心将探究性学习作为一种学习方式进课堂,为此,他发动全校各科教师全面实践、摸索、反思、小结,终于取得阶段性成果。由他主编的、反映这一成果的《教育教学案例选》一书已经正式出版,另一本《课堂教学新探》将在本月出版。实践推进了科研,科研又指导着实践。来过实验小学的同志,都感受到了学校有着强有力的发展后劲,这后劲,就得益于科研。

离开实验小学的时候,我又在那座雕塑前放慢了脚步,那三只分别代表学校、社会、家庭的大手,是那样至诚、有力地共同托起了明天的太阳。我想,作为教育孩子们的主阵地,学校更应该是一只有力的大手。

谨向实验小学的老师和所有工作在这块主阵地上的教育工作者致以崇高的敬意。

(本文摘自《吴春荣文稿》第五卷,上海教育出版社,2012.7)

"三乐"教育理念的忠实执行者
——记实验小学校长胡银弟

记者 王裔君

第一次见到他,是在他西林校区的办公室。他的办公室与记者想象中的不同:一间10余平方米的屋子,两张普通的办公桌,一张小小的沙发,陈设简单得有些简陋。

与他交谈,三句不离"教师"两字,似乎教师是他的一切,而他关心教师的方式却又有些与众不同。随着谈话的深入,他的务实和睿智给记者留下了深刻的印象。他,正是实验小学校长胡银弟。

新官上任"泡"教室

2001年,胡银弟担任了实验小学的第四任校长。新官上任,他的三把"火"烧得有点与众不同:研究教师、研究学生、研究家长。

实验小学从建校伊始就确立了乐学、乐教、乐管的"三乐"教育理念。许多教师顾虑新校长到任会不会一切推倒重来,给大家增加新的"负担"。"实验小学有很好的传统,我要做的就是继承和深化'三乐'教育的内涵。"胡银弟给出了这样的答案。到任后,他便一头钻进了课堂,听教师讲课,观察学生上课,与教师、学生、家长个别访谈。面对许多教师"这个校长怎么不跑外面,专进教室"的议论,他依旧乐此不疲。他的"研究"结论是:乐学是立足点,乐教是关键。他随后推出了评比奖励优秀教师等一系列措施并取得实效。广大教师渐渐认可了这位新校长的"与众不同",教学工作很快有了新的起色和飞跃。

推出教学"五步曲"

把教师、学生和家长研究一番后,胡银弟脑海里就一直在想:要质量立校、特色亮校,就一定要走科研兴校的道路,要以课题为引领,改变教师的教学行为,从而改变学生的学习。于是,他的重点又回到了课堂,回到了教师身上。不久,"设计一种学习方式→挖掘整理可探究内容→设计教学方案→进行一次教学实践→撰写教学案例"的教学"五步曲"应运而生。针对新教师、中年教师和老教师的不同特点,他提出了不同的教案要求。一年后,胡银弟专门请来教育界专家对教师写的教学案例进行点评,让教师修改后再点评,并推荐五十多个好的教学案例收入《教育教学案例选》一书。

对教师"爱"法不一

上任以来,胡银弟都是在用心关心和关爱着教师们。更值得称道的是,对不同的教师,他的关爱也不一样。

对骨干教师,他一一访谈,为其设定新的目标,寻找新的发展空间。在他的鼓励和影响下,自2004年以后,实验小学每年至少有1—2名教师晋升高级职称。对青年教师,不论家是在东北,还是在西部地区,他都会做到一一家访,让青年教师的家乡父老都知道孩子的工作情况和工作成就。校长的真诚和实在让青年教师们有了一股无形的力量。对身体欠佳的老教师,他实行的是"退岗休养"的政策,让他们保重身体,健康第一。对有困惑和迷惘的教师,他在为其承担责任和压力的同时,更会面授"技艺",教会他们处理问题的方式,让他们重拾信心。

许多教师都有这样的同感:在实验小学,教师备受关心和爱护。

(本文摘自《松江报》,2007.11.5)

乐学教育研究 追求完善

胡银弟校长于2001年2月任实验小学校长。当他接任校长时,实验小学已是名满茸城的地方名校。学校一创办,就实施"三乐"教育(乐学、乐教、乐管)。经过近十年的实践与研究,取得了成效。但纵观以往的研究,还存在问题,特别是对乐学的研究甚少。于是,胡校长在不断的思考,为求证"三乐"教育寻找理论依据——

乐学,是指学生的一种积极、主动、从而导向自我愿望的实现的学习情绪。有了乐学,才能逐步会学,会学才能把学习变成自己的需要,从而锻炼终身学习的意识和能力,终身受益。奠基,就是在小学阶段打下乐学的根基,为终身学习奠定基础,营造乐学效应。胡校长认为,"为学生乐学奠基"的理论依据,主要有四点。

一是马克思主义辩证唯物主义观点。作为教育者必须善于激发学生的学习兴趣,引起学生内部学习动机,调动学生的主观能动性,把教育的要求转化为学生自觉的需求。

二是学生是学习主体的理论。在教学活动中,应该使学生处于一种最佳的学习状态,使学习者成为学习的主人。

三是心理学中的情感理论。心理学研究成果表明,人的心理活动有认知操作系统和动力调节系统,而动力调节系统的一个重要因素是情感。发挥情感功能的积极作用,动力功能、调节功能、保健功能。学生在学习中的积极主动要依赖于内在动力。在此,能否激发学生的情感,唤起内驱力,决定学生是否乐学。

四是生理学基础。心理保持愉快状态,脑垂体就会使分泌系统积极活动。而由于它的积极活动,整个神经系统的兴奋水平就会提高,在脑皮层就容易形成优势兴奋中心,使人思维敏捷,学习活动效率高。

(本文摘自《文汇报》,2008.3.12)

名师风采展示

第五届上海教育博览会于 2008 年 4 月 25 日至 27 日在上海展览中心举行。本届上海教育博览会由上海市教育委员会主办,特邀江苏省教育厅、浙江省教育厅联合主办,由上海教育报刊总社承办。

本届上海教育博览会于 2008 年 4 月 25 日上午 9:30 举行隆重开幕式,上海市人民政府副市长沈晓明等领导参加开幕仪式。第五届上海教育博览会的主题是:和谐城市、和谐教育。

随着人民群众接受教育需求的日益增长,教育已成为人民群众最关心、最

附 录

直接、最现实的利益问题之一。本届教育博览会充分彰显了上海教育发展和上海城市发展的良性互动,全面展示了上海教育在推动社会经济进步,促进人的全面发展、增强社会公平与构建和谐社会等方面所作的贡献和成果。

本届博览会共设 11 个展区。如义务教育展示区、长三角教育成果展示区、学前教育展示区、职业教育展示区、高等教育展示区、终身教育展示区等,所展示的教育内容十分丰富,基本形成人生教育的全程覆盖,尤其是新增的展示上海教育整体成果的序馆区和展示基础教育名师名家风采的名师风采展示区,彰显了上海教育发展和资源建设的特色。

由 100 位名师大幅照片和简介组成的基础教育名师名家风采展示区,成为教育与市民直接面对面的咨询交流平台。胡银弟校长作为 100 位名师之一,作为松江教育界代表进行名师风采展示。胡银弟校长以"名师会客室"进行咨询与专题讲座,主题为:家长的教育心理与孩子的学习心理。针对当今"在父母给孩子提供了越来越丰富的物质条件,而孩子们快乐时分却越来越少"这一问题,进行讲座与咨询。他认为,家长要学会倾听、善于沟通,走进孩子的内心,寻求孩子的认同,善待孩子的谎言、恰当表达家长的爱,让孩子敞开心扉,把爱变成一股暖流注入孩子心田,让成长的快乐永久,让生命的光彩永久!

本届教育博览会作为一项公益性和综合性的展会,努力打造为展示国内教育成果的"窗口",开展全方位教育咨询服务的"平台",并成为区域间、国际间各级各类教育合作的"通道"。

(本文为作者参加第五届上海教育博览会的"事迹介绍"解说词)

一位"尚文善化"的特级校长

功勋通讯员 陈建强

胡杨的精神:挑最难的路走

听胡校长介绍学校工作经验时,有时会有"理性充足、感性不够"的错觉。他常会沉思后对你说,什么是"和谐沟通、活力课堂";为什么要研究"新课改背景下教师积极情绪的调适";"校长的角色定位"就是"实践、思考,提升学校课程领导力";如何在课程统整中"做实年段,做强学科"……他很少介绍具体的做法、生动的"小故事",很少描述一个个"教育画面",却着力编织一张"思索的网络"。

其实,松江实验小学的教育故事可谓丰富多彩。胡校长本人则是一位崇尚文化,并善于以文化人、以文化事、以文化物的高手。松江实验小学有着深厚的少先队组织文化传承,至今一直光大着"自主队日"活动、"少代会"民主程序、五光十色的主题队会等传统。"雏鹰争章""手拉手""志愿者"等活动更是新进展、新亮点频出。他们还形成了少先队"校本课程"系列及独特的班队活动辅导个性风格……但是,对于胡校长而言,要了解并坚持衡量少先队教育水平的"层级"标准:从组织起来,活动起来,到活跃起来,研究起来……因此,他始终将目光放在"研究起来"的高层次上。

多年来,胡校长一直对生长在沙漠里唯一的落叶乔木——胡杨树情有独钟。胡杨树既耐寒又耐热,既耐旱又耐涝,既耐盐碱又抗风沙,有着极强的生命力。"胡杨生而千年不死,死而千年不倒,倒而千年不烂",它靠的是"精神"。他以胡杨树精神勉励自己,并告诫同事们:从事教育工作就要像胡杨树那样,铮铮铁骨,不屈不挠,迎着困难上,挑最难的路走。在他看来,办好实验小学就应该"高屋建瓴",以科研文化、教研(学研)文化的理性思维来统领全局。

近十年来,胡校长撰写或主编的理论专著一本连着一本,每一部著作都是他带领全体教师合作钻研的科研成果:《优化课堂心理环境的实践与研究》《三理整合、和谐发展》《优质学校创建的实践探索》《探究性学习指导策略及其心理支持》《在课程统整中创建"三乐"文化》……已有16册之多。他还发表了百余篇论文与经验介绍。面对如此丰富的教育研究成果,教师们都清楚:这是实验小学锐意改革、潜心科研的丰收果实,也是胡校长持之以恒地"挑最难的路走——把问题变为课题、把理论变为实践、把规划变为文化"的决策与不懈努力的必然结果。

白银的品格:捧出真诚微笑

沉默是金,微笑是银。胡校长的脸上总是挂着浅浅的、真诚的微笑,这微笑成了他标志性的形象。透过这打动人心的微笑以及一串串实例,人们可以看到他对于"白银品质"的追求:"白银,其塑性良好,仅次于金;其化学稳定性好,常温下不氧化;其性又最活泼,熔于其他金属,能以任何比例与金、铜、锌等结合为合金,其导热导电性好,其延展性和抛光性极强,其反光性无与伦比……"

的确,胡校长善于导热、导电,善于延展、"反光",也长于合作结为"合金"。《松江报》报道胡校长的"为人"与"品行"时这样写道:"他真诚地关心和关爱着教师们。更值得称道的是,对不同的教师,他的关爱也不一样。对骨干教师,他一一访谈,为其设定新的目标,寻找新的发展空间;对青年教师,不论其家乡是东北,还是在西部地区,他都会做到一一家访,让外地来沪的青年教师的家乡父老,都知道孩子的工作情况与工作成就。校长的真诚和实在让青年教师们有了一股无形的力量。对身体欠佳的老教师,他实行的是'退岗休养'措施。让老同志'健康第一、保重身体'。对有困惑或迷惘的教师,他在为他们承担责任和压力的同时,更会面授'技艺',教会他们处理问题的方式,让他们重拾信心。许多老师有这样的同感,在实验小学,教师备受关心和爱护。"

自2004年开始,胡银弟校长又将"真诚的关爱"提升至"教师积极心理的调适"与"教师健康心理的培养"上。他注重"建立积极情绪背景基础"的营造,为使教师善教、乐教,他"把每一个人调适到适合的位子""信任每一个人,放手让大家做""为每一个人提供学习和发展的机会",从而"形成情绪转变的内动力"。同时,他还注重"引导教师愉悦地接纳自我""保持健康心态,增强心理调节能力",并为教师们"创设良好心理氛围,建立成功激励机制"……

弟窑的风景:在平凡中升华

弟窑并不因"哥窑"的崛起而失去自我,它依然坚守自己的品质,永葆釉色青莹,纯粹不暇,赛比美玉;弟窑也不因"哥窑"的异彩而忘却本色,它仍然以无纹者为贵,将翠青色、豆绿色、梅子青"炼"到极致,与"哥窑"的冰裂纹相映成趣。胡校长赞赏弟窑的风采,并要求自己在办学兴教过程中,绝不追求轰动效应,唯愿在平凡中升华。

在实验小学的10年中,他科研兴校,锲而不舍,坚持"思想力是校长的立身之本","务实创新是思维之树常青的源头活水"。他好学善思,学以致用,以敏锐的眼光捕捉新理念,以新理念指导实践,以务实的作风引领全体师生推进学校发展,将新课程理念落实到课堂。

为营造"课堂积极心理环境",他与教师们做到了三个"带进":把激情带进课堂,把微笑带进课堂,把趣味带进课堂。他们从优化课堂心理环境着手,积极构建"情知交融"的课堂教学新模式,并做到三个"把":把信任的目光投向每一个学生,把尊重的话语送给每一位学生,把和蔼的微笑撒向每一位学生。他与教师们捧出真诚的爱,不断优化师生关系,努力做到"三共":思维共振,彼此熟悉,思维互动,在磨合中达到默契;情感共鸣,师生分享成功的共鸣,情感互动的移情性共鸣;个性共扬,以个性化教学带动个性化学习,师生在思维体操、自主操练中完善个性。

在实验小学的10年中,他注重自身修养,用文化提升学校品质;他打造名师教工团队,促进学校内涵建设;他创新管理模式,构建现代学校制度。作为上海市特级校长,他先后带教了二十多位年轻校长,一百多位教师,与12所小学结对,三十余次送教下乡。如今,他正着手开展市级科研课题"在课程统整中创建'三乐'学校文化的实践研究"。暑假前,他在对全校教师讲"如何在课程统整中'做实年段、做强学科'"时说:"实"与"活"是实验小学的教学思想和价值追求。所谓"实",即教学目标落到实处;所谓"活",即目中有"生",顺学而导。"实",要实在基础,"务实课堂";"活",要"活在生成",用活资源、激活方法、盘活评价。他相信:成功往往属于思想者,属于平凡的好人。

(本文摘自《辅导员》,2009年第9期)

"三乐"文化成就师生共同快乐成长

记者 陶小青

师生快乐、幸福地共同成长,是新时期教育发展的真谛,诞生于1990年的上海市松江区实验小学就一直在朝这个目标努力,成立之初,学校就实施了"三乐"教育(乐学、乐教、乐管)。经过十多年的实践与研究,学校取得了良好的教育效果。而近十年来,在胡银弟校长和全体教师的共同努力下,"三乐"教育发展到"三乐"文化。

"三乐"文化是一种相互渗透和相互融合的"以乐化人"的学校文化。乐学是目的,乐教是手段。在"三乐"文化中,学始终是第一性的,占主体地位的;教是第二性的,居于主导地位;乐管的本质是促进师生共同发展。

乐学:以乐促学,学有探究

松江区实验小学近二十年的"三乐"教育,围绕"为学生乐学奠基"这一核心价值观,创建"三乐"学校文化。乐学是指学生的一种积极、主动,从而导向自我愿望实现的学习情绪。乐学,不是用强制手段刺激学生学习,而是尽可能地去唤起学生对学习的兴趣。有了乐学,才能逐步会学;会学才能把学习变成自己的需要,从而锻炼终身学习的意识和能力,终身受益。奠基,就是在小学阶段打下乐学的根基,为终身学习奠定基础,取得乐学效应。如今学校已从实践中提炼出四大乐学策略。

一是以情乐学,师生情感共鸣。如语文学科的"情感教学法",以"情"为中轴组织语文教学全过程,培养学生积极情感。教师自身的情感直接影响学生情感的发展。课文中作者的语言、作者的情感也是以教师的情感为中介作用于学生的。

二是以趣乐学,激发内在潜力。在新教材实施过程中,许多教师打破条条框框,以激情增趣为主,培养学生的学习能力。教师们改变了"一刀切"式的布置作业,根据学生知识掌握的不同程度及学习能力的不同水平进行分层、分类,改传统的纸笔作业为讲故事、画图画、剪报、表演等活动性、实践性作业。

三是以美乐学,陶冶高尚情操。这里一方面指优化学校校园文化环境、校园信息环境和校园心理环境。另一方面也包括塑造美的教师课堂形象,学校积极倡导教师把激情带进课堂,把微笑带进课堂,把趣味带进课堂,真正做到以积极向上的心态步入课堂;以积极乐观的情绪创造良好的课堂氛围;用饱含情感的语言,让学生乘着"乐学、爱学"之舟,愉快地航行在知识的海洋里。

四是以创乐学,培养实践能力。学校围绕上海"二期课改""以学生发展为本"为出发点,实施学科教学中探究性学习的研究,在探究性课堂教学中实施创新教育,培养学生的主体人格,让学生"想创新、敢创新、爱创新"。

多年来,学校还研究探索把"发展性心理辅导"融入学校教育教学活动之中,努力创设发展性心理辅导所要求的物质环境、人际环境、心理环境。把心理健康教育作为生命教育的有效切入口,旨在健全人格、开发潜能,实现学生身心和谐、全面发展,取得了良好效果。

学校积极倡导班主任学习教育心理理论知识,提高自身心理素质,重视心理辅导工作对学生发展的重要意义。多年来,班主任积极探索心育班会,改变了以往工作的方式,逐渐渗透心理辅导内容,以学生关心的心理问题为主题,互相探讨。积极推进"三理整合、和谐发展"校本德育课程实施,每个年级的班主任在全校上研讨、示范课。

乐教:以乐善教,教有研究

在乐学教育中,学始终是第一性的,占主体地位的,教是第二性的,居于主导地位;双重建构充分地考虑到了教和学、目的和手段的相互关系,并赋予"乐教"概念以广义,它不仅要传授知识、发展能力和形成基本技能技巧,而且要影响儿童个性,促进儿童的整体发展。

为此,在新课改的背景下,教师们不断对教学模式进行探索。具体如,在语文的课堂教学中,有单元统整的长文短教;英语教学有短文再构;数学中有关注思维训练等。具体的教学过程中,语文课中有导学式教学模式(明确学习目标——教给学习方法——指导学生自学——引导讨论质疑——师生解疑反馈);数学课上有"引——探——练"的教学模式等。学校的所有课堂教学都体现了"激趣、精讲、善导、引思"及"探究——创新"教学模式。

在"乐教"的研究过程中,学校具体实施"五字"教学模式。"五字"是指"引、学、导、练、悟"。"引、学、导、练、悟"课堂教学模式研究是为探求在乐学与促进学生心理发展过程中,坚持以学生发展为本,并通过课堂教学各要素之间关系的调整与重组使学生学会读书、学会质疑、学会交流、学会创新。

"引"是创设情境、引趣激情。"引",主要是指在和谐的师生关系基础上,教师利用各种教学手段,通过各种教学方法,创设良好的学习情境,激发学生的学习兴趣,诱发出探求知识的欲望,从而使学生能愉快、积极地学习。"学"是乐于学习,求取知识,主要是指在教师给出的学练提纲的指引下,学生运用学习符号,对课本内容进行圈、点、勾、划、批、注等,是学生自己读懂课文获取知识的过程。"导"是分类指导,协调发展。"练"是主动练习,形成技能。"悟"是启迪思维,感悟创新。"引、学、导、练、悟"是相互渗透不可分割的一个整体,具有完整性、相容性,可以汲取各种教学方法的长处,为我所用,同时也具有可操作性。在整个教学过程中,教师们要充分发挥引、导的主导性,引导得法不越位;学生们要充分发挥学、练的主体性,学、练到位有成效,使师生教与学各得其所,各司其职,相得益彰。

在乐教中,松江区实验小学最大的一个抓手是让教师全员参与课题研究,让教师在课题研究中不断提升专业能力。如学校于2001年设计了课题"小学学科教学中探究性学习的实践研究"。该课题2002年被批准为上海市市级课题。通过课题研究,学校推进课程改革,最终将新课程理念落实到课堂,使课程建设、课题研究、课堂教学改革"三课联动",同步发展,相互促进,形成联动效应。2008年,学校又确立了"在课程统整中创建'三乐'学校文化的实践研究"课题。此课题被立项为上海市规划课题。这项课题研究旨在以课程统整为抓手,探索"三乐"学校文化建设。

乐管:以乐优管,管有创新

学校管理的最高境界是文化管理,这是一个学校管理的理想追求。学校文化管理必须以人为本,高扬以人为本的旗帜,彰显人的尊严和价值。学校管理的核心工作,就是帮助每位教师得到发展,重视"教师发展自觉"的价值和作用,从而落实促进每位学生得到发展这一教育宗旨。教师队伍建设是实践管理中的关键环节,打造一支名优教师团队是学校办学特色的体现。

首先是在校本研修中,加强教师梯队建设,具体是对教师进行"三格"培养。教师从职初教师到骨干教师有其成长规律和成长途径。学校根据教师不同资历、学历、驾驭教育教学的能力和教师的内在需求,分层培养、分类指导,即新教师的"入格培养"、青年教师的"上格培养"、骨干教师的"风格培养",简称为"三格"培养,旨在培养"风格型教师"。其次是开展"青年教师工作坊"活动。心理学研究表明,群体的共同目标越明确,人们从事学习、研究和工作的积极性、主动性就越高,相互协作的精神也就越好。在"青年教师工作坊"活动中,有一个重要项目就是胡银弟校长与新教师第一次座谈,以"成功与快乐"为主题,就目标的设定、职业生涯设计、自我价值的实现进行漫谈。

再就是建立"名师工作室"。2004年11月学校成立"名师工作室",培育名师,让名师成为学校的中坚力量。五年来,学校通过树样子、引路子、搭台子、压担子等多种途径,扎扎实实、坚持不懈地开展培养活动。一是榜样示范、名师引路。通过名师工作室举办的"聆听、实践、感悟——我与名师面对面"等一系列活动,了解身边榜样的成长历程,学习名师、走近名师,在教师群体中形成一种无形的动力。二是能者为师、链锁带教。以课堂教学为主要研究领域,以开发教师差异资源为基本方法,分层分类形成教师间的带教网络。三是个别指导,以点带面。尤其关注处于发展高原期的中年教师,运用"教师二次成长论"进行个性化指点,明其方向燃其激情,并为这些教师创设"自我发展规划"大会交流的机会,自加压力,跨越高原期,超越自我,感染同伴。此外,学校还开展了一系列主题活动:如"我的讲台我的爱""我的学生我关爱""我的课堂我精彩"等,激发教师的上进意识,推动教师的专业发展。目前,学校有特级教师1人;中学高级教师7人;区学科名师、德育名师9人。

(本文摘自《上海教育》,2010.11)

从"三乐"教育到"三乐"文化
——"实小人"喜品实验小学20年发展硕果

记者 王裔君

"乐学、乐教、乐管",是实验小学创办初期就定下的"基调"。追求快乐,成了每一个"实小人"与生俱来的天性。

战略的实施需要过程。也许可以这么说,起初,"三乐"教育仅仅是实验小学管理层的美好愿望,大多数"实小人"是在接受"被灌输"。5年,10年,

20年……建校20年来,实验小学坚持走的是"实验路",是别人没有走过的路。

如今,在一代又一代"实小人"的精心培育下,实验小学的"快乐之苗"正茁壮成长。从追求快乐到享受快乐,"三乐"教育俨然已内化成为"三乐"文化。

乐学:我们得到的很多

"在实验小学,我们就是觉得我们比其他同龄人学到得多。"这是当被问及在实小上学感觉自己最大的不同是什么时,许多学生普遍性的回答。而之所以能得到更多,是因为实小学生乐于学习。

以情乐学、以趣乐学、以美乐学、以创乐学。为了让学生养成积极、主动的学习情绪,实小抬出了"情""趣""美""创"四大法宝,即教师激情、课堂趣味、美化环境和创新实践。在教学中,每一位实小教师都只有一个目标:教给学生学习的方法和策略,使学生逐步掌握正确的思维方法、学习方法,使学生真正成为学习的主人。

五年级学生费子琦告诉记者,尽管说不出是什么道理,但她和同学们都明显觉得自己就是比其他学校的学生学得多,学得轻松。同样五年级的黄启暄小朋友对自己的学习状态则是这样归纳的——在学中玩,在玩中学。

原来,在学习方法的指导中,实小的教师们既做示范,又采取与学生一起学习的方法,给学生以引导。并在教学的各个环节不断要求和指导学生,尝试运用各种方法,使学生很快地把方法转化为自己的能力。许多实小教师打破了条条框框,改变了"一刀切"式的作业布置法,而是根据学生掌握的不同程度及学习能力的不同进行分层、分类,改传统的纸笔作业为讲故事、画图画、剪报、表演等活动性、实践性作业。有的教师鼓励学生积极参与课堂教学,课前有目的地查阅资料、制作卡片、撰写观察日记,课中展示自己的资料、发表自己的观点并平等讨论,课后带着问题继续观察、广泛阅读。有的低年级教师为学生出版充满童趣的"班级作文集",使学生饱尝成功的喜悦。

费子琦和黄启暄都说,正是因为在实验小学时不时就有新鲜的惊喜和成功的喜悦等着他们,所以绝大多数学生都学得特别快乐。

乐教:我们成长得更快

教学,教学,学理所当然应该是第一位的,占主体地位的。而教与学必是相辅相成的,要学生乐于学,当然缺不了教师乐于教。如何要教师乐于教？以乐善教,让教师在快乐中教有所成。这一点,实小人又做到了,而且做得很好。他们把最大、最好的发展舞台留给了每一个教师,尤其是年轻教师。

有好教师,才会有好学校。"只需短短两三年,就可让新进的年轻教师脱颖而出,成为实验小学教学力量的'生力军'。"实验小学绝对有这样的"超能力"。在"2009年松江区中青年教师课堂教学评比"(4年一届,被誉为"松江教坛奥斯卡")中,实小有4名教师捧回了标志着课堂教学最高荣誉的奖杯。其中,有3人是教龄5年以下的年轻教师,教龄只有3年的英语教师李依依更是勇夺一等奖殊荣。

"到实验小学工作是幸运的。"出道仅4年的李依依感慨万千。回忆起自己的成长历程,李依依无法忘记自己上的第一堂"督导检查课"。三年前,李依依还是一位教龄刚满1年的新教师,一股无法掩饰的稚嫩还挂在脸上。恰逢市教委教研室英语教研员到松江督导检查,在松江选了3所学校听课。"让我怎么也没想到的是,学校竟然让我上那一堂督导课"。李依依说,在刚接下任务的时候,她特没自信,而且准备时间也只有短短的两个星期。还好,学校英语教研组的所有老师没把她"撇下",而是一起帮她备课、磨课、试教。在短短的几天时间里,一份教案被修改了五六稿,试教了三四次。在众多老师的帮助下,李依依成功了。至今,她一直珍藏着那份属于"集体所有"的教案。

从无比紧张、不知所措,到淡定从容、张弛有度,实小的"敢于放手"和"全力支持",正悄悄改变着一个又一个年轻教师的人生轨迹。

更值得一提的是,培养年轻教师,实小已然自成一体——青年教师工作坊。实小青年教师工作坊自2006年底挂牌成立以来,经过近4年的精心运作,已经不折不扣地成为青年教师的"聚宝盆"。

乐管:我们驾驶得更远

如今,实验小学在群众心目中已经树立起了这样的形象:全面发展,负担不重,后劲较足。显然,在各方高谈阔论如何减负增效的今天,实验小学这艘大船已经先行一步,率先垂范。

高效运作,必须高效管理。已"掌舵"实验小学整整10年的特级校长胡银弟有着独到的管理"心经":以乐优管,管有创新,让教师在人性化管理中真正得到发展。

"学校管理的核心工作,就是帮助每位教师得到发展,重视'教师发展自觉'的价值和作用,从而落实促进每位学生得到发展这一教育宗旨。"胡校长说,其实他的管理之道很简单,就是鼓励学生自主学习的同时,激励教师自觉发展。

实小根据教师不同资历、学历、驾驭教育教学的能力和教师的内在需求,分层培养、分类指导,形成了新教师的"入格"培养、青年教师的"上格"培养和骨干教师的"风格"培养的"三格"培养体系,旨在培养"风格型教师"。在此基础上,实小通过青年教师工作坊、名师工作室等平台,通过树样子、引路子、搭台子、压担子等多种途径,扎扎实实、坚持不懈地开展教师培养活动。

"我们坚持通过心理辅导让教师拥有良好的工作状态和能力。"胡银弟介绍说,实小非常注重引导教师正确地认识自我,愉快地接纳自我,创造环境,引导教师保持"常乐""平静"和进取向上的心态。总体说来,在为学生减负增效的同时让教师同享成功的喜悦这项核心工作上,实小是卓有成效的。

1987年参加工作的实小唯一一名数学高级教师冯丽萍告诉记者,她刚调进实验小学工作的时候,就发现实小首创性地推行着"推门课"制度,即校领导随时随地会推门而入进课堂听任课教师尤其是年轻教师的课。"虽然校领导不会天天进课堂,但谁知道什么时候进,这就逼着自己每一堂课都要尽量上得最好。"冯老师甚至笑称自己的高级职称是实小"逼"出来的,但她很享受、很珍惜这份被"逼"出来的荣誉。直到今天,许多实小教师已经和她一样,将"全力做到最好"当成自己的一种习惯。

乐家:我们跟着一起乐

当实验小学定下"乐学、乐教、乐管"的办学特色时,或许"实小人"并没有仔细想过,他们的"三乐"还会衍生出一种极具吸引力的产品——"乐家"。的确,随着实小的"三乐"教育深化为"三乐"文化,它的影响力正在成倍扩大。

就当前的效应来讲,"三乐"文化的快乐效应至少已经波及1700多个学生家庭,让学生的家长没事就跟着乐。

"现在的孩子普遍很苦,可令我们没想到的是,在我家菲菲身上,我们竟然还能感受到我们小时候上学时的那种快乐。"实小学生菲菲的妈妈张凌用这样一句话概括了实小的"与众不同"。

张凌说,因为好多朋友、同事的孩子都差不多大,所以孩子的教育经常成为她们共同的话题。而每每从许多好朋友和同事嘴里听来的,都是孩子功课怎么怎么多,学习怎么怎么苦。一开始,她也没怎么在意。可随着自己孩子在实小就读的时间不断增长,这样一种感觉在她心中油然而生且越来越强烈——难道是自己"落伍"了?还是自己孩子学习不用功?怎么朋友们说的跟自己的感觉完全不一样?菲菲怎么几乎没有让我为她的学习操心过?

张凌越想越觉得不对劲。再加上很长一段时间内,菲菲每天回家都要在她面前"炫耀"一番学校又搞了这个活动那个活动的,就没听孩子怎么提文化学习的事,张凌终于从一贯的轻松中"醒"了过来,开始有点紧张了。慢慢地,她开始刻意关注孩子的学习。但渐渐的,张凌终于意识到,自己的担心是多余的——尽管孩子真的很放松,学校"乱七八糟"的活动也确实很多,但孩子的学习成绩丝毫没有受到影响,反而越来越好。

对此,五年级学生婷婷的妈妈方女士也深有同感。她说,婷婷也是慕名中途转学到实验小学的。到了实小之后,她和家人最大的感受就是孩子自己能做主了,成长得特别快。

(本文摘自《松江报》,2010.11.19)

是谁把孩子的快乐"偷"走了

记者 苏 令

现在的学生快乐吗?这是一个让人感到很纠结的话题。在很多人看来,这个问题的答案闭着眼睛都能想得出来。

附 录

  毋庸讳言,现在的孩子压力太大,发自内心的笑容越来越少,一些天真烂漫、本该享受快乐童年的孩子,却机械呆板、暮气沉沉、不好动不好问。曾有一所小学对所在学校的120名小学生进行了调查:学习快乐吗? 结果显示,有69%的同学回答是"不快乐"。

  为什么现在那么多孩子厌学? 为什么随着受教育程度的增加,一些孩子的兴趣和好奇心却在逐渐磨灭? 作为校长,怎样才能让孩子充分享受成长的快乐?

  带着这些问题,记者近日走进了上海市松江区实验小学。自1990年创建伊始,松江区实验小学就实施了以乐学、乐教、乐管为主旨的"三乐"教育。经过二十多年的实践与研究,学校取得了良好的教育效果。在这里,带着困惑与反思,记者与该校校长胡银弟进行了深入交流。

"一些本应天真烂漫的孩子却像个小老头"

  记者:快乐是孩子健康成长的最重要的因素,作为校长,您觉得现在的小学生快乐吗?

  胡银弟:现在的孩子物质条件越来越好,但快乐程度却有逐渐下降的趋势,在部分学生中出现厌学现象。多方调查研究表明,导致学生不快乐的直接原因是学习负担过重,不仅体现在课业负担过重、学习内容过难、辅导材料过多等方面,而且还体现在学习过程中过重的心理负担。

  与此同时,教师、家长不正确的教育观念和教育态度、不恰当的教育方式、不良的学习环境等,也会使学生出现情绪紧张、焦虑、缺乏自信心和进取心等心理偏差,严重影响了学生心理健康,扼杀了学生的求知欲望,使其产生厌学情绪,使一些本该天真烂漫的孩子却像个小老头。小学时期正是学生增长见识的好奇心旺盛时期,一旦出现厌学现象,将严重影响学生的后续学习乃至终身发展。

  韩愈说:"书山有路勤为径,学海无涯苦作舟。"提倡刻苦读书,有其合理的一面,但如果一味强调苦学,儿童就会惧怕,出现逆反心理。实际上,把"书山有路勤为径,学海无涯苦作舟"的苦学诗句改为"书山有路趣为径,学海无涯乐作舟",可能更为恰当。

记者：本该快乐的孩子却并不真正快乐，从某种程度上来说已成了一种普遍现象，其背后的深层次原因是什么？

胡银弟：这些孩子不快乐，社会浮躁的心理和不恰当的评价方式是罪魁祸首。长期以来，以教学为中心的评价方式，以分数论高低，一把尺子的评价方式，给教师和学生都带来了沉重的压力。一些地方虽说采用多元评价，不对学生的考试成绩进行排名，但内部还是有排名的，这给教师带来了很大的压力，致使其在教育教学过程中放不开手脚，这自然会对孩子的成长产生负面影响。教育工作者必须要懂教育，学校要遵循办学规律，而不能拘泥于分数排名，要立足于学生的全面发展或是全面的教育质量。教育评价的导向性很重要，如果校长在这方面偏了毫厘，那教师就有可能偏离一尺，对学生的负面影响就有可能有一丈。如此一来，学生怎么可能快乐？

记者：说到底，还是我们对孩子研究不够。

胡银弟：归根探源，就是我们现在没有真正建立起以儿童为中心的教育哲学。虽然我们"以人为本"的口号喊得震天响，但不管是一刀切的评价方式，还是浮躁的超前教育，很多还是从成人的角度想当然地对学生提出要求，很少有真正从学生的角度考虑问题的。这样，就会出现我们所提供的未必是学生真正需要的，甚至我们自认为不错的教育方式恰恰是学生最为反感的。

"学校应当是一个快乐的场所"

记者：松江区实验小学对乐学、乐教、乐管进行了二十多年的探索。围绕一个课题坚持不懈了二十多年，并不多见。

胡银弟：学校是学生学习的场所，学习是第一位，乐教、乐管都是为乐学服务的。乐学是指学生积极、主动地导向自我愿望实现的学习情绪。乐学，不是用强制手段刺激儿童学习，而是尽可能地去唤起学生对学习的兴趣，由外在刺激转化为内在需求。对于学生来说，如果在快乐、愉悦情绪的推动下，无论是德智体美的全面发展，还是真善美的追求，都会提高它们的成功概率，实现人的实体功能和人的自身价值。早在春秋战国时期，就是孔子的"学而时习之，不亦说乎""饭疏食饮水，曲肱而枕之，乐亦在其中矣"之类的乐学之说。

记者：很多人都知道快乐学习是有好处的，但对为什么要快乐学习却知之不多。

胡银弟：实际上，在东西方文化中，有许多教育家、思想家为乐学观提出真知灼见。时至今日，乐学之宏论仍不时传耳，产生不小的影响。除孔子外，明朝的王守仁也是极力主张"乐学乐教"的教育家，他不仅指出"乐学"的效果"常使精神力量有余，则无厌学之患，而有自得之美"，而且又从根本上指出顺应儿童心理发展的道理，认为学习中的快乐情绪体验对于儿童的发展，犹如时雨春风对于花卉草本之生长一样重要。其弟子王心斋编写《乐学歌》，传诵于后世："人心本自乐，自将私欲缚。私欲一萌时，良知还自觉。一觉便消除，人心依归乐。乐是乐此学，学是学此乐。不乐不是学，不学不是乐。乐便然后学，学便然后乐。乐是学，学是乐。呜呼？天下之乐，何为此学？天下之学，何为此乐。"中国进入近现代，一些代表性的哲学家、教育家如梁启超、陶行知、陈鹤琴等，也都为乐学思想注入了新的内涵。

记者：国外的一些教育家、思想家是如何看待乐学的？

胡银弟：在国外的教育思想史上，捷克教育家夸美纽斯在其代表作《大教学论》中，旗帜鲜明地打出"乐学"的旗号。他认为，人生没有比寻得智慧更快乐的事，学校应当是一个快乐的场所，他的大教学论旨在"使教师因此而少教，学生因此而多学，使学校充满着欢乐"。

英国教育家斯宾塞是在西方教育史上第一个明确提出教学"快乐原则"的人。他认为，同自我教育原则一样重要、相辅相成的，还有必须使教学成为能够引起儿童的兴趣和快乐的原则，它不仅有利于学生智慧活动和道德成长，而且有助于和谐师生关系的形成，而所有这一切都是有助于提高教学效率的。更重要的是，他提出，如果这两项原则得到贯彻，教育就不至于在学生离开学校时终止，这就使乐学具有终身教育的意义。美国教育家杜威把"兴趣"作为其实用主义教育思想中的一个重要概念，在很多著作中都写到兴趣的本质和重要性。

美国心理学家布鲁姆在其结构主义教学论中，十分重视学生学习的内在心理人倾向，认为好奇心、胜任感等远比奖赏、竞争更具有对学生学习行为的驱动作用。著名教育家苏霍姆林斯基特别提出了"认知快乐"的思想，揭示了苦学与乐学的辩证关系。与此同时,当前的脑科学的研究成果也显示,快乐对人的健康成长很重要。

这些著名教育学家、心理学家的情感教育思想的系统考察,使我们找到了开展"三乐"教育的理论依据,提高了我们进行"三乐"教育实践与研究的兴趣和信心。

"为学生快乐成长奠基是校长的使命所在"

记者:好的思想只有落到实处才能发挥价值。为了促进学生快乐成长,您在实践层面主要进行了哪些有效探索?

胡银弟:经过多年的实践探索,我们已从实践中提炼出四大"乐学"策略:

一是以情乐学,师生情感共鸣。如语文学科的"情感教学法",以"情"为中轴组织语文教学全过程,培养学生积极情感。教师自身的情感直接影响学生情感的发展。课文中作者的语言、作者的情感也是以教师的情感为中介作用于学生的。

二是以趣乐学,激发内在潜力。在新教材实施过程中,许多教师打破条条框框,以激情增趣为主,培养学生的学习能力。教师们改变了"一刀切"式的布置作业,改传统的纸笔作业为讲故事、画图画、剪报、表演等活动性、实践性作业。有的低年级教师为学生"出版"充满童趣的"班级作文集",社会课的教师让学生制作"信息册"等,使学生饱尝成功的喜悦。

三是以美乐学,陶冶高尚情操。这里一方面指优化学校校园文化环境、校园信息环境和校园心理环境。另一方面也包括塑造美的教师课堂形象,我们积极倡导教师把激情带进课堂,把微笑带进课堂,把趣味带进课堂,以积极乐观的情绪创造良好的课堂氛围,让学生乘着"乐学、爱学"之舟,愉快地航行在知识的海洋里。

四是以创乐学,培养实践能力。我们围绕上海"二期课改""以学生发展为本"的出发点,实施学科教学中探究性学习的研究,在探究性课堂教学中实施创新教育,培养学生的主体人格,让学生"想创新、敢创新、爱创新"。要学生乐学,关键是教给学生学习的方法和策略,使学生逐步掌握正确的思维方法、学习方法,使其真正成为学习的主人。

记者：要实现为学生快乐成长奠基，仅仅"乐学"是不够的，在"乐学"之外，您还有哪些行之有效的做法？

胡银弟：二十多年来，我们的"三乐"教育理念不断深化。我们认为，"三乐"教育是体现以学生发展为本的，为学生快乐成长奠基。为此，我们建设起了"三乐园"课程体系，拓宽了"三乐"教育的学习领域。我们完善少先队组织建设，打造"和而不同"的中队特色，开展"古今相融"的课程探究，开展丰富多彩的体育节、艺术节、科技节、读书节等活动。我们以"面向全体，实践探究，挖掘潜能，人人发展"作为课程开发的理念，构建了多样化、全员性的校本课程体系，聚焦了校内外的优质资源，共开设了22门校本课程，创办"快乐拓展日"与"走班"学习方式。学生可以根据"菜单"，自主选择感兴趣的学习内容。

此外，我们还研究探索把"发展性心理辅导"融入于学校教育教学活动之中，努力创设发展性心理辅导所要求的物质环境、人际环境、心理环境，努力创建温馨教室和谐校园，尽可能地使校园的每一角、每一处都是充满愉悦情趣，学生耳濡目染，浸润其中，人人乐学，时时在学，处处可学。

记者：学生快乐成长不仅仅是小学阶段的事，也是幼儿园、中学、大学等其他学段的应有之义。如果各个学段没有做到有效衔接，"为学生快乐成长奠基"就容易成为一句空话。

胡银弟：学生的快乐成长是一辈子的事。"为学生快乐成长奠基"，不是一句空洞的口号，而是校长的使命所在。学生的快乐成长贯穿于整个教育教学过程当中，贯穿于所有的学段。为此，在接下来的探索中，我们准备和幼儿园、中学等其他学段一起，合作开展快乐教育研究，努力使快乐能够贯穿于孩子生命成长的整个过程，使孩子的快乐成长之花时时、处处绽放。

（本文摘自《中国教育报》，2011.6.14）

追梦者的足迹
——采访胡银弟校长手记

松江区实验小学学生　沈聘妮

清晨,从东方洒下的一片霞光,闪耀着金色的光华,校园的景色是那么美,人也是那么美。我穿过校园的长廊,踏着轻盈的步伐来到了采访地点。认识胡银弟校长这位老党员已经两年了,能与他近距离的访谈和接触,我抑制不住内心的兴奋,充满了无限的期待。见到胡银弟校长,灿烂而真诚的微笑挂在他的脸上,如同一滴温暖而明亮的水珠浸润心田。

采访开始了,胡校长兴致勃勃地谈起了他的入党经历。听到我的提问时,他身子向前倾斜,脸上依然挂着灿烂的微笑,细心回答我的问题。徐锦铭,他的数学老师,一名优秀的党员,使他对共产主义产生了最初的信仰。徐老师的无私奉献,默默无闻,有强烈的责任感,凭着矢志不渝的信念和热情,把对党的教育事业的忠诚全部熔铸于教书育人。正是这位恩师对党的教育事业的忠诚和默默奉献的精神,深深地影响着他,让胡校长至今都铭记于心,也正是这位身边的优秀党员,让他从小对共产党有了很美好的认识和向往。后来,从自强不息、身残志坚的张海迪,无私奉献的好书记焦裕禄,到鞠躬尽瘁的孔繁森,这些人物更坚定了他加入共产党的决心。他句句清楚,字字有力,似乎这些精神典范至今还影响着他,指引着他。1982年10月,胡校长积极地向党组织递交了他的入党申请书。1984年的5月,一个对他来说是那么神圣的日子,一个令他终身难忘的日子,因为正是在那一天,他光荣地加入了向往已久的中国共产党。

成为优秀党员,成为优秀党员教师,是胡校长从小的梦想。"那时候,只要一想到教育事业是人类最崇高的事业,教师是太阳下最光辉的职业,我就对教师这个美丽的称呼充满了无限的向往与渴望。"他说这话时,眼睛里透着儿时那样的憧憬,脸上的微笑是那样的恬静。成为一名人民教师,这是一

附 录

条充满希望的路,同时又是布满荆棘的崎岖之路。成为一名优秀党员教师,更是一条需要付出艰辛和努力的路。最让我难忘的是,年少时,他就明白了"读书好似爬山,爬得越高,望得越远;读书好似耕耘,汗水流得多,收获更丰满"的至理名言,《钢铁是怎样炼成的》这本书至今都激励着他不断前进。他废寝忘食地从书中吸取养分,抓住有限的时间去学习书中无穷的智慧。一天,两天,一个月,两个月,太阳升起,太阳落下……辛勤的付出终于浇开了成长之花。胡银弟校长是在党的呵护下成长起来的一名新青年,他儿时的梦想成真了!他毅然决定成为一名人民教师,甘于在平凡的岗位上奉献着,无私的,默默的。

　　捧着一颗年轻的心,涌动着青春的激情,胡校长走上了神圣的三尺讲台。踏上工作岗位后,他心中又有了一个新的梦想,要做一名优秀的人民教师。1984年5月,成为一名党员的时候,他坚定不移地朝着优秀的党员教师的梦想前进,党员的先进性时时提醒着他。"工作的时候,我随时了解、关注和满足学生的同性需求和个性需求,备一节课总是反复琢磨,讲一节课追求精益求精。"多么简单朴实的话语,不仅让人为之动容,而且折射了一定的人生道理,从他的身上,我们看到了责任、看到了爱心、看到了勤奋、看到了认真。功夫在日常,机会总是眷顾有准备的人。在仅仅担任了四年的语文教师后,他被任命为上海市仓桥中心校副校长。他用责任、爱心和勤奋认真诠释一个师者的生活,让人禁不住肃然起敬。

　　走上了学校的领导岗位,胡校长勤学好思,以敏锐的眼光捕捉新理念,以新理念来指导实践,以务实的作风引领全校师生的发展。20世纪初,课程改革——一个新鲜事物,强烈的现实需求使其如离弦之箭,势不可当。那时,一线教育实践者,尤其是学校的管理者都面临着前所未有的挑战,胡校长也不例外。没有理论的有效指导,也没有具体实践经验的借鉴,课程改革这个新生事物,让他经历了很多困惑和彷徨。在这些迷惑的岁月里,胡校长以男儿的铮铮铁骨,迎难而上。为了每一个学生的发展,他从实践中发现问题,把问题变为课题,在研究中解决问题。1999年他带领教师们把心理健康教育带到课堂教学中,促进学生的主动发展;2005年开始了探究性学习指导策略及其心理支持的研究;2008年他将研究的视角聚焦到了课程统整……正是凭着他一股韧劲锐意改革,孜孜不倦地追求换来了学校合作研究的硕果累累。二十多年来,他锲而不舍地钻研,天道酬勤,他得到了更多丰硕的果实。他主持或参与十余项国家、市级课题研究,发表课题研究报告与论文三十多篇,出版专著主要有《优化课堂心理环境的实践与研究》《三理整合,和谐发展》。先后获上海市中小学优秀教师奖、上海市优秀德育工作者、上海市教育科研先进个人、上海市学校心理健康教育贡献奖、上海市园丁奖等称号。那么多荣誉的获得不正是他热爱教育事业,对党的教育事业无限热爱和忠诚的诠释吗?他身体力行地诠释着他在党旗下,全心全意为人民服务的宗旨,处处以身作则,身先士卒,把他的全部心血浇灌在教育事业的沃土上。他对教育事业的坚持与奉献让人发自内心地佩服。

  时间不知不觉就过去了,采访结束时,我问他:"胡校长,您能从您的经历出发,对现在的儿童提点您的希望吗?""我希望孩子们可以每天快乐地学习,'乐学'是我们学校的办学特色之一。一定要快快乐乐地学习,希望孩子们可以成为学习的小主人,每天在快乐中积极探索新知。我也很希望孩子们可以多阅读,养成每天阅读的好习惯,在书海中孩子们可以收获很多。更希望孩子们每天要有所收获,成为一个对社会有用的人,认真学习,活到老,学到老,将来可以成为祖国的栋梁之材!"多么真诚的话语,这一句句发自内心的期望充满了他对孩子们无限的爱。

  采访结束后,我的内心久久不能平静,他睿智的话语都深深地触动了我的心田。胡银弟校长——一个追梦者,他的足迹,深深地感动了我,他为梦想毅然前行的身影在我的脑海中久久挥之不去,一个党员光辉的形象给我留下了难以磨灭的印象。我相信,这位有着27年党龄的党员会成为我们每个人学习的榜样,不断向前的楷模!

(本文摘自《从小学先锋》,少年儿童出版社,2011.9)

附 录

乐学、乐教、乐管
——访上海市松江区实验小学校长胡银弟

上海师范大学博士研究生 邓 清、丁 萍

用整颗心做整个校长,咬定青山不放松。

——胡银弟

初秋的早晨,我们第一次走进上海市松江区实验小学,学生们正好下课,宽敞而干净的校园、一幢幢整齐而庄严的教学楼、一群群可爱而充满朝气的学生们,这一切都显得生机勃勃。走进校长办公室,胡银弟校长亲切而和蔼的笑容驱散了我们原本紧张的心情。在整个谈话过程中,胡校长对我们的问题进行了耐心而诚恳的回答,让我们感受到了师者的严谨和长者的宽厚。

松江实验小学是一所在课程教材改革中成长、壮大的融实验性、示范性为一体的公办小学。学校创办于 1990 年 9 月,基于上海市一师附小的"愉快教育"与闸北八中的"成功教育"等经验,学校实施"三乐"教育。经过十多年的办学实践,形成了良好的学校传统与办学特色,成为地区优质教育资源之一。

作为一名见证并参与实验小学成长的校长,胡银弟有极深的体会。胡银弟校长现任上海市松江区实验小学校长,是特级校长、中学高级教师、松江区"十佳校长""上海市普教系统名校长名师培养工程"重点培养对象、人大附中"刘彭芝卓越校长"培养基地学员,兼任上海市教育学会小学教育专业委员会理事、中国教育学会中小学整体改革专业委员会学术委员。他曾主持或参与十余项国家、市级课题研究,发表课题研究报告与论文三十多篇,出版专著主要有《优化课堂心理环境的实践与研究》《三理整合 和谐发展》。先后获得上海市优秀德育工作者称号、上海市教育科研先进个人以及上海市中小学优秀教师奖、上海市学校心理健康教育贡献奖、上海市园丁奖等。

成 功 之 路

胡银弟校长于 1980 年开始从事教育事业,其中 1980—2001 年在松江区仓桥小学任教,并担任了 10 年的校长;2001 年至今在实验小学担任校长。胡

银弟校长用这样一句话概括了他的成功之路：用整颗心做整个校长。

1989年，上海郊区学校教育首次引进心理健康教育的理念，开始探讨积极情感心理学教育。而胡校长积极跟随时代步伐，学习并积极将这一理念运用到学校教育中，后来他所带领的小学成为松江区第一所心理健康教育示范小学。

2001年，随着"二期课改"的开展，胡银弟担任松江区实验小学的校长。实验小学作为"二期课改"的示范学校，承担着课改的艰巨任务。作为实验小学校长的胡校长积极把握"二期课改"这条主线，并将课题研究引进学校教育，进行科研建设，不断提高教师的教学能力和学校的科研能力。将理论与实际相结合，提出探索式教育方式，同时，提出"三乐"教育理念。落实到实际教育工作中就是培养学生扎实的基础、良好的习惯，使之全面发展，学有所成，是一种让孩子积极学习、开心学习的教育模式。

胡校长说："做校长的经历也是我个人学习、个人能力提升的一个过程。虽然曾在大学接受过相关的教育，也有一定的经验，但是学无止境，我一直在给自己充电。"在2003年，胡校长跟随华东师范大学著名教育学者叶澜教授学习，在两年的学习中，收获颇多。2006年，胡校长成为上海市"双名工程"第一批学员，学习两年。2008年成为"上海市普教系统名校长培养工程"重点培养对象，在上海市教委的推荐下去北京人大附中"刘彭芝卓越校长"培养基地学习，并有机会去美国名校如哈佛大学、普林斯顿大学等国际一流学校考察学习，并在哈佛大学进行演讲。用胡校长的话说："我们见过中国乃至世界最好的学校，这开阔了我的视野，使我可以站得高，看得远。"采访中，胡校长一再以自己的经历劝告我们，作为即将毕业的年轻学生，一定要多出去走走，让自己的视野更加开阔，以后无论在哪里工作，都不要忘了给自己充电，要不断学习。

怎样让孩子快乐起来

胡校长说，上海的教育资源非常充足，但是家长还是不满足，给孩子增加了很多负担和压力。作为校长，大的教育环境一时改变不了，但是可以改变小的环境，积极给孩子创造轻松快乐的学习环境。那么作为新时期的教师，胡校长有怎样的要求和建议呢？

首先，教师要善于营造积极的课堂氛围，让学生在轻松的课堂中愉悦地学习。对此，胡校长提出三个"带进"，即把激情带进课堂、把微笑带进课堂、把趣味带进课堂，言辞简单却意义深远。

其次，教师要着力培养孩子的想象能力和质疑能力，有效地引导孩子进行探究式学习。在这里，胡校长提到，实验小学每三年申请一个课题，教师再将这个大课题分解为小课题，并将这些小课题融入到课堂教学中，在实际教学中解决这些问题及由此产生的新问题。

再次，在教学过程中，教师要学会给孩子适当的时间和空间，让孩子们相互讨论学习，进行探究性学习，培养孩子们探究性学习的意识。胡校长一直在强调，对于学生而言，重要的是培养他们学习的意识和能力以及学习习惯。

最后，作为教师，良好的心理素质是必须的。同时胡校长也说到，任何优秀教师都是在实践中慢慢学习、慢慢培养的。作为校长，他给教师提供充分的学习时间及合理的培养计划，如"三格"培养计划，即对于新教师进行入格培训，学习备课、上课、听课及如何跟学生交流等；对于有5年教学经验的青年教师，进行上格培养，训练精致教学能力；对于骨干教师，进行风格培养，使其形成自己独有的教学风格。

与胡校长的访谈，让我们感慨颇多，使我们对教师职业有了深层次的认识。对比自己的缺陷与不足，我们进一步明确了今后还需要加强培养的地方，我们要不断加强人文素养和专业技能的培养，从而以更加优秀、更加自信的面貌踏入社会，为社会做贡献。

(本文摘自《百名校长访谈录》，学林出版社，2013.10)

美国的孩子为什么学得开心
——特级校长胡银弟谈赴美"取经"体会

记者 王裔君

美国的基础教育与中国有何不同？西方教育哪些经验值得我们借鉴？不久前，带着这样的思考，我区实验小学校长、特级校长胡银弟作为北京人大附中"刘彭芝卓越校长"培养基地的学员,与来自上海、北京、浙江、吉林、云南、新疆等13个省市的同行们远赴美国"求取真经"。得知胡校长"取经"归来,记者来到实验小学采访了胡校长。

记者:您觉得美国学校的课程有什么特点?

胡银弟:这次美国之行,让我进一步感受到怎样的信念支撑怎样的学习。美国学校将"能用所学的知识和技能去解决现实社会中的问题,使我们的生活和世界更美好"作为办学信念,决定了学校教育的课程必会根据学生的发展需求设计。如在托马斯杰弗逊理科高中,给人印象最深的是学校为不同年级制定的不同的课程表,尤为突出的是将人文课程与科学学科进行整合,这是独一无二的。如第一年学习一个叫做"整合的生物、英语和技术"的综合课程,再花一年时间选修人工智能、有机化学、海洋生物学、计算物理等。高年级则有一个高级实验课程叫"地理交流"(生物科学和物理的整合)。学校有85%的学生可以在13个专题实验室进行探究创新实验,15%的学生可以直接进入科研所、大学实验室进行实验实践。

记者:似乎很多人都觉得西方学生的创造性比我们的学生强。您认为呢?

胡银弟:是的。如伊利诺伊州数理高中有一个让大家意外的做法:即使学生成绩不好,也依然鼓励孩子创造性研究。学校把每个星期三的时间腾出来让学生研究课题,且研究的题目不局限于自然科学范畴,还研究贫穷问题、犯罪问题等这些人文学科类问题。教师在"课题、求解"过程中更强调开放、多样、多元选择,倡导学生把人文精神灌注于科学的学习之中。学校不会因为考试成绩不好而否定任何一个孩子,相反会积极帮助、鼓励孩子的创造性研究活动。因为这种鼓励,有一个考试成绩非常差但却有思维潜力的孩子最终加入了美国科学家研究火星探测器的团队。

记者:现在,很多孩子的快乐都被"应试"偷走了,对此,您有何感想?

胡银弟:学校应当是一个快乐的场所,为学生快乐成长奠基是校长的使命。美国高中的精英教育值得我们借鉴,美国的小学教育同样值得学习。美国小学的"A、B、C分层走班教学"挺有意思。学校每天会根据学生学习兴趣、知识、能力以及差异性进行编班组合教学,发展每个学生的个性特长。应该

附 录

说,美国学生也有负担,许多高中学生晚上要十二点甚至凌晨一点睡,可不见有怨言。他们作业也多,但更多的是学生自主选择的探究性作业,他们学得很快乐。学生的快乐成长是一辈子的事,作为上海市"二期课改"实验基地,我们学校对乐学、乐教、乐管进行了二十多年的探索。在接下来的探索中,我们准备和幼儿园、中学一起,合作开展快乐教育研究,努力让孩子们学得更快乐一些。

(本文摘自《松江报》,2011.10.12)

放飞心灵 快乐成长

记者 崇 轶

学生的快乐成长是一辈子的事。"为学生快乐成长奠基",不是一句空洞的口号,而是学校的神圣使命。

——胡银弟

这是上海市松江区实验小学的一堂美术课。一上课,教师就让孩子们猜谜语:"十个小朋友,你有、我有、大家有,五个在左、五个在右,只会做事、不会开口。"许多孩子说:"是手!"投影屏上出现各种手的图片,教师指着农民伯伯饱经风霜的手问:"我们的手和照片里的手有什么不同?""你觉得这只手美吗?"听到学生们回答"不美"时,教师问:"农民伯伯的手怎么会变成这样呢?"学生回答:"他们劳动很辛苦!""对!"教师一边给予充分肯定,一边教学生们唱起了儿歌《巧巧手》。随后,教师引导学生们描手形、画手指。在优美的乐曲中,孩子们陆续完成了作品,教师把各种各样的"手"一一展示出来,师生一起分享创作的喜悦……

教育专家听课后说,这堂美术课不以单纯掌握美术知识技能为目标,而是让学生围绕人文主题,轻松、快乐地学习、创作,了解美术的文化内涵,促进个性健康发展。

在松江区实验小学,这样的课很多,课堂上充满了欢声笑语,师生们在情感的交流互动中体验教与学的快乐。这源于该校多年来开展的以乐学、乐教、乐管、为主旨的"三乐"教育。

说起改革初衷,上海市特级校长、松江区实验小学校长胡银弟深有感触:"现在的孩子为什么不快乐?归根结底是没有建立起以儿童为中心的教育哲学。以教学为中心的评价原则,以分数论高低、一把尺子的评价方式,给教师和学生都带来了沉重压力。"

基于这样的思考和认识,经过多年探索,松江区实验小学推出乐学改革:以情乐学,师生情感共鸣,如语文学科的"情感教学法",以"情"为中轴组织语文教学全过程,培养学生的积极情感;以趣乐学,激发内在潜力,改变了"一刀切"式的布置作业,改传统的纸笔作业为讲故事、画图画、剪报、表演等活动性、实践性作业,使学生饱尝成功喜悦;以美乐学,陶冶高尚情操,优化校园文化环境、信息环境和心理环境;以创乐学,培养实践能力,在探究性教学中实施创新教育,培养学习的主体人格,使学生真正成为学习的主人。

教学是师生情感双向交流的过程。为此,胡银弟要求教师们在教学中做到"三个带进":把激情带进课堂,把微笑带进课堂,把趣味带进课堂,营造良好的教学氛围。

松江区实验小学的教师们总是以饱满、高昂的激情,上好每一堂课,以施教的热情感染学生学习的热情。关爱每个学生,是情感教学的关键。教师怀着一种关爱的心去上课,学生怀着期盼的心感受关爱,师生的关爱中形成了一种心灵共鸣。

微笑是一种情感的表达。松江区实验小学要求教师把发自内心的微笑带进课堂,用和蔼、慈祥的目光注视全体学生,缩短师生间的心理距离。教学过程中,教师的一个笑容、一个眼神、一个动作、一句言语、一种语调都表达着对学生的爱心和期望,让学生在轻松愉快的心境中增强求知欲,提高主动性,发挥创造性。

兴趣是最好的老师。这一点在松江区实验小学体现得非常充分。教师们根据教材的内容、挖掘教材的趣味性,使教学过程充满情趣。如在英语课上,教师们常以不同的主题,设计不同的交往活动。生动活泼的学习情境,增强了

附 录

学习的趣味性,活跃了课堂气氛,有效训练了学生灵活运用英语的能力。

胡银弟校长说:学生的快乐成长是一辈子的事。"为学生快乐成长奠基",不是一句空洞的口号,而是学校的神圣使命。学生的快乐成长应贯穿于所有学段。在接下来的探索中,我们准备和幼儿园、中学一起,合作开展快乐教育探索,使快乐贯穿于孩子生命成长的整个过程。

(本文摘自《人民日报》,2012.2.17)

享　受

吴春荣

离演出的时间还有两个多小时,胡银弟校长陪王老师与我在剧院周边走走。

温家宝曾指出,一个好校长,可以成就一所好学校,为此,他大力倡导教育家办学。作为一位资深的特级校长,作为一位教育家型的校长,胡校长深知学校教师的人文素养在学校教育教学中的重要性。为此,他想了许多办法。先是让我请著名作家竹林与教师座谈,再组织教师进上海书城购书,这次又组织教师来上海大剧院观看演出。这许多活动,王老师与我都被邀参加。

胡校长总是时时为教师着想。考虑到教师平时工作繁重,难得来市区,所以凡组织市区活动时,总是提前到达,让大家有一段时间三三两两地自由活动,观览市容,购买物品,再吃顿便饭,便饭由学校统一定数埋单,可小吃、可小酌,消费超额者不补,不到额者不退。我们也获此待遇。

这几年来我很少来市区,偶尔的几次,也是直赴活动地点,活动结束立即返回,总是匆匆往返;过去编教材,虽在市区办公,且长达十年,但任务压身、不容他顾。所以,像今天这样悠闲地在市区马路边漫步,实在是难得的,可以说是一种享受。

市区给我的新感觉,一是楼房多了,高了。这一二十年来新建的,其形真是多姿多态。有的如一块巨大的厚砖,横躺在那里,上面叠一碗状体,稳稳当当的;有的如一支笔,笔尖直刺云霄;有的是一圆锥体,顶部边沿被削去一块。都很高,过去的国际饭店,后来的东方明珠塔,相比于这些楼房,都显得矮了,小了。胡校长告诉我,浦东的金茂大厦,高度曾为上海楼房之最,现在造了一幢比其更高的大楼"上海中心"。楼有灰的,有淡蓝的,有橙色的,可以说色彩纷呈。二是绿化面积大了。至少在我们漫步的这一带,木秀而阴浓,绿聚而翳染;那些宽阔的草坪上的小草,虽无牡丹的富贵,桃花的娇红,也没有柳条的婀娜多姿,杉树的高大挺拔,但夕照下那欣悦的灿烂的笑,凝结着万种柔情。这一切,不仅养眼,心胸也为之开阔。

　　突然发现西天霞光万道。还在来市区的车上时,发现天公作美,蓝天白云清晰如画,空气也清纯可人,在雾霾弥漫日甚的这段时间里,今天是难得的好天气。天气一好,霞光就显得更美了。

　　曾读过李国文的一篇文字。李将晚霞与朝霞作了个比较,认为朝霞来得快,去得也快,紧随着朝霞的出现,旭日东升,普天同照;而夕阳西坠时,在较长一段时间里,变化无穷,缤纷万状,色彩奇艳,那霞光氤氲,弥漫了大半个天空。"那就是一天之中色彩最丰富的画面。"李写道,"晚霞……渲染得人间万物,大地风景,无不反射出耀眼的光亮。"李由此想到人生之晚年。

　　已经到了进场的时间。我们是在中剧场看这场戏的。戏展现了上海一个普通家庭六十年间的四场婚礼,折射出时代与人的观念的变化。说是海派喜剧,有点滑稽戏的味道,普通话中夹着上海话,或者说上海话中夹着普通话。还有诸如"把自己的思想装进别人的脑袋的,叫老师;把别人的钱装进自己口袋的,叫老板;既将自己的思想装进别人的脑袋,又将别人的钱装进自己口袋的,叫老婆"等台词,或许就是所谓的海派色彩。两个小时就在笑声中轻松过去。回到车上,大家的心情依然愉悦。而我,则在想李国文的文章。

　　李说,人生的晚年,应该是最为成熟完美的岁月。我也许无法达到这一点,但我得在余生中继续享受阅读与写作的情趣、乐趣。

后　记

一个校长的教育实践与思考

我有幸参加了1977年的高考,就读于上海市安亭师范学校;于1980年2月走上教育工作岗位。在职时,我用业余时间学完了电大专科行政管理专业课程,中央党校函授学院本科行政管理专业课程以及上海师范大学教育学原理专业进修研究生课程。一晃已有36年,其间任校长32年(任副校长7年)。无论是当教师还是当校长,我的责任——育人:当教师时主要育学生,当校长时主要育教师(当然,育人同时育己)。值得欣慰的是培养了一批批学生,成就了一批批教师和学校干部,发展了一所所学校,锤炼了自己的办学思想。

学校的心理健康教育在素质教育的过程中显示出其独特的重要性。1984年我在松江仓桥中心校以"农村大龄小学生的心理研究"为起点,到1991年由时任松江教师进修学校德研室主任王晓岚老师带队,参加了华东地区"学校心理健康教育研讨会",并进行大会交流。之后,在设计一些研究课题时,继续得到了王晓岚老师的指导。1992年我将学校心理健康教育应用于学生行为规范教育,进行了小学心理健康教育的实践研究,在此基础上,"学校发展性心理辅导的研究"于1995年被立项为市级课题。其间要感谢张声远教授、吴增强教授与崔广柱老师的指导。1999年在上述课题研究基础上,进一步提出新课题"优化课堂心理环境,促进学生主动发展",尝试把心理健康教育融入教师培训,深入到班集体建设,体现在课堂教学主渠道中,让更多的教师参与心理辅导,研究课堂教学,实施"以乐促学、学有探究,以乐优教、教有研究"的教学策略。2000年11月8日在仓桥镇人民政府大礼堂隆重举行上海市心理健康教育实验学校挂牌仪式,我作了"开展心理健康教育,全面提高学生素质"的主题报告。当时的仓桥中心校成为松江区第一所上海市心理健康教育实验学校。该研究成果,1997年5月获上海市首届教育科学研究成果推广三等奖。连续

15年的学校心理健康教育实践与研究,为仓桥中心校的发展与教育品牌的打造奠定了良好的基础。

进入21世纪,2001年2月我任松江区实验小学校长。课程教材改革促进了学校发展,我以课改为主线,探索传承与创新;提炼实小的办学思想,认真思考和实践"三乐"教育,研究其理论依据和行动策略。凭着仓桥中心校十多年校长的历练,尤其是学校心理健康教育的成功经验,汇集实验小学师生员工的智慧,不断总结、拓展、深化"三乐"教育,以"二期课改"的理念,融入"三乐"教育的新内涵;以科研的方法,提升学校教育品质。在特级教师郭德峰的精心指导下,先后组织教师完成四项市级规划课题的研究并获得成果:2002年"小学学科教学中探究性学习的实践研究";2005年"探究性学习指导策略及其心理支持的研究";2008年"在课程统整中创建'三乐'学校文化的实践研究";2011年"基于'三乐'文化创建学校教育品牌的行动研究"。紧接着2013年又构建课题"基于儿童的生活化乐学体验的行动研究"。一系列研究性的工作实践,让我进一步明确了办学的核心理念:为学生乐学奠基。与此同时,参加多次培训学习使我获益匪浅:2003年参加由华东师大叶澜教授领衔的"学校变革"研修班学习;2006年参加上海市教委首批"名师名校长"洪雨露特级校长、特级教师培养基地学习;2009年参加北京"中国基础教育"人大附中首批"刘彭芝卓越校长"培养基地学习;2010年在国家行政学院参加"第四期全国基础教育改革动态校长研修班"学习等。2011年起我成为上海市双名工程"洪雨露特级校长培养基地"的专家导师,当年7月有幸参加由中国教育部组织的赴美国学习考察团,并在美国哈佛大学"中美基础教育"高峰论坛上作了"基于'教师发展自觉'的校长价值领导力"的主题演讲。

教育的优质、均衡、开放、发展是校长的使命。教育改革的深入,不断满足人民对优质教育的需求。在任松江区实验小学校长的12年时间里,实验小学由一个校区扩大到三个校区,松江区第二实验小学(2008年)与松江区第三实验小学(2012年)被先后筹建起来。2010年10月实验小学成为松江区首期共同体学校牵头单位,联合泗泾小学、泗泾第二小学、第二实验小学、九亭第二小学等五所学校,至2012年扩大为七所学校(九亭第三小学与第三实验小学加

后记

盟）。2012年7月我调任独立建制的松江第三实验小学校长，该校成为七所学校共同体的牵头单位。无论是实验小学的三个校区，还是三所实验小学、七校共同体等，都坚持不断践行"三乐"教育办学思想。"三乐"教育既源于乐学思想，也是一种办学理念，一种教育追求，更是推进学校内涵建设的一种实践策略。上级领导给了我学习、实践的机会与平台，我不断地学习着、实践着、思考着。2007年7月我被评为上海市特级校长，2008年第五届上海教育博览会上展示了我的教育事迹，2012年被评为全国十佳小学校长等。先后为外省市与本市、本区带教六十多位校长。参加上百场在全国各地的专题讲座或演讲，更是给了我学习、交流的机会。如今带领松江区第三实验小学师生员工努力践行"每一个孩子都是传奇"的办学宗旨，"笃行每一事、快乐每一天"的办学理念，在"三乐"教育基础上进一步实践"为人正、为学乐、为业精"的"三为"教育思想。为追求教育优质化、教育学区化与教育集团化的教育梦想而奋发前行。

　　我36年的教育生涯，真实反映了仓桥中心校、实验小学、第三实验小学的创建与发展的过程。学校建设是一个真实的存在，记录过程的文字就必须真实。我尽力使真实成为本书的主要特征。我是这样思考、这样认识、这样实践、这样研究的，包括成功的经验和失败的教训，还有没做到甚至没来得及做的，但不论怎样，凡想过的、说过的、做过的，都是真实的。当然，此书表达的从教任职三十多年提炼的八个关键词所包含的丰富、新颖的内容并非我一人的创造，而是我对历史、现实的诸多思想结合教育理论的思考，以及借鉴同行的智慧和经验。一些具体的策略和方法往往也是学校师生员工的集体创造，我至多作为他们的"领头羊"，积极认真地带领他们共同建设学校，尽了作为校长的本分。我感谢老师们的劳动付出与家人的支持，我欣赏老师们的聪明才智和家人的关心理解。更要感谢领导与专家的关心、支持与指导。这里，我要感谢导师叶澜教授、刘彭芝校长、顾泠沅教授、王厥轩教授、洪雨露校长、金建中校长、卞松泉校长等的殷切关怀和上海市教育委员会尹后庆副主任、"中国基础教育论坛"聂延军主任以及特级教师吴春荣、王晓岚、郭德峰的悉心指导。感谢徐界生书记、刘彭芝校长在百忙之中为本书作序。郭德峰老师在本书的资料阅读和系统整理上给予很多帮助。吴春荣老师对我的一些书稿（包括本书)的框架提出了积极的建议,并为此书作序。感谢中国教育学会小学教育专业委员会以及全国中小学整体改革专业委员会、上海市教育科学研究院、上海教育学会小学教育管理专业委员会、松江区人民教育基金会和上海开天集团公司以及上海教育出版社的领导、专家,尤其感谢松江区教育局的领导朱献成、刘仲华、王勉、盛小盈、马莉、俞富章、徐界生、陈小华等,真诚地感谢他们的一路引导、鼓励和帮助。少数曾发表在报刊上的文章收入本书时文字上略有改动。

如有疏漏和不当之处,敬请指正。

胡银弟

2015 年 1 月 18 日

参 考 文 献

1. 吕型伟.吕型伟文集.上海:上海教育出版社,2007
2. 叶澜.回望、立场、基因、命脉.广西:广西师范大学出版社,2007
3. 叶澜."新基础教育"研究史.北京:教育科学出版社,2010
4. 陶西平.在反思中创新.北京:教育科学出版社,2012
5. 朱小蔓.情感德育论.北京:人民教育出版社,2005
6. 刘彭芝.人生为一大事来.北京:高等教育出版社,2004
7. 卢家楣.情感教学心理学.上海:上海教育出版社,1993
8. 金美福.教师自主发展论.北京:教育科学出版社,2005
9. 张民生.学校创建特色研究.辽宁:辽宁人民出版社,1997
10. 郭德峰.优质与和谐:未来基础学校的文化使命.北京:中央民族大学出版社,2009
11. 刘京海、陈德华.成功教育理念与实践.上海:上海教育出版社,1997
12. 倪谷音.我和愉快教育.上海:上海教育出版社,1997

图书在版编目(CIP)数据

教育圆梦曲 / 胡银弟著. —上海：上海教育出版社,2015.5
ISBN 978-7-5444-4987-8

Ⅰ.①教… Ⅱ.①胡… Ⅲ.①教育工作—文集 Ⅳ.①G4-53

中国版本图书馆CIP数据核字(2015)第101730号

责任编辑 李枝梅
封面设计 周　亚

教育圆梦曲
胡银弟　著

出　版	上海世纪出版股份有限公司 上　海　教　育　出　版　社
发　行	中国图书进出口上海公司
版　次	2015年6月第1版
书　号	ISBN 978-7-5444-4987-8/G·3990